EDIÇÕES BESTBOLSO

Paula

Filha de um diplomata e sobrinha do presidente chileno Salvador Allende, Isabel Allende nasceu no Peru em 1942. Iniciou a carreira de jornalista aos 17 anos, trabalhando em periódicos e como colaboradora da FAO (*Food and Agriculture Organization*, órgão das Nações Unidas) em Santiago do Chile. Após o golpe do General Augusto Pinochet e a morte de Salvador Allende, em 1973, foi obrigada a abandonar o seu país com a família e ir para a Venezuela, onde trabalhou como repórter do jornal *El Nacional* e começou a escrever histórias infantis e algumas peças teatrais. Em 1982, publicou *A casa dos espíritos*, seu primeiro romance, que inicialmente era apenas uma carta para seu avô de 99 anos. Considerada um dos principais nomes da literatura latino-americana, sua obra é marcada pela crônica familiar e por seu posicionamento político.

Isabel Allende

Paula

Tradução de
IRENE MOUTINHO

10ª edição

EDIÇÕES
BestBolso
RIO DE JANEIRO – 2025

CIP-Brasil. Catalogação-na-fonte
Sindicato Nacional dos Editores de Livros, RJ.

Allende, Isabel, 1942-
A438p Paula / Isabel Allende; tradução de Irene Moutinho. – 10ª edição – Rio
10ª ed. de Janeiro: BestBolso, 2025.

Tradução de: Paula
ISBN 978-85-7799-044-3

1. Allende, Isabel, 1942- . Família. 2. Escritoras chilenas – Relações com a família. I. Moutinho, Irene, 1941- . II. Título.

CDD – 868.99338
07-3728 CDU – 821.134.3(83)-8

Título original:
PAULA

Ilustração de capa: Mateu Velasco, a partir da imagem da capa publicada pela Editora Bertrand Brasil (Leonardo Carvalho, 1996, com foto cedida pela autora).
Design de capa: Carolina Vaz

Impresso no Brasil

ISBN 978-85-7799-044-3

Em dezembro de 1991, minha filha Paula adoeceu gravemente e, pouco depois, entrou em coma. Estas páginas foram escritas durante horas intermináveis nos corredores de um hospital de Madri e num quarto de hotel onde morei durante vários meses. E também ao lado de sua cama, em nossa casa da Califórnia, no verão e no outono de 1992.

Parte I

Dezembro de 1991 – Maio de 1992

1

Escute, Paula, vou contar uma história para que você não se sinta tão perdida quando acordar.

A lenda de nossa família começa no princípio do século XIX, quando um parrudo marinheiro basco desembarcou na costa do Chile, com a cabeça perdida em projetos ambiciosos e protegido pelo escapulário de sua mãe, pendurado no pescoço, mas, para que ir tão longe, basta dizer que a descendência dele foi uma estirpe de mulheres impetuosas e homens de braços firmes para o trabalho e coração sentimental. Alguns, de temperamento irascível, morreram deitando espuma pela boca, mas talvez a causa disso não tenha sido a raiva, como disseram as más línguas, e sim alguma peste local. Compraram terras férteis nos arredores da capital, cujo valor aumentou com o tempo, foram se refinando, ergueram mansões senhoriais com parques e arvoredos, casaram as filhas com *criollos** ricos, educaram os filhos em severos colégios religiosos, e assim, com o correr dos anos, formaram uma orgulhosa oligarquia de latifundiários que sobreviveu por mais de um século, até que o vendaval do modernismo a substituiu no poder por tecnocratas e comerciantes. Um deles era meu avô. Nasceu em bom berço, porém seu pai morreu cedo, alvejado por um tiro inexplicável; nunca se divulgaram os

---

**Criollos*: descendentes de europeus nascidos nos países do continente americano colonizados pela Espanha. (*N. do E.*)

pormenores do que aconteceu naquela noite fatídica, talvez tenha sido um duelo, uma vingança ou um incidente amoroso, em todo caso sua família ficou sem recursos e, sendo meu avô, o mais velho, precisou abandonar a escola e procurar emprego para manter a mãe e educar os irmãos menores. Muito tempo depois, quando havia se tornado um homem rico, diante de quem todos tiravam o chapéu, me confessou que a pior pobreza é a de colarinho e gravata, porque é preciso dissimulá-la. Apresentava-se impecável com a roupa do pai ajustada a seu tamanho, colarinhos duros e ternos bem passados para esconder o desgaste do tecido. Essa época de penúria fortaleceu-lhe o caráter, acreditava que a vida é só esforço e trabalho, e que um homem honrado não pode sair por este mundo sem ajudar o próximo. Já tinha então a expressão concentrada e a integridade que o caracterizaram, era feito do mesmo material pétreo de seus antepassados e, como muitos deles, tinha os pés fincados no chão, embora uma parte de sua alma fugisse para o abismo dos sonhos. Por isso se apaixonou por minha avó, a caçula de uma família de 12 irmãos, todos loucos excêntricos e esquisitos, como Teresa, em quem começaram a crescer asas de santa no final da vida e que, ao morrer, fez secarem numa noite todas as roseiras do Parque Japonês; ou Ambrósio, grande fanfarrão e fornicador que, nos momentos de generosidade, se despia na rua para dar a roupa aos pobres. Cresci ouvindo comentários sobre o talento de minha avó para predizer o futuro, ler os pensamentos alheios, dialogar com os animais e mover objetos com um simples olhar. Contam que uma vez deslocou uma mesa de bilhar pelo salão, mas na verdade a única coisa que vi mudando de lugar foi um insignificante açucareiro, que costumava deslizar a esmo sobre a mesa na hora do chá.

 Essas faculdades despertavam certo receio e, apesar do

encanto da mocinha, os possíveis pretendentes ficavam acovardados na sua presença; para meu avô, entretanto, a telepatia e a telecinésia eram diversões inocentes e, de modo algum, obstáculos sérios para o casamento; só lhe preocupava a diferença de idade, pois ela era muito mais moça e quando a conheceu ainda brincava de boneca e andava abraçada com um travesseirinho ranhento. De tanto vê-la como uma menina, não se deu conta da própria paixão, até que um dia ela apareceu de vestido longo e cabelo preso, e então a revelação de um amor gestado durante anos jogou-o numa tal crise de timidez que parou de visitá-la. Ela adivinhou seu estado de espírito antes que ele pudesse desenredar a meada de seus próprios sentimentos e enviou-lhe uma carta, a primeira de muitas que lhe escreveria nos momentos decisivos de suas vidas. Não se tratava de uma cartinha perfumada, sondando o terreno, mas de um bilhete a lápis, em folha de caderno, perguntando-lhe, sem preâmbulos, se ele queria ser seu marido e, em caso afirmativo, quando. Meses mais tarde se realizou o casamento. A noiva chegou ao altar como uma figurinha do tempo antigo, envolta em rendas cor-de-marfim e com uma profusão de flores-de-laranjeira feitas de cera presas no coque; ao vê-la, ele decidiu que iria amá-la obstinadamente até o fim de seus dias.

Para mim, esse casal sempre foi o Tata e a Memé.* Dentre os filhos, somente minha mãe importa nesta história, porque se começo a falar sobre o restante da tribo não terminaremos nunca; além disso, os que ainda vivem estão muito longe. Assim é o exílio, atira as pessoas aos quatro ventos e depois fica muito difícil reunir os dispersos. Minha mãe nasceu entre as guerras mundiais, num dia de

*Designações usadas pela autora para *vovô* e *vovó*, no Chile. (*N. T.*)

primavera dos anos 1920, menina sensível, incapaz de acompanhar os irmãos nas correrias pelo terraço da casa à caça de ratos para guardá-los em vidros com formol. Cresceu protegida entre as paredes do lar e do colégio, entretida com leituras românticas e obras de caridade, e famosa por ser mais linda que qualquer outra nessa família de mulheres enigmáticas. Desde a puberdade teve vários apaixonados rondando-a como moscas que o pai mantinha a distância e a mãe analisava com suas cartas do tarô, até que os flertes inocentes terminaram com a chegada, em seu destino, de um homem talentoso e dúbio, que afastou sem esforço os outros rivais e lhe encheu a alma de inquietações. Foi seu avô Tomás, Paula, que desapareceu na bruma, e só o menciono porque você também traz o sangue dele, e por nenhuma outra razão. Esse homem de pensamento rápido e língua impiedosa era por demais inteligente e sem preconceitos para aquela sociedade provinciana, uma ave rara na Santiago de então. Atribuía-se a ele um passado obscuro, circulavam rumores de que pertencia à Maçonaria, sendo, portanto, inimigo da Igreja, e que mantinha escondido um filho bastardo, mas nada disso Tata podia argumentar para dissuadir sua filha, porque carecia de provas e ele não era pessoa capaz de manchar, sem fundamento, a reputação alheia. Naquele tempo o Chile era como que um mil-folhas – e de certa forma ainda é –, havia mais castas que na Índia e existia um epíteto pejorativo para colocar cada um no seu lugar: *maltrapilho*, *pé-rapado*, *arrivista*, *deslumbrado* e muitos mais, até alcançar a plataforma cômoda de *gente como a gente*. O nascimento determinava a posição das pessoas: era fácil descer na hierarquia social, mas para subir não eram suficientes dinheiro, fama ou talento; exigia-se o esforço constante de várias gerações. A favor de Tomás pesava uma linhagem honrada, embora houvesse antecedentes políticos suspeitos aos olhos do Tata. Já então se ouvia o nome de um tal de Salvador Allende, fundador do Partido Socialista, que pregava contra a propriedade privada, a moral conservadora e a autoridade dos patrões. Tomás era primo desse jovem deputado.

Olhe, Paula, tenho aqui o retrato do Tata. Esse homem de feições severas, olhos claros, óculos sem aro e boina negra é seu bisavô. Na fotografia aparece sentado, empunhando a bengala, e junto dele, apoiada em seu joelho direito, está uma menina de 3 anos, com vestido de festa, graciosa como uma bailarina em miniatura, fitando a câmera com olhos lânguidos. Essa é você, atrás estamos minha mãe e eu, a cadeira esconde minha barriga, eu estava grávida do seu irmão Nicolás. Vemos o velho de frente e admiramos a postura altiva, essa dignidade sem ostentação de quem se fez sozinho, de quem percorreu seu caminho corretamente e já não espera mais nada da vida. Lembro-o sempre idoso, embora quase sem rugas, salvo os sulcos profundos nos cantos da boca, com uma cabeleira branca de leão e um riso repentino de dentes amarelos. No fim, tinha dificuldade para se locomover, porém se levantava com esforço para cumprimentar ou se despedir das mulheres e, apoiado na bengala, acompanhava as visitas até o portão. Eu gostava de suas mãos, fortes e nodosas como galhos retorcidos de carvalho, do imprescindível lenço de seda em torno do pescoço e do cheiro de lavanda e desinfetante de seu sabonete inglês. Com senso de humor, procurou inculcar nos descendentes sua filosofia estóica: o desconforto lhe parecia saudável e a calefação nociva exigia comida simples – nada de molhos nem refogados – e achava uma vulgaridade alguém se divertir. De manhã, enfrentava um chuveiro frio, costume que na família ninguém imitou, embora ele o tenha mantido até o final da vida, quando parecia um venerável escaravelho, sempre fiel a seu jato de água gelada, que então recebia sentado impavidamente numa cadeira. Falava por meio de provérbios contundentes e respondia qualquer interrogatório com outras perguntas, de modo que não sei muito sobre suas idéias, mas conheci a fundo seu caráter. Observe minha mãe, que neste retrato tem um pouco mais de 40 anos e se encontra no auge do esplendor, vestida na última moda, com saia curta e cabelo feito uma colmeia. Está rindo, e seus grandes olhos verdes se mostram como dois traços emoldurados pelo arco acentuado das sobrancelhas negras. Essa foi a época mais feliz da vida dela, quando havia criado os filhos, estava apaixonada e seu mundo ainda lhe parecia seguro.

Eu gostaria de mostrar a você uma fotografia de meu pai, mas todas foram queimadas há mais de quarenta anos.

POR ONDE ANDA você, Paula? Como você vai ser quando despertar? Será a mesma mulher ou deveremos aprender a nos conhecer como duas estranhas? Terá memória ou precisarei contar a você, pacientemente, os 28 anos de sua vida e os 49 da minha?

Deus proteja sua menina, sussurra-me com dificuldade Sr. Manuel, o doente que ocupa o leito a seu lado. É um velho camponês, várias vezes operado do estômago, que ainda luta contra a invalidez e a morte. Deus proteja sua menina, também me disse ontem uma moça com um bebê no colo, que soube do seu caso e veio ao hospital para me oferecer esperança. Ela sofreu um ataque de porfiria há dois anos e ficou em coma por mais de um mês, levou um ano até voltar à normalidade e deve se tratar pelo resto de seus dias, mas já trabalha, casou-se e teve um menino. Garantiu-me que o estado de coma é como dormir sem

 sonhos, um parêntese misterioso. Não chore mais, senhora,

ela disse, sua filha não sente nada, sairá daqui andando e depois não se lembrará do que lhe aconteceu. Toda manhã percorro os corredores do sexto andar caçando o especialista para indagar novos detalhes. Esse homem tem nas mãos a sua vida e não confio nele, passa como uma corrente de ar, distraído e apressado, dando-me enroladas explicações sobre enzimas e cópias de artigos sobre sua doença, que leio, mas não entendo. Parece mais interessado nas estatísticas do próprio computador e nos resultados dos exames do que no seu corpo crucificado sobre esta cama. Este é o quadro, uns se recuperam da crise em pouco tempo enquanto outros passam semanas na terapia intensiva; antes os pacientes simplesmente morriam, mas agora podemos mantê-los vivos até que o metabolismo funcione de novo, diz ele sem me olhar nos olhos. Bem, se é assim, só resta esperar. Se você resiste, Paula, eu também resisto.

Quando você despertar, teremos meses, anos talvez, para colar os pedaços quebrados do seu passado, ou, melhor ainda, poderemos inventar lembranças sob medida, segundo as suas fantasias; por ora, falarei de mim e dos membros desta família à qual ambas pertencemos, mas não me peça exatidão porque vou cometer erros, muita coisa eu esqueço ou se distorce, não guardo lugares, datas nem nomes; em compensação, nunca deixo escapar uma boa história. Sentada a seu lado e observando numa tela as linhas luminosas que sinalizam as batidas do seu coração, procuro me comunicar com você pelos métodos mágicos de minha avó. Se ela estivesse aqui, poderia levar até você minhas mensagens e me ajudar a retê-la neste mundo. Você empreendeu uma viagem estranha pelas dunas da inconsciência. Para que tantas palavras se você não pode me ouvir? Para que estas páginas que talvez não leia nunca? Minha vida se faz ao ser contada e minha memória se fixa com a escrita; o que não ponho em palavras, no papel, o tempo apaga.

Hoje são 8 de janeiro de 1992. Neste mesmo dia, há 11 anos, comecei em Caracas uma carta para me despedir de meu avô, que agonizava com um século de luta nas costas. Seus ossos firmes continuavam resistindo, embora ele estivesse se preparando há muito tempo para seguir a Memé, que do umbral lhe fazia sinais. Eu não podia voltar ao Chile e não seria o caso de incomodá-lo com o telefone, que o amolava tanto, para dizer que partisse tranqüilo porque nada se perderia do tesouro de casos que me havia contado ao longo de nossa amizade, de nenhum deles eu esquecera. Pouco depois o velho morreu, mas o texto havia tomado conta de mim e não pude parar, outras vozes falavam através da minha, escrevia em transe, com a sensação de ir desemaranhando um novelo de lã, e com a mesma premência com que escrevo agora. No final daquele ano haviam-se acumulado quinhentas páginas numa sacola de lona e compreendi que aquilo não era mais uma carta; então anunciei timidamente à família que tinha escrito um livro. Qual é o título?, perguntou minha mãe. Fizemos uma lista de nomes, mas não conseguimos chegar a um acordo e finalmente você decidiu, Paula, na cara ou coroa. Assim nasceu e se batizou meu primeiro romance, *A casa dos espíritos*, e eu me iniciei no vício irrecuperável de contar histórias. Esse livro me salvou a vida. A escrita é uma longa introspecção, é uma viagem às cavernas mais escuras da consciência, uma lenta meditação. Escrevo tateando o silêncio e pelo caminho descubro partículas de verdade; cristaizinhos que cabem na palma da mão e justificam minha passagem por este mundo. Também num dia 8 de janeiro comecei meu segundo romance e depois não me atrevi a mudar aquela data de sorte, em parte por superstição, mas também por disciplina; comecei todos os meus livros num 8 de janeiro.

Há vários meses terminei *O plano infinito*, meu romance mais recente, e desde então me preparo para este dia. Tinha tudo pronto: tema, título, primeira frase, no entanto ainda não irei escrever essa história, porque desde que você ficou doente só tenho forças para acompanhá-la, Paula. Faz um mês que está adormecida, não sei como chegar até você, chamo-a e chamo-a, mas seu nome se perde na voragem deste hospital. Estou com a alma sufocada de areia, a tristeza é um deserto estéril. Não sei rezar, não consigo juntar duas idéias, menos ainda poderia mergulhar na criação de outro livro. Jogo-me nestas páginas numa tentativa irracional de vencer meu terror, parece que, dando forma a esta devastação, poderei ajudar você e me ajudar, o meticuloso exercício da escrita pode ser nossa salvação. Há 11 anos escrevi uma carta a meu avô, para me despedir quando ele estava morrendo. Neste 8 de janeiro de 1992 escrevo para você, Paula, para trazê-la de volta à vida.

MINHA MÃE era uma linda jovem de 18 anos quando Tata levou a família à Europa, numa viagem penosa que então só se fazia uma vez na vida, pois o Chile fica nos calcanhares do mundo. Tinha a intenção de deixar a filha num colégio da Inglaterra para que ela adquirisse cultura e, de quebra, esquecesse o namoro com Tomás. Porém, Hitler acabou com os planos e a Segunda Guerra Mundial estalou com o estrépito de um cataclismo, surpreendendo-os na Costa Azul. Com dificuldades incríveis, avançando contra a corrente por caminhos cheios de gente que fugia a pé, a cavalo ou em qualquer veículo disponível, eles conseguiram chegar à Antuérpia e subir no último navio chileno que zarpou do cais. Os deques e os botes salva-vidas haviam sido ocupados por dúzias de famílias judias que fugiam deixando seus pertences – e, em alguns casos, fortunas – nas mãos de cônsules inescrupulosos que lhes vendiam vistos a peso de ouro. Na falta de camarotes, viajavam como gado, dormindo ao relento e passando fome, pois os alimentos estavam racionados. Durante essa penosa travessia, Memé consolava as mulheres que choravam seus lares perdidos e a incerteza do futuro, enquanto Tata negociava comida na cozinha e cobertores com os marinheiros para distribuí-los aos refugiados Um deles, peleteiro de profissão, presenteou Memé com um suntuoso casaco de astracã cinzento. Navegaram durante semanas por águas infestadas de submarinos inimigos, com as luzes apagadas à noite e rezando de dia, até que deixaram para trás o Atlântico e chegaram ao Chile sãos e salvos. Ao atracar no porto de Valparaíso, a primeira coisa que se avistou foi a figura inconfundível de Tomás, com terno de linho branco e chapéu-panamá, e então Tata compreendeu a futilidade de se opor aos misteriosos desígnios do destino e, de muita má vontade, consentiu no casamento. A cerimônia se realizou em casa, com a participação do Núncio Apostólico e de algumas figuras notáveis do mundo oficial. A noiva ostentava um sóbrio vestido de cetim e uma atitude desafiadora; não sei como o noivo se apresentou, porque a fotografia está cortada e dele só nos resta um braço. Ao conduzir a filha para o salão, onde tinham armado um altar enfeitado com cascatas de rosas, Tata se deteve ao pé da escada.

– Ainda há tempo para se arrepender. Não se case, filha, por favor, pense melhor nisso. Basta fazer um sinal que eu me encarrego de despachar este batalhão de gente e mandar o banquete para o hospício... – Ela respondeu com um olhar glacial.

Tal como fora advertida minha avó numa sessão de espiritismo, o casamento de meus pais foi um desastre desde o primeiro instante. Minha mãe embarcou de novo, dessa vez rumo ao Peru, onde Tomás havia sido nomeado secretário da Embaixada do Chile. Levava uma coleção de baús pesados com seu enxoval de noiva e um carregamento de presentes, tantos objetos de porcelana, cristal e prata que meio século depois ainda tropeçamos neles nos lugares mais inesperados. Cinqüenta anos de postos diplomáticos em diversas latitudes, divórcios e longos exílios não conseguiram livrar a família desse lastro; temo bastante, Paula, que você venha a herdar, entre outros objetos horripilantes, uma luminária com ninfas caóticas e querubins rechonchudos que minha mãe ainda conserva. Sua casa, filha, é de uma simplicidade monástica e no seu pobre armário só estão penduradas quatro blusas e duas calças compridas, eu me pergunto o que faz com o que vou dando, você é feito a Memé, que bastou descer do navio e pisar em terra firme para se desfazer do casaco de astracã, agasalhando uma mendiga com ele. Minha mãe passou os dois primeiros dias da lua-de-mel tão enjoada com os sacolejões do Oceano Pacífico que não pôde deixar o camarote, e, mal se recuperou, saindo para respirar a plenos pulmões, caiu o marido prostrado por uma dor de dente. Enquanto ela passeava no tombadilho, indiferente aos olhares cobiçosos de oficiais e marinheiros, ele choramingava em seu beliche. O pôr-do-sol pintava de alaranjado o horizonte imenso e, durante as noites, estrelas escandalosas convidavam ao amor, mas o sofrimento foi mais poderoso que o romance. Teriam de passar três dias intermináveis até o paciente permitir que o médico de bordo interviesse com um boticão para aliviá-lo do suplício; só então cedeu o inchaço e os noivos puderam iniciar a vida de casados. Na noite seguinte se apresentaram juntos na sala de jantar, convidados para a mesa do comandante. Depois de um brinde formal aos recém-casados, veio a entrada, camarões servidos em taças forradas de gelo. Num gesto de dengosa intimidade, minha mãe esticou seu garfo e tirou um camarão do prato do marido com tanta falta de sorte que um minúsculo pingo do molho rosado caiu na gravata dele. Tomás pegou uma faca para raspar o desastre, mas a mancha aumentou. E então, ante o assombro dos comensais e a mortificação da própria mulher, o diplomata meteu os dedos no prato, pegou os crustáceos, esfregou-os pelo peito, lambuzando a camisa, o terno e o que sobrou da gravata, em seguida passou as mãos nos cabelos engomalinados, pôs-se de pé, saudou com uma breve inclinação e partiu para o camarote, onde permaneceu durante o restante da travessia num silêncio obstinado. Apesar desses percalços, fui concebida em alto-mar.

Minha mãe não fora preparada para a maternidade, pois naquele tempo tais assuntos eram tratados aos cochichos diante das moças solteiras, e Memé não teve a idéia de informá-la sobre os indecentes entusiasmos das abelhas e das flores, porque sua alma flutuava em outros níveis, mais interessada na translúcida natureza das aparições que nas grosseiras realidades deste mundo. Não obstante, minha mãe tão logo pressentiu a gravidez soube que seria uma menina, chamou-a Isabel e estabeleceu com ela um diálogo permanente que não cessou até hoje. Apegada à criancinha que crescia em seu ventre, tratou de compensar sua solidão de mulher malcasada; conversava comigo em voz alta, assustando os que a viam agir como uma alucinada, e suponho que eu escutava e lhe respondia, mas não me lembro desse período intra-uterino.

Meu pai tinha gostos suntuosos. A ostentação sempre foi um vício malvisto no Chile, onde a sobriedade é sinal de refinamento; em compensação, em Lima, cidade dos vice-reis, a ostentação é de bom-tom. Ele se instalou numa casa desproporcional à sua posição de segundo secretário da Embaixada, rodeou-se de empregados índios, encomendou em Detroit um carro de luxo e jogou dinheiro fora em festas, cassinos e passeios de iate, sem que ninguém pudesse explicar como financiava tais extravagâncias. Em pouco tempo conseguiu se relacionar com a fina flor dos notáveis daquele mundinho político e social, descobriu as fraquezas de cada um e, por meio de seus contatos, chegou a tomar conhecimento de certas confidências indiscretas e até de alguns segredos de Estado. Tornou-se convidado obrigatório das corriolas de Lima; em plena guerra conseguia o melhor uísque, a cocaína mais pura e as cortesãs mais complacentes, todas as portas se abriam para ele. Enquanto subia os degraus de sua carreira, sua mulher se sentia prisioneira num beco sem saída, unida aos 20 anos a um homem escorregadio, de quem dependia completamente. Ela enfraquecia no calor úmido do verão, escrevendo para a mãe páginas intermináveis que se cruzavam no mar e se perdiam nas sacolas do correio como uma conversa de surdos. Essas cartas melancólicas, empilhadas sobre a escrivaninha, convenceram Memé do desencanto da filha, ela suspendeu suas sessões de espiritismo com três amigas esotéricas da Irmandade Branca, jogou o baralho adivinhatório numa maleta e partiu para Lima num frágil bimotor, dos poucos que levavam passageiros, porque nesse período de guerra os aviões eram reservados para fins militares. Chegou em cima da hora do meu nascimento. Como trouxera seus filhos ao mundo em casa, assistida pelo marido e por uma parteira, ficou desconcertada com os modernos métodos do hospital. Doparam a parturiente com uma única injeção sem lhe dar a oportunidade de participar dos acontecimentos e, assim que o bebê nasceu, transferiram-no para um berçário asséptico. Muito tempo depois, quando se dissiparam as brumas da anestesia, informaram à mãe que tinha dado à luz uma menina, mas que, de acordo com o regulamento, só poderia tê-la consigo nas horas de amamentar.

– Deve ser um monstrinho e por isso não me deixam vê-la!

– É uma menininha linda – replicou minha avó, procurando imprimir à própria voz um tom convincente, embora na verdade não tivesse tido ainda a oportunidade de me ver direito. Através de um vidro, haviam mostrado um volume embrulhado numa mantinha, cujo aspecto, a seus olhos, não era inteiramente humano.

Enquanto eu berrava de fome no outro andar, minha mãe se debatia furiosamente, disposta a recuperar a filha por meio da violência, se assim fosse necessário. Um médico acudiu, diagnosticou uma crise histérica, aplicou-lhe outra injeção e deixou-a adormecida por mais 12 horas. A essa altura, minha avó estava convencida de que se encontravam na ante-sala do inferno, e bastou a filha ficar um pouco mais esperta para ajudá-la a lavar o rosto com água fria e pôr uma roupa.

– É preciso fugir daqui. Vista-se e vamos sair de braços dados como duas senhoras que vieram fazer uma visita.

– Mas, pelo amor de Deus, não podemos ir sem a menina, mamãe!

– É mesmo – replicou minha avó, que provavelmente não havia pensado nesse detalhe.

Entraram com ar decidido na sala onde estavam seqüestrados os recém-nascidos, pegaram um bebê e o levaram às pressas para não despertar suspeitas. Puderam identificar o sexo porque a criança tinha uma fita cor-de-rosa no pulso, mas não tiveram tempo suficiente para averiguar se era realmente a delas e, além do mais, o assunto não era de importância vital, todas as crianças são mais ou menos iguais nessa idade. É possível que na pressa me tenham confundido e que em alguma parte haja uma mulher com dons de clarividência e olhos cor-de-espinafre ocupando meu lugar. Já a salvo em casa, me despiram para ver se eu estava inteira e descobriram um sinal no começo das costas. Esta mancha é um bom sinal, garantiu Memé, não devemos nos preocupar com ela, vai crescer saudável e com sorte. Nasci em agosto, signo de Leão, sexo feminino e, se não me trocaram no hospital, tenho sangue castelhano-basco, um quarto de sangue francês e certa dose de araucano ou *mapuche*, como todos os da minha terra. Apesar de ter chegado ao mundo em Lima, sou chilena; venho de "uma longa pétala de mar e vinho e neve", como Pablo Neruda definiu meu país, e de lá você também vem, Paula, apesar de ter a marca indelével do Caribe, onde cresceu. Para você, fica um pouco difícil entender nossa mentalidade do Sul. No Chile somos determinados pela presença eterna das montanhas que nos separam do restante do continente e pela sensação de precariedade; inevitável numa região de catástrofes geológicas e políticas. Tudo treme sob nossos pés, não conhecemos a segurança, se nos perguntam como vamos, a resposta é "sem novidades" ou "mais ou menos"; movimentamos-nos de uma incerteza para outra, caminhamos cautelosos numa região de claro-escuro, nada é preciso, não gostamos de confrontos, preferimos negociar. Quando as circunstâncias nos impelem a extremos, despertam nossos piores instintos e a história dá uma guinada trágica, porque os mesmos homens que na vida cotidiana parecem mansos, quando contam com a impunidade e com um bom pretexto, costumam se transformar em feras sanguinárias. Mas em tempos normais os chilenos são sóbrios, circunspectos, formais e sentem pânico de chamar atenção, o que para eles é sinônimo de fazer um papel ridículo. Por isso mesmo eu tenho feito a família corar de vergonha.

E por onde andava Tomás enquanto sua mulher dava à luz e a sogra levava a cabo o discreto rapto da primogênita? Não sei, meu pai é uma grande ausência na minha vida, foi-se embora tão cedo e de maneira tão cabal que não me deixou lembranças. Minha mãe conviveu com ele por quatro anos, com duas longas separações neste período, e arranjou tempo para dar à luz três filhos. Era tão fértil que bastava uma cueca se agitar num raio de meio quilômetro para que ela ficasse grávida, condição que herdei; mas tive a sorte de pegar a época da pílula. A cada parto, o marido desaparecia, como costumava fazer diante de qualquer problema significativo, e regressava alegre com um presente extravagante para a mulher assim que a emergência tivesse sido superada. Ela via proliferarem quadros nas paredes e porcelanas chinesas nos aparadores sem compreender a origem de tantos gastos. Impossível explicar esses luxos com um salário que para os outros funcionários só dava para o gasto, mas, quando tentava averiguar, ele vinha com evasivas, tal como acontecia quando ela indagava a respeito das ausências noturnas, viagens misteriosas e amizades duvidosas. Já tinha duas crianças e estava a ponto de dar à luz a terceira, quando desmoronou o castelo de cartas de sua inocência. Certa manhã, Lima acordou agitada por um rumor de escândalo que se espalhou por todos os salões, embora não tivesse saído nos jornais. Tratava-se de um velho milionário que costumava emprestar seu apartamento aos amiguinhos para encontros de amor clandestinos. No quarto, entre móveis antigos e tapetes persas, estava pendurado um espelho falso com moldura barroca, que era de fato uma janela. Do outro lado se instalava o dono da casa com um grupo seleto de convidados, bem abastecidos de bebidas e drogas, dispostos a se deleitar com os jogos do par de plantão, que em geral de nada suspeitava. Nessa noite, achava-se entre os voyeurs um político do alto escalão do governo. Quando ele abriu a cortina para espiar os amantes incautos, a primeira surpresa foi constatar que se tratava de dois homens; e a segunda, que um deles, vestido com corpete e cinta-ligas rendadas, era seu próprio primogênito, um jovem advogado de futuro promissor. A humilhação fez o pai perder o controle, ele quebrou o espelho a pontapés, atirou-se sobre o filho para arrancar-lhe os penduricalhos de mulher e, se não fosse contido pelos demais, talvez o tivesse assassinado. Poucas horas depois, as rodas mexeriqueiras de Lima comentavam os pormenores do acontecimento, acrescentando detalhes cada vez mais escabrosos. Suspeitava-se que o incidente não tivesse sido casual, que alguém planejara a cena por pura ânsia de maldade. Assustado, Tomás desapareceu sem dar explicações. Minha mãe só ficou sabendo do escândalo vários dias depois; vivia isolada pelos incômodos das sucessivas gestações e também para evitar os credores, que reclamavam contas penduradas. Cansados de esperar por seus salários, os criados da casa haviam desertado, só restara Margara, uma empregada chilena de rosto hermético e coração de pedra que servia à família desde tempos imemoriais. Nessas condições começaram os sintomas do parto, minha mãe cerrou os dentes e se dispôs a dar à luz do modo mais primitivo. Eu tinha cerca de 3 anos e meu irmão Pancho mal sabia andar. Nessa noite, encolhidos num corredor, ouvimos os gemidos de minha mãe e assistimos ao vaivém de Margara com chaleiras de água quente e toalhas. Juan veio ao mundo à meia-noite, um mirrado ratinho sem pêlo, que mal respirava. Logo se viu que ele não podia engolir, tinha um nó na garganta e o alimento não passava, estava destinado a perecer de fome enquanto os seios de sua mãe estouravam de tanto leite, mas salvou-o a tenacidade de Margara, empenhada em mantê-lo vivo, primeiro com um algodão empapado de leite que ela espremia gota a gota, e depois enfiando-lhe à força uma papa espessa com uma colher de pau.

Durante anos rodaram pela minha cabeça razões mórbidas para justificar o desaparecimento de meu pai, cansei de perguntar a meio mundo, existe um silêncio conspirador em torno dele. Aqueles que o conheceram e ainda vivem descrevem-no como um homem muito inteligente e nada mais acrescentam. Na infância, imaginei-o como um criminoso e mais tarde, quando soube de perversões sexuais, atribuí todas a ele, mas parece que nada tão romanesco ornamenta seu passado, era apenas uma alma covarde; um dia se viu acossado pelas próprias mentiras, perdeu o controle da situação e escapuliu. Deixou a Chancelaria, não voltou a ver sua mãe, seus parentes nem amigos, literalmente se volatilizou. Visualizo-o – um pouco de brincadeira, é claro – fugindo para Machu Picchu, fantasiado de índia peruana, com tranças postiças e várias saias coloridas. Nunca repita isso! De onde você tira tantas bobagens?, cortou minha mãe quando lhe mencionei aquela possibilidade. Seja como for, partiu sem deixar rastro, mas não se transferiu para as alturas transparentes dos Andes para se diluir numa aldeia de *aymaras*, como eu supunha; simplesmente desceu um degrau na implacável escada das classes sociais chilenas e se tornou invisível. Voltou para Santiago e continuou circulando pelas ruas centrais, mas, como não freqüentava mais o próprio meio, foi como se tivesse morrido. Não tornei a ver minha avó paterna nem ninguém da família dele, exceto Salvador Allende, que se manteve perto de nós por um firme sentimento de lealdade. Nunca mais vi meu pai, não ouvi mencionar seu nome e nada sei de seu aspecto físico, portanto acabou sendo irônico que um dia me chamassem para identificar seu cadáver no necrotério, mas isso foi muito depois. Lamento, Paula, que neste ponto desapareça este personagem, porque os vilões constituem a parte mais saborosa das histórias.

Minha mãe, que fora criada num ambiente privilegiado onde as mulheres não se preocupavam com dinheiro, entrincheirou-se em sua casa fechada, enxugou as lágrimas do abandono e calculou que pelo menos por algum tempo não morreria de inanição, pois contava com o tesouro das bandejas de prata que poderia ir liquidando uma a uma para pagar as contas. Estava sozinha com três crianças num país estranho, cercada por uma pompa inexplicável e sem um centavo na bolsa, mas era demasiadamente orgulhosa para pedir auxílio. De qualquer maneira, a Embaixada es tava alerta e soube de imediato que Tomás havia desaparecido, deixando os seus na bancarrota. O decoro do país estava em jogo, não se podia permitir que o nome de um funcionário chileno rolasse pela lama e muito menos que a mulher e os filhos fossem postos na rua pelos credores. O cônsul veio visitar a família com instruções para enviá-la ao Chile na maior discrição possível. Você adivinhou, Paula, tratava-se do tio Ramón, seu avô príncipe, descendente direto de Jesus Cristo. Ele próprio garante que era um dos homens mais feios de sua geração, mas acho que exagera; não diremos que seja bonito, mas o que lhe falta em galhardia sobra na inteligência e no encanto e, além do mais, os anos lhe deram um ar de grande dignidade. Na época em que foi enviado em nosso auxílio era um cavalheiro raquítico, de tez esverdeada, com bigodes de foca e sobrancelhas mefistofélicas, pai de quatro filhos e católico praticante, nem de longe o personagem mítico que chegou a ser depois, quando mudou de pele como as cobras. Margara abriu a porta ao visitante e o levou ao quarto da dona da casa, que o recebeu na cama, com os filhos à sua volta, ainda combalida pelo parto, mas em todo o esplendor dramático e na deslumbrante força de sua juventude. O senhor cônsul, que mal conhecia a esposa do colega – sempre a tinha visto grávida, com um ar distante e nada convidativo –, permaneceu de pé junto à porta, submerso num manguezal de emoções. Enquanto a interrogava sobre os pormenores de sua situação e lhe explicava o plano de repatriá-la, o furioso estouro de uma boiada atropelava seu coração. Calculando que não existiria mulher mais fascinante e sem compreender como o marido pudera abandoná-la, porque ele daria a vida por ela, suspirou abatido pela tremenda injustiça de tê-la conhecido tarde demais. Ela fitou-o longamente.

– Está bem, voltarei para a casa de meu pai – por fim, aceitou.

– Dentro de poucos dias sai um navio de Callao para Valparaíso, tratarei de conseguir as passagens – gaguejou ele.

– Eu viajo com meus três filhos, Margara e a cachorra. Não sei se este menino, que nasceu muito fraco, resistirá à travessia – e, apesar de lhe brilharem lágrimas nos olhos, ela não se permitiu chorar.

Num relâmpago, desfilaram pela mente de Ramón a mulher, os filhos, o pai de dedo em riste, bem como o tio bispo, brandindo um crucifixo e lançando raios de condenação; viu-se excomungado da Igreja e desonrado na Chancelaria, mas não podia se desligar do rosto perfeito daquela mulher e sentiu que um furacão o arrebatava. Deu dois passos em direção ao leito. Nesses passos, decidiu seu futuro.

– De agora em diante, tomarei conta de você e de seus filhos, para sempre.

PARA SEMPRE... O que é isso, Paula? Perdi a medida do tempo neste edifício branco onde reina o eco e nunca é noite. Esfumaram-se as fronteiras da realidade, a vida é um labirinto de espelhos opostos com imagens distorcidas. Há um mês, nesta mesma hora, eu era outra mulher. Existe uma fotografia minha dessa ocasião, estou na festa de lançamento do meu novo livro na Espanha, com um vestido decotado cor-de-berinjela, colar e pulseiras de prata, unhas compridas e sorriso confiante, um século mais jovem do que agora. Não reconheço essa mulher, em quatro semanas a dor me transformou. Enquanto ia explicando ao microfone as circunstâncias que me levaram a escrever *O plano infinito*, minha agente literária abriu caminho para me segredar que você se internara no hospital. Tive o pressentimento feroz de que uma desgraça fundamental mudara o curso de nossas vidas. Quando chegara a Madri, dois dias antes, você já se sentia muito mal. Estranhei que não estivesse no aeroporto para me receber, como fazia sempre, deixei as malas no hotel e, esgotada pela viagem cansativa desde a Califórnia, fui para sua casa, onde a encontrei vomitando e ardendo em febre. Você acabara de fazer um retiro espiritual com as freiras do colégio onde trabalha, como voluntária, quarenta horas semanais, ajudando crianças carentes, e me contou que fora uma experiência intensa e triste, dúvidas a oprimiam, sua fé era frágil.

– Estou procurando Deus e ele foge de mim, mamãe..

– Deus espera sempre, mas agora é mais urgente procurar um médico. O que está acontecendo com você, filha?

– Porfiria – você respondeu sem vacilar.

Há vários anos, sabendo que herdara essa predisposição, você se cuidava muito e se tratava com um dos poucos especialistas da Espanha. Ao vê-la já sem forças, seu marido levou-a para um atendimento de emergência, diagnosticaram gripe e mandaram você de volta para casa. Nessa noite, Ernesto me contou que há muitas semanas, meses mesmo, você estava tensa e cansada. Enquanto discutíamos uma suposta depressão, você sofria atrás da porta fechada de seu quarto: a porfiria começava a envenená-la depressa e nenhum de nós foi capaz de perceber isso. Não sei como dei conta do meu trabalho, não tinha ânimo e, a cada duas entrevistas, corria até o telefone para falar com você. Tão logo me deram a notícia de que havia piorado, cancelei o restante da viagem e voei para vê-la no hospital, subi correndo os seis andares e localizei sua enfermaria neste monstruoso edifício. Encontrei-a reclinada na cama, lívida, com expressão perdida, e bastou um olhar para compreender como seu estado era grave.

– Por que está chorando? – você perguntou com uma voz desconhecida.

– Porque estou com medo. Amo você, Paula.

– Eu também te amo, mamãe...

Foi a última coisa que você me disse, filha. Instantes depois você estava delirando, recitava números, os olhos fixos no teto. Ernesto e eu ficamos a seu lado a noite toda, revezando-nos na única cadeira disponível, enquanto nos outros leitos da enfermaria uma velha agonizava, uma demente gritava e uma cigana desnutrida, coberta de pancadas, tentava dormir. Quando o dia clareou, convenci seu marido de que fosse descansar, passara noites em claro e estava exaurido. Ele se despediu de você com um beijo na boca. Uma hora depois se desencadeou o horror, um apavorante vômito de sangue seguido de convulsões; seu corpo tenso, arqueado para trás, se agitava em espasmos violentos que a levantavam da cama, os braços tremiam com as mãos rígidas, como se você tentasse se agarrar a alguma coisa, os olhos apavorados, o rosto congestionado e coberto de baba. Joguei-me sobre você para dominá-la, gritei e gritei pedindo socorro, a enfermaria se encheu de gente vestida de branco e me retiraram à força. Lembro de estar ajoelhada no chão e, depois, uma bofetada na cara. Calma, minha senhora, cale-se ou vai ter que ir embora! Sua filha está melhor, pode entrar e ficar com ela, sacudiu-me um enfermeiro. Tratei de ficar de pé, mas as pernas fraquejaram; ajudaram-me a chegar até seu leito e depois saíram, fiquei sozinha com você e as outras pacientes, cada qual consumida nos próprios males. Você tinha a cor cinzenta dos espectros, olhos virados para cima, um fio de sangue seco no canto da boca, estava fria. Esperei chamando-a por todos os nomes que lhe dei desde menina, mas você se afastava para outro mundo: quis fazê-la beber água, sacudi-a, mas você me cravou as pupilas dilatadas e vítreas, olhando através de mim para outro horizonte, e de repente ficou imóvel, exangüe, sem respirar. Consegui gritar por socorro e em seguida tentei fazer em você respiração boca a boca, mas o medo me bloqueara, fiz tudo errado, soprei sem ritmo nem controle, de qualquer jeito, cinco ou seis vezes, e então notei que tampouco batia seu coração e comecei a lhe dar socos no peito. Instantes depois, vieram socorrê-la e a última coisa que vi foi sua cama sendo levada às pressas pelo corredor, até o elevador. A partir desse momento, a vida parou para você e para mim também, nós duas atravessamos o misterioso umbral e entramos na zona mais escura.

– O ESTADO DELA É CRÍTICO – informou-me o médico de plantão na Unidade de Terapia Intensiva.

– Devo chamar o pai no Chile? São mais de vinte horas para chegar aqui – perguntei.

– Sim.

A notícia havia corrido e começavam a aparecer parentes de Ernesto, amigos e freiras de seu colégio; alguém avisou por telefone à família espalhada no Chile, na Venezuela e nos Estados Unidos. Pouco depois apareceu seu marido, sereno e suave, mais preocupado com os sentimentos alheios do que com os próprios, aparentando muito cansaço. Permitiram que ele a visse por alguns minutos e, ao sair, nos informou que você estava ligada a um respirador artificial e que recebia uma transfusão de sangue. Não está tão ruim como dizem, sinto o coração de Paula batendo forte junto do meu, ele disse, frase que nesse momento me pareceu sem sentido, mas que agora, conhecendo-o mais, posso compreender melhor. Nós dois passamos esse dia e a noite seguinte sentados na sala de espera, de vez em quando eu adormecia exausta e, quando abria os olhos, via-o imóvel, sempre na mesma posição, esperando.

– Estou apavorada, Ernesto – admiti quando amanheceu.

– Não podemos fazer nada; Paula está nas mãos de Deus.

– Para você deve ser mais fácil aceitar isso, porque pelo menos conta com sua religião.

– Sofro como você, mas tenho menos medo da morte e mais esperança na vida – replicou me abraçando. Afundei o rosto em seu colete, aspirando o perfume de homem jovem, sacudida por um pavor atávico.

Horas depois minha mãe e Michael chegaram do Chile, e também Willie, da Califórnia. Seu pai estava muito pálido, subira no avião convencido de que encontraria você morta, a viagem deve ter sido eterna para ele. Abracei minha mãe, arrasada, e tive a prova de que, apesar de a idade ter reduzido seu tamanho, ela é ainda uma enorme presença protetora. A seu lado, Willie parece um gigante, mas, quando procurei um peito para apoiar a cabeça, o dela foi maior e mais seguro para mim que o de meu marido. Entramos na UTI e chegamos a ver você consciente e um pouco melhor do que na véspera, os médicos começavam a repor o sódio, que você perdia em abundância, e o sangue novo a tinha reanimado; entretanto, a ilusão durou apenas umas horas, pouco depois sobreveio uma crise de ansiedade e lhe deram uma dose maciça de sedativos que jogaram você num estado de coma profundo, do qual até agora não saiu.

– Pobrezinha de sua menina, ela não merece esta sorte. Por que não morro eu, que estou velho, em vez dela?

– diz às vezes o Sr. Manuel, o doente do leito vizinho, com sua penosa voz de agonizante.

É muito difícil escrever estas páginas, Paula, percorrer de novo as etapas desta viagem dolorosa, avivar os detalhes, imaginar como seria se você tivesse caído em melhores mãos, se não a tivessem atordoado com drogas, se... Como me livrar da culpa? Quando você mencionou a porfiria, pensei que era exagero e, em vez de procurar mais assistência, confiei nessa gente vestida de branco, entreguei-lhes minha filha sem reservas. É impossível retroceder no tempo, não devo olhar para trás, no entanto não posso deixar de fazê-lo, é uma obsessão. Para mim, só existe a certeza irrevogável deste hospital madrilenho, o resto da minha vida se perdeu numa névoa densa.

Willie, que poucos dias depois precisou retornar ao trabalho na Califórnia, telefona toda manhã e toda noite para me dar força, lembrar-me que nos amamos e temos uma vida feliz do outro lado do mar. Sua voz me chega de muito longe e parece que estou sonhando, que na realidade não existe uma casa de madeira debruçada sobre a baía de São Francisco, nem esse amante ardente agora transformado em marido distante. Também parece que sonhei com meu filho Nicolás, com Célia, minha nora, com o pequeno Alejandro de pestanas de girafa. Carmen Balcells, minha agente literária, às vezes vem para me transmitir a solidariedade de meus editores ou notícias de meus livros, e não sei do que está falando, só existe você, filha, e o espaço sem tempo onde nós duas nos instalamos.

Nas longas horas de silêncio as recordações me atropelam, tudo aconteceu no mesmo instante, como se minha vida inteira fosse uma única imagem ininteligível. A menina e a jovem que fui, a mulher que sou, a velha que serei, todas as etapas são água do mesmo manancial impetuoso. Minha memória é como um mural mexicano onde tudo acontece simultaneamente: as naus dos conquistadores num extremo, enquanto no outro, a Inquisição tortura índios, os libertadores galopando com bandeiras ensangüentadas e a Serpente Emplumada diante de um Cristo que sofre entre as chaminés fumegantes da era industrial. Assim é minha vida, um afresco múltiplo e variável que só eu posso decifrar e que me pertence como um segredo. A mente seleciona, exagera, trai, os acontecimentos se esfumam, as pessoas esquecem e no final fica apenas o trajeto da alma, esses raros momentos de revelação do espírito. Não interessa o que aconteceu, e sim as cicatrizes que me marcam e diferenciam. Meu passado tem pouco sentido, não vejo ordem, clareza, propósitos nem caminhos, somente uma viagem às cegas, guiada pelo instinto e por acontecimentos incontroláveis que desviaram o curso do meu destino. Não houve cálculo, apenas boas intenções ou a vaga suspeita de que existe um traçado superior que determina meus passos. Até agora não compartilhei meu passado, é meu último jardim, onde nem mesmo o amante mais indiscreto se insinuou. Fique com ele, Paula, talvez lhe sirva para alguma coisa, porque creio que seu passado não existe mais, que você o perdeu nesse longo sono, e não se pode viver sem lembranças.

2

Minha mãe voltou para a casa dos pais em Santiago; achava-se na época que um casamento fracassado era o pior destino para uma mulher, contudo ela ainda não sabia disso e voltava de cabeça erguida. Ramón, o cônsul seduzido, levou-a até o navio com os filhos, a temível Margara, a cachorra, os baús e as caixas com as bandejas de prata. Na despedida, segurou-lhe as mãos e repetiu a promessa de tomar conta dela para sempre, mas ela, absorvida pela trabalheira de se acomodar no reduzido espaço do camarote, premiou-o apenas com um vago sorriso. Estava acostumada a receber galanteios e não tinha motivos para desconfiar que esse funcionário de aspecto tão precário fosse desempenhar um papel no seu futuro e também não se esquecia que o homem tinha mulher e quatro filhos; além disso, havia assuntos mais urgentes: o recém-nascido respirava pela boca como um peixe fora d'água, as outras crianças choravam assustadas e Margara havia entrado num dos seus carrancudos silêncios de reprovação. Quando minha mãe ouviu o barulho dos motores e o apito rouco anunciando a saída do navio, teve o primeiro vislumbre do furacão que a derrubara. Só podia contar com hospedagem na casa paterna, mas não era mais uma moça solteira e deveria assumir os filhos como se fosse viúva. Estava começando a se indagar como resolveria isso, quando o sacolejão das ondas fez lembrar os camarões da lua-de-mel e então ela sorriu porque pelo menos estava livre do estranho marido. Fizera 24 anos e não imaginava como ganhar a vida, mas não era à toa que em suas veias corria o sangue audacioso daquele remoto marinheiro basco.

Foi assim que acabei crescendo na casa de meus avós. Bem, isso é uma maneira de dizer. A verdade é que não cresci muito, com um esforço absurdo cheguei a um metro e meio, altura que mantive até um mês atrás, quando percebi que o espelho do banheiro estava subindo. Bobagem, você não está encolhendo, acontece é que perdeu peso e não tem usado salto alto, garante minha mãe, mas noto que ela me observa com o rabo do olho, preocupada. Ao dizer que cresci com esforço, não falo por metáfora, fez-se todo o possível para me esticar, exceto administrarem hormônios, porque nessa época eles ainda estavam sendo testados e Benjamín Viel, médico da família e eterno admirador platônico de minha mãe, temeu que me crescessem bigodes. Não seria tão grave porque isso a gente raspa. Durante anos freqüentei um ginásio onde, por meio de um sistema de cordas e roldanas, me penduravam no teto para que a força da gravidade alongasse meu esqueleto. Nos pesadelos me vejo presa pelos calcanhares de cabeça para baixo, embora minha mãe garanta que isso é completamente falso, nunca sofri coisa tão cruel, me penduravam pelo pescoço com um moderno aparelho que impedia a morte instantânea por enforcamento. Aquele recurso extremo foi inútil, só me encompridou o pescoço. Minha primeira escola foi de freiras alemãs, mas não fiquei lá por muito tempo, aos 6 anos me expulsaram alegando depravação: organizara um concurso de exibição de calcinhas, mas talvez o verdadeiro motivo fosse que minha mãe escandalizava a pudica sociedade santiaguense pela falta de um marido. De lá fui parar num colégio inglês mais compreensivo, onde essas exibições não acarretavam maiores conseqüências, contanto que fossem feitas discretamente. Tenho certeza de que minha infância teria sido diferente se Memé tivesse vivido por mais tempo. Minha avó estava me criando para ser uma iluminada, as primeiras palavras que me ensinou foram em esperanto, uma invenção impossível de pronunciar que ela considerava a língua universal do futuro, e eu ainda usava fraldas quando ela resolveu me sentar à mesa das sessões de espiritismo; contudo, essas possibilidades extraordinárias acabaram quando partiu. O casarão familiar, encantador enquanto ela o presidia, com tertúlias de intelectuais, boêmios e lunáticos, depois de sua morte se transformou num espaço triste, varrido por correntes de ar.

 O cheiro daquele tempo continua na minha memória: parafina no inverno e açúcar queimado no verão, quando se acendia um fogo no pátio para fazer doce de amoras num enorme tacho de cobre. Com a morte de minha avó, as gaiolas de pássaros ficaram vazias, silenciaram as notas no piano, plantas e flores secaram nos vasos, os gatos fugiram para o telhado, onde viraram feras, e pouco a pouco pereceram os outros animais domésticos, coelhos e galinhas acabaram ensopados pela cozinheira, a cabra um dia foi para a rua e morreu atropelada pela carroça do leiteiro. Sobrou só a cachorra Pelvina López-Pun cochilando junto à cortina que separava a sala de visitas da sala de jantar. Eu perambulava chamando minha avó, entre pesados móveis espanhóis, estátuas de mármore, quadros bucólicos e pilhas de livros que se acumulavam pelos cantos e se reproduziam de noite como uma fauna de papel impresso. Havia uma fronteira tácita entre a parte ocupada pela família e a cozinha, os pátios e os quartos das empregadas, onde transcorria a maior parte da minha vida. Aquele era um submundo de peças mal ventiladas, escuras, tendo por único mobiliário um catre, uma cadeira e uma cômoda desconjuntada e, como decoração, um calendário e estampas de santos. Esse era o único refúgio daquelas mulheres que trabalhavam de sol a sol, as primeiras a se levantarem ao amanhecer e as últimas a se deitarem, depois de servir o jantar da família e de limpar a cozinha. Folgavam domingo sim domingo não, desconheço se tiravam férias ou se tinham família, envelheciam servindo e morriam lá em casa. Uma vez por mês surgia um homenzarrão meio doido para encerar o chão. Com palha de aço amarrada nos pés, ele dançava uma *zamba* patética raspando os tacos, em seguida engatinhava, aplicando a cera com um trapo e, finalmente, dava brilho à mão, com um escovão. Toda semana vinha também a lavadeira, uma mulherzinha de nada, puro osso, sempre com dois ou três garotos pendurados na saia e que levava uma montanha de roupa suja equilibrada na cabeça. Fazia-se uma lista, para que não faltasse nada quando trouxesse a roupa, limpa e passada a ferro. Cada vez que eu assistia ao humilhante processo de contar camisas, guardanapos e lençóis, ia depois me esconder entre os reposteiros de veludo do salão para abraçar minha avó. Não sabia por que chorava; agora sei: chorava de vergonha. Na cortina reinava o espírito de Memé e suponho que, por isso, a cachorra não saía daquele lugar. As empregadas, em compensação, acreditavam que o espírito rondava o porão, de onde vinham barulhos e luzes tênues, por isso evitavam se aproximar de lá. Eu conhecia bem a causa desses fenômenos, mas não tinha interesse algum em revelá-la. Procurava o rosto translúcido de minha avó nas cortinas teatrais do salão; escrevia mensagens em pedaços de papel, dobrava-os com cuidado e os prendia com um alfinete no tecido grosso para que ela os encontrasse e soubesse que eu não a esquecera.

Memé se despediu da vida com simplicidade, ninguém percebeu seus preparativos de viagem para o Além até a última hora, quando já era tarde demais para intervir. Consciente de que se exige uma grande leveza para desprender-se do chão, foi jogando tudo fora, desfez-se dos bens terrenos e eliminou sentimentos e desejos supérfluos, ficando só com o essencial, escreveu umas tantas cartas e, por último, se estendeu na cama para não mais se levantar. Agonizou uma semana, assistida pelo marido, que usou toda a farmacopéia a seu alcance para poupá-la do sofrimento, enquanto a vida lhe fugia e um tambor surdo ressoava em seu peito. Não houve tempo para avisar ninguém, entretanto as amigas da Irmandade Branca souberam telepaticamente e apareceram no último instante para lhe entregar mensagens dirigidas às almas benfazejas que durante anos tinham comparecido às sessões de quinta-feira em torno da mesa de três pernas. Essa mulher prodigiosa não deixou sinais concretos de sua passagem pelo mundo, salvo um espelho de prata, um livro de orações com capa de madrepérola e um punhado de flores-de-laranjeira de cera, restos da grinalda de noiva. Também não me deixou muitas lembranças e as que tenho devem estar deformadas pela visão infantil e pelo correr do tempo, mas a presença dela sempre me acompanhou. Quando a asma ou a aflição lhe tiravam o fôlego, me abraçava para aliviar-se com meu calor e essa é a imagem mais nítida que guardo dela: sua pele alva de papel de arroz, seus dedos suaves, o ar assobiando em sua garganta, o abraço apertado, o perfume de colônia e às vezes um cheirinho do óleo de amêndoas que passava nas mãos. Ouvi falar dela, conservo num estojo de latão as únicas relíquias que ficaram e o resto eu inventei, porque precisamos todos de uma avó. Ela não só cumpriu esse papel com perfeição, como também inspirou a personagem que mais amo entre todas as que apareceram em meus livros: Clara, claríssima, clarividente, em *A casa dos espíritos*.

Meu avô não pôde aceitar a perda da mulher. Creio que viviam em mundos irreconciliáveis e que se amaram em encontros furtivos, com uma ternura dolorosa e uma paixão secreta. Tata tinha a vitalidade de um homem prático, sadio, esportista e empreendedor, ela era estrangeira nesta terra, uma presença etérea e inatingível. Seu marido precisou aceitar o fato de viver sob o mesmo teto, mas numa dimensão diferente, sem possuí-la jamais. Apenas em algumas ocasiões solenes, como no nascimento dos filhos que ele acolheu com as próprias mãos, ou quando a segurou em seus braços na hora da morte, teve a sensação de que ela realmente existia. Mil vezes tentou apreender esse espírito diáfano que passava diante de seus olhos deixando um duradouro rasto de poeira astral, mas sempre ficava a impressão de que ela lhe fugia. No fim de seus dias, quando faltava pouco para completar um século de vida e do enérgico patriarca só restava uma sombra devorada pela solidão e pela implacável corrosão dos anos, ele abandonou a idéia de ser seu dono absoluto, como pretendera na juventude, e só então pôde abraçá-la de igual para igual. A sombra de Memé ganhou contornos precisos e se transformou numa criatura tangível que o acompanhava na minuciosa reconstrução das lembranças e nos achaques da velhice. Logo depois de ficar viúvo, ele se sentiu traído e acusou-a de tê-lo desamparado no meio do caminho, pôs luto fechado, parecendo um corvo, pintou de preto seus móveis e, para não sofrer mais, tratou de eliminar da existência outros afetos, mas nunca conseguiu isso de todo, era um homem derrotado por seu coração gentil. Ocupava um grande aposento no primeiro andar da casa, onde soavam, de hora em hora, as batidas fúnebres de um carrilhão. A porta ficava fechada e poucas vezes ousei bater, mas de manhã vinha dar bom-dia antes de ir para o colégio e às vezes ele me autorizava a revistar o quarto à procura de um chocolate escondido para mim. Nunca o ouvi se queixando, era de uma têmpera heróica, porém freqüentemente seus olhos se umedeciam e, quando julgava estar só, falava com a lembrança de sua mulher. Com os anos e os sofrimentos, já não podia controlar o pranto, secava as lágrimas bruscamente com as mãos, furioso com a própria fraqueza, estou ficando velho, caramba, ele grunhia. Viúvo, aboliu as flores, os doces, a música e qualquer motivo de alegria; o silêncio penetrou a casa e a sua alma.

A SITUAÇÃO DE MEUS PAIS era ambígua, uma vez que no Chile não há divórcio, porém não foi difícil convencer Tomás a anular o casamento, e assim meus irmãos e eu nos transformamos em filhos de mãe solteira. Meu pai, que pelo visto não tinha maior interesse em participar dos gastos de manutenção, também cedeu a tutela dos filhos e logo se esfumou sem qualquer discussão, enquanto o círculo social em torno de minha mãe se fechava constrangedoramente para abafar o escândalo. O único bem que ele exigiu ao assinar a anulação do casamento foi a devolução de seu escudo de armas, três cachorros famélicos num campo azul, coisa que conseguiu imediatamente, porque minha mãe e o resto da família riam às gargalhadas dos brasões. Com a partida desse irônico escudo, desapareceu qualquer linhagem que pudéssemos reclamar, de uma penada ficamos sem estirpe. A imagem de Tomás se diluiu no esquecimento. Meu avô não quis ouvir falar do antigo genro, tampouco admitiu reclamações em sua presença, porque tinha avisado à filha que não se casasse. Ela conseguiu um modesto emprego num banco, cuja vantagem principal era a possibilidade de se aposentar com o salário integral depois de 35 anos de trabalho abnegado e cujo maior inconveniente residia na concupiscência do diretor, que costumava assediá-la pelos cantos. No casarão familiar também moravam dois tios solteiros, que se incumbiram de povoar de sustos minha infância. Meu preferido era tio Pablo, um jovem retraído e solitário, moreno, de olhos apaixonados, dentes alvos e cabelo negro e duro de gomalina penteado para trás, bastante parecido com Rodolfo Valentino, sempre vestido com um casacão de bolsos grandes, onde escondia os livros que roubava de bibliotecas e das casas dos amigos. Implorei-lhe muitas vezes que se casasse com mamãe, mas ele me convenceu que das relações incestuosas nascem siameses inteiramente grudados, e então mudei de rumo e fiz a mesma súplica a Benjamín Viel, por quem nutria uma admiração incondicional. Tio

Pablo foi um grande aliado da irmã, discretamente punha dinheiro em sua bolsa, ajudou-a a sustentar os filhos e defendeu-a de mexericos e outras agressões. Inimigo de sentimentalismos, não permitia que ninguém o tocasse nem respirasse perto dele, considerava o telefone e o correio invasões de sua privacidade, sentava-se à mesa com um livro aberto junto do prato para desencorajar qualquer indício de conversa e tratava de amedrontar o próximo com modos selvagens, mas todos nós sabíamos que era uma alma bondosa e que secretamente, para que ninguém desconfiasse de seu vício, socorria um verdadeiro exército de necessitados. Era o braço direito de Tata, seu melhor amigo e sócio no negócio de criação de ovelhas e exportação de lã para a Escócia. As empregadas de nossa casa o adoravam e, apesar dos seus carrancudos silêncios, das manias e das brincadeiras de mau gosto, tinha amigos de sobra. Muitos anos mais tarde, esse excêntrico, atormentado pela comichão da leitura, apaixonou-se por uma prima encantadora que fora criada no campo e concebia a vida em termos de trabalho e religião. Esse ramo da família, gente muito conservadora e formal, teve de suportar estoicamente as esquisitices do pretendente. Uma vez meu tio comprou uma cabeça de vaca no mercado, passou dois dias a raspá-la e a limpá-la por dentro – para nosso nojo, pois nunca tínhamos visto de perto nada tão fétido e monstruoso –, e, concluída a tarefa, apresentou-se no domingo depois da missa à casa da namorada, vestido formalmente e com a cabeçorra posta, como uma máscara. Entre, Sr. Pablito, cumprimentou-o logo, sem mudar de expressão, a empregada que abrira a porta. No quarto de meu tio havia prateleiras com livros do chão ao teto e, no centro, um catre de anacoreta, onde ele passava a maior parte da noite lendo.

 Tinha me convencido de que na penumbra os personagens

abandonam as páginas e percorrem a casa; eu escondia a cabeça debaixo do lençol com medo do Diabo nos espelhos e dessa multidão de personagens que perambulavam pelos aposentos, revivendo suas aventuras e paixões: piratas, cortesãs, bandidos, bruxas e donzelas. Às oito e meia, devia apagar a luz e dormir, mas tio Pablo me deu de presente uma lanterna para ler sob o lençol; desde então, tenho uma inclinação perversa pela leitura secreta.

Era impossível alguém se aborrecer nessa casa cheia de livros e de parentes extravagantes, com um porão proibido, sucessivas ninhadas de gatos recém-nascidos – que Margara afogava num balde – e o rádio da cozinha ligado, no qual retumbavam os sucessos do momento, notícias de crimes horrendos e novelas melodramáticas. Meus tios inventavam brincadeiras estúpidas, diversão feroz que consistia basicamente em atormentar as crianças até que elas chorassem. Os recursos eram sempre novos, desde colar no teto a nota de dez pesos que nos davam de mesada, onde podíamos vê-la mas não atingi-la, até o oferecimento de bombons cujo recheio de chocolate fora retirado com uma seringa para ser substituído por molho apimentado. Eles nos jogavam do alto da escada dentro de um caixote, nos penduravam de cabeça para baixo sobre o sanitário e ameaçavam puxar a descarga, enchiam a pia com álcool, tocavam fogo e nos ofereciam uma gorjeta se metêssemos a mão, empilhavam pneus velhos do automóvel do meu avô e nos punham dentro, de onde gritávamos de medo no escuro, meio asfixiados pelo cheiro de borracha podre. Quando o velho fogão a gás foi trocado por um elétrico, nos deixavam de pé sobre as chapas, acendiam-nas numa temperatura baixa e começavam a contar uma história, para ver se o calor da sola dos sapatos era mais forte que o interesse pelo enredo, enquanto pulávamos de um pé para outro. Minha mãe nos defendia com o ardor de uma leoa, mas nem sempre estava por perto para nos proteger, em compensação o Tata era de opinião que as brincadeiras estúpidas fortaleciam o caráter, que eram uma forma de educação. Não existia então a teoria de que a infância deve ser um período de inocência plácida, isso foi uma invenção posterior dos norte-americanos, o que se esperava era que a vida fosse dura e por isso fortaleciam nossos nervos. Os métodos didáticos se fundamentavam na resistência: quanto mais provas desumanas uma criança vencesse, melhor estaria preparada para as contingências da vida adulta. Admito que no meu caso isso deu bom resultado e que, se eu fosse coerente com essa tradição, teria martirizado meus filhos e agora estaria fazendo o mesmo com meu neto, mas tenho o coração mole.

Certos domingos de verão, toda a família ia a San Cristóbal, um morro no centro da capital, que era então selvagem e que hoje é um parque. Às vezes vinham junto Salvador e Tencha Allende, com as três filhas e seus cachorros. Allende já era um político de renome, o deputado mais combativo da esquerda e o alvo do ódio da direita; para nós, no entanto, era apenas um tio a mais. Subíamos a duras penas por caminhos mal traçados entre moitas e pastos, levando cestas com comida e xales de lã. No alto, procurávamos um lugar aberto e limpo, com vista para a cidade estendida a nossos pés – tal como eu viria a fazer vinte anos depois, durante o Golpe Militar, por motivos muito diferentes – e dávamos cabo do lanche, defendendo os pedaços de frango, os ovos cozidos e as *empanadas* dos cachorros e do invencível avanço das formigas. Os adultos descansavam enquanto nós, primos, nos escondíamos entre os arbustos para brincar de médico. Às vezes se ouvia o rugido rouco e longínquo de um leão, que vinha do outro

 lado do morro, onde ficava o jardim zoológico. Uma vez

por semana se alimentavam as feras com animais vivos, para que a excitação da caça e a descarga de adrenalina as mantivessem sadias; os grandes felinos devoravam um burro velho, as jibóias engoliam ratos, e as hienas, coelhos; dizia-se que lá iam parar os vira-latas e os gatos vadios recolhidos pela carrocinha e que sempre havia uma fila de gente esperando convite para assistir ao pavoroso espetáculo. Eu sonhava com os pobres bichos encurralados nas jaulas dos grandes carnívoros e me contorcia de angústia pensando nos primeiros cristãos no Coliseu romano, porque no fundo da alma tinha certeza de que, se me mandassem escolher entre renunciar à fé ou virar almoço de um tigre-de-bengala, não teria dúvidas em ficar com a primeira opção. Depois de comer, descíamos correndo, nos empurrando, rolando pela parte mais íngreme do morro; Salvador Allende, à frente, com os cachorros, e, sempre as últimas, sua filha Carmen Paz e eu. Chegávamos embaixo com os joelhos e as mãos cobertos de arranhões e esfolados, quando os outros já se haviam cansado de nos esperar. Afora esses domingos e as férias de verão, nossa vida era de esforço e sacrifício. Aqueles anos foram muito difíceis para minha mãe, ela enfrentava a falta de dinheiro, a maledicência e as desfeitas dos que haviam sido seus amigos, o salário do banco mal dava para os alfinetes e ela o complementava fazendo chapéus. Parece que ainda a vejo sentada à mesa da sala de jantar – a mesma mesa de carvalho espanhol que hoje, na Califórnia, me serve de escrivaninha –, experimentando veludos, fitas e flores de seda. Ela os mandava em caixas redondas, de navio, para Lima, onde iam parar nas mãos das mais petulantes damas da sociedade. Desse jeito, não poderia subsistir sem a ajuda de Tata e de tio Pablo. No colégio me concederam uma bolsa de estudos condicionada às notas, nem sei como ela conseguiu isso, mas imagino lhe tenha custado mais de uma humilhação. Passava horas na fila dos hospitais com meu irmão caçula, Juan, que aprendeu a engolir na base da colher de pau, mas que sofria dos piores desarranjos intestinais e chegou a ser um caso clínico até Margara descobrir que ele devorava pasta de dentes, curando-o do vício com surras de cinto. Minha mãe se tornou uma mulher sobrecarregada de responsabilidades, sofria de insuportáveis dores de cabeça que a derrubavam por três dias, deixando-a exangüe. Trabalhava muito e tinha pouco controle sobre a própria vida e a dos filhos. Margara, que foi endurecendo com o tempo, até chegar a ser uma verdadeira tirana, tentava afastá-la de nós por todos os meios; quando ela voltava do banco à tarde, já estávamos de banho tomado, alimentados e na cama. Não me excite as crianças, grunhia. Não incomodem a mamãe que está com enxaqueca, nos ordenava. Minha mãe se agarrava aos filhos com a força da solidão, tentando compensar as horas de ausência e a sordidez da vida com vôos poéticos. Nós três dormíamos em seu quarto e de noite, únicas horas em que ficávamos juntos, contava-nos casos de seus antepassados, histórias fantásticas salpicadas de humor negro, falava de um mundo imaginário onde éramos todos felizes e não nos governavam as maldades humanas nem as leis impiedosas da natureza. Essas conversas à meia-voz, juntos no mesmo quarto, cada qual em sua cama, mas tão próximos que nos podíamos tocar, foram a melhor coisa aquela época. Aí nasceu minha paixão pelas histórias, recorro a essa memória quando sento para escrever.

Pancho, o mais resistente dos três às temíveis brincadeiras estúpidas, era um garoto louro, robusto e calorento, que às vezes perdia a paciência e virava uma fera capaz de arrancar pedaços com suas mordidas. Adorado por Margara, que o chamava de *o rei*, ficou desarvorado quando essa mulher saiu de nossa casa. Na adolescência, atraído por uma estranha seita, foi viver numa comunidade em pleno deserto do Norte. Ouvimos uns boatos de que voavam para outros mundos com cogumelos alucinógenos, que se entregavam a orgias inconfessáveis e que faziam lavagem cerebral nos jovens para torná-los escravos dos dirigentes; nunca soube a verdade, aqueles que passaram por essa experiência ficaram marcados, porém não falam do assunto. Meu irmão renunciou à família, desligou-se dos laços afetivos e se escondeu atrás de uma couraça que, no entanto, não o protegeu das privações e das incertezas. Mais tarde se casou, se divorciou, voltou a casar e se divorciou de novo das mesmas mulheres, teve filhos, viveu quase sempre fora do Chile e duvido que para lá regresse. Pouco posso falar dele, porque não o conheço; para mim é um mistério, como meu pai. Juan nasceu com o extraordinário dom da simpatia; mesmo agora, que é um professor solene e em plena maturidade, se faz querer sem pedi-lo. Quando pequeno, parecia um querubim com covinhas nas bochechas e um ar de desamparo capaz de comover os corações mais petrificados; prudente, astuto e miúdo, as múltiplas doenças atrasaram seu crescimento e o condenaram a uma saúde precária. Para nós, é o intelectual da família, um verdadeiro sábio. Aos 5 anos recitava longas poesias e conseguia calcular num instante quanto lhe deveriam de troco se comprasse, com um peso, três balas de 8 centavos. Fez dois mestrados e um doutorado em universidades nos Estados Unidos e atualmente está estudando para ganhar um título de teólogo. Era professor de ciência política, agnóstico e marxista, mas, em conseqüência de uma crise espiritual, decidiu procurar em Deus a resposta para todos os problemas da humanidade, abandonando a profissão para empreender estudos teológicos. É casado, portanto não pode se tornar um sacerdote católico, como seria seu rumo natural, e optou por ser metodista, ante o espanto inicial de minha mãe, que pouco sabia a respeito dessa igreja e imaginou o gênio da família reduzido a cantar hinos ao som de um violão nalguma praça pública. Essas conversões súbitas não são raras na minha tribo materna, tenho muitos parentes místicos. Não imagino meu irmão pregando num púlpito porque ninguém entenderia seus doutos sermões, muito menos em inglês, porém será um notável professor de teologia. Quando ele soube que você estava doente, largou tudo, pegou o primeiro avião e chegou a Madri para me dar apoio. Devemos ter esperança em que Paula vai ficar boa, é o que me repete à exaustão.

Você vai ficar boa, filha? Eu a vejo nessa cama, ligada a meia dúzia de tubos e sondas, incapaz até de respirar sem auxílio. Mal a reconheço, seu corpo mudou e seu cérebro está nas sombras. O que passa por sua mente? Fale para mim de sua solidão, do seu medo, das visões distorcidas, da dor de seus ossos que pesam como pedras, dessas silhuetas ameaçadoras que se inclinam sobre sua cama, vozes, murmúrios, luzes, nada deve ter sentido para você; sei que ouve porque se sobressalta com o som de um instrumento metálico, mas não sei se entende. Você quer viver, Paula? Você passou a vida procurando a união com Deus. Quer morrer? Talvez já tenha começado a morrer. Agora, que sentido têm seus dias? Você voltou ao lugar da inocência total, voltou para as águas do meu ventre, como o peixe que era antes de nascer. Conto os dias e eles já são muitos, muitos. Acorde, filha, acorde, por favor...

PONHO A MÃO NO CORAÇÃO, fecho os olhos e me concentro. No interior há uma coisa escura. A princípio é como o ar na noite, trevas transparentes, mas logo se transforma num chumbo impenetrável. Procuro me acalmar e aceitar aquele negrume que toma conta de mim por completo, enquanto imagens do passado me assaltam. Vejo-me diante de um espelho grande, dou um passo para trás, outro mais e décadas se apagam a cada passo e diminuo até que o cristal devolve a figura de uma menina de uns 7 anos, eu mesma.

Choveu durante vários dias, venho pulando poças d'água, agasalhada num casacão azul-marinho grande demais, com a mochila de couro às costas, um chapéu de feltro enfiado até as orelhas e os sapatos encharcados. O portão de madeira, dilatado pela água, está trancado, preciso de todo o peso do corpo para empurrá-lo. No jardim da casa de meu avô, existe um álamo gigantesco com as raízes expostas, sentinela macilenta vigiando a propriedade que parece abandonada, persianas soltas, muros descascados. Lá fora, está começando a escurecer, mas dentro já é noite profunda, todas as luzes estão apagadas, menos a da cozinha. Para lá me encaminho, tendo passado pela garagem, é uma peça grande, com as paredes manchadas de gordura, onde estão penduradas nuns ganchos as panelas e conchas enegrecidas. Um par de lâmpadas com sujeira de moscas ilumina a cena; uma panela ferve e a chaleira assobia, o lugar cheira a cebola e uma geladeira enorme ronca sem parar. Margara, um mulherão sólido de traços indígenas, com uma trança fina enrolada na cabeça, escuta a novela no rádio. Meus irmãos estão sentados à mesa com suas xícaras de chocolate quente e seus pães com manteiga. A mulher não ergue os olhos. Vai ver sua mãe, resmunga, ela está de cama de novo. Tiro o chapéu e a capa. Não deixe suas coisas largadas, não sou sua empregada, não tenho que ficar guardando tudo, ela ordena, aumentando o volume do rádio. Saio da cozinha e enfrento a escuridão do restante da casa, apalpo em busca do interruptor e acendo uma luz pálida que ilumina apenas um saguão amplo para o qual dão várias portas. Um móvel com pés de leão sustenta o busto em mármore de uma mocinha pensativa; há um espelho grosso com moldura de madeira, mas não olho para ele porque o Diabo pode aparecer refletido no cristal. Subo a escada tiritando, correntes de ar se infiltram por algum buraco inexplicável nessa estranha arquitetura, chego ao segundo andar agarrada no corrimão, a subida me parece interminável, percebo o silêncio e as sombras, me aproximo da porta fechada ao fundo e entro bem devagarinho, sem bater, na ponta dos pés. A única claridade vem de uma estufa, o teto está recoberto de uma triste fuligem, acumulada durante anos e anos. Há duas camas, um beliche, um divã, cadeiras e mesas, mal se pode circular entre tantos móveis. Minha mãe, com a cachorra Pelvina López-Pun adormecida a seus pés, jaz sob uma montanha de mantas, metade do rosto se deixa entrever sobre o travesseiro: sobrancelhas bem desenhadas emolduram seus olhos fechados, o nariz reto, as altas maçãs do rosto, a pele muito pálida.

– É você? – e surge uma mão pequena e fria procurando a minha.

– Está doendo muito, mamãe?

– Minha cabeça vai explodir.

– Vou buscar um copo de leite quente para você e dizer aos meninos que não façam barulho.

– Não, fique comigo, ponha a mão aqui na testa, isso me alivia.

Sento na cama e faço o que ela pede, trêmula de compaixão, sem saber como livrá-la dessa dor maldita, Santa Maria, Mãe de Deus, rogai por nós, pecadores, agora e na hora de nossa morte, amém. Se ela morrer, meus irmãos e eu estamos perdidos, vão nos mandar para a casa de meu pai, essa idéia me apavora. Margara diz a toda hora que, se eu não me comportar bem, terei de morar com ele. Será verdade? Preciso averiguar isso, mas não me atrevo a perguntar à minha mãe, ela pioraria da enxaqueca, não devo lhe dar mais preocupações porque a dor vai aumentar até arrebentar sua cabeça, também não devo tocar no assunto com Tata, não se pode pronunciar o nome de meu pai em sua presença, papai é uma palavra proibida, quem a pronuncia solta todos os demônios. Sinto fome, vontade de ir até a cozinha para tomar meu chocolate, mas não devo deixar minha mãe, nem sou corajosa o bastante para enfrentar Margara. Estou com os sapatos molhados e os pés gelados. Acaricio a testa da doente e me concentro, agora tudo depende de mim, se não me mexer e se rezar sem me distrair poderei vencer a dor.

Tenho 49 anos, ponho a mão no coração e com voz de menina digo: não quero ser como minha mãe, serei como meu avô, forte, independente, saudável e poderoso, não admitirei que ninguém mande em mim nem deverei nada a ninguém; quero ser como meu avô e proteger minha mãe.

ACHO QUE TATA lamentou muito que eu não fosse homem, porque nesse caso teria me ensinado a jogar pelota basca, usar ferramentas e caçar, teria feito de mim o companheiro de suas viagens anuais à Patagônia, durante a tosquia das ovelhas. Naquele tempo ia-se para o Sul de trem ou de carro, por caminhos sinuosos e empoeirados que costumavam virar lamaçais, onde as rodas ficavam atoladas e era preciso dois bois para rebocar o carro. Cruzavam-se os lagos em balsas puxadas por cabos e a cordilheira, no lombo de mula: eram expedições penosas. Meu avô dormia sob as estrelas, agasalhado numa pesada manta de Castela, tomava banho nas águas furiosas de rios alimentados pela neve derretida dos cumes e comia grão-de-bico e sardinhas em lata, até chegar do lado argentino, onde o aguardava um grupo de trabalhadores rudes com uma caminhonete e um cordeiro que se assava a fogo lento. Eles se instalavam em silêncio ao redor da fogueira, não eram pessoas comunicativas, viviam numa natureza imensa e desamparada, lá o vento arrasta as palavras sem deixar marca. Com seus facões de gaúchos partiam grandes pedaços de carne e os devoravam com os olhos fixos nas brasas, sem se olharem. Às vezes um deles tocava canções tristes num violão, enquanto circulava o chimarrão, essa infusão aromática de mate verde e amargo que por aquelas bandas é bebida como chá. Guardo imagens inesquecíveis da única viagem ao Sul que fiz com meu avô, apesar de o carro quase me matar de enjôo, da mula que me jogou no chão duas vezes e depois, quando vi a maneira como tosavam as ovelhas, fiquei sem fala e não disse uma palavra até voltarmos à civilização. Os tosquiadores, que ganhavam por animal, eram capazes de rapar uma ovelha em menos de um minuto, mas, apesar de sua perícia, costumavam tirar junto pedaços de pele e eu mesma vi mais de um infeliz cordeiro com a barriga aberta, cujas tripas eram metidas de qualquer jeito para dentro, e costuravam o bicho com uma agulha de tapeceiro e deixavam-no solto de novo para que, caso sobrevivesse, continuasse produzindo lã.

Daquela viagem, perduraram o amor pelas alturas e minha relação com as árvores. Voltei várias vezes ao sul do Chile, e sempre sinto a mesma emoção indescritível diante da paisagem, a passagem da cordilheira dos Andes está gravada na alma como um dos momentos de revelação de minha própria vida. Agora e em outras situações de desespero, quando tento recordar alguma prece e não encontro palavras nem ritos, a única visão de consolo a que posso recorrer são esses caminhos diáfanos em meio à selva fria, entre fetos gigantescos e troncos que se erguem até o céu, as trilhas abruptas das montanhas e o perfil afiado dos vulcões nevados se refletindo na água cor-de-esmeralda daqueles lagos. Estar com Deus deve ser como estar nessa natureza extraordinária. Somem da memória meu avô, o guia, as mulas, estou sozinha caminhando no silêncio solene daquele templo de rochas e de vegetação. Aspiro o ar limpo, gelado e úmido da chuva, os pés afundam num tapete de barro e folhas apodrecidas, o cheiro da terra entra em mim como uma espada, até os ossos. Sinto que estou andando e andando com passos leves por desfiladeiros de névoa, mas permaneço sempre presa a esse lugar desconhecido, cercada de árvores centenárias, troncos caídos, pedaços de cascas aromáticas e raízes que surgem da terra como se fossem mãos vegetais mutiladas. Rijas teias de aranha roçam meu rosto, verdadeiras toalhas de renda, que atravessam o caminho de um lado a outro, peroladas de gotas de orvalho e de insetos com asas fosforescentes. Aqui e acolá surgem fulgores brancos e vermelhos de *copihues* e outras flores que vivem nas alturas enrolando-se nas árvores como miçangas luminosas. Sente-se a respiração dos deuses, presenças palpitantes e absolutas nesse âmbito de precipícios esplêndidos e paredões de rocha negra polidos pela neve com a mesma sensual perfeição do mármore. Água e mais água. Escorre como delgadas serpentes cristalinas pelas fissuras das pedras e pelas entranhas recônditas dos morros, unindo-se em riachinhos, em fragorosas cascatas. Súbito me sobressalta o grito de um pássaro perto de mim ou o choque de uma pedra que veio rolando do alto, mas em seguida volta a paz completa dessas vastidões e vejo que estou chorando de felicidade. Essa viagem cheia de obstáculos, de perigos ocultos, de solidão desejada e de beleza indescritível é como a viagem da minha própria vida. Para mim, essa lembrança é sagrada, é também a lembrança da minha pátria, quando digo Chile, é a isso que eu me refiro. Ao longo da vida procurei uma vez ou outra a emoção que o bosque desperta em mim, mais intensa que o orgasmo mais perfeito e o mais longo aplauso.

A CADA ANO, quando começava a temporada de luta livre, meu avô me levava ao Teatro Caupolicán. Eu era vestida com roupa domingueira, sapatos de verniz preto e luvas brancas que contrastavam com a aparência rude do público. Enfeitada e bem segura pela mão desse velho ranzinza, abria caminho pela barulhenta multidão de espectadores. Sentávamos sempre na primeira fila *para ver sangue*, como dizia Tata, animado por uma feroz expectativa. Certa vez aterrissou em cima de nós um dos gladiadores, uma barbaridade de carne suada, esmigalhando-nos como se fôssemos baratas. Meu avô havia se preparado tanto para aquele momento que, quando enfim aconteceu, não soube reagir e, em vez de moê-lo a bengaladas, cumprimentou-o com um cordial aperto de mão, que foi retribuído com um sorriso tímido pelo homem igualmente desconcertado. Foi uma das grandes frustrações da minha infância, e Tata desceu do Olimpo bárbaro, onde até então tinha ocupado o único trono, reduzindo-se a uma dimensão humana; creio que minhas rebeldias começaram naquele momento. O favorito era O Anjo, um varão aprumado com longas madeixas louras, envolto numa capa azul com estrelas prateadas, botas brancas e um calçãozinho ridículo que apenas cobria suas vergonhas. Todas as semanas apostava sua magnífica cabeleira amarela contra o temível Kuramoto, um índio *mapuche* que passava por japonês e vestia quimono e sapatos de madeira. Eles se embolavam numa luta pomposa, se mordiam, torciam os respectivos pescoços, davam pontapés nos genitais e cada um enfiava os dedos nos olhos do outro, enquanto meu avô, com a boina numa das mãos e brandindo a bengala com a outra, gritava, mata! mata! indiscriminadamente, porque dava no mesmo quem matasse quem. Duas entre cada três lutas, Kuramoto vencia O Anjo, então o juiz exibia uma tesoura flamejante e, diante do silêncio respeitoso do público, o falso guerreiro nipônico começava a cortar os cachos do rival. O prodigioso fato de que uma semana depois O Anjo exibisse sua cabeleira caindo até os ombros era prova irrefutável de sua condição divina. Mas o melhor do espetáculo era A Múmia, que durante anos encheu minhas noites de terror. Reduziam-se as luzes do teatro, ouvia-se uma marcha fúnebre num disco arranhado e apareciam dois egípcios caminhando de perfil, carregando tochas acesas, seguidos por outros quatro que levavam num andor o sarcófago sarapintado. A procissão colocava o caixão sobre o ringue e recuava dois passos cantando em alguma língua morta. Com o coração gelado, víamos a tampa do ataúde se levantar e emergir um humanóide enrolado em bandagens, mas em perfeito estado de saúde, a julgar por seus bramidos e batidas no peito. Não tinha a agilidade dos outros lutadores, limitava-se a despejar formidáveis pontapés e murros mortais com os braços duros, jogando os contendores contra as cordas e atarantando o árbitro. Uma vez acertou um de seus murros na cabeça do Tarzan e finalmente meu avô pôde mostrar em casa algumas manchas vermelhas na camisa. Isto não é sangue nem coisa parecida, é molho de tomate, grunhiu Margara enquanto punha a camisa de molho em água sanitária. Aquelas personagens deixaram uma marca sutil na minha memória e quarenta anos depois tentei ressuscitá-las num conto, mas a única coisa que me causou um impacto imperecível foi O Viúvo. Era um pobre homem na casa dos quarenta anos de sua desgraçada existência, antítese do herói, que subia ao ringue metido numa roupa de banho antiquada, dessas que os cavalheiros do começo do século passado usavam, de tecido negro, até os joelhos, com peitilho e alças. Além disso, usava uma touca de natação que dava a seu aspecto um toque irremediavelmente patético. Era recebido com uma tempestade de assobios, insultos, ameaças e projéteis, porém o árbitro conseguia finalmente acalmar as feras com apitos e gongadas. O Viúvo elevava uma vozinha de tabelião para explicar que esta seria sua última luta, porque estava doente da coluna e se sentia muito deprimido desde o falecimento de sua santa mulher, que em paz descanse. A boa criatura havia partido para o céu deixando-o só para cuidar de dois ternos filhinhos. Quando a vaia atingia proporções de batalha campal, dois garotos de expressão compungida escalavam as cordas e abraçavam os joelhos do Viúvo implorando que não lutasse porque iriam matá-lo. Um silêncio súbito tolhia a multidão enquanto eu recitava num murmúrio minha poesia favorita:

Dois orfãozinhos recentes vão ao cemitério
de mãos dadas e unidos na mesma dor
na sepultura do pai ambos se ajoelham
e uma oração elevam rezando a Deus.

Fique quieta, cutucava Tata, muito pálido. Com um soluço atravessado na garganta, O Viúvo explicava que tinha de ganhar seu pão, por isso enfrentava o Assassino do Texas. No enorme teatro era possível ouvir o pulo de uma pulga, num instante a sede de bofetadas e sangue daquela multidão bestial se transformava em compaixão lacrimejante e uma misericordiosa chuva de moedas e de cédulas caía sobre o ringue. Os órfãos recolhiam o butim com rapidez e saíam correndo, enquanto abria caminho a figura barriguda do Assassino do Texas, que não sei por que vinha vestido de condenado às galés romanas e açoitava o ar com um chicote. Obviamente O Viúvo levava sempre uma surra descomunal, porém o vencedor tinha de se retirar protegido pelos guardas para que o público não o fizesse em pedacinhos, enquanto o esbandalhado Viúvo e seus filho saíam carregados por mãos bondosas, que lhes distribuíam guloseimas, dinheiro e bênçãos.

– Pobre-diabo, a viuvez é uma coisa ruim – comentava meu avô, francamente comovido.

No final da década de sessenta, quando eu trabalhava como jornalista, tive de fazer uma reportagem sobre O "Cachascán", como Tata chamava esse esporte extraordinário. Aos 28 anos, eu ainda acreditava na objetividade do jornalismo e não tive outro remédio senão falar das vidas miseráveis desses pobres lutadores, desmascarar o sangue de tomate, os olhos de vidro que apareciam nas garras de Kuramoto, enquanto o perdedor "cego" saía uivando aos tropeções e escondendo a cara com as mãos pintadas de vermelho, e também desmascarar a peruca bichada do Anjo, já tão idoso que decerto serviu de modelo para o melhor conto de García Márquez, *Um senhor muito velho com umas asas enormes.* Meu avô leu a reportagem com os dentes cerrados e passou uma semana sem falar comigo, indignado.

OS VERÕES DA MINHA INFÂNCIA transcorreram na praia, onde a família tinha um casarão bagunçado em frente ao mar. Partíamos em dezembro, antes do Natal, e voltávamos no final de fevereiro, queimados de sol e entupidos de fruta e de peixe. A viagem, que hoje se faz em uma hora por rodovia, era então uma odisséia que levava um dia inteiro. Os preparativos começavam com uma semana de antecedência, enchiam-se caixas de comida, lençóis e toalhas, sacolas de roupa, a gaiola do louro, um papagaio insolente capaz de arrancar de uma bicada o dedo de quem se atrevesse a tocá-lo, e, claro, Pelvina

López-Pun. Só ficavam na casa da cidade a cozinheira e os gatos, animais selvagens que se alimentavam de ratos e pombos. Meu avô tinha um carro inglês negro e pesado como um tanque, com um bagageiro na capota onde se amarrava uma montanha de volumes. Na mala aberta viajava Pelvina junto com as cestas do lanche, coisa que ela não atacava porque bastava ver as maletas para cair numa profunda melancolia canina. Margara levava vasilhas, panos, amoníaco e um frasco com infusão de erva-doce, um abjeto licor adocicado de fabricação caseira ao qual se atribuía a vaga virtude de encolher o estômago, mas nenhuma dessas precauções evitava o enjôo. Minha mãe, nós três e a cachorra amolecíamos antes de sair de Santiago, começávamos a gemer de agonia ao entrar na estrada e, quando chegávamos à zona das curvas nos morros, afundávamos num estado crepuscular. Tata parava volta e meia para que saltássemos meio desmaiados para respirar ar puro e esticar as pernas; ele dirigia aquela carroça maldizendo a idéia de nos levar para veranear. Também parava nos sítios dos agricultores ao longo do caminho para comprar queijo de cabra, melões e potes de mel. Certa vez, adquiriu um peru vivo para a engorda; quem o vendeu foi uma camponesa com uma barriga enorme, a ponto de dar à luz, e meu avô, com seu cavalheirismo habitual, ofereceu-se para pegar a ave. Apesar das náuseas, nos divertimos por um bom tempo diante do espetáculo inesquecível desse velho capenga correndo em fragorosa perseguição. Por fim, conseguiu agarrar o peru pelo pescoço com o cabo da bengala e caiu em cima dele em meio a uma revoada indescritível de poeira e de penas. Nós o vimos voltar para o automóvel coberto de titica com seu troféu debaixo do braço, bem amarrado pelos pés. Ninguém imaginou que a cachorra conseguiria emergir do mal-estar por alguns minutos para lhe arrancar a cabeça com uma mordida, antes de a ave

 chegar a seu destino. Não houve jeito de tirar as manchas de sangue, que ficaram impressas no automóvel como reminiscência eterna daquelas viagens calamitosas.

O balneário era um mundo de mulheres e crianças no verão. A Praia Grande era um paraíso até que se instalou a refinaria de petróleo, estragando para sempre a transparência do mar e afugentando as sereias, que nunca mais foram ouvidas naquele litoral. Às dez e meia da manhã começavam a chegar as empregadas uniformizadas com as crianças. Punham-se a tricotar, vigiando a meninada com o rabo do olho, sempre nos mesmos lugares. Debaixo de barracas e guarda-sóis, no centro da praia, instalavam-se as famílias mais antigas, donas das grandes mansões; à esquerda os novos ricos, os turistas e a classe média, que alugavam as casas dos morros, na extrema direita visitantes modestos que vinham da capital em desconjuntadas jardineiras. De roupa de banho, todo mundo fica mais ou menos igual, não obstante cada um adivinhava logo qual era seu lugar exato. No Chile, a classe alta tem geralmente um aspecto europeu, mas descendo a escala social e econômica se acentuam os traços indígenas. A consciência de classe é tão forte que nunca vi ninguém ultrapassar as fronteiras de sua posição. Ao meio-dia chegavam as mães, com chapelões de palha e garrafas de suco de cenoura, que então se usava para obter um bronzeado mais rápido. Lá pelas duas horas, quando o sol estava no seu apogeu, todos iam embora para almoçar e dormir a sesta, e só então apareciam os jovens com cara de tédio, mocinhas em flor e rapazes impávidos que se deitavam na areia para fumar e se esfregarem uns nos outros até que a excitação os obrigava a procurar alívio no mar. Nas sextas-feiras, ao anoitecer, os maridos chegavam da capital, e sábado e domingo a praia mudava de aspecto. As mães mandavam os filhos dar um passeio com as babás e se instalavam em grupos, com os melhores maiôs e chapéus, disputando a atenção dos maridos alheios, esforço inútil porque estes mal as olhavam, mais interessados em discutir política – único assunto no Chile –, calculando o momento de voltar para casa e comer e beber como uns cossacos. Minha mãe, sentada como uma imperatriz no centro da praia, tomava sol de manhã e de tarde ia jogar no cassino; tinha descoberto um tipo de aposta que lhe permitia ganhar todos os dias o suficiente para seus gastos. Para evitar que perecêssemos arrastados pelas ondas desse mar traiçoeiro, Margara nos amarrava com cordas que ficavam enroladas em sua cintura enquanto ela tricotava intermináveis casacos para o inverno; quando sentia um puxão, erguia os olhos rapidamente para ver quem estava em apuros e, puxando a linha, arrastava a vítima de volta para terra firme. Sofríamos diariamente essa humilhação, mas bastava um mergulho para esquecer a caçoada das outras crianças. Tomávamos banho de mar até ficarmos roxos de frio, catávamos conchas e caracóis, comíamos pão-de-ló com areia e tomávamos sorvetes de limão meio derretidos, que um surdo-mudo nos vendia num carrinho cheio de gelo com sal. De tarde eu saía de mãos dadas com minha mãe para ver, das pedras, o pôr-do-sol. Esperávamos para fazer um pedido, atentas ao último raio verde que surgia como uma chamazinha no exato instante em que o sol desaparecia no horizonte. Eu pedia sempre que mamãe não achasse um marido e suponho que ela pedia precisamente o contrário. Falava-me de Ramón, que, pela descrição, eu imaginava como um príncipe encantado cuja qualidade principal era estar muito longe. Tata nos deixava no balneário no começo do verão e voltava a Santiago quase de imediato, era a única época em que gozava de certa paz, ele gostava da casa vazia, de jogar golfe e de uma partida de brisca no Club de la Unión. Quando aparecia nalgum fim de semana, não era para participar do descanso das férias, mas para testar suas forças nadando por horas nesse mar gelado de ondas fortes, sair para pescar e consertar as incontáveis avarias dessa casa minada pela umidade.

Costumava nos levar a um estábulo próximo para que tomássemos leite fresco ao pé da vaca, um galpão escuro e fétido onde um peão com unhas imundas ordenhava diretamente em canecas de alumínio. Bebíamos um leite cremoso e morno, com moscas flutuando na espuma. Meu avô, que não acreditava na higiene e era partidário de imunizar as crianças por meio do contato íntimo com as fontes de infecção, comemorava com grandes risadas o fato de engolirmos as moscas vivas.

Os habitantes do povoado viam chegar a invasão de veranistas com um misto de rancor e entusiasmo. Eram pessoas modestas, quase todos pescadores e pequenos comerciantes ou donos de um pedaço de terra junto do rio, onde cultivavam uns tantos tomates e alfaces. Vangloriavam-se de que lá nunca acontecia nada, que era uma aldeia muito tranqüila, não obstante terem encontrado, em certo amanhecer de inverno, um conhecido pintor crucificado nos mastros de um veleiro. Ouvi comentários sussurrados, essa não era uma notícia própria para as crianças, mas anos depois averigüei alguns pormenores. O povoado inteiro se incumbiu de apagar pistas, confundir evidências e enterrar provas, e a polícia não se esmerou o bastante para esclarecer o tenebroso crime, porque todos sabiam quem tinha pregado o corpo no mastro. O artista morava o ano inteiro em sua casa do litoral, dedicando-se à pintura, ouvindo uma coleção de discos de música clássica e dando longos passeios com seu mascote, um afegão de raça pura, tão mirrado que o povo achava que era cruza de cachorro com filhote de águia. Os pescadores de melhor aparência posavam como modelos para os quadros e logo se tornavam companheiros de farra. Durante a noite, os ecos da música chegavam aos confins do casario e, às vezes, os jovens não voltavam a seus lares nem ao trabalho por vários dias. Mães e namoradas tentaram em vão recuperar seus homens até que, perdendo a paciência, começaram a conspirar. Posso imaginá-las cochichando enquanto consertavam as redes, trocando piscadelas na confusão das compras e passando umas para as outras as senhas daquele sabá. Nessa noite deslizaram como sombras pela praia, aproximaram-se da grande casa, entraram silenciosas sem perturbar seus homens, que dormiam na maior bebedeira, e levaram a termo o que tinham ido fazer sem que os martelos tremessem em suas mãos. Diz-se que também o esbelto afegão teve a mesma sorte. Algumas vezes me coube visitar as cabanas miseráveis dos pescadores, com seu cheiro de brasa de carvão e dos casacos de pesca, e voltava a sentir a mesma aflição que me invadia nos quartos das empregadas. Na casa de meu avô, comprida como um trem, as paredes de estuque eram tão finas que de noite os sonhos se misturavam, os encanamentos e objetos metálicos iam ficando enferrujados, o ar salgado corroía os materiais como uma lepra perniciosa. Uma vez por ano era preciso retocar a pintura e esvaziar os colchões para lavar a lã e pô-la para secar ao sol, porque ela começava a apodrecer devido à umidade. A casa fora construída perto de um morro que Tata mandou cortar como se fosse um bolo sem pensar na erosão, e de lá brotava uma nascente de água permanente alimentando tufos gigantescos de hortênsias cor-de-rosa e azuis, sempre em flor. No cume do morro, para onde se subia por uma trilha interminável, morava uma família de pescadores. Um dos filhos, moço de mãos calejadas pelo desgraçado ofício de arrancar mariscos das pedras, me levou ao bosque. Eu tinha 8 anos. Era dia de Natal.

VOLTEMOS A RAMÓN, o único apaixonado de minha mãe que nos interessa, porque aos outros ela nunca deu muita atenção e passaram sem deixar rastro. Ramón tinha se separado da mulher, que voltou com os filhos para Santiago, e trabalhava na Embaixada da Bolívia, economizando até o último centavo para conseguir a anulação do casamento, procedimento comum no Chile, onde à falta de uma lei de divórcio apela-se para trapaças, mentiras, falsos testemunhos e perjúrio. Os anos de amores adiados serviram para mudar sua personalidade, livrou-se do sentimento de culpa inculcado por um pai despótico e se afastou da religião, que o oprimia como uma camisa-de-força. Por meio de cartas apaixonadas e uns tantos telefonemas, ele conseguira derrotar rivais tão poderosos quanto um dentista, mágico nas horas livres, que podia tirar um coelho vivo de uma frigideira com azeite fervendo; o rei das panelas de pressão, que introduziu esses artefatos no país, alterando para sempre a parcimônia da cozinha *criolla*; e vários outros galãs que poderiam ter-se tornado nossos padrastos, inclusive meu favorito, Benjamín Viel, alto e ereto como uma lança, com uma risada contagiosa, visitante assíduo da casa de meu avô naquela época. Minha mãe garante que o único amor de sua vida foi Ramón e, como ambos ainda estão vivos, não pretendo desmenti-la. Dois anos haviam passado desde que saímos de Lima, quando eles tramaram uma escapulida no norte do Chile. Para minha mãe, o risco desse encontro clandestino era imenso, tratava-se de um passo definitivo na direção proibida, de renunciar à prudente vida de bancária e às virtudes de viúva abnegada sob o teto paterno, mas o impulso do desejo adiado e a força da juventude venceram seus escrúpulos. Os preparativos para essa aventura levaram meses e o único cúmplice foi tio Pablo, que não quis conhecer a identidade do amante nem saber dos detalhes, mas comprou para a irmã a melhor roupa de viagem e meteu um maço de dinheiro no bolso – caso se arrependa no meio do caminho e resolva voltar, como ele disse – e depois levou-a taciturno para o aeroporto. Ela partiu toda elegante sem dar explicações a meu avô, por imaginá-lo incapaz de entender os esmagadores motivos do amor. Voltou uma semana depois satisfeitíssima e ao descer do avião encontrou Tata vestido de preto e mortalmente sério, indo a seu encontro com os braços abertos e apertando-a contra o peito com um silencioso perdão. Suponho que nesses dias fugazes Ramón tenha cumprido amplamente as promessas fogosas feitas por carta, isso explicaria a decisão de minha mãe de esperar durante anos que ele pudesse se livrar dos laços matrimoniais. Aquele encontro e suas conseqüências foram se diluindo com o passar das semanas. Meu avô, que não acreditava em amores a distância, nunca falou do assunto e, como ela também não o mencionava, terminou por acreditar que o implacável desgaste do tempo acabara com essa paixão, tendo, portanto, uma surpresa tremenda quando soube da abrupta chegada do galã a Santiago. Quanto a mim, tão logo desconfiei que o príncipe encantado não era produto da imaginação e sim uma pessoa real, entrei em pânico; a idéia de que minha mãe se entusiasmasse por ele e nos abandonasse produzia cólicas de medo. Ramón ficara sabendo que um misterioso pretendente com mais chances que as dele se delineava no horizonte – posso crer que fosse Benjamín Viel, mas me faltam provas – e sem delonga abandonou seu posto em La Paz, encarapitando-se no primeiro avião que conseguiu para o Chile. Enquanto esteve no estrangeiro, a separação da esposa não fora tão notória, mas quando chegou a Santiago e não se instalou sob o teto conjugal, a situação explodiu; parentes, amigos e conhecidos se mobilizaram numa campanha tenaz para devolvê-lo ao seio do legítimo lar. Nessa época, meus irmãos e eu íamos pela rua de mãos dadas com Margara quando uma senhora muito bem-posta nos chamou de filhos-da-puta aos gritos. Tendo em vista a teimosia desse marido recalcitrante, o tio bispo procurou meu avô para exigir sua intervenção. Exaltado pelo furor cristão e envolto em odor de santidade – não tomava banho há

15 anos –, o dito bispo o pôs em dia quanto aos pecados da filha, uma Betsabé enviada pelo Maligno para a perdição dos mortais. Meu avô não era homem de aceitar aquela retórica referindo-se a um membro de sua família nem de se deixar intimidar por um padre, por mais que tivesse fama de santo, mas compreendeu que devia enfrentar o escândalo antes que fosse tarde demais. Convocou Ramón a seu escritório para liquidar o problema, porém se viu diante de uma vontade tão férrea quanto a sua.

– Estamos apaixonados – explicou o pretendente com o maior respeito, mas em voz firme e falando no plural, embora as últimas cartas semeassem dúvidas sobre a reciprocidade de tal amor. – Dê licença para que eu lhe demonstre que sou um homem honrado e capaz de tornar sua filha feliz.

Meu avô não esmoreceu o olhar, procurando descobrir as intenções mais secretas, e deve ter gostado do que viu.

– Está bem – concluiu. – Se é assim, o senhor vem morar na minha casa, porque não quero minha filha solta sabe-se lá por que paragens. E vou lhe recomendando que cuide dela muito bem. Na primeira besteira vai ter que se entender comigo, ficou claro?

– Perfeitamente – replicou o noivo improvisado, algo trêmulo, mas sem baixar os olhos.

Foi o começo de uma amizade incondicional que durou mais de trinta anos entre aquele sogro reprovador e esse genro ilegítimo. Pouco depois, um caminhão chegou à nossa casa e desembarcou um enorme caixote do qual saiu uma infinidade de cacarecos. Ao ver tio Ramón pela primeira vez, pensei que fosse uma brincadeira de minha mãe. Era aquele o príncipe por quem suspirara tanto? Nunca vira um tipo mais feio. Até então, meus irmãos e eu dormíamos no quarto dela; nessa noite puseram minha cama no quarto de passar, rodeada por armários com espelhos diabólicos, e Pancho e Juan foram transferidos para outro aposento com Margara. Não percebi que alguma coisa fundamental tinha modificado a ordem familiar, muito embora Ramón saísse voando por uma janela quando a tia Carmelita vinha nos visitar. A verdade me foi revelada um tempo depois, num dia em que cheguei do colégio intempestivamente e entrei no quarto de minha mãe sem bater, como sempre fizera, e a encontrei dormindo a sesta com aquele desconhecido que devíamos chamar de tio Ramón. O aguilhão dos ciúmes não me largou até dez anos mais tarde, quando enfim pude aceitá-lo. Ele nos assumiu conforme prometera naquele inesquecível dia de Lima, nos educou com pulso firme e bom humor, estabeleceu limites e deu normas claras, sem demonstrações de sentimentalismo, e nunca fez concessões; agüentou minhas birras sem tentar comprar minha estima e sem ceder um palmo do próprio terreno, até que me conquistou inteiramente. É o único pai que tive e agora me parece decididamente bonitão.

3

A vida de minha mãe é um romance que ela me proibiu de escrever; não posso revelar seus segredos e mistérios até cinqüenta anos depois de sua morte, mas até lá terei virado comida para os peixes, se meus descendentes obedecerem às instruções de atirar minhas cinzas ao mar. Apesar de poucas vezes conseguirmos ficar de acordo, ela é o amor mais longo de minha vida, começou no dia em que fui gerada e já dura meio século, além do que é o único realmente incondicional, nem os filhos nem os namorados mais ardentes amam assim. Agora ela está comigo em Madri. Tem o cabelo prateado e rugas de 70 anos, mas seus olhos verdes ainda brilham com a antiga paixão, apesar da amargura destes meses, que torna tudo opaco. Compartilhamos dois quartos de hotel a poucos quarteirões do hospital, onde dispomos de um fogãozinho e de uma geladeira. Alimentamo-nos de chocolate cremoso e churros comprados no caminho, às vezes de umas contundentes sopas de lentilhas com lingüiça capazes de ressuscitar Lázaro, preparadas na nossa cozinha. Acordamos de madrugada, quando ainda está escuro, e enquanto ela se espreguiça, eu me visto depressa e preparo o café. Saio primeiro, pelas ruas emplastradas de neve suja e gelo, e duas horas depois ela vem me encontrar no hospital. O dia escoa no corredor dos passos perdidos, junto à porta da Unidade de Terapia Intensiva, sozinhas até o anoitecer, quando Ernesto aparece de volta do trabalho e começam as visitas dos amigos e das freiras. De acordo com o regulamento, só podemos atravessar essa porta nefasta duas vezes por dia, quando vestimos aventais verdes, calçamos pantufas de plástico e andamos vinte e um longos passos, com o coração na mão, até a sua sala, Paula. Sua cama é a primeira do lado esquerdo, existem doze nesse quarto, algumas vazias, outras ocupadas: pacientes cardíacos, recém-operados, vítimas de acidentes, drogas ou suicídios, que passam aí uns dias e logo desaparecem; alguns retornam à vida, outros são levados cobertos por um lençol. A seu lado, jaz o Sr. Manuel, morrendo lentamente. Às vezes ele se ergue um pouco para contemplá-la com olhos enevoados pela dor, como é bonita a sua filha, então me diz. Costuma perguntar o que aconteceu, mas está consumido pelas misérias da própria doença, e mal termino de explicar, ele se esquece. Ontem lhe contei uma história e pela primeira vez me ouviu com atenção: era uma vez uma princesa que, no dia do batizado, recebeu todas as dádivas de suas fadas madrinhas, porém um feiticeiro colocou uma bomba-relógio no corpo dela, antes que a mãe pudesse impedi-lo. Na época em que a moça completou 28 anos, todos tinham esquecido o feitiço, mas o relógio contava os minutos inexoravelmente e num dia aziago a bomba explodiu sem fazer barulho. As enzimas se desnortearam no labirinto das veias e a moça mergulhou num sono tão profundo como a morte. Que Deus proteja sua princesa, suspirou Sr. Manuel.

Para você, filha, eu conto outras histórias.

Minha infância foi um tempo de medos silenciados. pavor de Margara, que me detestava, de que meu pai aparecesse para nos pedir de volta, de que minha mãe morresse ou se casasse, do diabo, das brincadeiras estúpidas, das coisas que os homens maus podem fazer com as meninas. Nem pense em entrar no carro de um desconhecido, não fale com ninguém na rua, não deixe tocarem seu corpo, não chegue perto dos ciganos. Sempre me senti diferente, desde que me entendo por gente vivi marginalizada; não pertencia realmente à minha família, ao meio social, a um grupo. Suponho que desse sentimento de solidão nascem as perguntas que me impelem a escrever, na busca de respostas se fazem os livros. O consolo nos momentos de pânico foi o persistente espírito de Memé, que costumava se soltar das dobras da cortina para me acompanhar. O porão era o ventre escuro de nossa casa, lugar fechado e proibido no qual eu entrava deslizando por um respiradouro. Sentia-me bem nessa caverna com cheiro de umidade, onde brincava desbravando as trevas com uma vela ou com a mesma lanterna usada para ler debaixo dos lençóis. Passava horas entregue a brincadeiras silenciosas, leituras clandestinas e a essas cerimônias complicadas que as crianças solitárias inventam. Tinha armazenado uma boa provisão de velas roubadas na cozinha e possuía caixa com pedaços de pão e biscoitos para alimentar os ratos. Ninguém desconfiava das excursões ao fundo da terra, as empregadas atribuíam os barulhos e as luzes ao fantasma de minha avó e nunca se aproximavam desse lugar. O subterrâneo consistia em dois quartos amplos de teto baixo e chão de terra batida, onde ficavam expostos os ossos da casa, suas tripas de encanamentos, sua peruca de fios elétricos; lá se amontoavam móveis quebrados, colchões rasgados, malas antigas e pesadas para viagens de navio das quais ninguém mais se lembrava. Num baú metálico, marcado com as iniciais de meu pai, encontrei uma coleção de livros, herança fabulosa que iluminou aqueles anos da minha infância: *O tesouro da juventude*, Salgari, Shaw, Verne, Twain, Wilde, London e outros mais. Supus que fossem proibidos por pertencerem a esse T. A. de nome imencionável, não ousei trazê-los à luz e, iluminada por candeeiros, devorei-os com o apetite que as coisas proibidas despertam, assim como anos depois li escondido *As mil e uma noites*, embora, na verdade, não houvesse livros censurados naquela casa, onde ninguém tinha tempo para tomar conta das crianças nem muito menos para vigiar suas leituras. Aos 9 anos mergulhei nas obras completas de Shakespeare, primeiro presente de tio Ramón, uma bela edição que reli inúmeras vezes sem me deter na qualidade literária, mas pelo simples prazer do enredo e da tragédia, pelo mesmo motivo que antes ouvia as radionovelas e que agora escrevo ficção. Vivia cada história como se fosse minha própria vida, eu era cada um dos personagens, sobretudo os vilões, muito mais atraentes que os heróis virtuosos. Minha imaginação disparava inevitavelmente para a truculência. Se lia sobre os peles-vermelhas que escalpelavam seus inimigos, supunha que as vítimas ficavam vivas e continuavam a lutar com gorros de pele de bisonte bem apertados para segurar os miolos que despontavam entre as fissuras do crânio escalpelado, e daí para imaginar que as idéias saíam do mesmo modo, eu estava a um passo. Desenhava os personagens em cartolina, recortava e os mantinha de pé com palitos, esse foi o começo de minhas primeiras tentativas no teatro. Contava histórias a meus embasbacados irmãos, terríveis histórias de suspense que enchiam seus dias de pavores e as noites de pesadelos, assim como fiz com meus filhos e também com alguns homens na intimidade da cama, onde uma fábula bem contada costuma ter um poderoso efeito afrodisíaco.

Tio Ramón exerceu uma influência fundamental em muitos aspectos da minha personalidade, embora em certos casos eu tenha levado quarenta anos para estabelecer relações entre seus ensinamentos e minhas reações. Ele tinha um Ford desconjuntado, que dividia com um amigo; usava-o segundas, quartas, sextas e metade do domingo, e o outro ficava com o carro o resto do tempo. Num desses domingos com carro, levou a mim, meus irmãos e minha mãe ao *Open Door*, uma instituição nos arredores de Santiago onde eram internados os loucos mansos. Conhecia bem aquelas paragens, porque na sua juventude passava as férias lá, convidado por uns parentes que administravam a parte agrícola do sanatório. Entramos aos solavancos por um caminho de terra, ladeado por grandes plátanos que formavam uma abóbada verde por cima de nossas cabeças. De um lado, ficavam as cocheiras e, do outro, os pavilhões rodeados de árvores frutíferas, por onde perambulavam, vestidos com camisolões desbotados, uns tantos dementes pacíficos que vieram a nosso encontro, correndo junto do carro e metendo as cabeças e as mãos pelas janelas entre gritos de boas-vindas. Encolhemo-nos no banco assustados, enquanto tio Ramón os cumprimentava pelo nome, alguns estavam ali há muitos anos e com eles brincara nos verões de sua juventude. Por um preço razoável, tratou com o zelador para que nos deixasse entrar no pomar.

– Desçam, meninos, os loucos são gente boa – ordenou. – Podem subir nas árvores, comer tudo o que quiserem e encher este saco. *Somos imensamente ricos.*

Não sei como conseguiu que os internos do sanatório nos ajudassem. Logo perdemos o medo e acabamos todos encarapitados nas árvores devorando abricós, lambuzados de sumo, arrancando-os aos punhados dos galhos para metê-los na sacola. Se dávamos uma dentada e eles não pareciam bastante doces, jogávamos fora e pegávamos outro, atirando-nos sobre os abricós, que arrebentavam em cima de nós, numa verdadeira orgia de frutas e de risos. Comemos até a saciedade e, depois de darmos beijos de despedidas nos doidos, empreendemos a volta no velho Ford, com a sacola repleta, da qual continuamos devorando sem parar os abricós, até que as cólicas nos venceram. Nesse dia tive, pela primeira vez, consciência de que a vida pode ser generosa. Jamais haveria uma experiência desse gênero com meu avô ou com outro membro da família, que considerava a escassez uma bênção e a avareza, uma virtude. De vez em quando, Tata aparecia com uma bandeja de doces, sempre medidos, um para cada um, nada faltava e não sobrava nada; o dinheiro era sagrado e nos ensinavam desde cedo o quanto custava ganhá-lo. Meu avô tinha fortuna, mas só comecei a desconfiar disso muito tempo depois. Tio Ramón era pobre como um rato de sacristia e eu também não soube disso naquela época, porque ele fez com que aprendêssemos a gozar do pouco que dispunha. Nos momentos mais duros da minha vida, quando acho que todas as portas se fecham, o sabor daqueles abricós me vem à boca para me consolar com a idéia de que a abundância está ao alcance da mão, se a gente souber encontrá-la.

AS RECORDAÇÕES de minha infância são dramáticas, como as de todo mundo, suponho, porque as coisas banais caem no esquecimento, mas isso também pode se dever à minha inclinação para a tragédia. Dizem que o meio geográfico determina o caráter. Venho de um país muito bonito, porém açoitado pelas calamidades: seca no verão, inundações no inverno, quando entopem os bueiros e os indigentes morrem de pneumonia; enchentes dos rios ao se derreter a neve das montanhas e maremotos que, com uma única onda, arremessam os barcos terra adentro e os colocam no meio das praças; incêndios e vulcões em erupção; pragas de moscas-varejeiras, caracol e formigas; terremotos apocalípticos e um rosário ininterrupto de tremores menores, aos quais ninguém dá importância; e se à pobreza da população somarmos o isolamento, há material de sobra para um melodrama.

Pelvina López-Pun, a cachorra que instalaram em meu berço no primeiro dia de vida com a idéia de me imunizar contra pestes e alergias, virou um bicho voluptuoso que a cada seis meses emprenhava de qualquer vira-lata, apesar dos expedientes engenhosos improvisados por minha mãe, como metê-la numas ceroulas de borracha. Quando estava no cio, grudava o traseiro na grade do jardim, enquanto na rua uma matilha impaciente esperava seu turno para amá-la entre as barras de ferro. Às vezes, ao voltar do colégio, eu encontrava um cachorro atracado, do outro lado Pelvina uivando e meus tios, morrendo de rir, tentando separá-los com esguichos de água fria. Depois Margara afogava a ninhada de filhotes tal como fazia com gatos. Certo verão estávamos prontos para partir de férias, mas a viagem teve de ser adiada porque a cachorra estava no cio e seria impossível levá-la nessas condições, na praia não havia jeito de prendê-la e já ficara provado que as calçolas de borracha são inúteis diante do ímpeto de uma paixão verdadeira. Tata tanto reclamou que minha mãe resolveu vendê-la por meio de um anúncio no jornal: "Fina cadela buldogue, trazida do estrangeiro, de bom gênio, procura donos carinhosos que saibam apreciá-la". Explicou-nos seus motivos, mas para nós pareceu uma infâmia e deduzimos que, se ela era capaz de se desfazer de Pelvina, poderia fazer o mesmo com qualquer um dos filhos. Suplicamos em vão; no sábado apareceu um casal interessado em adotar a cachorra. Escondidos debaixo da escada vimos o sorriso esperançoso de Margara quando os levou à sala, aquela mulher odiava o animal tanto quanto a mim. Pouco depois, minha mãe saiu em busca de Pelvina para apresentá-la aos compradores potenciais. Percorreu a casa de cima a baixo, antes de encontrá-la no banheiro, onde a tínhamos trancado depois de raspá-la e pintar partes do lombo com mercurocromo. Com trancos e ameaças, minha mãe conseguiu abrir a porta, o animal disparou escadaria abaixo e, de um pulo, montou no sofá onde estavam os clientes, que, ao verem as cicatrizes, dispararam gritando, num atropelo para chegarem à porta antes de serem contagiados. Três meses mais tarde, Margara eliminou meia dúzia de cachorrinhos bastardos, enquanto nós ardíamos numa febre de culpa. Pouco depois Pelvina morreu misteriosamente, desconfio que Margara teve algo a ver com isso.

Nesse mesmo ano, fiquei sabendo no colégio que os recém-nascidos não eram trazidos por uma cegonha, mas que cresciam como melões nas barrigas das mães, e que Papai Noel nunca existiu, eram os pais que compravam os presentes de Natal. A primeira parte daquela revelação não me causou impacto, porque eu ainda não cogitava em ter filhos, mas a segunda foi devastadora. Resolvi passar a noite de Natal acordada para descobrir a verdade, mas apesar dos meus esforços o sono acabou me vencendo. Atormentada pelas dúvidas, havia escrito uma carta-armadilha, pedindo o impossível: outro cachorro, uma multidão de amigos e vários brinquedos. Ao acordar de manhã, encontrei uma caixa com potes de guache, pincéis e um bilhete astuto do miserável Papai Noel, cuja caligrafia era suspeitosamente parecida com a de minha mãe, explicando que não me trouxe o que fora pedido para eu ser menos cobiçosa, mas que, em compensação, oferecia as paredes do meu quarto para que eu pintasse o cachorro, os amigos e os brinquedos. Olhei ao redor e vi que haviam tirado os severos retratos antigos e o lamentável Sagrado Coração de Jesus, e na parede nua diante da minha cama descobri uma reprodução em cor, recortada de um livro de arte. O desapontamento me deixou atônita por vários minutos, mas finalmente me recuperei o suficiente para examinar aquela estampa, que era uma pintura de Marc Chagall. A princípio pareciam manchas anárquicas, porém logo descobri no pequeno recorte de papel um assombroso universo de noivas azuis voando de pernas para o ar entre um candelabro de sete braços, uma cabra vermelha e outros versáteis personagens. Havia tantas cores e objetos diferentes que precisei de um bom tempo para me movimentar na maravilhosa desordem da composição. Esse quadro tinha música: um tic-tac de relógio, gemidos de violinos, berros de cabra, roçar de asas, um murmúrio infindável de palavras. Tinha também cheiros: aromas de velas acesas, de flores silvestres, de animal no cio, de ungüentos femininos. Tudo parecia envolto na nebulosa de um sonho feliz, por um lado a atmosfera era cálida como uma tarde de sesta e por outro se percebia o frescor de uma noite no campo. Eu era nova demais para analisar a pintura, mas lembro de minha surpresa e curiosidade, esse quadro era um convite ao jogo. Perguntei-me fascinada como era possível pintar assim, sem respeito algum pelas regras de composição e perspectiva que a professora de arte tentava me inculcar no colégio. Se este Chagall pode fazer o que bem entende, eu também posso, concluí, abrindo o primeiro pote de tinta guache. Durante anos pintei com liberdade e prazer um complexo mural onde ficaram registrados os desejos, os medos, as raivas, as perguntas da infância e a dor de crescer. Num lugar de honra, em meio a uma flora impossível e uma fauna fora dos eixos, pintei a silhueta de um rapaz de costas, como se estivesse olhando o mural. Era o retrato de Marc Chagall, por quem eu havia me apaixonado como só as crianças se apaixonam. Na época em que eu pintava furiosamente as paredes da casa em Santiago, o objeto dos meus sonhos tinha sessenta anos mais que eu, era célebre em todo o mundo, acabava de pôr termo à sua longa viuvez casando-se em segundas núpcias e vivia no coração de Paris, contudo a distância e o tempo são convenções frágeis e eu acreditava que ele fosse um menino da minha idade; muitos anos depois, em abril de 1985, quando Marc Chagall morreu aos 93 anos de eterna juventude, confirmei que era mesmo. Sempre foi o garoto imaginado por mim. Quando estávamos para partir daquela casa e eu me despedi do mural, minha mãe me deu um caderno para registrar o que antes pintava: um caderno de anotar a vida. Pegue, desabafe escrevendo, ela me disse. Assim fiz eu então e assim faço agora, nestas páginas. Que mais posso fazer? O tempo me sobra. Sobra o futuro inteiro. Quero dá-lo para você, filha, porque o seu, você perdeu.

AQUI TODOS CHAMAM VOCÊ de *a menina*, deve ser por seu rosto de colegial e por esse cabelo comprido que as enfermeiras trançam. Pediram licença a Ernesto para cortá-lo, é muito trabalhoso mantê-lo limpo e desembaraçado, mas ainda não o fizeram, ficam com pena, consideram-no seu maior atributo de beleza porque ainda não viram seus olhos abertos. Acho que elas estão um pouco apaixonadas por seu marido, tanto amor as comove; vêem-no inclinado sobre sua cama falando baixinho, como se você pudesse ouvi-lo, e gostariam de ser amadas assim. Ernesto tira o colete e o passa por suas mãos inertes, toca isso, Paula, sou eu, ele diz, é seu preferido, não está reconhecendo? Gravou mensagens secretas para que você escute sua voz nos fones quando fica sozinha; traz um algodão impregnado com sua água-de-colônia e coloca-o debaixo do seu travesseiro, para que o perfume dele a acompanhe. O amor chega como um vendaval para as mulheres da família, assim sucedeu à minha mãe com o tio Ramón, a você com Ernesto, comigo e Willie, e suponho que será do mesmo jeito com as netas e bisnetas que virão. Certo dia de ano-novo, quando eu já estava vivendo com Willie na Califórnia, telefonei para dar um beijo a distância, para comentar o ano velho e perguntar qual era seu desejo para esse 1988 que começava. Quero um companheiro, um amor como este que você tem agora, foi sua resposta. Quarenta e oito horas depois, você já me ligava de volta, eufórica.

– Consegui, mamãe! Ontem conheci, numa festa, o homem com quem vou me casar! – e me contou atropeladamente que desde o primeiro instante foi como uma fogueira, os dois se olharam, se reconheceram e tiveram a certeza de terem sido feitos um para o outro.

– Não seja ridícula, Paula. Como pode ter tanta certeza?

– Porque senti náuseas e foi preciso ir embora. Felizmente ele veio atrás de mim...

Uma mãe normal teria alertado contra semelhantes paixões, mas eu não tenho autoridade moral para dar conselhos de sensatez, de modo que se seguiu uma das nossas conversas típicas.

– Formidável, Paula. Vai viver com ele?

– Primeiro preciso terminar os estudos.

– Acha que vai continuar estudando?

– Não posso jogar tudo para o alto!

– Bem, se é o homem da sua vida...

– Calma, mãe, acabei de conhecê-lo.

– Eu também acabei de conhecer Willie e já vê como é que estou. A vida é curta, filha.

– É mais curta na sua idade do que na minha. Tudo bem, não farei o doutorado, mas pelo menos termino o mestrado.

E assim foi. Você terminou seus estudos com louvor e foi viver com Ernesto em Madri, onde ambos conseguiram emprego, ele como engenheiro eletrônico e você como psicóloga voluntária num colégio, e pouco depois se casaram. No primeiro aniversário de casamento, você estava em coma e seu marido levou de presente uma história de amor que sussurrou no seu ouvido, ajoelhado junto de você, enquanto as enfermeiras observavam comovidas e, na cama ao lado, chorava Sr. Manuel.

AH, O AMOR CARNAL! A primeira vez que sofri um ataque fulminante foi aos 11 anos. Tio Ramón fora mandado de novo para a Bolívia, porém dessa vez levou minha mãe e seus três filhos. Não tinham podido se casar e o governo não pagava as despesas dessa família ilegal, mas eles não deram ouvidos aos mexericos mal-intencionados e se empenharam em levar adiante essa difícil relação, apesar dos formidáveis obstáculos que precisavam transpor. Conseguiram isso plenamente, e hoje, mais de quarenta anos depois, formam um casal legendário. La Paz é uma cidade extraordinária, tão perto do céu e de ar tão fino que é possível ver os anjos ao amanhecer, o coração está sempre a ponto de arrebentar e a vista se perde na pureza aflitiva de suas paisagens. Cadeias de montanhas e morros arroxeados, rochas e pinceladas de terra em tons de açafrão, violeta e vermelho circundam a depressão por onde se estende essa cidade de contrastes. Recordo as ruas estreitas subindo e descendo como serpentinas, lojas pobres, ônibus caindo aos pedaços, índios vestidos de lãs coloridas mascando eternamente uma bola de folhas de coca com seus dentes esverdeados. Centenas de igrejas com campanários e adros onde as índias se sentavam para vender mandiocas e milho, fetos dissecados de lhamas para emplastros de boa saúde, enquanto espantavam moscas e amamentavam os filhos. O cheiro e as cores de La Paz se fixaram na minha memória como parte do lento e doloroso despertar da adolescência. A ambigüidade da infância terminou no momento exato em que saímos da casa de meu avô. Na noite anterior levantei-me silenciosamente, desci as escadas com cuidado para que os degraus não rangessem, percorri o andar térreo às escuras e fui até a cortina da sala, onde Memé me esperava para dizer que parasse de me lamentar porque ela estava disposta a viajar comigo, já não tinha nada mais a fazer naquela casa, que pegasse seu espelho de prata na escrivaninha de Tata e que o levasse comigo. Aí estarei de agora em diante, sempre com você, ela acrescentou. Pela primeira vez, ousei abrir a porta sempre fechada do quarto do meu avô. A luz da rua vinha filtrada através das frestas da veneziana e meus olhos já se haviam acostumado à escuridão; vi a silhueta dele, imóvel, o perfil austero, estava deitado de costas entre os lençóis, rígido e imóvel como um cadáver naquele aposento de móveis fúnebres onde o carrilhão marcava três horas da manhã. Vê-lo-ia assim exatamente trinta anos depois, quando apareceu num sonho para me revelar meu primeiro romance. Silenciosamente percorri a distância até a escrivaninha, passando perto da cama, onde pude perceber sua solidão de viúvo, e abri uma das gavetas, com pavor de que ele acordasse e me surpreendesse roubando. Encontrei o espelho de cabo lavrado junto a uma caixa de metal que não ousei tocar, apanhei-o com as duas mãos e saí em marcha à ré na ponta dos pés. A salvo em minha cama, observei o cristal brilhante onde tantas vezes me haviam dito aparecerem demônios de noite e suponho que refletiu minha cara de 10 anos, redonda e pálida, mas na imaginação vi o doce rosto de Memé desejando boa-noite. Quando amanheceu, pintei pela última vez no meu mural uma mão que escrevia a palavra adeus. Esse dia foi cheio de confusão, ordens contraditórias, despedidas apressadas e esforços sobre-humanos para acomodar as malas na capota dos carros que nos levariam ao porto, onde embarcaríamos para o Norte. O resto da viagem seria num trem de bitola estreita que subia com a lentidão de um caracol milenar até as alturas bolivianas. Meu avô vestido de luto, com sua bengala e a boina basca, de pé, junto à porta da casa onde me criei, despachou minha infância.

Os crepúsculos de La Paz são como incêndios astrais e nas noites sem lua todas as estrelas podem ser vistas, inclusive aquelas que morreram há milhões de anos e as que irão nascer amanhã. Às vezes me deitava de barriga para cima no jardim, para olhar esses céus formidáveis e sentia uma vertigem de morte, caía e caía até o fundo de um abismo infinito. Morávamos numa propriedade de três casas com um jardim comum, na frente vivia um célebre oculista e, nos fundos, um diplomata uruguaio de quem se dizia, em sussurros, que era homossexual. Nós, crianças, achando que se tratava de uma doença sem cura, cumprimentávamos o vizinho cheios de pena e uma vez nos atrevemos a lhe perguntar se a homossexualidade doía muito. Ao voltar do colégio, eu procurava a solidão e o silêncio dos caminhos desse grande jardim, onde encontrava esconderijos para meu caderno de anotar a vida e lugares secretos para ler longe do movimento. Freqüentávamos uma escola mista, até então meu único contato com meninos fora com meus irmãos, mas eles não contavam, ainda hoje acho que Pancho e Juan não têm sexo, são como bactérias. Na primeira aula de História, a professora falou das guerras do Chile contra a Bolívia e o Peru, no século XIX. Eu tinha aprendido em meu país que os chilenos venceram as batalhas graças à sua valentia sem limites e ao patriotismo de seus chefes, mas nessa aula foram reveladas as brutalidades cometidas por meus compatriotas contra a polícia civil. Os soldados chilenos, drogados com uma mistura de aguardente e pólvora, entravam nas cidades ocupadas como hordas enlouquecidas. De baioneta calada e com facões de magarefe, trespassavam crianças, abriam a barriga das mulheres e mutilavam os genitais dos homens. Levantei a mão disposta a defender a honra de nossas Forças Armadas, sem desconfiar então do que elas são capazes, e uma chuva de projéteis caiu em cima de mim. A professora me pôs para fora da sala e saí em meio a uma vaia feroz para ficar de castigo, em pé num canto do corredor e de cara voltada para a parede. Segurando as lágrimas para que ninguém visse a humilhação, ruminei minha raiva durante três quartos de hora. Nesses minutos decisivos, meus hormônios, cuja existência até então ignorara, explodiram com a força de uma catástrofe vulcânica; não exagero, naquele mesmo dia tive a primeira menstruação. No outro extremo do corredor, também de pé e virado para a parede, estava de castigo um garoto alto e magro como uma vassoura, de pescoço comprido, cabelos pretos e enormes orelhas de abano que, vistas por trás, davam-lhe um ar de ânfora grega. Nunca mais encontrei orelhas tão sensuais como aquelas. Foi um amor à primeira vista, me apaixonei pelas orelhas antes de ver a cara dele, e com tal veemência que nos meses seguintes perdi completamente o apetite e, de tanto jejuar e suspirar, fiquei anêmica. Esse arrebatamento romântico era desprovido de idéias sexuais; não estabeleci qualquer ligação entre o sucedido em minha infância, num bosque de pinheiros junto ao mar com um pescador de mãos quentes, e os mais remotos sentimentos inspirados por aqueles apêndices extraordinários. Sofri de um enamoramento casto, e por isso mesmo muito mais devastador, que durou dois anos. Lembro esse período em La Paz como uma interminável cadeia de fantasias no sombrio jardim de nossa casa, de páginas ardentes escritas nos meus cadernos e de sonhos ridículos nos quais o cavaleiro orelhudo me salvava da goela de um dragão. Para culminar, o colégio todo ficou sabendo e, por culpa desse amor e de minha indissimulável condição de chilena, tornei-me vítima das brincadeiras mais angustiantes. Foi um romance destinado ao fracasso, o objeto de minha paixão me tratou com tanta indiferença que cheguei a pensar que ficava invisível diante dele. Pouco antes de partir da Bolívia, estourou uma briga no recreio e, sem saber como, acabei abraçada com meu amado, rolando na poeira entre tapas, puxões de cabelo e pontapés. Ele era muito maior e, apesar de eu ter posto em prática o que aprendera com meu avô nas tardes de luta livre no Teatro Caupolicán, deixou-me machucada e de nariz sangrando, não obstante num momento de fúria cega uma de suas orelhas tivesse ficado ao alcance dos meus dentes, com o que pude lhe dar uma apaixonada mordida. Durante semanas, andei nas nuvens. É o encontro mais erótico de minha longa vida, mistura do prazer intenso do abraço com a dor não menos aguda da pancada. Com esse despertar masoquista para a luxúria, outra mulher de menos sorte seria hoje vítima complacente dos açoites de um sádico, mas, tal como as coisas sucederam, nunca mais tive oportunidade de praticar esse tipo de abraço.

Pouco depois nos despedimos da Bolívia e não voltei a ver aquelas orelhas. Tio Ramón partiu de avião para Paris e de lá para o Líbano, enquanto minha mãe e nós descíamos de trem para um porto no norte do Chile, de onde embarcamos rumo a Gênova num navio italiano, indo em seguida de ônibus para Roma e daí de avião para Beirute. A viagem durou cerca de dois meses e creio que minha mãe sobreviveu por milagre. Ocupávamos o último vagão do trem em companhia de um índio enigmático, que não dizia uma única palavra e ficava sempre de cócoras perto de um aquecedor, mastigando coca e tirando piolhos, armado com um rifle arcaico. Dia e noite, seus olhinhos oblíquos nos observavam com uma expressão impenetrável, nunca o vimos dormir; minha mãe temia que, num descuido, ele nos assassinasse, apesar de lhe terem garantido que fora contratado para nos proteger. O trem avançava tão devagar pelo deserto, entre dunas e minas de sal, que meus irmãos apeavam e corriam ao lado. Para amolar minha mãe, eles se atrasavam, fingindo estar extenuados, e gritavam pedindo socorro. No navio, Pancho ficou com os dedos presos nas pesadas portas de ferro tantas vezes que, no final, seus berros não comoviam ninguém e Juan ficou perdido certo dia durante várias horas. Brincando de esconder, ele acabou dormindo num camarote desocupado e não o encontraram até ele acordar com as sirenes, pois o comandante estava a ponto de deter a navegação e jogar os botes na água para procurá-lo, enquanto dois vigorosos contramestres seguravam minha mãe para que ela não mergulhasse no Atlântico. Apaixonei-me por todos os marinheiros, com uma paixão quase tão violenta quanto a que fora inspirada pelo jovem boliviano, mas suponho que eles estavam de olho em minha mãe. Esses esbeltos moços italianos me alvoroçavam a imaginação, mas não conseguiam mitigar o vício inconfessável de brincar de boneca. Trancada no camarote, eu as ninava, banhava, dava mamadeira e cantava para elas em voz baixa para não ser descoberta, enquanto meus malvados irmãos ameaçavam mostrá-las no tombadilho. Quando finalmente desembarcamos em Gênova, Pancho e Juan, com uma lealdade a toda prova, carregavam cada qual debaixo do braço um volume suspeito envolto numa toalha, enquanto eu me despedia, suspirando, dos marinheiros de meus amores.

MORAMOS NO LÍBANO três anos surrealistas que me serviram para aprender alguma coisa de francês e conhecer boa parte dos países vizinhos, inclusive a Terra Santa e Israel, que na década de cinqüenta, tal como agora, vivia em guerra permanente contra os árabes. Atravessar a fronteira de carro, como fizemos várias vezes, era uma aventura perigosa. Instalamo-nos num apartamento moderno, amplo e feio. Do terraço, podíamos ver um mercado livre e o quartel da polícia, que desempenhariam importantes papéis mais tarde, quando começou a violência. Tio Ramón destinou um cômodo para o Consulado e pendurou na fachada o escudo e a bandeira do Chile. Meus novos amigos nunca tinham ouvido falar desse país, pensavam que, mais provavelmente, eu viesse da China. De maneira geral, naquela época e nessa parte do mundo, as mocinhas ficavam reclusas em casa ou no colégio até o dia do casamento, se tinham a infelicidade de se casar, momento em que trocavam a prisão paterna pela do marido. Eu era muito tímida e vivia muito isolada, só vi o primeiro filme de Elvis Presley quando ele já estava gordo. Nossa vida familiar se complicou, minha mãe não se adaptava à cultura árabe, ao clima quente, nem à personalidade autoritária de tio Ramón, sofria de enxaquecas, alergias e súbitas crises nervosas com alucinações; certa vez, tivemos de arrumar as malas para voltar para a casa de meu avô em Santiago porque ela jurava que, pela janelinha do banheiro, um sacerdote ortodoxo a espiava, com todos os seus paramentos litúrgicos. Meu padrasto sentia falta dos filhos e tinha pouco contato com eles porque as comunicações com o Chile sofriam atrasos de meses, o que contribuía para a sensação de morar no fim do mundo. A situação econômica era muito apertada, o dinheiro era esticado em penosas contas semanais e, quando sobrava alguma coisa, íamos ao cinema ou patinávamos numa pista de gelo artificial, únicos luxos que nos podíamos permitir. Vivíamos com decência, mas num nível diferente dos outros membros do Corpo Diplomático e do círculo que freqüentávamos, para quem o normal eram os clubes particulares, os esportes de inverno, o teatro e as férias na Suíça. Minha mãe fez um vestido longo de seda para as festas a rigor, transformando-o de maneira milagrosa, ora com uma cauda de brocado, ora com mangas de renda ou uma faixa de veludo na cintura, mas acho que ninguém prestava atenção na indumentária, a atenção era para seu rosto. Ela se tornou especialista nessa arte suprema de manter as aparências sem ter dinheiro, preparava pratos baratos, disfarçava-os com molhos sofisticados que ela mesma inventava e os servia nas famosas bandejas de prata; deu um jeito para que a sala de visitas e a sala de jantar tivessem um ar muito elegante, com quadros trazidos da casa de meu avô e tapetes comprados em prestações no cais de Beirute, mas o resto era de uma grande modéstia. Tio Ramón conservava intacto seu inquebrantável otimismo. Tinha excessivos problemas com minha mãe, freqüentemente eu me pergunto o que os manteve juntos nesse tempo e a única resposta que me vem é a tenacidade de uma paixão nascida a distância, alimentada por cartas românticas e fortalecida por uma verdadeira montanha de inconvenientes. São duas pessoas muito diferentes, era comum discutirem até a exaustão; algumas de suas brigas atingiam tal magnitude que ganhavam nome próprio e ficavam registradas no anedotário familiar. Admito que nessa época eu nada fiz para facilitar sua convivência; quando compreendi que esse padrasto tinha entrado em nossas vidas para ficar, declarei-lhe uma guerra sem quartel. Agora me dói recordar o tempo em que planejava maneiras atrozes de matá-lo. Não teve um papel nada fácil e nem sei como conseguiu levar adiante essas três crianças Allende que desabaram em sua vida. Nunca o chamamos de papai, porque essa palavra trazia lembranças ruins, mas ele conquistou o título de tio Ramón, símbolo de admiração e de confiança. Hoje, aos 75 anos, centenas de pessoas espalhadas nos cinco continentes, inclusive alguns funcionários do governo e da Academia Diplomática do Chile, chamam-no de tio Ramón, movidos pelos mesmos sentimentos.

Na crença de que houvesse certa continuidade em minha educação, fui posta num colégio inglês para meninas, cujo objetivo era fortalecer o caráter mediante provas de rigor e disciplina, que não me impressionavam porque não foi à toa que sobrevivi incólume às espantosas brincadeiras estúpidas. Que as alunas aprendessem a Bíblia de cor, era a meta desse ensino: Deuteronômio, capítulo cinco, versículo terceiro, ordenava Miss Saint John, e tínhamos de recitá-lo sem vacilar. Assim aprendi um pouco de inglês e poli até o ridículo o sentido estóico da vida, cuja semente fora plantada por meu avô no casarão das correntes de ar. A língua inglesa e a resistência diante da adversidade foram bastante úteis para mim, a maior parte de outras habilidades que possuo foi tio Ramón quem ensinou, com seu exemplo e com uns métodos didáticos que a psicologia moderna qualificaria de brutais. Ele foi cônsul-geral em vários países árabes, com sede em Beirute, cidade fabulosa que era então considerada a Paris do Oriente Médio, onde os camelos e os Cadillacs com pára-choques de ouro dos xeiques obstruíam o tráfego e as mulheres muçulmanas, cobertas por mantos negros com aberturas na altura dos olhos, faziam compras no mercado lado a lado com as estrangeiras decotadas. Nos sábados, algumas donas-de-casa da colônia americana lavavam os carros de short e com um pedaço de barriga de fora. Os homens árabes, que poucas vezes viam mulheres sem véu, saíam de aldeias remotas em difíceis viagens de burro para assistir ao espetáculo dessas estrangeiras seminuas. Alugavam-se cadeiras e se vendiam café e doces em calda para os voyeurs, instalados em filas do outro lado da rua.

No verão agüentávamos um calor úmido de banho turco, mas meu colégio era regido pelas normas impostas pela Rainha Vitória da enevoada Inglaterra do fim do século XIX. O uniforme era um avental medieval de fazenda grossa, amarrado com tiras, porque se consideravam frívolos os botões, sapatrancas de aspecto ortopédico e um chapéu de explorador enfiado até as sobrancelhas, capaz de baixar a crista da criatura mais arrogante. A comida se constituía em material didático utilizado para forjar nosso caráter, todos os dias serviam arroz branco sem sal e duas vezes por semana ele vinha queimado; às segundas, quartas e sextas, era acompanhado de legumes; nas terças-feiras, de iogurte; e nas quintas, de fígado cozido. Levei meses para superar a náusea diante desses pedaços de carne cinzenta flutuando em água quente, mas acabei achando aquilo delicioso e esperava os almoços de quinta com ansiedade. Desde então me tornei capaz de digerir qualquer alimento, inclusive a comida inglesa. As alunas provinham de diversas regiões e quase todas eram internas. Shirley era a garota mais bonita do colégio e até com o chapéu do uniforme ficava bem; viera da Índia, tinha o cabelo de um negro-azulado, maquiava os olhos com um pó nacarado e andava com passo de gazela, desafiando a lei da gravidade. Trancadas no banheiro, ela me ensinou a dança do ventre, que não serviu para nada até agora porque nunca tive coragem suficiente para seduzir homem algum com esses saracoteios. Um dia, quando tinha acabado de fazer 15 anos, tiraram-na do colégio e a levaram de volta para seu país para casá-la com um comerciante cinqüentão escolhido pelos pais e que ela jamais vira; conheceu-o por uma fotografia feita em estúdio e colorida à mão. Elizabeth, minha melhor amiga, era uma personagem de romance: órfã, criada como empregada pelas irmãs, que haviam roubado sua parte da herança paterna, cantava como um anjo e fazia planos de fuga para a América. Trinta e cinco anos depois nos encontramos no Canadá. Realizou seus sonhos de independência, dirige uma empresa própria, tem uma casa de luxo, carro com telefone, quatro casacos de pele e dois cachorros que levam vida regalada, mas ainda chora quando lembra de sua juventude em Beirute. Enquanto Elizabeth economizava centavos para fugir para o Novo Mundo e a formosa Shirley cumpria seu destino de noiva por encomenda, nós estudávamos a Bíblia e cochichávamos a respeito de um tal de Elvis Presley, que ninguém vira ou ouvira cantar, mas sobre quem se dizia que causava estragos com sua guitarra elétrica e seu requebrado de pélvis. Eu ia no ônibus do colégio, primeira a ser apanhada de manhã e a última que era deixada de tarde, passava horas dando voltas pela cidade, solução muito conveniente porque sentia pouca vontade de voltar para casa. De todo modo, cedo ou tarde, eu chegava. Freqüentemente encontrava tio Ramón de camiseta, sentado debaixo de um ventilador, abanando-se com o jornal e ouvindo boleros.

– O que as freiras ensinaram hoje? – era sua acolhida.

– Não são freiras, são senhoritas protestantes. Falamos de Jó – respondia eu, suando, mas fleumática e digna dentro do meu uniforme de condenada.

– Jó? Esse boboca que Deus pôs à prova mandando todo tipo de desgraças?

– Não era nenhum boboca, tio Ramón, era um santo varão que jamais renegou o Senhor, apesar dos seus sofrimentos.

– Você acha isso certo? Deus aposta com Satanás, castiga o pobre homem sem piedade e, além do mais, quer que ele o adore. É um deus cruel, injusto e frívolo. Um senhor que se comporta assim com seus servos não merece lealdade nem respeito, muito menos adoração.

Tio Ramón, educado pelos jesuítas, valia-se de uma ênfase assustadora e uma lógica implacável – as mesmas que utilizava nas brigas com minha mãe – para me demonstrar a estupidez do herói bíblico; sua atitude, longe de constituir um exemplo louvável, era um problema de personalidade. Em menos de dez minutos de retórica, ele deitava por terra os virtuosos ensinamentos de Miss Saint John.

– Você está convencida de que Jó era um chato?

– Estou, tio Ramón.

– Seria capaz de assegurá-lo por escrito?

– Sim.

O senhor cônsul atravessava os dois metros que nos separava de seu escritório, redigia em papel timbrado um documento com três cópias dizendo que eu, Isabel Allende Llona, de 14 anos, cidadã chilena, atestava que Jó, o do Antigo Testamento, era um imbecil. Obrigava-me a assiná-lo, depois de ler cuidadosamente, porque nunca se deve assinar uma coisa no escuro, dobrava o documento e guardava-o no cofre do Consulado. Em seguida se sentava de novo debaixo do ventilador e com um profundo suspiro de tédio me dizia:

– Bem, filha, agora vou provar que você tinha razão, Jó era um santo homem de Deus. Darei os argumentos que você devia ter empregado se soubesse pensar. Note que me dou esse trabalho só para lhe ensinar a discutir, isso sempre é útil na vida.

E passava a desmantelar a própria argumentação anterior para me convencer daquilo que eu já acreditava firmemente no princípio. Pouco depois estava eu de novo derrotada, desta vez a ponto de chorar.

– Aceita que Jó agiu certo ao permanecer fiel a seu Senhor apesar de todas as suas desgraças?

– Sim, tio Ramón.

– Está absolutamente segura?

– Estou.

– Está disposta a assinar um documento para mim?

E redigia outro humilhante papel, no qual ficava atestado que eu, Isabel Allende Llona, de 14 anos, cidadã chilena, me retratava da declaração anterior e garantia que, pelo contrário, Jó era um homem justo. Passava-me a caneta quando eu estava pronta para estampar meu nome no pé da página, me atalhava com um grito.

– Não! Quantas vezes eu já lhe disse para não dar o braço a torcer? A coisa mais importante para se ganhar uma discussão é não vacilar, mesmo que você tenha dúvidas e muito menos ainda se estiver errada.

Assim aprendi a me defender e, anos depois, competi no Chile num debate interescolar contra o Colégio Santo Inácio, representado por cinco rapazes com atitude de advogados criminalistas e dois padres jesuítas, que lhes sopravam instruções. A equipe masculina se apresentou com um carregamento de livros que eram citados para apoiar suas alegações e assustar os contendores. Eu tinha como único apoio a lembrança daquelas tardes com Jó e tio Ramón no Líbano. Perdi, é claro, mas no final minhas companheiras me carregaram em triunfo, enquanto os machos rivais se retiravam altivos com seus carrinhos de mão lotados de argumentos. Não sei quantos papéis em três cópias assinei na minha adolescência sobre os assuntos mais diversos, desde roer as unhas até as baleias em vias de extinção. Creio que tio Ramón guardou durante anos alguns desses testemunhos, como um no qual eu jurava que por culpa sua não conheceria homens e ficaria solteirona. Isso foi na Bolívia, quando aos 11 anos tive um chilique porque ele não me deixou ir a uma festa onde eu esperava ver o orelhudo dos meus amores. Três anos depois me convidaram para outra festa, dessa vez em Beirute, na casa dos embaixadores dos Estados Unidos, e eu não quis comparecer por prudência, nesse tempo nós, meninas, tínhamos um papel de rebanho passivo e eu estava certa de que nenhum garoto gozando de juízo perfeito me convidaria para dançar e era difícil imaginar humilhação mais terrível do que tomar um *chá de cadeira*. Nessa ocasião, meu padrasto me obrigou a ir porque, conforme disse, se não vencesse meus complexos, nunca teria sucesso na vida. Na tarde anterior à festa ele fechou o Consulado e se dedicou a me ensinar a dançar. Com tenacidade irredutível me mandou mexer os ossos no ritmo da música, primeiro apoiada no espaldar de uma cadeira, logo com uma vassoura e por último com ele. Nessas horas aprendi do charleston ao samba, depois ele enxugou minhas lágrimas e me levou para comprar um vestido. Ao me deixar na festa, deu um conselho inesquecível, que apliquei nos momentos cruciais de minha vida: *pense que os outros têm mais medo que você.* Disse também que eu não me sentasse nem por um momento, que ficasse em pé perto da vitrola e não comesse nada, porque os garotos precisam de muita coragem para atravessar o salão e chegar perto de uma garota ancorada numa cadeira como uma fragata e com um prato de bolo na mão. Além do mais, os poucos meninos que sabem dançar são os mesmos que trocam a música, por isso convém ficar junto dos discos. Na entrada da Embaixada, uma fortaleza de cimento no pior estilo dos anos 1950, havia uma gaiola com umas passarolas negras que falavam inglês com sotaque da Jamaica. A Embaixatriz me recebeu – vestida de almirante, com um apito pendurado no pescoço para dar instruções aos convidados – e nos levou para o salão monumental, onde se encontrava uma multidão de adolescentes altos e feios, com as caras cheias de espinhas, que mascavam chiclete, comiam batatas fritas e bebiam Coca-Cola. Os garotos usavam paletós quadriculados e gravatinhas-borboleta, as mocinhas usavam saias godê e boleros de lã angorá que deixavam o ar cheio de pêlos e revelavam invejáveis protuberâncias no busto. Eu nada tinha para pôr dentro de um sutiã. Todos estavam de meias soquetes. Eu me senti completamente alienígena, meu vestido de tafetá e veludo era um espanto e eu não conhecia ninguém. Apavorada, passei um tempo dando migalhas de bolo aos pássaros negros até que recordei as instruções de tio Ramón e, tremendo, tirei os sapatos e me aproximei da vitrola. Logo vi uma mão masculina estendida para mim e, sem poder crer em tamanha sorte, saí dançando uma melodia açucarada com um garoto de aparelho nos dentes e pés chatos, não tinha a metade da graça do meu padrasto. Dançava-se com o rosto colado – *cheek-to-cheek*, acho que se chamava aquilo –, mas era uma proeza impossível para mim, porque minha cara em geral batia no esterno de qualquer homem normal, e nessa festa, quando eu tinha só 14 anos e além do mais estava sem sapatos, chegava ao umbigo do meu par. Depois dessa música, veio um disco completo de rock'n roll, do qual tio Ramón nem tinha ouvido falar, mas bastou que eu observasse os outros por alguns minutos para pôr em prática o que fora aprendido na tarde anterior. Por uma vez serviram para alguma coisa meu tamanho reduzido e minhas articulações soltas; sem nenhuma dificuldade, os companheiros de dança me jogavam para o teto, me faziam dar uma cambalhota de acrobata no ar e me pegavam rente ao chão, bem quando eu ia quebrar o pescoço. Eu me surpreendi dando saltos ornamentais, erguida, arrastada, enlaçada e sacudida por diversos jovens, que a essa altura já tinham tirado os paletós quadriculados e as gravatas-borboleta. Não posso me queixar, nessa noite não tomei *chá de cadeira*, pelo contrário, dancei até me saírem bolhas nos pés e assim ganhei a certeza de que, pensando bem, conhecer os homens não é tão difícil, e de que seguramente eu não ficaria solteirona, porém não assinei qualquer outro documento a esse respeito. Tinha aprendido a não dar meu braço a torcer.

TIO RAMÓN tinha um armário desmontável de três módulos, que levava consigo nas viagens, onde guardava, trancados à chave, sua roupa e seus tesouros: uma coleção de revistas eróticas, pacotes de cigarros, caixas de chocolate e bebidas. Meu irmão Juan descobriu a forma de abri-lo com um arame enrolado e assim nos tornamos hábeis gatunos. Se pegássemos uns poucos chocolates ou cigarros, seria notado, mas tirávamos uma camada completa de bombons e a caixa era fechada de novo com tal perfeição que parecia intacta, e subtraímos pacotes inteiros de cigarros, nunca unidades ou maços. Tio Ramón teve as primeiras suspeitas em La Paz. Chamou-nos separadamente, uma criança de cada vez, e procurou obter uma confissão ou que delatássemos o culpado, mas de nada serviram as palavras suaves ou os castigos, admitir o delito nos parecia uma estupidez e no nosso código moral a traição entre irmãos era imperdoável. Uma sexta-feira de tarde, ao voltarmos do colégio, encontramos tio Ramón e um desconhecido à espera, na sala.

– Estou cansado da falta de honestidade que reina nesta família, o mínimo que posso exigir é não ser roubado na minha própria casa. Este cavalheiro é um detetive da polícia. Tomará as impressões digitais de vocês três, vai compará-las com as marcas que existem no meu armário e assim saberemos quem é o ladrão. Esta é a última oportunidade para confessarem a verdade...

Pálidos de terror, meus irmãos e eu baixamos os olhos e apertamos os dentes.

– Sabem o que acontece com os delinqüentes? Apodrecem na prisão – acrescentou tio Ramón.

O detetive tirou do bolso uma caixa de metal. Ao abri-la vimos que continha uma almofada impregnada de tinta preta. Lentamente, com grande cerimônia, passou a nos manchar os dedos, um por um, e a imprimir as impressões numa cartolina.

– Não se preocupe, senhor cônsul, segunda-feira vai receber os resultados da minha investigação – despediu-se o homem.

Sábado e domingo foram dias de suplício moral para nós, escondidos no banheiro e nos lugares mais secretos do jardim encarávamos nosso negro futuro. Nenhum estava livre de culpa, iríamos todos parar numa masmorra, onde nos alimentariam com água suja e nacos de pão duro, como acontecera com o Conde de Montecristo. Na segunda-feira seguinte, o inefável tio Ramón nos convocou a seu escritório.

– Já sei exatamente quem é o bandido – anunciou fazendo dançar suas satânicas sobrancelhas. – Entretanto, por consideração à sua mãe, que já intercedeu em favor de vocês, desta vez não mando prendê-lo. Isto ficará entre nós dois. Mas aviso que da próxima vez não serei tão complacente, compreenderam?

Saímos aos tropeções, gratos, sem poder acreditar em tanta magnanimidade. Não voltamos a roubar por muito tempo, mas dois anos mais tarde, quando estávamos em Beirute, pensei melhor no caso e me veio uma suspeita de que o suposto detetive fosse um chofer da Embaixada, tio Ramón era bem capaz de nos pregar essa peça. Usando outro arame retorcido, abri novamente o armário e dessa vez encontrei, além dos tesouros previsíveis, quatro volumes encadernados de couro vermelho: *As mil e uma noites.* Deduzi que, sem dúvida, existiria uma razão poderosa para que esses livros estivessem trancados à chave e por isso mesmo me interessaram muito mais que os bombons, os cigarros ou as mulheres de ligas das revistas eróticas. Durante os três anos seguintes li esses livros dentro do armário, iluminada pela antiga lanterna, nas horas em que tio Ramón e minha mãe iam aos coquetéis e jantares. Apesar de os diplomatas terem de agüentar, por obrigação, uma intensa vida social, eu nunca conseguia tempo suficiente para terminar essas histórias fabulosas. Quando os ouvia chegar, tratava de fechar depressa o armário e voltar para minha cama e fingir que estava dormindo. Era impossível marcar as páginas ou lembrar onde tinha parado e como, além disso, pulava trechos procurando as passagens mais safadas, os personagens se embaralhavam, as aventuras se misturavam e assim fui criando inúmeras versões das narrativas, numa orgia de palavras exóticas, de erotismo e de fantasia. O contraste entre o puritanismo do colégio, que exaltava o trabalho e não admitia as necessidades básicas do corpo nem os relâmpagos da imaginação, e o ócio criativo e a sensualidade avassaladora desses livros marcou-me definitivamente. Durante décadas, oscilei entre essas duas tendências, sem-vergonha por dentro e perdida num mar de desejos confusos e pecados, até que finalmente no calor da Venezuela, quando beirava os 40 anos, pude me livrar dos rígidos preceitos de Miss Saint John. Assim como devorei os melhores livros da minha infância escondida no porão da casa de Tata, li furtivamente *As mil e uma noites* em plena adolescência, exatamente quando meu corpo e minha cabeça despertavam para os mistérios do sexo. Dentro do armário me perdi em contos mágicos de príncipes que viajavam em tapetes voadores, de gênios presos em lâmpadas de óleo, de simpáticos bandidos que se introduziam no harém dos sultões fantasiados de velha para fazer traquinagens com mulheres proibidas de cabelos negros como a noite, abundantes nádegas e seios de maçã, perfumadas de almíscar, suaves e sempre dispostas ao prazer. Nessas páginas, o amor, a vida e a morte tinham um caráter brincalhão; inscrições de comida, paisagens, palácios, mercados, cheiros, sabores e texturas eram de tal riqueza que o mundo nunca mais voltou a ser o mesmo para mim.

SONHEI QUE VOCÊ tinha 12 anos, Paula. Que vestia um mantô quadriculado e estava com o cabelo metade preso num rabo-de-cavalo, amarrado com uma fita branca, e o restante solto sobre os ombros. Estava em pé no centro de uma torre oca como um silo para guardar grãos, onde voavam centenas de pombos. A voz de Memé me dizia: *Paula morreu.* Eu corria para retê-la pelo cinto do mantô, mas você começava a subir me arrastando consigo e flutuávamos leves, ascendendo em círculos; eu vou junto, filha, me leva, eu implorava. De novo a voz de minha avó na torre: *Ninguém pode ir com ela, ela bebeu a poção da morte.* Continuávamos subindo e subindo, você alada e eu decidida a retê-la, nada me separaria de você. Em cima havia uma pequena abertura pela qual se via um céu azul com uma nuvem branca e perfeita, como num quadro de Magritte, e então eu compreendia horrorizada que você podia sair, mas o respiradouro era apertado demais para mim. Tentava segurá-la pela roupa, chamava e a voz não saía. Sorrindo vagamente, você fugia, fazendo um gesto de adeus com a mão. Durante instantes maravilhosos eu podia ver como você se afastava, cada vez mais no alto, e logo eu começava a descer no interior da torre em meio a uma turbulência de pombos.

Acordei gritando seu nome e levei vários minutos para lembrar que estava em Madri e reconhecer o quarto do hotel. Então me vesti depressa, sem deixar que minha mãe me detivesse, e saí correndo para o hospital. No caminho consegui um táxi e pouco depois batia freneticamente à porta da UTI. Uma enfermeira garantiu que nada lhe havia acontecido, tudo continuava na mesma, mas tanto supliquei e tão angustiada eu estava que ela me deixou entrar para vê-la por um instante. Verifiquei que a máquina prosseguia soprando ar nos seus pulmões e que não estava fria, dei um beijo na sua testa e saí para esperar a madrugada. Dizem que os sonhos não mentem. Com a primeira claridade da manhã, chegou minha mãe. Trazia uma garrafa térmica com café fresco e umas rosquinhas ainda mornas, compradas no caminho.

– Fique calma, não se trata de um mau presságio, isso não tem nada a ver com Paula. Todos os personagens do sonho são você mesma – ela explicou. – Você é a menina de 12 anos que ainda pode voar livremente. Nessa idade sua inocência acabou, morreu a menina de então, você ingeriu a poção da morte que nós, mulheres, bebemos cedo ou tarde. Não notou que na puberdade acaba aquela energia de amazonas que trazemos do berço e nos tornamos seres castrados e cheios de dúvidas? A mulher que fica presa no silo é você também, sujeita às limitações da vida adulta. A condição feminina é uma desgraça, filha, é como ter pedras amarradas nos calcanhares, não se pode voar.

– E o que significam os pombos, mamãe?

– O espírito alvoroçado, eu imagino...

Cada noite os sonhos me esperam agachados debaixo da cama, com sua carga de visões terríveis, campanários, sangue, lamentos lúgubres, mas também com uma colheita sempre fresca de imagens furtivas e felizes. Tenho duas vidas, uma acordada e outra dormindo. No mundo dos sonhos, há paisagens e pessoas que já conheço, aí exploro infernos e paraísos, vôo pelo céu negro do cosmo e desço ao fundo do mar onde reina o silêncio verde, encontro dezenas de crianças de todos os tipos, também animais impossíveis e os delicados fantasmas dos mortos mais queridos. Ao longo dos anos aprendi a decifrar os códigos e entender as chaves dos sonhos, agora são mais nítidas as mensagens e elas me servem para iluminar as zonas misteriosas da vida cotidiana e da escrita.

Voltemos a Jó, em quem tenho pensado muito nestes dias. Passa pela minha cabeça que sua doença, Paula, é uma provação, como as que aquele infeliz teve de suportar. É muita soberba de minha parte imaginar que você jaz nesta cama para que nós, os que esperamos no corredor dos passos perdidos, possamos aprender algumas lições, mas de fato às vezes acredito nisso. O que você quer nos ensinar, Paula? Mudei muito nestas semanas intermináveis, mudamos todos nós que vivemos esta experiência, sobretudo Ernesto, que parece ter envelhecido um século. Como poderei consolá-lo, se eu mesma estou desesperada? Fico me perguntando se voltarei a rir com vontade, a abraçar uma causa, a comer com prazer ou a escrever romances. Claro que sim, logo você estará comemorando com sua filha e nem se lembrará desse pesadelo, promete minha mãe, respaldada pelo especialista em porfiria, que garante que, uma vez superada a crise, os pacientes se recuperam completamente, mas tenho um mau pressentimento, filha, não posso negar, isso já está durando demais e não vejo você melhorar, parece que está pior. Sua avó não se dá por vencida, mantém as rotinas normais, ânimo para ler o jornal e até para fazer compras: só me arrependo na vida das coisas que não comprei, diz essa mulher pecadora. Já passamos muito tempo aqui, quero voltar para casa. Madri me traz lembranças ruins, aqui passei por desgostos amorosos que prefiro esquecer, mas esta sua desgraça me reconciliou com a cidade e com seus habitantes, aprendi a me movimentar pelas largas avenidas senhoriais e pelos bairros antigos, de ruelas tortas, aceitei os costumes espanhóis de fumar, tomar café e álcool em excesso, dormir ao amanhecer, ingerir quantidades mortais de gordura, não fazer exercício nem dar bola para o colesterol. Não obstante, o povo daqui vive como os californianos, só que muito mais contente. Às vezes jantamos num restaurante familiar do bairro, sempre o mesmo, porque minha mãe se encantou pelo dono, ela gosta de homens feios e este poderia ganhar um concurso: em cima é maciço, encurvado, com longos braços de orangotango e para baixo um anão com dois gambitos. Ela o acompanha com os olhos, seduzida, costuma ficar contemplando-o com a boca aberta e a colher suspensa no ar. Durante setenta anos cultivou a fama de mulher mimada, nós nos acostumamos a evitar que tivesse emoções fortes por julgar que não conseguiria resistir, mas neste momento veio à luz seu temperamento de touro de lida.

Na dimensão do cosmo e no curso da história, somos insignificantes, depois de nossa morte tudo continua igual, como se nunca tivéssemos existido, mas na medida de nossa precária humanidade, Paula, você é mais importante para mim do que minha própria vida e a soma de todas as outras vidas. Cada dia morrem setenta milhões de pessoas e nascem mais ainda, no entanto só você nasceu, só você pode morrer. Sua avó reza e pede por você ao deus cristão e eu o faço às vezes a uma deusa pagã e sorridente que derrama dádivas, uma deusa que não quer saber de castigos e sim de perdão, e lhe falo com a esperança de que me escute do fundo dos tempos e ajude você. Nem sua avó nem eu obtemos resposta, estamos perdidas neste silêncio abissal. Penso em minha bisavó, em minha avó clarividente, em minha mãe, em você e na neta que vai nascer em maio, uma forte corrente feminina remonta à primeira mulher, à mãe universal. Preciso mobilizar essas forças nutritivas para a sua salvação. Não sei como atingi-la, chamo-a e não me ouve, por isso escrevo para você. A idéia de encher estas páginas não foi minha, há muitas semanas não tomo iniciativas. Tão logo soube da sua doença, minha agente literária veio me dar apoio. A primeira medida foi arrastar a mim e minha mãe a uma taberna, onde nos tentou com um leitão assado e uma garrafa de vinho da Rioja, que caíram como pedras no estômago, mas também tiveram a virtude de nos devolver o riso; em seguida, ela nos surpreendeu no hotel com dúzias de rosas vermelhas, *turrones de Alicante* e uma lingüiça de aspecto obsceno – a mesma que ainda usamos nas sopas de lentilhas – e pôs no meu colo uma resma de papel pautado amarelo.

– Pegue, escreva e desabafe. Se não fizer isso, você vai morrer de angústia, minha pobrezinha.

– Não posso, Carmen, alguma coisa se despedaçou dentro de mim, talvez nunca mais eu volte a escrever.

– Escreva uma carta para Paula... Vai ajudá-la a saber o que aconteceu durante o tempo em que ficou adormecida.

Assim me ocupo nas horas vagas deste pesadelo.

4

Você saberá que eu sou sua mãe quando acordar, Paula? A família e os amigos não falham, todas as tardes são tantas visitas que parecemos uma tribo de índios, alguns chegam de muito longe, passam uns dias aqui e depois voltam à vida normal, entre eles seu pai, que está na metade da construção de um prédio no Chile e precisou regressar. Nestas semanas, compartilhando a dor no corredor dos passos perdidos, voltei a lembrar os bons momentos de nossa juventude, foram-se apagando pequenas mágoas e aprendi a estimar Michael como um amigo antigo e leal, sinto por ele uma consideração sem complicações, custo a imaginar que alguma vez fizemos amor ou que no final de nossa relação cheguei a detestá-lo. Duas amigas e meu irmão Juan vieram dos Estados Unidos, tio Ramón veio do Chile e o pai de Ernesto, diretamente da selva amazônica. Nicolás não pode viajar, seu visto não lhe permite entrar de volta nos Estados Unidos, tampouco pode deixar Célia e o menino sozinhos, melhor assim, prefiro que seu irmão não veja como você está. E também vem Willie, que atravessa o mundo a cada duas ou três semanas para passar um domingo comigo e para nos amarmos como se fosse a última vez. Vou esperá-lo no aeroporto para não perder um minuto de sua companhia; vejo-o chegar, empurrando o carrinho com as maletas, uma cabeça mais alto que os demais, seus olhos azuis me procurando na multidão, o sorriso luminoso quando me descobre, corremos um ao encontro do outro e sinto seu abraço apertado que me levanta do chão, o cheiro do casaco de couro, o roçar áspero de uma barba de vinte horas e seus lábios esmagando os meus, e depois a corrida no táxi, enroscada sob seu braço, as mãos de longos dedos me reconhecendo e sua voz no meu ouvido, murmurando em inglês, Meu Deus, como você está mais magra, que ossos são estes, e de repente ele se lembra por que estamos separados e com outra voz pergunta por você, Paula. Estamos juntos há mais de quatro anos e ainda sinto por ele a mesma alquimia indefinível do primeiro dia, uma atração poderosa que o tempo coloriu com outros sentimentos, mas que continua sendo a matéria primordial de nossa união. Não sei em que ela consiste nem como defini-la, porque não é apenas sexual, como a princípio acreditei; ele sustenta que somos lutadores movidos pela mesma espécie de energia, juntos temos a força de um trem a todo vapor, podemos atingir qualquer meta, unidos somos invencíveis, ele diz. Ambos temos certeza de que o outro zela pela retaguarda, não trai, não mente, ampara nos momentos de fraqueza, ajuda a corrigir o timão quando se perde o rumo. Acho que também existe um componente espiritual, se acreditasse na reencarnação pensaria que nosso karma é nos encontrarmos e nos amarmos em cada vida, mas ainda não falarei disso com você, Paula, porque iria confundi-la. Nesses encontros urgentes, o desejo e a tristeza se misturam, eu me agarro ao corpo dele, procurando prazer e consolo, duas coisas que esse homem sofrido sabe dar, mas a sua imagem, filha, sumida num sono mortal, se interpõe e os beijos se convertem em gelo.

– Paula não se deitará com o marido por muito tempo, talvez nunca mais. Ernesto ainda não fez 30 anos e sua mulher pode ficar inválida para o resto da vida... Por que isso coube a ela e não a mim, eu que já vivi e amei de sobra?

– Não pense nessas coisas. Há muitas maneiras de se fazer amor – me diz Willie.

É claro, o amor tem recursos inesperados. Nos poucos minutos que podem ficar juntos, Ernesto beija você, abraça, apesar do enxame de tubos que a envolvem. Acorde, Paula, eu estou esperando, sinto saudades de você, preciso ouvir sua voz, estou tão cheio de amor que vou estourar, volte, por favor, ele suplica. Imagino-o durante as noites, quando volta para a sua casa vazia e se deita nessa cama onde dormia com você e que ainda conserva a marca dos seus ombros, dos seus quadris. Deve senti-la a seu lado, o frescor do sorriso, a sua pele como quando a acariciava, o silêncio compartilhado em harmonia, os segredos de namorados ditos baixinho. Lembra-se daquelas ocasiões em que saíam para dançar até ficarem embriagados de músicas, tão acostumados um aos passos do outro que pareciam um único corpo. Ele a vê se movendo como um junco, seus cabelos compridos, soltos, envolvendo os dois ao ritmo da música, seus braços magrinhos em torno do pescoço dele, sua boca na orelha. Ai, quanta graça você tem, Paula! Seu ar suave, a intensidade imprevisível, a feroz disciplina intelectual, sua generosidade, sua louca ternura. Sente falta de suas brincadeiras, risadas, lágrimas ridículas no cinema e seu pranto sério quando se comovia com o sofrimento alheio. Lembra-se de quando você se escondeu em Amsterdã e ele corria como um tresloucado, chamando-a aos gritos no mercado de queijos, diante do olhar atônito dos comerciantes holandeses. Ele acorda molhado de suor, senta na cama em pleno escuro, tenta rezar, concentrar-se na própria respiração procurando paz, como aprendeu no aikido. Talvez chegue à varanda para olhar as estrelas no céu de Madri e repita para si que não pode perder as esperanças, que tudo acabará bem, que logo você estará a seu lado novamente. Sente o sangue latejando nas têmporas, as veias palpitantes, o calor no peito, se sufoca; então põe uma calça e sai correndo pelas ruas vazias, mas nada consegue apaziguar a inquietação do desejo frustrado. O amor de vocês acaba de estrear, é a primeira página de um livro em branco. Ernesto, mamãe, é uma alma velha, você me disse um dia, mas não perdeu a inocência, é capaz de brincar, de se espantar, de gostar de mim e me aceitar, sem julgamentos, como as crianças gostam; desde que estamos juntos, alguma coisa se abriu aqui dentro, eu mudei, vejo o mundo de outra maneira e eu mesma gosto mais de mim, porque me vejo através dos olhos dele. Ernesto, por sua vez, me confessou nos momentos de maior terror que não se imaginara capaz do arrebatamento visceral que sente ao abraçá-la, que você é seu complemento perfeito, ele ama e deseja você até os limites da dor, que se arrepende de cada hora em que estiveram separados. Como eu iria saber que teríamos tão pouco tempo?, me disse tremendo. Sonho com ela, Isabel, sonho infatigavelmente com a idéia de estar a seu lado outra vez e de fazer amor até a inconsciência, não posso explicar essas imagens que me assaltam, que só ela e eu conhecemos, esta ausência dela é uma brasa que me queima, não deixo de pensar nela um único instante, sua lembrança não me abandona, Paula é a única mulher que existe para mim, minha companheira sonhada e encontrada. Que estranha é a vida, filha! Até pouco tempo atrás eu era para Ernesto uma sogra distante e um tanto formal, hoje somos confidentes, amigos íntimos.

O HOSPITAL é um edifício gigantesco, atravessado por corredores, onde nunca é noite nem se altera a temperatura, o dia se deteve nas lâmpadas e o verão, na calefação. As rotinas se repetem com maçante precisão; é o reino da dor, vem-se aqui para sofrer, isso nós todos compreendemos. As misérias das doenças nos igualam, não há ricos nem pobres, ao atravessar este umbral os privilégios se esfumam e nos tornamos humildes.

Meu amigo Ildemaro veio de Caracas no primeiro vôo que arranjou durante uma interminável greve de pilotos e ficou comigo durante uma semana. Durante mais de dez anos, este homem culto e suave foi para mim um irmão, mentor intelectual e companheiro de jornada nos tempos em que me considerava exilada. Quando o abracei, tive uma certeza absurda, achei que sua presença faria você reagir, que poderia acordar ao escutar a voz dele. Fez valer sua condição de médico para interrogar os especialistas, ver boletins, exames e radiografias, examinou-a da cabeça aos pés com esse cuidado que o distingue e com o carinho especial que sente por você. Ao sair, pegou minha mão e levou-me para caminhar nos arredores do hospital. Fazia muito frio.

– Como acha que está Paula?

– Muito mal...

– A porfiria é assim. Garantem que ela vai se recuperar completamente.

– Gosto demais de você para mentir, Isabel.
– Então me diga o que pensa. Acha que ela pode morrer?
– Sim – ele respondeu depois de uma longa pausa.
– Pode ficar em coma por muito tempo?
– Espero que não, mas existe também a possibilidade.
– E se não acordar nunca mais, Ildemaro...?
Permanecemos em silêncio debaixo da chuva.

EU TENTO NÃO CAIR em sentimentalismos, coisa que lhe causa tanto horror, filha, mas você terá de me desculpar se de repente desabo. Estarei ficando louca? Não reconheço os dias, as notícias do mundo não me interessam, as horas arrastam-se penosamente numa espera eterna. O momento de vê-la é muito curto, mas passo meu tempo esperando por ele. Duas vezes por dia se abre a porta da UTI e a enfermeira de plantão chama pelo nome do paciente. Quando diz Paula, entro tremendo, não tem jeito, não consegui me habituar a vê-la sempre adormecida, ao ruído do respirador, às sondas e agulhas, aos seus pés vendados e braços manchados de nódoas roxas. Enquanto ando depressa até sua cama pelo corredor branco que se estende interminavelmente, peço socorro a Memé, a Granny, ao Tata e a tantos outros espíritos amigos, vou rezando para que você tenha melhorado, que não esteja com febre nem tenha o coração agitado, que respire tranqüila e que sua pressão esteja normal. Cumprimento as enfermeiras e o Sr. Manuel, que piora a cada dia, quase não fala mais. Inclino-me sobre você e às vezes amasso algum fio e o alarme toca, examino da cabeça aos pés, observando os números e linhas nos monitores, as anotações no livro aberto sobre uma mesa aos pés da cama, ocupações inúteis porque nada entendo, mas através dessas curtas cerimônias do desespero você volta a me pertencer como quando era um bebê e dependia totalmente de mim. Ponho as mãos sobre sua cabeça e seu peito e procuro transmitir saúde e energia; visualizo você dentro de uma pirâmide de cristal, isolada do mal num espaço mágico no qual poderá ficar boa. Chamo você pelos apelidos que dei ao longo de sua vida e digo mil vezes que amo você, Paula, amo você, e repito uma porção de vezes até que alguém toca no meu ombro e anuncia que a visita terminou, devo sair. Dou um último beijo e, em seguida, caminho lentamente até a saída. Minha mãe me espera lá fora. Faço um gesto otimista para ela, com o polegar para cima e esboçamos um sorriso. Às vezes não o conseguimos.

Silêncio, procuro silêncio. O barulho do hospital e da cidade entrou nos meus ossos, sinto saudades da quietude da natureza, da paz de minha casa na Califórnia. O único lugar silencioso do hospital é a capela, lá eu me refugio para pensar, ler e escrever para você. Acompanho minha mãe à missa, e em geral somos as únicas pessoas, o sacerdote celebra só para nós. Suspenso sobre o altar e cercado de mármore negro, o Cristo sangra coroado de espinhos, não posso olhar esse corpo torturado. Desconheço a liturgia, mas, de tanto escutar as palavras rituais, a força do mito começa a me comover: pão e vinho, fruto da terra e do trabalho do homem, transformados no corpo e no sangue de Cristo. A capela fica atrás da Unidade de Terapia Intensiva: para chegar lá, temos de fazer toda a volta do edifício; calculei que sua cama está justamente do outro lado da parede, e posso dirigir meu pensamento em linha reta para você. Minha mãe sustenta que você não morrerá, Paula. Está negociando o assunto diretamente com o céu, diz que você viveu para os outros e que ainda pode fazer muito bem neste mundo, que sua morte será uma perda absurda. A fé é um presente, Deus olha você nos olhos e diz seu nome, assim a escolhe, mas comigo apontou seu dedo para me encher de dúvidas. A incerteza começou aos 7 anos, no dia da minha Primeira

Comunhão, quando avancei pela nave da igreja vestida de branco, de véu na cabeça, com um terço numa mão e uma vela enfeitada com um laço na outra. Cinqüenta meninas caminhavam em duas filas dos acordes do órgão e do coro das noviças. Tínhamos ensaiado tantas vezes que nesse processo decorei cada gesto, mas esqueci a intenção do sacramento. Sabia que mastigar a hóstia consagrada significava condenação segura às caldeiras do inferno, mas já não lembrava que era Jesus quem eu recebia. Ao me aproximar do altar, minha vela se quebrou ao meio. Partiu-se sem mais nem menos, a parte superior ficou pendurada pelo pavio, como o pescoço de um cisne morto, e senti que lá de cima me haviam apontado entre as companheiras para ser castigada por algum pecado que talvez tivesse esquecido de confessar na véspera. Na verdade, eu tinha feito uma lista de pecados graúdos para impressionar o padre, não queria amolá-lo com bagatelas, e também fiz uma conta pela qual, se cumprisse a penitência por pecados mortais, mesmo sem tê-los cometido, no lote ficariam perdoados os veniais. Confessei tudo que se pudesse imaginar, embora nem soubesse em alguns casos o significado: homicídio, fornicação, mentira, adultério, ofensas a meus pais, pensamentos impuros, heresia, inveja... O padre escutou num silêncio cheio de pasmo, levantou-se em seguida acabrunhado, fez sinal para uma freira, cochicharam algum tempo e logo ela me pegou pelo braço, levou-me para a sacristia e com um suspiro profundo lavou minha boca com sabão e mandou que eu rezasse três Ave-Marias. De tarde a capela do hospital fica iluminada apenas por velas votivas. Ontem eu surpreendi Ernesto e o pai ali, com as cabeças entre as mãos, dois vultos derrotados, e não ousei me aproximar. São muito parecidos, ambos grandes, morenos e firmes, com traços de mouros e uma maneira de se moverem que é uma estranha mistura de virilidade e gentileza. O pai tem a pele curtida do sol, cabelos cinzentos muito curtos e rugas profundas, como cicatrizes de faca, que falam de suas aventuras na selva e de quarenta anos vividos na natureza. Parece inquebrantável, por isso me comoveu vê-lo assim, de joelhos. Tornou-se a sombra do filho, nunca o deixa sozinho, assim como minha mãe não sai de perto de mim, ele o acompanha nas aulas de aikido e leva-o para caminhar pelos campos durante horas, até que ambos fiquem extenuados. Você precisa queimar energia, senão vai estourar, ele lhe diz. Quando o dia está limpo, ele me leva ao parque, me põe com o rosto voltado para o sol e manda fechar os olhos e sentir o calor na pele e escutar os sons dos pássaros, da água, do tráfego distante, para ver se eu me acalmo. Tão logo soube da doença de sua nora, voou das profundezas amazônicas para dar assistência ao filho: não lhe agradam as cidades nem as aglomerações, o hospital o sufoca, gente o incomoda, vai e vem pelo corredor dos passos perdidos com a impaciência triste de uma fera enjaulada. Você é mais valente que o mais macho de todos os homens, Isabel, ele me diz seriamente, e sei que isso é o mais elogioso que esse homem, acostumado a matar cobras a machadadas, pode pensar a meu respeito.

Médicos de outros hospitais têm vindo observá-la, Paula, nunca viram um caso de porfiria tão complicado, você virou uma referência e tenho medo de que ganhe fama nos textos de medicina; a doença abateu-se como um raio, sem nada poupar. Seu marido é a única pessoa tranqüila, os demais estamos apavorados, mas também ele fala da morte e de outras possibilidades piores.

– Sem Paula nada tem sentido, nada vale a pena, desde que ela fechou os olhos a luz do mundo se foi – diz. – Deus não pode tirá-la de mim, para que então nos juntou? Ainda temos tanta vida a compartilhar! Esta é uma prova brutal, mas vamos vencê-la. Eu me conheço bem, sei que fui feito para Paula e ela para mim, nunca irei abandoná-la, nunca amarei outra mulher, eu vou protegê-la e cuidar dela para sempre. Mil coisas acontecerão, talvez a doença ou a morte nos separem fisicamente, mas estamos destinados a nos reencontrar e ficar juntos pela eternidade. Posso esperar.

– Ela vai ficar inteiramente boa, Ernesto, mas a convalescença será longa, prepare-se para isso. Você vai levá-la para casa, eu estou certa. Já imaginou como será esse dia?

– Penso nisso a cada instante. Terei que subir os três andares com ela no colo... Vou encher de flores o apartamento...

Nada o assusta, considera-se seu companheiro em espírito, fora as vicissitudes da vida ou da morte, não fica alarmado com seu corpo imóvel nem com a mente ausente, diz para nós que está em contato com sua alma, que você pode ouvi-lo, e que sente, se emociona e não é um vegetal, como provam as máquinas às quais está ligada. Os médicos dão de ombros, céticos, mas as enfermeiras se comovem diante desse amor obstinado e às vezes deixam-no visitá-la nas horas proibidas, porque verificaram que, quando ele pega sua mão, os sinais nos monitores se alteram. Talvez se possa medir a intensidade dos sentimentos com os mesmos aparelhos que vigiam as batidas do coração.

Um dia a mais de espera, um a menos de esperança. Um dia a mais de silêncio, um a menos de vida. A morte está solta pelos corredores e minha tarefa é distraí-la para que não encontre sua porta.

– Como a vida é longa e confusa, mamãe!

– Você pelo menos ainda pode escrever para tentar entendê-la – ela me replicou.

O LÍBANO DOS ANOS 1950 era um país florescente, ponte entre a Europa e os riquíssimos Emirados Árabes, cruzamento natural de várias culturas, torre de Babel onde se falava uma dúzia de línguas. O comércio e as transações bancárias de toda a região prestavam contas a Beirute, onde chegavam por terra as caravanas sob o peso de suas mercadorias, pelo ar os aviões da Europa com as últimas novidades e por mar os navios que tinham de esperar sua vez para atracar no porto. Mulheres cobertas por véus negros, carregadas de volumes, arrastando os filhos, andavam depressa pelas ruas, sempre de olhos baixos, enquanto os homens ociosos conversavam nos cafés. Burros, camelos, ônibus cheios de gente, motocicletas e automóveis paravam simultaneamente nos sinais, pastores com a mesma indumentária de seus antepassados bíblicos atravessavam as avenidas tocando magotes de ovelhas a caminho do matadouro. Várias vezes por dia, a voz aguda do almuadem, dos minaretes das mesquitas, chamava para a oração, fazendo coro com os sinos das igrejas cristãs. Nas lojas da capital se oferecia o que houvesse de melhor no mundo, mas para nós era muito mais atraente percorrer os mercados, labirintos de ruelas estreitas margeadas por uma infinidade de estabelecimentos onde era possível comprar desde ovos até relíquias faraônicas. Ai, o cheiro dos mercados! Todos os aromas do planeta passeavam por essas ruas tortas, fedor de uma miscelânea, frituras na gordura de cordeiro, doces de massa folhada, nozes e mel, bueiros abertos onde flutuavam lixo e excrementos, suor de animais, tinturas de couro, intoxicantes perfumes de incenso e patchuli, café recém-fervido com sementes de cardamomo, especiarias do Oriente: canela, cominho, pimenta, açafrão... Por fora os bazares pareciam insignificantes, mas cada um se estendia para o interior numa série de recintos fechados onde reluziam lâmpadas, bandejas e ânforas de belos metais com intrincados desenhos caligráficos. Tapetes cobriam o chão em várias camadas, pendiam das paredes e se amontoavam enrolados pelos cantos; móveis de madeira trabalhada com incrustações de madrepérola, marfim e bronze desapareciam sob pilhas de toalhas e de babuchas bordadas. Os comerciantes iam ao encontro dos clientes e os levavam praticamente arrastados para o interior dessas cavernas de Ali Babá abarrotadas de tesouros, punham à disposição bacias para se mergulharem os dedos em água de rosas e serviam um café retinto e açucarado, o melhor do mundo. A pechincha era parte essencial da compra, foi o que minha mãe percebeu desde o primeiro dia. Ao preço inicial, ela replicava com uma exclamação horrorizada, levantava as mãos aos céus e se dirigia para a porta com um passo decidido. O vendedor segurava o braço dela e a puxava para dentro, alegando que essa era a primeira venda do dia, que ela era sua irmã, que ia dar sorte e por isso estava disposto a ouvir sua proposta, embora, na realidade, o objeto fosse único e o preço, mais que justo. Minha mãe, impassível, oferecia a metade, enquanto o restante da família saía aos tropeções, todos rubros de vergonha. O dono da loja batia os pulsos nas têmporas, invocando Alá por testemunha. Queres me arruinar, irmã? Tenho filhos, sou um pobre homem honesto... Depois de três xícaras de café e quase duas horas de regateio, o objeto mudava de dono. O mercador sorria satisfeito e minha mãe vinha nos encontrar na rua, certa de ter comprado uma pechincha. Às vezes achava a mesma coisa poucas lojas adiante, por muito menos do que havia pago, isso estragava seu dia, mas não servia para curá-la da tentação de recomeçar as compras. Assim se deu numa viagem a Damasco, onde ela negociou a fazenda do meu vestido de noiva. Eu acabara de fazer 14 anos e não mantinha relações com qualquer pessoa do sexo oposto, exceto meus irmãos, meu padrasto e o filho de um opulento comerciante libanês que costumava me visitar de vez em quando, sob a vigilância dos pais dele e dos meus. Era tão rico que tinha uma lambreta com chofer. Em plena febre das Vespas italianas amolou o pai até este lhe comprar uma, mas não querendo correr o risco de ter o primogênito esborrachado nesse veículo suicida, o tal pai botou um chofer para transportar o guri que ia montado na garupa. De qualquer jeito, eu encarava a idéia de virar freira para esconder o fato de que não conseguiria um marido e foi o que expus à minha mãe no mercado de Damasco, mas ela insistiu: bobagens, me disse, esta é uma oportunidade única. Saímos do bazar com metros e metros de organza branca bordada com fios de seda, além de várias toalhas de mesa para o futuro enxoval e um biombo que duraram três décadas, incontáveis viagens e o exílio.

O atrativo daquelas pechinchas não era o bastante para que minha mãe se sentisse à vontade no Líbano, ela vivia com a sensação de ser prisioneira do próprio corpo. As mulheres não deviam andar sozinhas, em qualquer confusão uma desrespeitosa mão masculina podia surgir para ofendê-las e, se tentavam se defender, davam com um coro de piadas agressivas. A dez minutos de nossa casa, havia uma interminável praia de areia branca e mar morno, que convidava a nos refrescarmos na canícula das tardes de agosto. Tínhamos de tomar banho em família, num grupo fechado, para nos protegermos das palmadas dos outros nadadores; era impossível deitar na areia, isso equivalia a atrair uma desgraça, mal botávamos a cabeça para fora d'água, corríamos para nos refugiar numa cabana que alugávamos para tal fim. O clima, as diferenças culturais, o esforço de falar francês e arranhar o árabe, os malabarismos para esticar o orçamento, a falta de amigas e da família deprimiam minha mãe.

O Líbano tinha dado um jeito para sobreviver em paz e prosperidade, apesar das lutas religiosas que dilaceravam a região havia séculos. No entanto, depois da crise do Canal de Suez, o crescente nacionalismo árabe dividiu profundamente os políticos e as rivalidades se tornaram irreconciliáveis. Sucederam desordens muito violentas que culminaram, em junho de 1958, com o desembarque da VI Frota dos Estados Unidos. Nós, instalados no terceiro andar de um prédio situado na confluência dos bairros cristão, muçulmano e druso, desfrutávamos de uma posição privilegiada para observar as escaramuças. Tio Ramón mandou-nos colocar colchões nas janelas para interceptar as balas perdidas e nos proibiu de espiar da varanda, enquanto minha mãe procurava, com grande dificuldade, manter a banheira cheia de água e conseguir alimentos frescos. Nas piores semanas da crise, foi imposto o toque de recolher ao pôr-do-sol, somente o pessoal militar ficava autorizado a transitar pelas ruas, mas, na verdade, era essa a hora da tranqüilidade, quando as donas-de-casa regateavam no mercado negro e os homens faziam seus negócios. Do nosso terraço, assistimos a tiroteios ferozes entre grupos antagônicos, que duravam boa parte do dia, mas bastava escurecer para que cessassem como por encanto e, com a proteção da noite, figuras furtivas escapuliam para negociar com o inimigo e misteriosos embrulhos passavam de mão em mão. Naqueles dias vimos prisioneiros sendo açoitados no pátio do quartel, amarrados nuns postes com o torso nu; divisamos o cadáver de um homem, coberto de moscas e com o pescoço cortado, o qual deixaram exposto na rua durante dois dias para atemorizar os drusos, e também presenciamos a vingança, quando mulheres cobertas com seus véus abandonaram na rua um burro carregado de queijos e azeitonas. Como estava previsto, os soldados o confiscaram e pouco depois ouvimos uma explosão que reduziu a pó as vidraças e deixou o pátio do quartel encharcado de sangue e de destroços humanos. Apesar dessas violências, tenho a impressão de que os árabes não levaram muito a sério o desembarque norte-americano. Tio Ramón conseguiu um salvo-conduto e nos levou para ver os navios de guerra quando estes entraram na baía com os canhões apontados. Havia uma multidão de curiosos no cais, esperando os invasores para fazer comércio com eles e conseguir passes para subir nos porta-aviões. Aqueles monstros de aço abriram as goelas e vomitaram barcaças repletas de marines* armados até os dentes, que foram recebidos com uma salva de palmas na praia, e tão logo os aguerridos soldados pisaram em terra firme, viram-se cercados por uma alegre turba que tratava de lhes vender todo tipo de mercadorias, de sombrinhas a haxixe e camisinhas japonesas em forma de peixes coloridos. Imagino que não tenha sido fácil para os oficiais manter o moral da tropa e impedir a confraternização com o inimigo. No dia seguinte, na pista artificial de patinação no gelo, tive meu primeiro contato com a força bélica mais poderosa do mundo. Patinei a tarde toda na companhia de rapagões de uniforme, com os cabelos raspados e tatuagens nos músculos, que bebiam cerveja e falavam uma gíria gutural muito diferente daquilo que Miss Saint John tentava me ensinar no colégio britânico. Consegui me comunicar um pouco com eles, mas mesmo que compartilhássemos da mesma língua não haveria muita coisa a dizer. Naquele dia inesquecível ganhei meu primeiro beijo na boca, foi como se eu mordesse um sapo com cheiro de chiclete, cerveja e cigarro. Não lembro quem foi que me beijou porque não podia distingui-lo dos demais, pareciam todos idênticos, mas relembro, sim, que a partir desse momento tomei a decisão

---

 *Fuzileiro naval dos EUA. (*N. do E.*)

de explorar o assunto dos beijos. Para minha desgraça, precisei esperar bastante até ampliar os conhecimentos a respeito disso, porque bastou tio Ramón descobrir que a cidade fora invadida por marines ávidos por mocinhas, para redobrar a vigilância, e fiquei reclusa em casa, como uma flor de harém.

Tive a sorte de que meu colégio fosse o único a não fechar as portas quando a crise começou. Em compensação, meus irmãos deixaram de ir às aulas e passaram meses de tédio mortal, fechados no apartamento. Miss Saint John considerou uma vulgaridade essa guerra da qual os ingleses não participavam, de modo que preferiu ignorá-la. A rua em frente ao colégio se dividiu em dois bandos separados por pilhas de sacos de areia, atrás dos quais os adversários se espreitavam. Nas fotos de jornais eles tinham um aspecto patibular e suas armas pareciam assustadoras, mas, vistos por trás das barricadas, do alto do edifício, pareciam veranistas num piquenique. Entre os sacos de areia, ouviam rádio, cozinhavam e recebiam visitas das mulheres e dos filhos, matavam o tempo jogando cartas ou damas e dormindo a sesta. Às vezes entravam num acordo com o inimigo para saírem em busca de água ou de cigarros. A impassível Miss Saint John enfiou o chapéu verde das grandes ocasiões e foi parlamentar no seu péssimo árabe com aqueles sujeitos que obstruíam as ruas, para pedir-lhes que permitissem a passagem do ônibus escolar, enquanto nosso grupinho de meninas restantes e as professoras assustadas a observávamos do telhado. Não sei que argumentos apresentou, mas o caso é que o veículo continuou funcionando pontualmente, até que ficou sem alunas, apenas eu o utilizava. Poupei-me de contar em casa que os outros pais haviam retirado as filhas do colégio e nunca mencionei as negociações diárias do chofer com os homens das barricadas a fim de que nos deixassem passar. Freqüentei as aulas até que o estabelecimento ficou vazio e Miss Saint John solicitou-me cortesmente que não voltasse por uns dias, enquanto não se resolvesse o desagradável incidente e aquela gente não pusesse a cabeça no lugar. A essa altura, a situação se tornara muito violenta e um porta-voz do governo libanês aconselhou os diplomatas que retirassem suas famílias, porque não se podia garantir a segurança de ninguém. Depois de reuniões secretas, tio Ramón me colocou com meus irmãos num dos últimos vôos comerciais daqueles dias. O aeroporto fervilhava de homens lutando para sair; alguns pretendiam levar as mulheres e filhas como carga, não as consideravam totalmente humanas e não podiam entender a necessidade de comprar passagens para elas. Mal decolamos, uma senhora coberta com um manto escuro da cabeça aos pés decidiu cozinhar no corredor do avião sobre um fogareiro a querosene, ante o pânico da aeromoça francesa. Minha mãe ficou com tio Ramón em Beirute, onde ambos viveram uns meses até serem transferidos para a Turquia. Entrementes, os marines norte-americanos voltaram para seus porta-aviões e desapareceram sem deixar vestígios, levando consigo a prova do meu primeiro beijo. Foi assim que empreendemos a viagem de regresso ao outro extremo do mundo, à casa de meu avô no Chile. Eu tinha 15 anos e era a segunda vez que ficava longe de minha mãe, a primeira fora quando ela esteve com tio Ramón naquele encontro clandestino no norte do Chile, que consagrou seus amores. Eu não sabia então que ficaríamos separadas a maior parte de nossas vidas. Comecei a escrever minha primeira carta para ela no avião, continuei fazendo assim quase diariamente ao longo de muitos anos, e ela outro tanto. Juntamos essa correspondência numa cesta, e no final do ano a amarramos com uma fita colorida e guardamos no alto do *closet*, assim colecionamos montanhas de páginas. Nunca as relemos, mas sabemos que o registro de nossas vidas está a salvo da memória fraca.

ATÉ AÍ, MINHA EDUCAÇÃO tinha sido caótica, aprendera alguma coisa de inglês e de francês, decorara uma boa parte da Bíblia e as lições de defesa pessoal dadas por tio Ramón, mas ignorava o que havia de mais elementar para funcionar neste mundo. Quando cheguei ao Chile, meu avô achou que com um pouco de ajuda eu poderia terminar os estudos e decidiu me ensinar história e geografia pessoalmente. Depois descobriu que eu também não sabia fazer contas e me mandou para umas aulas particulares de matemática. A professora era uma velhota de cabelo pintado cor-de-azeviche e meio dentuça, que morava muito longe, numa casa modesta decorada com os presentes de seus alunos ao longo de cinqüenta anos de vocação docente, onde flutuava um imperturbável cheiro de couve-flor cozida. Para chegar lá, era preciso encarapitar-se em dois ônibus, mas valia a pena, porque essa mulher foi capaz de me meter na cabeça números suficientes para eu passar de ano, depois do que eles se apagaram para sempre. Subir num ônibus em Santiago podia ser uma aventura perigosa que exigia temperamento decidido e agilidade de saltimbanco, o veículo nunca passava na hora, era preciso esperá-lo por muito tempo, e sempre vinha tão cheio que avançava adernado, com passageiros quase caindo das portas. Minha formação estóica e minhas articulações flexíveis me ajudaram a sobreviver a essas batalhas cotidianas. Compartilhava a aula com cinco estudantes, um dos quais sempre se sentava a meu lado, emprestava suas anotações e me acompanhava até o ponto de ônibus. Enquanto esperávamos com paciência debaixo de sol ou de chuva, ele ouvia calado minhas histórias exageradas sobre viagens e lugares que nem eu mesma sabia localizar no mapa, mas cujos nomes pesquisara na Enciclopédia Britânica de meu avô. Quando o ônibus chegava, ele me ajudava a escalar a penca humana pendurada no degrau, empurrando-me pelo traseiro com ambas as mãos. Certo dia me convidou para ir ao cinema. Eu disse ao Tata que precisava ficar estudando com a professora e parti com o galã para um teatro de bairro, onde nos metemos num filme de terror. Quando o monstro da Lagoa Verde assomou sua horrenda cabeça de lagarto milenar a poucos centímetros da donzela que nadava distraída, soltei um grito e ele aproveitou para segurar minha mão. Estou me referindo ao garoto, e não ao lagarto, é óbvio. O restante da fita transcorreu na nebulosa, não liguei para os caninos do gigantesco réptil nem para o destino da loura boboca que tomava banho naquelas águas, minha atenção estava concentrada no calor e na umidade dessa mão alheia que acariciava a minha, quase tão sensual quanto a mordida na orelha do meu bem-amado de La Paz e mil vezes mais, ainda, que o beijo roubado pelo norte-americano na pista de patinação no gelo de Beirute. Cheguei à casa de meu avô levitando, convencida de que havia encontrado o homem da minha vida e que essas mãos entrelaçadas eram um compromisso formal. Minha amiga Elizabeth me contara no colégio que é possível ficar grávida por chapinhar na mesma piscina com um garoto e, logicamente, suspeitei que uma hora inteira de intercâmbio de suores manuais poderia ter o mesmo efeito. Passei a noite acordada, imaginando meu futuro, casada com ele, e esperando alucinadamente a próxima aula de matemática, mas no dia seguinte meu amigo não veio à casa da professora. Durante toda a aula fiquei observando a porta, angustiada; ele não apareceu nesse dia nem no restante da semana nem nunca mais, simplesmente evaporou. Com o

 tempo, eu me recuperei desse humilhante abandono e

durante muitos anos não voltei a pensar naquele jovem. Julguei tê-lo visto de novo 12 anos mais tarde, no dia em que me chamaram ao necrotério para identificar o corpo de meu pai. Perguntei-me muitas vezes por que ele desaparecera tão de repente e de tanto pensar cheguei a uma conclusão truculenta, mas prefiro não continuar especulando, porque somente nas telenovelas os apaixonados um dia descobrem que são irmãos.

Um dos motivos para esquecer aquele amor fugaz foi ter conhecido outro rapaz, e aqui, Paula, seu pai entra na história. Michael tem origem inglesa, é produto de uma dessas famílias de imigrantes que nasceram e viveram no Chile por muitas gerações e ainda continuam a se referir à Inglaterra como *home*, que lêem jornais britânicos com semanas de atraso e mantêm um estilo de vida e um código social do século XIX, de quando eram arrogantes súditos de um grande império, e que hoje não são mais usados, nem sequer no centro de Londres. Seu avô paterno trabalhava numa companhia de cobre norte-americana, num lugarejo ao norte do Chile, tão insignificante que dificilmente aparece no mapa. O acampamento dos gringos consistia numas vinte casas cercadas por arame farpado, onde os habitantes tentavam reproduzir o mais fielmente possível o modo de vida de suas cidades de origem, com ar-condicionado, garrafas de água mineral e uma profusão de catálogos para encomendar nos Estados Unidos, desde leite condensado até móveis de varanda. Cada família cultivava orgulhosamente seu jardim, apesar da inclemência do sol e da seca; os homens jogavam golfe nos areais e as senhoras faziam concursos de rosas e de bolos. Do outro lado da cerca de arame, subsistiam os trabalhadores chilenos em fileiras de casebres com banheiros comuns, sem outras diversões senão um campo de futebol riscado com um pau sobre a terra dura do deserto e um bar fora do acampamento onde se embriagavam nos fins de semana. Dizem que também havia um prostíbulo, mas, quando fui procurá-lo, não achei, talvez porque eu esperasse pelo menos uma luz vermelha, mas deve ter sido um rancho igual aos outros. Michael nasceu e viveu os primeiros anos de sua existência nesse lugar; protegido de todos os males, numa inocência edênica, até que o mandaram para um colégio britânico no centro do país. Creio que nunca teve uma noção precisa de que estivesse no Chile até vestir calças compridas. Sua mãe, que todos nós lembramos como Granny, tinha grandes olhos azuis e um coração virgem de mesquinharias. Ela passou a vida entre a cozinha e o jardim, cheirava a pão recém-assado, manteiga e doce de ameixas. Anos depois, quando renunciou aos próprios sonhos, cheirava a álcool, mas pouca gente chegou a sabê-lo, porque mantinha uma distância prudente e tapava a boca com um lenço ao falar, e também porque você, Paula, que tinha então 8 ou 9 anos, escondia as garrafas vazias para que ninguém descobrisse o segredo dela. O pai de Michael era bonitão e moreno, com aspecto andaluz, mas por suas veias corria um sangue alemão do qual muito se orgulhava, cultivou no próprio caráter as virtudes que ele considerava teutônicas e chegou a ser um exemplo de homem honesto, responsável e pontual, embora também se mostrasse inflexível, autoritário e seco. Nunca tocava a mulher em público, mas a chamava de *young lady* e seus olhos brilhavam quando pousavam nela. Passou trinta anos no acampamento norte-americano ganhando uns bons dólares, aposentou-se aos 58 anos e se transferiu para a capital, onde construiu uma casa junto do campo de golfe de um clube. Michael cresceu entre as paredes de um colégio de rapazes, dedicado ao estudo e a esportes viris, longe da mãe, o único ser que lhe pôde ensinar a expressar seus sentimentos. Com o pai, só trocava frases bem-educadas e jogava partidas de xadrez durante as férias. Quando o conheci, tinha acabado de fazer 20 anos, cursava o primeiro semestre de

Engenharia Civil, dirigia uma motocicleta e morava num apartamento com uma empregada que o servia como se fosse um *señorito*, ele nunca teve de lavar as meias ou cozinhar um ovo. Era um rapaz alto, bem-posto, muito magro, com grandes olhos cor-de-caramelo, que se enrubescia quando ficava nervoso. Uma amiga nos apresentou, ele veio me visitar um dia a pretexto de ensinar química e logo pediu permissão formal a meu avô para me levar à ópera. Fomos ver *Madame Butterfly*, e eu, que não tinha qualquer formação musical, pensei que se tratasse de um espetáculo humorístico e caí na gargalhada quando desabou do teto uma chuva de flores de plástico sobre uma gorda que cantava a plenos pulmões enquanto abria a barriga a facadas diante do próprio filho, uma pobre criança com olhos vendados e um par de bandeiras nas mãos. Assim começou um amor lento e doce, destinado a durar muitos anos antes de se consumar, porque Michael tinha diante de si seis anos de universidade e eu ainda não terminara o colégio. Passaram-se vários meses até ficarmos de mãos dadas no concerto das quartas-feiras e quase um ano até trocarmos o primeiro beijo.

– Gosto deste jovem, ele vai melhorar a raça – riu-se meu avô quando eu finalmente admiti que estávamos namorando.

5

Segunda-feira, Paula, a morte pegou você. Veio e a convocou, mas se viu frente a frente com sua mãe e sua avó, e ao menos esta vez recuou. Não está derrotada e ainda a ronda, resmungando com seu revoar de farrapos sombrios e rumor de ossos. Você foi para o outro lado durante alguns minutos e, na verdade, ninguém explica como nem por que está de volta. Nunca a tínhamos visto tão mal, ardendo em febre, um ronco surdo e aterrador saía do seu peito, o branco dos olhos aparecia por entre as pálpebras entreabertas, de repente a pressão caiu para quase zero, começaram a soar os alarmes dos monitores e a sala se encheu de gente, todos tão ocupados em torno de você que se esqueceram de nós e por isso estávamos presentes quando sua alma fugia do corpo enquanto lhe injetavam drogas, davam mais oxigênio e tentavam pôr seu coração esgotado para funcionar novamente. Trouxeram um aparelho e começaram a dar choques elétricos, descargas terríveis no peito que faziam você saltar na cama. Ouvimos ordens, vozes alteradas e correrias, chegaram outros médicos, máquinas e seringas variadas, quem sabe quantos minutos eternos se passaram, para nós pareciam muitas horas. Não podíamos vê-la, seu corpo estava oculto pelos que a atendiam, mas pudemos perceber com nitidez o naufrágio e o bafo triunfal da morte. Houve um momento em que a agitação febril se congelou de repente, como numa fotografia, e então ouvi o murmúrio em surdina de minha mãe exigindo que você lutasse, filha, ordenando a seu coração que continuasse batendo em nome de Ernesto e dos anos preciosos que vocês têm pela frente e do bem que você ainda pode semear. O tempo parou nos relógios, as curvas e picos verdes nas telas das máquinas viraram linhas retas e um zumbido de consternação substituiu a gritaria dos alarmes. Alguém disse, não há mais nada a fazer... e outra voz acrescentou "Ela morreu", as pessoas se afastaram, algumas para mais longe, e pudemos ver você inerte e pálida, como uma menina de mármore. Então senti a mão de minha mãe pegando a minha e me impelindo para diante, demos alguns passos, aproximando-nos da beira de sua cama e, sem uma lágrima, oferecemos a reserva inteira de nosso vigor, toda a saúde e a força de nossos mais recônditos genes de navegantes bascos e indômitos índios americanos; ainda em silêncio, invocamos os deuses conhecidos e por conhecer, e os espíritos benéficos de nossos antepassados e as forças mais formidáveis da vida, para que viessem em seu socorro. Foi tão intenso o clamor que, a cinqüenta quilômetros de distância, Ernesto sentiu o chamado com a clareza do toque de um sino, soube que você rolava pelo abismo e se precipitou para o hospital. Enquanto isso, em torno de sua cama, o ar gelava, o tempo se confundia e, quando os relógios marcaram de novo os segundos, ficara tarde demais para a morte. Os médicos, vencidos, haviam se retirado e as enfermeiras se preparavam para desligar os tubos e cobri-la com um lençol, quando uma das telas mágicas deu um suspiro e a caprichosa linha verde começou a ondular mostrando seu retorno à vida. Paula! chamamos minha mãe e eu, de uma só voz, e as enfermeiras repetiram o grito e a sala se encheu com seu nome.

Ernesto chegou uma hora depois; devorara a estrada e atravessara a cidade como uma flecha. Até então, não tinha dúvidas de que você ficaria boa, mas nesse momento, vencido, de joelhos na capela, rezou para que simplesmente cessasse este martírio e você enfim descansasse. Não obstante, quando a abraçou na visita seguinte, a veemência do amor e o desejo de retê-la foram mais fortes que a resignação. Ele sente você no próprio corpo, antecipa os diagnósticos médicos, percebe sinais invisíveis para outros olhos, parece ser o único capaz de se comunicar com você. Viva, viva por mim, por nós, Paula, somos um time, minha garota, ele implorava, você vai ver que tudo acaba bem, não vá embora, serei seu apoio, seu refúgio, seu amigo, vou curá-la com meu amor, lembre-se daquele bendito 3 de janeiro em que nos conhecemos e tudo mudou para sempre, não me deixe agora, estamos apenas começando e nos sobra meio século pela frente. Não sei que outras súplicas, segredos ou promessas ele disse no seu ouvido nessa segunda-feira tenebrosa, nem como infundiu a vontade de viver em cada beijo que dava, mas estou certa de que hoje você respira graças à tenacidade dessa ternura. Sua vida é uma misteriosa vitória do amor. Já foi superada a pior parte da crise, estão lhe dando o antibiótico certo, controlaram sua pressão e a febre cede pouco a pouco. Você voltou ao ponto de partida, não sei o que significa esta espécie de ressurreição. Já está em coma há mais de dois meses, não pretendo me iludir, filha, sei como é grave seu estado, mas pode se recuperar inteiramente; o especialista em porfiria garante que não há lesão cerebral, a doença só atacou seus nervos periféricos. Palavras, abençoadas palavras que repito a todo instante como se fossem uma fórmula de encantamento capaz de salvá-la. Hoje a deitaram de lado na cama e, apesar do aspecto torturado do seu pobre corpo, o rosto estava intacto, e você, formosa como uma noiva adormecida, com sombras azuis sob suas longas pestanas. As enfermeiras tinham-na refrescado com água-de-colônia e atado os cabelos numa trança grossa, que pendia para fora da cama como um cabo de embarcação. Não há sinais de sua inteligência, mas está viva e seu espírito habita dentro de você. Respire, Paula, você tem que respirar...

Minha mãe continua regateando com Deus, agora lhe oferece a vida pela sua, diz que de qualquer modo 70 anos são muito tempo, muito cansaço e muitos sofrimentos. Também eu quisera estar no seu lugar, mas não há passes de mágica para estes truques, cada uma de nós, avó, mãe e filha, terá de cumprir o próprio destino. Pelo menos não estamos sós, somos três. Sua avó está cansada, procura escondê-lo, mas os anos lhe pesam e, durante estes meses de sofrimento em Madri, o inverno entrou em seus ossos sem que haja maneira de aquecê-la, dorme sob uma montanha de cobertores e de dia anda embrulhada em casacos e cachecóis, mas não pára de tremer. Falei longamente por telefone com tio Ramón para que ele me ajude a convencê-la de que chegou a hora de voltar para o Chile. Não pude escrever durante vários dias, somente agora que você começa a sair da agonia, consigo voltar a estas páginas.

O NAMORO DISCRETO com Michael floresceu com parcimônia, à moda antiga, no salão da casa do Tata, entre xícaras de chá no inverno e taças de sorvete no verão. A descoberta do amor e a felicidade de me sentir aceita me transformaram, a timidez deu lugar a uma personalidade bem mais explosiva e acabaram aqueles longos períodos de silêncio raivoso da infância e da adolescência. Uma vez por semana íamos de motocicleta a um concerto, se eu insistisse muito me deixavam ir ao cinema no sábado, contanto que voltasse cedo, e alguns domingos meu avô o convidava para os almoços familiares, verdadeiros torneios de resistência. A própria comilança era uma queda-de-braço: porções de mariscos, empanadas apimentadas, guisado de galinha ou um empadão de milho, manjar branco, vinho com fruta e uma jarra descomunal de *pisco sour*, a mais fatídica beberagem chilena. Os comensais competiam na façanha de engolir aquele ágape, e, às vezes, no delírio desse desafio, pediam ovos fritos com toucinho antes da sobremesa. Os sobreviventes conquistavam assim o privilégio de manifestar suas loucuras particulares. Na hora do café, já estavam discutindo aos berros e antes que passassem os cálices de licor tinham jurado que aquele fora o último domingo de esbórnia familiar, embora na semana seguinte a mesma mortificação se repetisse com poucas variações, pois não comparecer seria uma deselegância inconcebível, meu avô jamais perdoaria semelhante coisa. Eu temia essas reuniões quase tanto como os almoços na casa de Salvador Allende, onde as primas me olhavam com um desprezo dissimulado porque eu não sabia de que raio de coisa estavam falando. Moravam numa casa pequena, acolhedora, entulhada de obras de arte, livros grossos e fotografias que, se ainda existirem, são documentos históricos. A política era o único assunto dessa família inteligente e bem informada. A conversa voava nas alturas em torno dos acontecimentos mundiais e, de vez em quando, aterrissava nos últimos pormenores da fofoca nacional, mas em qualquer caso eu continuava na lua. Nesse tempo só lia ficção científica e, enquanto os Allende planejavam com fervor socialista a transformação do país, eu deambulava de asteróide em asteróide, em companhia de extraterrestres tão escorregadios quanto os ectoplasmas de minha avó.

Na primeira ocasião em que seus pais vieram a Santiago, Michael me levou para conhecê-los. Os futuros sogros me esperavam para tomar o chá das cinco, com toalha engomada, porcelana inglesa pintada, pãezinhos feitos em casa. Receberam-me com simpatia, senti que mesmo sem me conhecerem me aceitavam, gratos pelo amor que eu dedicava a seu filho. O pai lavou as mãos uma dúzia de vezes durante minha curta visita e, ao se sentar à mesa, puxou a cadeira com os cotovelos para não se sujar antes da comida. Mais para o final, ele perguntou se eu era parente de Salvador Allende e, quando respondi que sim, sua expressão mudou, mas a cortesia natural impediu que manifestasse as próprias idéias a respeito de nosso primeiro encontro, em breve haveria ocasião de fazê-lo. A mãe de Michael me cativou desde o início, era uma alma cândida, incapaz de qualquer maldade, a bondade saía pelos seus olhos de água-marinha. Acolheu-me com simplicidade, como se nos conhecêssemos há anos, e nessa tarde selamos um pacto secreto de ajuda mútua, que viria a ser muito útil nas experiências dolorosas dos anos seguintes. Os pais de Michael, que deviam desejar uma mocinha tranqüila e discreta da colônia inglesa para o filho, não tiveram muita dificuldade em adivinhar os defeitos do meu temperamento desde o começo, razão pela qual considero admirável que me recebessem de braços abertos com tamanha presteza.

Eu ainda não completara 17 anos quando comecei a trabalhar, desde então, não parei. Terminei o colégio e não sabia o que fazer do futuro; devia planejar a ida para a universidade, mas estava confusa, queria independência e de qualquer modo pensava em casar logo e ter filhos, esse era o destino das moças naquele tempo. Você tinha de estudar teatro, opinou minha mãe, que me conhecia melhor do que ninguém, porém essa idéia me pareceu completamente sem sentido. No dia seguinte à formatura apressei-me em procurar um emprego como secretária, porque não tinha preparo para outra coisa. Ouvira dizer que nas Nações Unidas pagavam bem e decidi aproveitar meus conhecimentos de inglês e francês. No catálogo de telefones achei, em lugar destacado, uma estranha palavra: FAO, e sem imaginar do que se tratava, apresentei-me à porta, onde um jovem de aparência desbotada me recebeu.

– Quem é o dono disso aqui? – perguntei à queima-roupa.

– Não sei... Acho que não tem dono – murmurou ele, meio perturbado.

– Quem é que manda mais?

– Don Hernán Santa Cruz – replicou sem vacilar.

– Quero falar com ele.

– Está na Europa.

– Quem é o encarregado de contratar quando ele não está?

Deu-me o nome de um conde italiano, pedi uma entrevista e, quando me vi diante da impressionante escrivaninha desse garboso romano, tasquei-lhe que o Sr. Santa Cruz me mandara falar com ele para que me desse trabalho. O aristocrático funcionário nem suspeitou que eu não conhecia seu chefe, sequer de vista, e me aceitou em caráter de experiência por um mês, apesar de eu ter feito o pior teste de datilografia da história daquela organização. Sentaram-me diante de uma pesada máquina *Underwood* e mandaram que eu redigisse uma carta com três cópias, sem dizer que deveria ser comercial. Escrevi uma carta de amor e despeito, salpicada de erros, porque as teclas pareciam ter vida própria; além do mais, pus o papel-carbono virado ao contrário e as cópias saíram impressas na parte de trás da folha. Procuraram um lugar onde eu pudesse causar menos prejuízos e fui nomeada temporariamente secretária de um argentino especialista em assuntos florestais, cuja missão era fazer a contabilidade das árvores do globo terrestre. Logo vi que minha sorte não poderia durar muito mais e decidi aprender a escrever à máquina corretamente em quatro semanas, a atender o telefone e servir café como uma profissional, rezando em segredo para que o temido Santa Cruz tivesse um acidente fatal e não regressasse nunca mais. No entanto, minhas súplicas não foram ouvidas e exatamente um mês depois voltou o dono da FAO, um homenzarrão, com ar de xeique árabe e voz de trovão, diante de quem os funcionários em geral e o nobre italiano em particular se inclinavam com respeito, para não dizer terror. Antes que soubesse da minha existência por outros canais, apresentei-me em seu gabinete para contar que havia usado o santo nome dele em vão e que estava disposta a fazer as penitências cabíveis. Uma gargalhada estentórea recebeu minha confissão.

– Allende... de que Allende é você? – rugiu enfim, quando terminou de enxugar as lágrimas.

– Parece que meu pai se chamava Tomás.

– Como parece?! Não sabe como se chama seu pai?

– Ninguém pode ter certeza de quem seja o próprio pai, só da mãe se pode ter certeza – repliquei, do alto de minha dignidade.

– Tomás Allende? Ah, já sei quem é! Um homem muito inteligente... – e ficou olhando o vazio, como quem está morrendo de vontade de contar um segredo e não pode.

O Chile é do tamanho da cabeça de um alfinete. Acontece que esse cavalheiro com atitudes de sultão era um dos melhores amigos de juventude de Salvador Allende, além do mais conhecia minha mãe e meu padrasto, razões pelas quais não me pôs na rua, como esperava o conde romano, e sim me transferiu para o Departamento de Informação, onde uma pessoa com meus recursos imaginativos estaria melhor utilizada do que se fosse posta copiando estatísticas florestais, conforme ele próprio explicou. Na FAO me aturaram durante vários anos, lá eu fiz amigos, aprendi os rudimentos do ofício de jornalista e tive a primeira oportunidade de fazer televisão.

Nos momentos livres, traduzia romances água-com-açúcar do inglês para o espanhol. Eram histórias românticas, carregadas de erotismo, todas elas feitas pelo mesmo molde: formosa e inocente jovem sem fortuna conhece homem maduro, forte, poderoso, viril, desiludido do amor e solitário, num lugar exótico, por exemplo, uma ilha polinésia, onde ela trabalha como preceptora e ele possui um latifúndio. Ela sempre é virgem, apesar de viúva, e tem seios mórbidos, lábios túrgidos e olhos lânguidos, enquanto ele ostenta têmporas prateadas, pele dourada e músculos de aço. O latifundiário será superior a ela em tudo, mas a preceptora é boa e bonita. Depois de sessenta páginas de paixão ardente, ciúmes e intrigas incompreensíveis, os dois se casam, é óbvio, e a donzela proparoxítona acaba sendo deflorada pelo varão metálico numa atrevida cena final. Era preciso ter força de caráter para permanecer fiel à versão original e, apesar do esmero de Miss Saint John no Líbano, minha firmeza não dava para tanto. Quase sem perceber, eu introduzia pequenas modificações para melhorar a imagem da heroína, começava por algumas mudanças nos diálogos, para que ela não parecesse completamente retardada, e logo me deixava levar pela inspiração e alterava os desenlaces, de modo que às vezes a virgem terminava seus dias vendendo armas no Congo e o abastado cidadão partia para Calcutá, onde iria cuidar dos leprosos. Não fiquei muito tempo nesse trabalho, em poucos meses fui despedida. A essa altura, meus pais tinham voltado da Turquia e eu morava com eles num casarão em estilo espanhol, de adobe e telhas, nas encostas da cordilheira, onde era bastante difícil se locomover de ônibus e impossível conseguir um telefone. Aquela propriedade tinha uma torre, dois hectares de horta e pomar, uma vaca melancólica que nunca deu leite, um porco que precisávamos enxotar dos quartos a vassouradas, galinhas, coelhos e um matagal de abóboras enredadas no telhado; os enormes frutos costumavam rolar de lá de cima, pondo em perigo quem tivesse a infelicidade de se encontrar embaixo. Pegar o ônibus para ir e voltar do escritório tornou-se uma obsessão, eu levantava ao raiar do dia para chegar a tempo de manhã e o veículo vinha lotado à tarde, de modo que passei a visitar meu avô e lá esperava a noite para encarapitar-me num ônibus que viesse com menos passageiros. Assim nasceu o costume de ver o velho todos os dias e isso chegou a ser tão importante para nós dois que só faltei quando nasceram meus filhos, durante os primeiros dias do Golpe Militar e uma vez que quis pintar o cabelo de louro e, por um erro do cabeleireiro, acabei com a cabeça inteiramente verde. No inverno nossa casa era uma masmorra gélida com goteiras, mas na primavera e no verão ficava encantadora, com seus vasos de barro transbordantes de petúnias, o zumbido das abelhas e o trinar dos pássaros, o perfume de flores e frutas, os tropeções do porco nas pernas das visitas e o ar puro das montanhas. Os almoços dominicais se transferiram da casa do Tata para a dos meus pais, lá se reunia a tribo para estraçalhar-se pontualmente todas as semanas. Michael, que vinha de um lar pacífico no qual imperava a maior cortesia, e que fora condicionado pelo colégio a dissimular suas emoções a todo momento, salvo nas canchas esportivas, onde havia liberdade para se comportar como um bárbaro, era a testemunha muda das paixões desmesuradas da minha família.

Naquele ano, tio Pablo morreu num estranho acidente aéreo. Voava sobre o deserto de Atacama num teco-teco e o aparelho explodiu no ar. Algumas pessoas viram a explosão e uma bola incandescente cruzando o céu, mas não sobrou coisa alguma e, depois de vasculharem a região meticulosamente, os grupos de resgate voltaram de mãos abanando. Não havia nada para enterrar, o funeral foi levado a cabo com um ataúde vazio. O desaparecimento desse homem que tanto amei foi tão abrupto e total que cultivei a fantasia de que ele não se reduzira a cinzas sobre aquelas dunas desoladas: talvez se tenha salvado por milagre, mas sofreu um trauma irrecuperável e hoje vagueia por outras latitudes, convertido num ancião plácido e sem memória, que nem sequer desconfia ter deixado para trás uma jovem esposa e quatro crianças. Ele era casado com uma dessas raras pessoas de alma diáfana, fadadas a se purificar pelo esforço e pelo sofrimento. Meu avô recebeu a amarga notícia sem fazer um gesto, apertou os lábios, pôs-se de pé, apoiado na bengala, e saiu mancando pela rua para que ninguém pudesse ver a expressão de seus olhos. Não tornou a falar do filho favorito, tal como não mencionava Memé. Para aquele velho valente, quanto mais profunda a ferida, mais secreta era a dor.

EU FIZERA TRÊS ANOS de namoro relativamente casto, quando ouvi minhas colegas de trabalho falarem de uma maravilhosa pílula para evitar a gravidez, que havia revolucionado a cultura na Europa e nos Estados Unidos e agora era possível obter em algumas farmácias locais. Tratei de indagar mais e soube que só poderia comprá-la com receita médica, mas não me atrevi a recorrer ao inefável Dr. Benjamín Viel, que a essa altura se tornara o guru do planejamento familiar no Chile, e também me faltou coragem para falar sobre esse assunto com minha mãe. Ela já tinha problemas demais com os filhos adolescentes para ficar pensando em pílulas mágicas para sua filha solteira. Meu irmão Pancho desaparecera de casa, seguindo as pegadas de um santarrão que recrutava discípulos proclamando-se o novo Messias. Na realidade, esse personagem possuía uma loja de ferragens na Argentina e o assunto acabou dando numa complexa fraude teológica, mas a verdade só aflorou muito tempo depois, quando meu irmão e outros jovens já tinham desperdiçado anos na perseguição de um mito. Minha mãe fez o possível para arrancar o filho daquela seita misteriosa e, de fato, foi buscá-lo algumas vezes quando meu irmão bateu no fundo da desilusão e pediu socorro à família. Ela o resgatava de pocilgas sombrias, onde o encontrava faminto, doente e traído, mas bastava ele recuperar as forças para desaparecer de novo e, durante meses, não sabíamos seu paradeiro. De vez em quando, chegavam notícias de suas andanças pelo Brasil, onde estaria aprendendo as artes da macumba, ou por Cuba, treinando para ser revolucionário; contudo, nenhum desses rumores tinha fundamento, a realidade era que dele nada sabíamos. Entrementes, meu irmão Juan passou dois anos infelizes na Escola de Aviação. Pouco depois de ingressar, compreendeu que carecia de aptidão e resistência para suportar aquilo, que detestava os absurdos princípios e as cerimônias militares, que a própria pátria não lhe importava a mínima e que, se não saísse logo dali, pereceria nas mãos dos cadetes mais velhos ou acabaria se suicidando. Certo dia fugiu, mas o desespero não o levou até muito longe, apareceu em casa com a farda em farrapos, gaguejando que havia desertado, que se o pegassem seria submetido a um julgamento militar e que, caso escapasse do fuzilamento por traição à pátria, passaria o restante de sua juventude numa masmorra. Minha mãe agiu rápido, escondeu-o na despensa, fez uma promessa à Virgem do Carmo, padroeira das Forças Armadas do Chile para que a auxiliasse em sua empresa, em seguida partiu para o cabeleireiro, vestiu o melhor vestido e pediu uma audiência com o Diretor da Escola. Uma vez em sua presença, não lhe deu tempo para abrir a boca, caiu em cima dele, agarrando-o pela manga e gritando que era o único responsável pela sorte de seu filho, como podia continuar cego às humilhações e torturas sofridas pelos cadetes, que, se alguma coisa sucedesse a Juan, ela se encarregaria de jogar na lama o nome da Escola, e prosseguiu num bombardeio de argumentos e de trancos até que o militar, vencido por aqueles olhos de pantera e pelo instinto maternal desembestado, aceitou meu irmão de volta às suas fileiras.

Mas voltemos à pílula. Michael e eu não falávamos desses detalhes grosseiros, nossa formação puritana pesava demais. As sessões de carícias em algum recanto do jardim noturno nos deixavam extenuados, e a mim, furiosa. Demorei bastante para compreender a mecânica do sexo porque ainda não vira um homem nu, salvo nas estátuas de mármore com um pirulito de infante, e não atinava com o que pudesse ser uma ereção; quando sentia alguma coisa dura, achava que eram as chaves da motocicleta no bolso da calça. As leituras clandestinas de *As mil e uma noites* no Líbano me haviam enchido a cabeça de metáforas e vôos poéticos; o que faltava era um manual de instruções. Depois, quando as diferenças entre homens e mulheres e o funcionamento de algo tão simples como um pênis ficaram claros, eu me senti ludibriada. Não via e não vejo ainda a diferença moral entre aquelas férvidas sessões de manuseios insatisfatórios e alugar um quarto de hotel para fazer o que manda a fantasia, mas nenhum de nós ousava sugeri-lo. Suspeito que nas redondezas não sobravam muitas donzelas castas da minha idade, mas esse tema era tabu naqueles tempos de hipocrisia coletiva. Cada qual improvisava o melhor que podia, com os hormônios alvoroçados, a consciência suja e o terror de que, depois de *ir até o final*, o rapaz não só se esfumasse como também saísse alardeando a conquista. O papel dos homens era atacar e o nosso de nos defender, fingindo que o sexo não interessava, porque não seria de bom-tom aparecer cooperando com nossa própria sedução. Como as coisas foram diferentes para você, Paula! Estava com 16 anos quando veio me

 pedir certa manhã que eu a levasse ao ginecologista porque

você queria informações sobre os anticoncepcionais. Acompanhei-a muda de emoção, porque compreendi que sua infância havia acabado e que você começava a fugir da minha tutela. Melhor não comentarmos isso, mãe, ninguém entenderia o fato de você me ajudar nesse assunto, foi o que então me disse. Na sua idade, eu navegava em águas confusas, apavorada com advertências apocalípticas: cuidado ao aceitar uma bebida, pode estar drogada com esses pós que se dão às vacas para que elas fiquem no cio; não entre no carro dele, porque vai levar você a um descampado e depois já sabe o que pode acontecer. Desde o princípio eu me rebelei contra essa moral dupla que autorizava meus irmãos a passarem a noite fora de casa e voltarem ao raiar do dia, cheirando a álcool sem que ninguém se incomodasse. Tio Ramón se trancava com eles a sós, eram "coisas para homens" sobre as quais minha mãe e eu não tínhamos o direito de opinar. Considerava-se natural que eles se metessem à noite no quarto da empregada; sobre isso faziam piadas que, para mim, eram duplamente ofensivas, porque à prepotência do macho se somava o abuso de classe. Imagino o escândalo se eu tivesse convidado o jardineiro para minha cama. Apesar dessa rebeldia, o medo das conseqüências me paralisava, nada é capaz de esfriar tanto a natureza como uma gravidez inoportuna. Eu nunca tinha visto uma camisinha, salvo aquelas em forma de peixes tropicais que os comerciantes libaneses ofereciam aos marines em Beirute, mas naquela época pensei que fossem balões de aniversário. A primeira que caiu em minhas mãos foi você quem mostrou em Caracas, Paula, no tempo em que andava com uma maleta de contraceptivos para o seu curso sobre sexualidade. É o cúmulo que na sua idade ainda não saiba como se usa isso, ouvi de você, com mais de 40 anos, quando eu já tinha publicado meu primeiro romance e estava escrevendo o segundo. Agora fico assombrada com tamanha ignorância numa pessoa que lera tanto como eu. Além disso, uma coisa que me aconteceu na infância poderia ter lançado algumas luzes ou ao menos provocar a curiosidade para me instruir sobre tal assunto, mas isso eu tinha bloqueado nas profundezas mais escuras da memória.

Naquele dia de Natal de 1950, eu ia pelo passeio da praia, uma longa calçada ladeada de gerânios. Tinha 8 anos, a pele queimada pelo sol, o nariz em carne viva, o rosto cheio de sardas, e usava um avental de fustão branco e um colar de conchas enfiadas. Pintara as unhas com aquarela vermelha, os dedos pareciam machucados, e empurrava o carrinho de vime com minha boneca nova, um sinistro bebê de borracha dotado de um orifício na boca e outro entre as pernas, ao qual se dava água por cima para que saísse por baixo. A praia estava vazia, na noite anterior os moradores do povoado tinham jantado tarde, assistido à Missa do Galo e festejado até a madrugada, àquela hora ninguém se levantara ainda. No final da calçada começava um costão, onde o oceano rebentava rugindo num tumulto de espuma e de algas; a luminosidade era tão intensa que todas as cores se diluíam no branco incandescente da manhã. Raramente eu ia tão longe, mas nesse dia me aventurei por aquelas bandas, procurando um lugar onde pudesse dar água à boneca e trocar suas fraldas. Abaixo, por entre as pedras, um homem saiu do mar, usava óculos de mergulho e tinha um tubo de borracha na boca, o qual arrancou bruscamente, aspirando a plenos pulmões. Vestia um calção preto e, em torno da cintura, estava atada uma corda com ganchos, suas ferramentas de arrancar mariscos. Trazia três ouriços-marinhos, que pôs num saco, e em seguida se deitou de barriga para cima na pedra, para descansar. Sua pele lisa e sem pêlos parecia um couro curtido, e seus cabelos eram negros e crespos. Pegou uma garrafa e bebeu água em longos goles, juntando forças para submergir outra vez; com as costas da mão afastou os cabelos do rosto, enxugou os olhos e, ao levantar a cabeça, me viu. A princípio talvez não tenha percebido minha idade, apenas vislumbrara uma figura embalando alguma coisa e, com a reverberação das onze da manhã, poderia me confundir com uma mãe e seu filho. Assobiou para mim e acenou. Fiquei de pé, desconfiada e curiosa. A essa altura, seus olhos já estavam acostumados ao sol e ele me reconheceu, repetiu a saudação e gritou que eu não me assustasse, que não fosse embora, que tinha algo para mim, tirou um par de ouriços e meio limão da sacola, e começou a escalar as pedras. Como você mudou, no ano passado parecia uma fedelha como seus irmãos, disse ele. Recuei dois passos, mas logo também o reconheci e retribuí o sorriso, tapando a boca com a mão porque não acabara de mudar os dentes. Ele costumava ir de tarde lá em casa para oferecer sua mercadoria. Tata insistia em escolher pessoalmente o peixe e os mariscos. Venha, sente-se aqui a meu lado, deixe-me ver sua boneca, se for de borracha é claro que pode tomar banho, vamos mergulhá-la, eu cuido dela, não vai acontecer nada, olhe, lá embaixo eu tenho um saco cheio de ouriços, de tarde vou levar alguns para o seu avô, quer provar um? Pegou um deles, com suas mãos grandes e calejadas, indiferente aos espinhos, introduziu a ponta de um gancho no cocuruto, onde a concha tem a forma de um colarzinho de pérolas retorcido, e o abriu. Apareceram uma cavidade alaranjada e vísceras flutuando num líquido escuro. Aproximou o marisco do meu nariz e disse que o cheirasse, que esse era o cheiro do fundo do mar e das mulheres quando estão quentes. Aspirei, primeiro timidamente e logo saboreando aquela fragrância pesada de iodo e sal. Ele me explicou que só se deve comer o ouriço vivo, senão é um veneno mortal, espremeu umas gotas de limão no interior da concha e me mostrou como se mexiam as línguas, feridas pelo ácido. Extraiu uma com os dedos, atirou a cabeça para trás, deixando-a deslizar para dentro de sua boca, um fio viscoso e escuro escorria entre seus lábios grossos. Concordei em provar, pois vira meu avô e meus tios esvaziarem as conchas numa cumbuca e devorarem os ouriços com cebola e coentro, e o pescador tirou outro pedaço, colocou-o na minha boca, era suave e macio, mas também um pouco áspero, como uma toalha molhada. O gosto e o cheiro não se parecem com nada, no começo achei repugnante, mas logo senti que a carne suculenta palpitava e minha boca se encheu de sabores diferentes, embora inseparáveis. O homem tirou da concha, um a um, os pedaços de carne rósea, comeu alguns e me deu os outros; depois abriu o segundo ouriço e também o liquidamos, rindo, respingando o caldo, lambendo os dedos um do outro. No final, ele esgaravatou o fundo sangüinolento das conchas e tirou umas aranhazinhas que se alimentam do marisco e são puro sabor concentrado. Pôs uma na ponta da língua, esperou com os lábios entreabertos que ela andasse para dentro, comprimiu-a contra o céu da boca e em seguida me mostrou o bicho esmigalhado, antes de engoli-lo. Fechei os olhos. Senti seus dedos grossos percorrendo o contorno dos meus lábios, a ponta do nariz e o queixo, abri a boca e logo senti as patas do caranguejinho se mexendo, mas não pude controlar um engulho e cuspi. Boba, ele disse, ao mesmo tempo que apanhava o bichinho nas pedras e o comia. Duvido que sua boneca faça xixi, vamos lá, mostre o buraquinho. Esta boneca é homem ou mulher? Como é que você não sabe! Ela tem pinto ou não tem? Então ficou me olhando com uma expressão indecifrável e de repente pegou minha mão e a pôs sobre seu sexo. Percebi um volume sob o tecido úmido do calção de banho, uma coisa que se mexia, como se fosse um grosso pedaço de mangueira; tentei retirar a mão, mas ele a reteve com firmeza, enquanto sussurrava, com uma voz diferente, que eu não tivesse medo, não iria fazer nada de ruim, só coisas gostosas. O sol ficou mais quente, a luz mais branca e o rugido do oceano mais assustador, enquanto sob minha mão ganhava vida essa dureza de perdição. Naquele instante, a voz de Margara me chamou de muito longe, quebrando o encantamento. Aturdido, o homem se pôs de pé e me deu um empurrão, afastando-me, pegou o gancho de mariscar e desceu saltando pelas pedras até o mar. Na metade do caminho, parou rapidamente, virou-se e apontou seu baixo-ventre. Quer ver o que eu tenho aqui, quer saber como papai e mamãe fazem? Fazem feito os cachorros, mas muito melhor; venha me esperar aqui de tarde, na hora da sesta, por volta das quatro, que nós vamos para o bosque, num lugar onde ninguém nos veja. Pouco depois desaparecia entre as ondas. Pus a boneca no carrinho e voltei para casa. Tremendo.

Almoçávamos sempre no pátio das hortênsias, sob uma parreira, ao redor da mesa grande, coberta com toalha branca. Nesse dia, a família inteira comemorava o Natal, havia guirlandas penduradas, ramos de pinheiro sobre a mesa e pratinhos com nozes e frutas cristalizadas. Serviram o que restou do peru da véspera, salada de alface e tomate, milho verde e um congro gigantesco, assado no forno com manteiga e cebolas. Veio o peixe inteiro, com rabo, com uma cabeçorra de olhos suplicantes e a pele intacta como uma luva de prata manchada que minha mãe retirou de um só gesto, expondo a carne reluzente. De mão em mão, passavam jarras de vinho branco com pêssego e as travessas de rabanadas ainda mornas. Como sempre, todo mundo falava aos gritos. Meu avô, em mangas de camisa e com um chapéu de palha, era a única pessoa alheia a essa confusão, absorto na tarefa de tirar sementes de um pimentão para enchê-lo de sal, obtendo, poucos minutos depois, um líquido salgado e picante que ele sorvia com deleite. Num extremo da mesa ficávamos nós, crianças, cinco primos barulhentos, disputando as rabanadas mais douradas. Eu ainda sentia o sabor dos ouriços e só pensava que havia marcado um encontro para as quatro da tarde. As empregadas tinham arejado e preparado os quartos e depois do almoço a família foi descansar. Os cinco primos dividíamos beliches no mesmo aposento, ficava difícil não fazer a sesta porque o olho tremebundo de Margara vivia tomando conta, mas, passado algum tempo, ela foi para o próprio quarto, exausta. Esperei que as outras crianças desabassem vencidas pelo sono e que a casa sossegasse, então me levantei sem ninguém ver, pus o avental e as sandálias, escondi a boneca debaixo da cama e saí. O chão de madeira rangia a cada passo, mas nessa casa tudo fazia barulho: as tábuas, os encanamentos, o motor da geladeira e a bomba d'água, os ratos e o papagaio do Tata, que passava o verão nos xingando do seu poleiro.

O pescador estava me esperando no fim do passeio da praia, vestido com uma calça escura, camisa branca e chinelos de borracha. Quando me aproximei, ele começou a andar à minha frente e eu o segui sem dizer palavra, como uma sonâmbula. Atravessamos a rua, nos metemos numa viela e começamos a subir o morro rumo ao bosque. Em cima não havia casas, somente pinheiros, eucaliptos e arbustos; o ar estava fresco, quase frio, e o sol mal penetrava na sombria abóbada verde. A intensa fragrância das árvores e os tufos selvagens de tomilho e hortelã-pimenta se misturavam com outro perfume que subia do mar. Pelo chão, coberto de folhas apodrecidas e pinhões, corriam lagartixas verdes; aquelas patinhas silenciosas, algum grito de pássaro e o rumor dos galhos agitados pela brisa eram os únicos sons perceptíveis. Ele segurou minha mão e me conduziu, bosque adentro, eu não conseguia me orientar em meio à vegetação, já não ouvia o mar e me senti perdida. Ninguém mais nos via. Tinha tanto medo que nem podia falar, não ousava me soltar daquela mão e sair correndo, sabia que ele era muito mais forte e mais rápido. Não fale com desconhecidos, não deixe que toquem em você, se alguém tocá-la entre as pernas é pecado mortal e além disso você vai ficar grávida, sua barriga vai crescer feito uma bola, cada vez mais, até explodir e aí você morre, a voz de Margara me massacrava com horrendas advertências. Eu sabia que estava fazendo uma coisa proibida, mas não podia recuar nem fugir, prisioneira de minha própria curiosidade, uma fascinação mais poderosa que o terror. Senti essa mesma vertigem mortal diante do perigo em outras ocasiões e freqüentemente me deixei levar por ela, não posso resistir ao apelo da aventura. Certas vezes essa tentação arruinou minha vida, como no tempo da ditadura militar, e em outras me enriqueceu, como quando conheci Willie e o gosto do perigo me fez ir atrás dele. Finalmente, o pescador se deteve. Aqui está bom, disse, acomodando umas folhagens para formar um leito, deite-se aqui, ponha a cabeça em cima do meu braço para o seu cabelo não ficar cheio de folhas, assim, fique quieta, vamos brincar de papai e mamãe, disse ele com a respiração entrecortada, ofegando, enquanto sua mão áspera apalpava meu rosto e meu pescoço, descia pelo peitilho do avental procurando os mamilos infantis, que nesse contato encolheram, acariciando-me como jamais alguém fizera, na minha família ninguém se toca. Senti um torpor quente me dissolvendo, amolecendo os ossos e a vontade, um pânico visceral me invadiu e comecei a chorar. Que é isso, sua boba? Não vou fazer nada de ruim, e a mão do homem deixou o decote e desceu para as minhas pernas, tateando lentamente, separando-as com firmeza, mas sem violência, subindo, subindo, até o meu próprio centro. Não chore, deixe, só vou tocar você com o dedo, bem de leve, isso não tem mal algum, abra as pernas, fique molinha, não tenha medo, não vou meter isso em você, não sou imbecil, se fizer alguma coisa com você, seu avô me mata, não vou te foder, a gente só vai brincar um pouquinho. Ele desabotoou meu avental e tirou-o, mas me deixou de calcinhas, imagino que sentisse o bafo ameaçador do Tata no pescoço. Sua voz ficara rouca, cochichava sem parar uma mistura de obscenidades com palavras carinhosas e me beijava o rosto, com a camisa empapada, meio asfixiado, respirando pela boca, apertando-se contra mim. Pensei que fosse morrer amassada, babada, machucada por seus ossos e seu peso, engasgada pelo cheiro de suor e mar, pelo bafo de vinho e alho, enquanto os dedos fortes e quentes se mexiam em minhas pernas, como lagostas, apertando, esfregando, sua mão envolvendo essa parte secreta que ninguém devia tocar. Não pude resistir, senti que alguma coisa lá no fundo se abria, se estilhaçava e explodia em mil pedaços, enquanto ele se esfregava em mim cada vez mais depressa, num incompreensível paroxismo de gemidos e uma violência de estertores, até que por fim desabou a meu lado, com um grito surdo que não saiu dele, mas do próprio fundo da terra. Eu não soube direito o que havia acontecido, nem quanto tempo passei ao lado desse homem, sem qualquer roupa senão as calcinhas de algodão azul-claro, intactas. Procurei o avental e, ao vesti-lo desajeitadamente, minhas mãos tremiam. O pescador me abotoou nas costas e acariciou meus cabelos, não chore, não aconteceu nada com você, disse ele, e logo se levantou, pegou minha mão e me levou correndo morro abaixo, em direção à luz. Amanhã te espero à mesma hora, nem pense em me dar um bolo, e não dê um pio sobre isso com ninguém. Se seu avô souber, me mata, avisou ao se despedir. No dia seguinte, porém, ele não compareceu ao encontro.

Imagino que essa experiência tenha me deixado uma cicatriz nalgum lugar, porque em todos os meus livros aparecem crianças seduzidas ou sedutoras, quase sempre sem maldade, salvo no caso da menina negra que dois camaradas agarram violentamente em *O plano infinito*. Ao reviver a lembrança do pescador, não sinto repugnância nem pavor, ao contrário, sinto uma vaga ternura pela menina que fui e pelo homem que me violou. Durante anos conservei este segredo tão escondido num compartimento isolado da cabeça que não o relacionei com o despertar da sexualidade quando me apaixonei por Michael.

6

Fiz um acordo com o neurologista, Paula, para tirá-la do respirador artificial uma vez por dia, mas não avisei ao restante da família porque ninguém se recuperou ainda daquela segunda-feira fatídica em que você esteve a ponto de ir para o outro mundo. Minha mãe não consegue falar disso sem cair no choro, acorda de noite com a visão da morte inclinada sobre seu leito. Acho que tanto ela quanto Ernesto já não rezam para você ficar boa, apenas pedem para que não sofra mais, entretanto eu não perdi a vontade de continuar lutando. O médico é um homem gentil, com os óculos na ponta do nariz e o avental amassado que lhe dão um ar vulnerável, como se estivesse acabando de sair da sesta. É o único nessas bandas que não parece insensível à angústia dos que passam o dia no corredor dos passos perdidos. Em compensação, o especialista em porfiria, muito mais interessado nos tubos de ensaio onde analisa seu sangue diariamente, poucas vezes vem visitá-la. Hoje de manhã a desconectamos pela primeira vez. O neurologista examinou seus sinais vitais e leu o boletim da noite passada, enquanto invocava minha avó e a sua, aquela Granny encantadora se foi há 14 anos, para que ambas nos socorressem. Pronta?, me perguntou, olhando por cima dos óculos, e respondi com uma inclinação de cabeça, porque minha voz não saía. Ele mexeu num interruptor e, de repente, parou o ronronar líquido do ar no tubo transparente do seu pescoço. Também parei de respirar, enquanto, com o relógio na mão, contava os segundos, implorando, exigindo de você que respirasse, Paula, por favor. Cada instante me marcou como uma chicotada, trinta, quarenta segundos, nada, cinco segundos mais e aí pareceu que seu peito se movimentava um pouco, mas tão de leve que podia ser uma ilusão, cinqüenta segundos... e já não podia esperar mais, você estava exangüe e eu mesma sufocava. A máquina recomeçou a funcionar e logo um pouquinho de cor voltava a seu rosto. Guardei o relógio, tremendo, minha pele ardia, estava encharcada de suor. O médico me deu uma gaze.

– Limpe-se, está com sangue nos lábios – disse.

– À tarde tentaremos de novo, e amanhã outra vez. E assim, pouco a pouco, até que ela respire sozinha – deliberei, tão logo foi possível falar.

– Talvez Paula não consiga fazer mais isso...

– Fará sim, doutor. Vou tirá-la deste lugar e é melhor que ela me ajude.

– Acho que as mães sempre sabem mais do que a gente. Diminuiremos paulatinamente a intensidade do respirador para obrigá-la a exercitar os músculos. Não se preocupe, não lhe faltará oxigênio – sorriu, dando um tapinha carinhoso no meu ombro.

Saí com os olhos cheios de lágrimas, para encontrar minha mãe, e desconfio que Memé e Granny ficaram com você.

WILLIE VEIO ASSIM QUE SOUBE da crise, e desta vez pôde deixar o escritório por cinco dias, cinco dias inteiros com ele... como eu precisava disso! Essas longas separações são perigosas, o amor resvala por areias incertas. Tenho medo de perder você, ele diz, sinto que está cada vez mais longe e não sei como retê-la, lembre-se de que é minha mulher, minha alma. Não esqueci disso, mas é verdade que estou me distanciando, a dor é um caminho solitário. Este homem me traz uma rajada de ar fresco, as adversidades fortaleceram seu caráter, nada o deprime, dispõe de uma força inesgotável para enfrentar as lutas cotidianas, é inquieto e apressado, porém uma calma budista o invade quando se trata de suportar infortúnios, razão pela qual é um bom companheiro nas dificuldades. Ocupa inteiramente o território diminuto do nosso apartamento no hotel, alterando as delicadas rotinas que eu e minha mãe estabelecemos, como duas bailarinas numa limitada coreografia. Alguém com o tamanho e as características de Willie não passa despercebido, há desordem e barulho quando ele chega, o fogãozinho não tem descanso, o prédio todo cheira à sua comida gostosa. Tomamos outro quarto e revezamos, com minha mãe, as idas ao hospital, e assim posso ficar a sós com ele por algumas horas. De manhã, ele prepara o café, e em seguida chama sua sogra, que aparece de camisola, com meias de lã, embrulhada em xales e com marcas de travesseiro no rosto, como uma doce avó das histórias infantis ela se instala em nossa cama e começamos o dia com torradas e canecas de café cheiroso, trazido de San Francisco. Willie ignorou o que fosse uma família até chegar aos 50 anos, mas aderiu rapidamente à minha e não lhe parece estranho amanhecermos os três na mesma cama. Ontem à noite fomos jantar num restaurante da Plaza Mayor, onde caímos em tentação, atendidos por uns divertidos garçons que pareciam ter saído de uma ópera-bufa, numa sala de pedra com teto em abóbadas. Todo mundo fumava e não havia uma única janela aberta, estávamos longe da obsessão norte-americana pela boa saúde. Empanturramo-nos de manjares mortais: lulas fritas e champignons com alho e salsa picadinha, cordeiro assado numa travessa de barro, dourado, crocante, escorrendo gordura, cheirando a temperos verdes e uma jarra de sangria, esse deleite de vinho com frutas que a gente bebe como se fosse água, mas depois, quando se tenta ficar em pé, derruba como uma martelada na nuca. Há semanas que não comia assim, minha mãe e eu freqüentemente tapeamos a fome com xícaras de chocolate quente. Passei uma noite lamentável, com visões pavorosas de leitões esfolados chorando a própria sorte e lulas vivas subindo pelas minhas pernas, e hoje, quando acordei, jurei virar vegetariana como meu irmão Juan. Nunca mais pecados da gula. Estes dias com Willie me renovam, sinto outra vez meu próprio corpo, esquecido durante semanas, apalpo meus seios, as costelas que agora aparecem debaixo da pele, a cintura, as coxas gorduchas, me reconhecendo. Esta sou eu, sou uma mulher, tenho um nome, me chamo Isabel, não estou virando fumaça, não desapareci. Observo-me no espelho de prata de minha avó, esta pessoa de olhos desolados sou eu, vivi quase meio século, minha filha está morrendo e, no entanto, ainda quero fazer amor. Penso na sólida presença de Willie, fico arrepiada, e o mínimo que posso é sorrir diante do poder abissal do desejo que me estremece, apesar da tristeza, e é capaz de fazer a morte retroceder. Fecho os olhos por um instante e lembro com nitidez a primeira vez que dormimos juntos, o primeiro beijo, o primeiro abraço, a descoberta de um amor espantoso, surgido quando menos esperávamos, da ternura que se apossou de nós quando achávamos estar a salvo numa aventura de uma única noite, da profunda intimidade estabelecida desde o começo, como se durante nossa vida inteira nos tivéssemos preparado para esse encontro, e da facilidade, calma e confiança com que nos amamos, como um casal que compartilhou mil e uma noites. E todas as vezes, depois da paixão, adormecemos muito juntos sem que nos importe onde começa um e termina o outro, nem de quem são estas mãos ou estes pés, numa cumplicidade tão perfeita que nos encontramos nos sonhos e, no dia seguinte, nem sabemos quem sonhou com quem, e quando um se mexe entre os lençóis, o outro se acomoda nos ângulos e curvas, e, quando um suspira, suspira o outro, quando um acorda, o outro também acorda. Venha cá, Willie me chama, e me aproximo deste homem que me espera na cama; tiritando do frio do hospital e da rua e dos soluços contidos, que se convertem em flocos de neve nas veias, tiro a camisola e me agasalho no seu corpo grande, envolvida por seu abraço, até que começo a esquentar. Pouco a pouco, tomamos consciência da respiração ofegante do outro e as carícias se tornam cada vez mais intensas e lentas, à medida que nos rendemos ao prazer. Ele me beija e a suavidade e o frescor de sua boca de novo surpreendem, como sempre acontece nestes quatro anos; eu me agarro em seus ombros e pescoço firmes, acaricio-lhe as costas, beijo a cavidade das orelhas, a horrenda caveira tatuada no seu braço direito, a linha da penugem do seu ventre, e aspiro seu cheiro sadio, esse cheiro que sempre me excita, entregue ao amor e agradecida, enquanto rola pelas faces um rio de lágrimas inevitáveis que cai sobre seu peito. Choro de pena de você, filha, mas suponho que também chore de felicidade por esse amor tardio que veio mudar minha vida.

Como era minha vida antes de Willie? Era uma vida boa também, cheia de emoções fortes. Vivi sempre nos limites, poucas coisas foram fáceis ou suaves para mim, talvez por isso meu primeiro casamento tenha durado tantos anos, era um oásis tranqüilo, uma zona sem conflito no meio das batalhas. O restante era só esforço, conquistar cada bastião, de espada em punho, nem um instante de trégua ou de tédio, grandes sucessos e tremendos fracassos, paixões e namoros, solidão, trabalho, perdas e abandonos, também. Até o dia do Golpe Militar, eu pensava que minha juventude duraria para sempre, o mundo me parecia um lugar sensacional e as pessoas, essencialmente boas; achava que a maldade era uma espécie de acidente, um erro da natureza. Tudo isso acabou de repente no dia 11 de setembro de 1973, quando despertei para a brutalidade da vida, mas ainda não cheguei a esse ponto nestas páginas, por que, Paula, iria eu confundi-la com saltos da memória? Não fiquei solteirona, como previra naqueles documentos dramáticos que continuam no cofre de tio Ramón; pelo contrário, casei cedo demais. Apesar da promessa feita por Michael a seu pai, decidimos nos casar antes que ele terminasse o curso de engenharia, porque a alternativa era que eu partisse com meus pais para a Suíça, onde tinham sido nomeados representantes do Chile junto às Nações Unidas. Meu trabalho dava só para alugar um quarto e sobreviver com dificuldade, porém, na Santiago daquele tempo, a hipótese de que uma moça optasse pela independência aos 19 anos, tendo um namorado e sem ninguém que tomasse conta, era inaceitável. Durante semanas me debati na dúvida, até que minha mãe tomou a iniciativa de falar com Michael, deixando-o entre a espada e o casamento, da mesma forma como agiu com meu segundo marido, 26 anos depois. Fizemos as contas na ponta do lápis e chegamos à conclusão de que duas pessoas mal poderiam sobreviver com meu ordenado, mas que valia a pena tentar. Minha mãe entusiasmou-se imediatamente com os preparativos; a primeira medida foi vender o grande tapete persa da sala de jantar e, em seguida, anunciou que um casamento era a oportunidade de exibir a casa, sendo que o meu seria magnífico. Sem ninguém saber, começou a armazenar provisões num quarto secreto para que não passássemos fome, encheu os baús com toalhas de mesa e de banho, utensílios de cozinha e averiguou como poderíamos conseguir um empréstimo para construir uma casa. Quando ela pôs diante de nós os documentos, Michael desanimou. Não tinha emprego, e seu pai, aborrecido com essa decisão precipitada, não estava disposto a ajudá-lo, mas, como o poder de persuasão de minha mãe é indiscutível, acabamos assinando os papéis. O casamento civil se realizou na bela propriedade colonial de meus pais, num dia de primavera, em reunião intima à qual compareceram apenas as duas famílias, ou seja, quase cem pessoas. Tio Ramón sugeriu que convidássemos meu pai, achava que ele não poderia ficar ausente nesse momento tão importante da minha vida, mas eu me neguei, e, representando a família paterna, veio Salvador Allende, a quem coube assinar no livro de registro civil como testemunha. Pouco antes de o juiz aparecer, meu avô repetiu as mesmas palavras que, vinte anos antes, dissera à minha mãe: Ainda há tempo para se arrepender, não se case, por favor, pense melhor nisso. Basta fazer um sinal que eu me encarrego de despachar este batalhão de gente, o que é que você acha? Ele considerava o casamento um péssimo negócio para as mulheres, mas, em compensação, recomendava-o sem reservas à sua descendência masculina. Uma semana depois nos casamos no rito católico, embora eu não praticasse a religião e Michael fosse anglicano, porque o peso da Igreja no meio em que nasci é semelhante ao de um moinho de pedra. Entrei orgulhosa, de braços dados com tio Ramón, que só voltou a sugerir iniciativas a respeito de meu pai muito tempo depois, quando tivemos de enterrá-lo. Nas fotos daquele dia, os noivos pareciam duas crianças fantasiadas, ele com um fraque feito sob medida e eu envolta em metros e metros de fazenda comprada no mercado de Damasco. De acordo com a tradição inglesa, minha sogra me ofereceu uma liga azul-celeste, para dar sorte. Sob o vestido, eu usava tanto recheio de espuma plástica para o busto que, no primeiro abraço de felicitações, ainda diante do altar, me achataram bem na frente e os peitos ficaram côncavos. A liga escorregou pela perna e ficou jogada no meio da nave da igreja, como testemunha frívola da cerimônia; também furou um pneu do carro que nos levava para a festa, e Michael teve de tirar a casaca de rabo e ajudar o chofer a pôr o sobressalente, mas acho que esses detalhes não foram presságios de mau agouro.

Meus pais partiram para Genebra e nós começamos a vida de casados naquela casa enorme, com seis meses de aluguel pagos por tio Ramón e a despensa que minha mãe armazenara generosamente sacos de cereais, potes de conservas e até garrafas de vinho suficientes para resistir a um cataclismo apocalíptico. De qualquer modo, foi uma solução pouco prática, porque não tínhamos móveis para decorar tantos quartos, nem dinheiro para pagar a calefação, limpeza e jardinagem e, além do mais, a propriedade ficava abandonada quando ambos saíamos de manhã cedo para o escritório e a universidade. Roubaram a vaca, o porco, as galinhas e as frutas das árvores, depois quebraram as janelas e levaram os presentes de casamento e a roupa, finalmente descobriram a entrada para o porão da despensa e levaram o que havia ali, deixando na porta um bilhete de agradecimento, como derradeira ironia. Assim começou o rosário de roubos que deram tanto sabor à nossa vida, calculo que os ladrões entraram mais de 17 vezes nas várias casas onde moramos, carregando quase tudo, inclusive três carros. Por um milagre, nunca se tocou no espelho de prata de minha avó. Entre furtos, exílio, divórcio e viagens, houve tantas perdas que bastava que eu comprasse alguma coisa para ir me despedindo dela, porque sabia quão pouco iriam durar em minhas mãos. Quando sumiram o sabonete do banheiro e o pão da cozinha, decidimos sair daquela mansão decrépita e vazia onde as aranhas teciam rendas no teto e os ratos passeavam, arrogantes. Entrementes, meu avô deixara de trabalhar, despedindo-se para sempre de suas ovelhas e se mudara para o desmantelado casarão da praia, disposto a passar o restante de sua velhice longe do barulho da capital, esperando a morte em paz com suas recordações, sem suspeitar que deveria permanecer neste mundo por mais vinte anos. Cedeu-nos sua casa em Santiago, onde nos instalamos entre móveis solenes, quadros do século XIX, a estátua de mármore com a mocinha pensativa e a mesa oval da sala de jantar, sobre a qual deslizava, por encanto, o açucareiro de Memé. Isso não durou muito tempo, porque nos meses seguintes construímos, à custa de audácia e de empréstimos, a casinha onde meus filhos nasceram.

Com um mês de casada, fui atacada por dores agudas no baixo-ventre e, por pura ignorância e atrapalhação, atribuí isso a uma doença venérea. Não sabia direito o que era, mas supunha que tinha a ver com o sexo e, portanto, com o casamento. Não ousei falar com Michael porque aprendera em família e no colégio inglês que os assuntos relativos ao corpo são de mau gosto; não dava para ir onde minha sogra morava, em busca de conselhos, e minha mãe estava longe demais, de modo que fui agüentando sem dar um pio até que mal conseguia andar. Um dia, enquanto empurrava com dificuldade o carrinho de compras no mercado, dei com a mãe da antiga namorada de meu irmão, uma senhora suave e discreta que eu mal conhecia. Pancho continuava na trilha do novo Messias e sua relação amorosa com a garota fora temporariamente interrompida, anos depois se casaria com ela duas vezes e duas vezes se divorciaria. A boa senhora perguntou-me amavelmente como eu estava e antes que terminasse a frase, pendurei-me no seu pescoço e sapequei sem preâmbulos que estava morrendo de sífilis. Com uma calma admirável, ela me deu o braço e levou-me a uma confeitaria próxima, pedindo café com doces e então quis mais detalhes sobre o tema da explosiva confissão. Liquidamos o último pedaço de bolo e, em seguida, ela me levou a um médico amigo seu, que diagnosticou uma infecção das vias urinárias, possivelmente causada pelos ventos gelados que percorriam a casa colonial, receitou cama e antibióticos, e mandou-me embora com sorriso brincalhão: da próxima vez que tiver sífilis, não espere tanto, venha logo me ver. Esse foi o começo de uma amizade incondicional com aquela senhora. Nós nos adotamos mutuamente porque eu precisava de outra mãe e ela tinha espaço livre no coração, passando a se chamar Avó Hilda e, desde então, cumpriu seu papel com lealdade.

Os FILHOS CONDICIONARAM minha vida, nunca mais pensei em termos individuais, tornando-me parte de um trio inseparável desde que eles nasceram. Numa ocasião, há vários anos, quis dar prioridade a um amante, porém não consegui e voltei para a família, desistindo desse homem. Esse assunto fica para depois, Paula, melhor mantê-lo em silêncio. Nunca pensei que a maternidade fosse uma opção, considerava-a inevitável, como as estações do ano. Tive a certeza de estar grávida antes que a ciência o confirmasse, você me apareceu num sonho, assim como seu irmão Nicolás depois se revelou. Não perdi essa faculdade e agora adivinho os filhos de minha nora, sonhei com o neto Alexandre antes mesmo que os pais desconfiassem de tê-lo gerado e já sei que o bebê que vai nascer na primavera será uma menina, chamada Andrea, mas nem Nicolás nem Celia acreditam em mim, estão pensando numa ultrassonografia e fazendo listas de nomes. No primeiro sonho, você tinha 2 anos e se chamava Paula, era uma garota magrinha, de cabelos escuros, olhos grandes e negros, com um olhar lânguido como o dos mártires nos vitrais de algumas igrejas da Idade Média. Estava vestida com uma pelerine e um chapéu quadriculados, lembrando a clássica indumentária de Sherlock Holmes. Nos meses seguintes engordei tanto que certa manhã, abaixando-me para pôr os sapatos, virei de cabeça para baixo e a melancia que tinha na barriga rolou até a garganta, desviando o centro de gravidade, cuja posição original nunca mais recuperei, pois continuo andando por aí aos tropeções. Aquele tempo em que você esteve dentro de mim foi de uma felicidade perfeita, nunca mais me senti tão bem acompanhada. Aprendemos a nos comunicar numa linguagem cifrada, soube como você seria pela vida afora, vi como seria aos 7, 15, 20 anos, vi você com os cabelos compridos e o riso alegre, e também de calça jeans e vestida de noiva, entretanto jamais sonhei com você como está agora, respirando por um tubo no pescoço, inerte, inconsciente. Haviam se passado os nove meses e, como você não estava com a mínima vontade de abandonar a caverna tranqüila onde tão bem se instalara, o médico decidiu tomar medidas drásticas e abriu minha barriga para trazê-la a esta vida no dia 22 de outubro de 1963. Avó Hilda foi a única pessoa que ficou comigo naquele transe, porque Michael caíra de cama de tão nervoso, mamãe estava na Suíça e eu não quis avisar nada aos sogros enquanto aquilo não terminasse. Você era um bebê cabeludo com um jeitinho de tatu, que eu não trocaria por nenhum outro, e além do mais a penugem caiu logo, dando lugar a uma menina delicada e linda, enfeitada com duas novíssimas pérolas nas orelhas que minha mãe insistiu em dar de presente por fidelidade a uma antiga tradição de família. Retornei logo ao trabalho, mas nada voltou a ser como antes, metade do tempo, da atenção e da energia de que eu dispunha estavam sempre dependendo de você, desenvolvi antenas para adivinhar a distância suas necessidades, ia para o escritório arrastando os pés e procurava pretextos para minhas fugas, chegava tarde e saía cedo, dizia que estava doente só para poder ficar em casa. Vê-la crescer descobrindo o mundo era mil vezes mais interessante que as Nações Unidas e seus ambiciosos programas para melhorar o destino do planeta; eu não via a hora de Michael se formar como engenheiro e sustentar a família, para podermos ficar juntas. Nesse ínterim, meus sogros tinham se mudado para uma casa ampla, a um quarteirão da que estávamos construindo, e se preparavam para mimá-la pelo resto de seus dias. Eles faziam uma idéia bem ingênua da vida, pois nunca tinham saído do pequeno círculo no qual ficaram protegidos das tempestades, o futuro lhes sorria, assim como sorria para nós. Nada de mal poderia acontecer se nada de mal se fazia. Eu me dispunha a virar uma esposa e mãe exemplar, embora não soubesse muito bem como. Michael planejava obter um bom emprego em sua profissão, viver com conforto, viajar um pouco e, muito mais adiante, herdar o casarão dos pais, onde ele próprio envelheceria cercado de netos, jogando *bridge* e partidas de golfe com os mesmos amigos de sempre.

TATA NÃO AGÜENTOU por muito tempo o tédio e a solidão da praia. Tivera de renunciar aos banhos de mar porque a temperatura glacial da corrente de Humboldt fossilizava seus ossos, e também desistira de pescar, porque a refinaria de petróleo liquidou com os peixes, tanto de água doce como salgada. Estava cada vez mais manco e cheio de achaques, porém permaneceu fiel à teoria de que as doenças são castigos naturais da humanidade e que as dores ignoradas incomodam menos. Ele se agüentava à custa de gim e aspirinas, que haviam substituído as pastilhas da homeopatia quando estas deixaram de surtir efeito. Isso não chegava a ser uma surpresa, porque, quando pequenos, meus irmãos e eu não resistíamos à tentação daquele armário de farmácia repleto de vidrinhos misteriosos, e não só comíamos punhados de comprimidos, como também misturávamos o que havia nos diversos frascos. O velho dispôs de muitos meses de silêncio para rever o passado e concluiu que a vida é uma boa droga, e não se precisa ter medo de deixá-la. Esquecemos que, de um modo ou de outro, é para a morte que se vai, dizia ele, freqüentemente. O fantasma de Memé se perdia na gélida voragem daquela casa construída para os prazeres do verão e nunca para a ventania e as chuvas do inverno. Para completar, o papagaio pegou uma catarreira e não serviram para nada as aspirinas e homeopatias dissolvidas no gim que o dono lhe metia pelo bico com um conta-gotas; numa segunda-feira, ele amanheceu duro, ao pé do poleiro onde passou tantos anos nos insultando, Tata mandou-o dentro do gelo para um taxidermista de Santiago, e este o devolveu, pouco tempo depois, embalsamado, com penas novas e uma expressão inteligente que jamais tivera em vida. Quando meu avô acabou de consertar a casa e cansou de lutar contra a inevitável erosão do morro e contra as pragas de formigas, ratos e baratas, um ano se escoara e a solidão tinha azedado seu temperamento. Deu então para ver novelas na televisão, como recurso desesperado contra o tédio, sem perceber como estava contraindo esse vício e como o destino daqueles personagens da telinha ganhava mais importância que a vida de cada um de nós. Ele acompanhava várias novelas ao mesmo tempo, os enredos se misturavam e confundiam-no num labirinto de paixões alheias, até que percebeu ter chegado a hora de voltar para a civilização, antes que a velhice lhe desse a última bordoada e fizesse dele um ancião meio biruta. Tata retornou à capital quando estávamos de mudança pronta para nossa casa nova, uma cabana pré-fabricada, erguida por meia dúzia de operários, à custa de marteladas grosseiras, e coroada por uma peruca de palha que lhe dava um certo ar africano. Retomei o velho hábito de visitar meu avô todas as tardes, depois do trabalho. Aprendera a dirigir e Michael dividia comigo o uso do carro, um modelo muito primitivo, com uma única porta bem na frente, de modo que ao abri-la o volante e o painel se soltavam; não sou boa motorista e desafiar o trânsito nesse ovo mecânico era um gesto suicida. As visitas diárias ao Tata me proporcionaram material suficiente para todos os livros que escrevi e para os que ainda venha a escrever; era um virtuose da narração, dotado de humor negro e capaz de contar as histórias mais horripilantes soltando boas gargalhadas. Confiou-me, sem reservas, os casos acumulados durante tantos anos, os principais acontecimentos históricos do século, as extravagâncias da família, os infinitos conhecimentos que adquirira em suas leituras. Os únicos temas proibidos diante dele eram religião e doença; achava que Deus não é matéria de discussão e tudo o que se relacionava com o corpo e com suas funções era muito primitivo; até se olhar no espelho parecia uma vaidade ridícula, ele próprio fazia a barba sem se olhar. Apesar do temperamento autoritário, não era inflexível. Quando comecei a trabalhar como jornalista, encontrando enfim uma linguagem articulada para expressar minhas frustrações nesta cultura machista, a princípio ele não quis ouvir meus argumentos, achava tudo um disparate, um atentado contra as bases da família e da sociedade; porém, ao perceber o silêncio instalado entre nós dois diante do chá com bolinhos, pôs-se a me interrogar dissimuladamente. Um dia peguei-o folheando um livro, cuja capa não me era estranha, e, com o passar do tempo, admitiu a liberação da mulher como um assunto de justiça elementar, embora essa visão mais ampla não tenha sido aplicada às mudanças sociais; em matéria de política, era individualista e conservador, tal como na religião. Uma vez ele exigiu que eu o ajudasse a morrer, porque a morte costuma ser lenta e miserável.

– Como faremos isso? – perguntei divertida, achando que ele falava de brincadeira.

– Na hora, a gente vê. Por enquanto, quero só a promessa.

– Mas isso é ilegal, Tata.

– Não se preocupe, eu assumo toda a responsabilidade.

– O senhor vai estar no caixão quando me mandarem direto para o cadafalso. Além do mais, deve ser pecado. O senhor é ou não é um cristão?

– Como se atreve a perguntar uma coisa tão pessoal?

– Muito mais pessoal vai ser matá-lo por encomenda, não acha?

– Se não for você, que é minha neta mais velha e a única pessoa capaz de me ajudar, quem haverá de ser? Um homem tem o direito de morrer com dignidade!

Vi que ele falava sério. E acabei prometendo, porque estava tão saudável e rijo, apesar dos seus 80 anos, que me parecia um fato consumado nunca ter de cumprir minha palavra. Dois meses depois, ele começou a tossir, uma tosse seca, de cachorro doente. Furioso, amarrou no peito uma cilha de cavalo e apertava-a brutalmente quando os acessos de tosse o sufocavam; era para segurar os pulmões, conforme me explicou. Negou-se a ficar de cama, convencido de que isso seria o começo do fim – da cama para a cova, dizia ele – e menos ainda admitiu procurar um médico, porque Benjamín Viel estava nos Estados Unidos, envolvido com a história dos anticoncepcionais, e os outros médicos de sua geração já tinham morrido ou ficado gagás; os jovens, para ele, eram um bando de charlatães entupidos de teorias modernas. Confiava apenas num velho cego, que tratava de seus ossos por meio de puxões, e na caixa de caprichosas pílulas homeopáticas, que eram administradas com mais esperança do que conhecimento. Logo o Tata estava ardendo em febre e então resolveu se curar tomando vastos copos de gim e duchas geladas, porém, duas noites depois, sentiu um raio partindo sua cabeça enquanto um barulho de terremoto o ensurdecia. Quando recuperou o fôlego, não podia se mexer, metade do corpo se convertera em granito. Ninguém ousou chamar uma ambulância, porque, com a metade da boca que ainda funcionava, ele rosnou que quem o tirasse de casa seria deserdado, mas mesmo assim não escapou do médico. Alguém telefonou para um serviço de emergência e, para assombro dos presentes, apareceu uma senhora com vestido de seda e três fios de pérolas no pescoço. Desculpem, é que eu estava saindo para uma festa, disse ela tirando as luvas de camurça para examinar o paciente. Meu avô pensou que, além de ficar paralítico, estava tendo alucinações, e tratou de interromper essa dama que, com uma familiaridade inexplicável, pretendia desabotoar sua roupa e apalpá-lo por onde ninguém, em sã consciência, jamais se aventurara; defendeu-se com as poucas forças restantes, grunhindo como um desesperado, mas depois de uns minutos de morde e assopra ela o derrotou com um sorriso feminino. No exame, descobriu que, além do derrame cerebral, aquele velho cabeçudo estava com pneumonia e várias costelas quebradas por conta dos apertões da cilha de cavalo. O prognóstico não é bom, sussurrou a médica para a família reunida aos pés da cama, não calculando que o doente estivesse ouvindo. Isso veremos nós, replicou Tata com um fiozinho de voz, disposto a provar àquela senhora que tipo de homem ele era. Graças a isso, livrei-me da promessa feita com tamanha leviandade. Passei os dias críticos da doença ao lado dele. Deitado de costas entre os lençóis brancos, sem travesseiro, pálido, imóvel, com os ossos talhados a cinzel e com seu perfil ascético, parecia a figura de um rei celta, esculpida no mármore de um sarcófago. Atenta a cada um de seus movimentos, pedia-lhe silenciosamente que continuasse lutando e não se lembrasse da idéia de morrer. Durante essas longas vigílias, perguntei-me muitas vezes como faria, caso ele o pedisse, e concluí que nunca seria capaz de apressar sua morte. Nessas mesmas semanas, compreendi como o corpo é capaz de resistir e como ele se aferra à vida, mesmo quando demolido pela doença e pela velhice.

Em pouco tempo, meu avô já estava falando bastante bem, vestia-se sem auxílio e se arrastava a duras penas até sua poltrona na sala, onde se instalava com uma bolinha de borracha para exercitar os músculos das mãos enquanto relia a Enciclopédia, colocada num atril, e ia bebendo lentamente grandes copos d'água. Mais adiante, descobri que não era água, mas gim, terminantemente proibido pela doutora; entretanto, como isso parecia curá-lo, eu mesma me encarreguei de lhe dar a bebida. Comprava-a num bar da esquina, cuja dona costumava perturbar o sono daquele patriarca concupiscente: era uma viúva madura, com enérgicos peitos de soprano e traseiro heróico, que o atendia com a deferência de cliente predileto e punha bebida nas garrafas de água mineral para evitar que ele tivesse problemas com o restante da família. Uma tarde, o velho falou da morte de minha avó, assunto que antes nunca abordara.

– Ela continua viva – disse – porque não a esqueço sequer por um momento. Costuma me visitar.

– Quer dizer que aparece feito um fantasma?

– Ela fala comigo, sinto sua respiração na nuca, a presença no meu quarto. Quando estive doente, ela segurava minha mão.

– Essa era eu, Tata...

– Não pense que estou gagá, sei muito bem que algumas vezes foi você. Mas outras vezes era ela.

– O senhor também não há de morrer, porque vou lembrá-lo sempre. Não esqueci de nada do que me disse durante todos esses anos.

– Não confio em você, as coisas mudam. Quando eu morrer, ninguém mais vai lhe pôr um freio e com certeza sairá por aí, contando mentiras a meu respeito – ele riu, tapando a boca com seu lenço, porque ainda não controlava bem os movimentos da face.

Durante os meses seguintes, exercitou-se com muita fibra, até que conseguiu se mexer de novo, e acabou se recuperando completamente para viver mais vinte anos e conhecer você, Paula. Era a única criatura que ele diferenciava do monte de netos e bisnetos; mesmo não sendo chegado às ternuras, seus olhos brilhavam quando a via, esta meninazinha tem um destino especial, costumava dizer. Qual seria sua reação se visse como você está agora? Acho que expulsaria médicos e enfermeiras a bengaladas, e com as próprias mãos arrancaria os tubos e as sondas, para ajudá-la a morrer. Se eu não tivesse certeza de que você vai ficar boa, talvez fizesse o mesmo.

HOJE O SR. MANUEL MORREU. Tiraram o corpo numa maca, pela porta dos fundos, e a família levou-o para sepultá-lo em sua aldeia. A mulher e os filhos tinham compartilhado conosco, no corredor dos passos perdidos, a pior época de suas vidas, a angústia da visita à UTI, a interminável paciência das horas, dias e semanas de agonia. De certa forma, passamos a ser uma só família. Ela traz queijos e pães do campo, dividindo-os com minha mãe e comigo; às vezes dorme, esgotada, com a cabeça no meu colo, estendida sobre a fila de cadeiras da sala de espera, enquanto acaricio discretamente sua testa. É uma mulher miúda, compacta e morena, com o rosto sulcado pelas rugas, sempre vestida de preto. Quando chega no hospital, tira os sapatos e põe uns chinelos. Na casa dos 60 anos, Sr. Manuel era forte como um touro, mas depois de três cirurgias no estômago cansou-se de suportar as humilhações e parou de lutar. Nós o vimos apagar, pouco a pouco. Nos últimos dias, virou a cara para a parede, negando-se a receber qualquer conforto do capelão, que visita a sala freqüentemente. Sr. Manuel morreu nos braços da família, e eu também pude me despedir dele, lembre-se de pedir por Paula, do lado de lá, foi o que lhe pedi silenciosamente, antes que ele abandonasse o próprio corpo. Quando sua menina melhorar, vocês virão nos visitar no campo, temos uma terrinha muito bonita, o ar puro e a comida forte vão fazer bem a Paula, me disse a viúva. E lá se foram num táxi, seguindo o carro fúnebre. Ela parecia menorzinha, sem uma lágrima, levando nas mãos os chinelos.

Durante vários dias vimos desconectando você do respirador, Paula, cada vez por um período maior, e você já resiste dez minutos com a pequena quantidade de ar que consegue absorver no seu corpo. É uma respiração curta e lenta, os músculos do peito lutam contra a paralisia e já começam a se mover suavemente. Daqui a uma semana talvez possamos tirá-la da Unidade de Terapia Intensiva, levando-a para uma enfermaria normal. Não há quartos individuais, salvo o quarto zero, para onde vão os moribundos; eu gostaria de levá-la para um aposento ensolarado e silencioso, com pássaros e flores na janela, do jeito que você aprecia, mas receio só contarmos com uma enfermaria. Espero que minha mãe agüente até lá, ela está quase desmoronando.

7

Os piores pressentimentos me assaltam à noite, ao sentir as horas passando uma a uma até começarem os ruídos do amanhecer, muito antes do primeiro vislumbre de luz, e só então adormeço profundamente como se tivesse morrido, agasalhada pelo casaco de *cashmere* cinzento de Willie. Ele o deixou comigo na primeira visita, como se já soubesse que iríamos passar muito tempo separados. Esta peça carregada de lembranças simboliza, para mim, a magia de nosso encontro. Nas primeiras semanas, eu tomava comprimidos azuis, um dos muitos remédios misteriosos que minha mãe receita por conta própria, tirando-os generosamente de uma grande sacola na qual acumula medicamentos desde tempos imemoriais. Certa vez injetou-me uma dose dupla de um fortificante para casos extremos de fraqueza, conseguido na Turquia 19 anos atrás, e por pouco não me mata. As pílulas azuis me afundavam num torpor confuso e eu acordava com os olhos embaçados, levando a metade da manhã para recuperar alguma lucidez. Depois descobri, numa ruazinha próxima, uma farmácia do tamanho de um armário, cuja responsável era uma farmacêutica comprida e seca, toda vestida de preto e abotoada até o pescoço, que ouviu minhas mágoas. Ela me vendeu valeriana num vidro escuro e agora sonho sempre com a mesma coisa, quase sem variações. Sonho que sou você, Paula, que tenho seus cabelos compridos e seus grandes olhos, as mãos com dedos finos e com sua aliança, que estou usando desde que me foi entregue no hospital, quando você caiu doente. Na confusão daquela hora pus a aliança no dedo para não perdê-la e depois não quis tirar. Quando você recuperar a consciência, vou devolvê-la a Ernesto, para que ele a ponha em seu dedo tal como fez no dia do casamento, há pouco mais de um ano. Você não acha que o casamento religioso é uma grande confusão?, sugeri naquele momento. Você me lançou um olhar severo, e, num tom de repreensão nunca usado com seus alunos, apesar de muitas vezes aplicado a mim, sua resposta foi que Ernesto e você tinham fé e queriam consagrar a união em público, porque em particular já haviam se casado perante Deus no primeiro dia em que dormiram juntos. Na cerimônia, você parecia uma fada camponesa. Nossa família veio dos pontos mais distantes para comemorar o acontecimento em Caracas, e eu cheguei da Califórnia carregando seu vestido de noiva, meio sufocada sob uma montanha de fazenda branca. Você se vestiu na casa de meu amigo Ildemaro, que estava tão orgulhoso quanto seu pai, e exigiu que ele a levasse à igreja no velho carro, lavado e refulgente para aquela ocasião. Quando penso em Paula, vejo-a sempre vestida de noiva e coroada de flores, me disse Ildemaro, comovido, quando veio a Madri ver você, no começo de sua doença.

Há cinco dias, os que trabalham na limpeza do hospital estão em greve, o prédio parece uma feira em plena Idade Média e logo os ratos e baratas estarão espalhando pestes entre os seres humanos. Os grevistas se reúnem na entrada do edifício, cercados pelos seguranças, sorrindo para as câmeras de televisão. Médicos, enfermeiras, pacientes de pijamas e chinelos, assim como outros nas cadeiras de rodas estão aproveitando para se divertir, conversar, fumar, beber o café das máquinas, e ninguém toma qualquer providência, enquanto o lixo cresce feito espuma. Pelo chão há luvas usadas, copos de papel, pontas de cigarro e manchas imundas. Os acompanhantes dos doentes limpam as enfermarias como podem, o lixo aterrissa nos corredores, de onde é levado pelos mesmos pés que voltam aos quartos. Os depósitos transbordam, grandes sacos plásticos a ponto de arrebentar se acumulam pelos cantos, ninguém pode ir aos repugnantes banheiros, na maioria interditados, e o ar fede a estábulo. Tentei descobrir se seria possível levar você para uma clínica particular; dizem que o risco de transportá-la é muito grande, mas acho que o perigo de uma infecção pode ser maior.

 – Calma – aconselhou o imperturbável neurologista.

– Paula está no único lugar limpo do prédio.

– Mas essa gente carrega a contaminação nos sapatos! Entram e saem por corredores imundos!

Minha mãe pegou-me pelo braço e, num canto, lembrou-me a virtude da paciência, dizendo: Isto é um hospital público, o Estado não tem verba para solucionar a greve e nosso nervosismo não leva a nada, além do mais, Paula foi criada com a água do Chile, podendo muito bem resistir a uns míseros germes madrilenhos. Nisso, a enfermeira abriu a porta para autorizar a entrada das visitas, e pelo menos dessa vez disse seu nome primeiro. Vinte e um passos, com o avental de algodão e os sapatos nos forros de plástico, que não são usados, já que o pessoal transita impunemente sobre a sujeira, embora se deva admitir que o outro lado parecesse ter saído de uma limpeza com água e sabão. Agitada, fui até sua cama, com o coração na mão, como sempre acontece quando me aproximo de você, e ainda furiosa com a greve. Veio a meu encontro a enfermeira da manhã que quase chora quando vê Ernesto dizer palavras de amor.

– Boas notícias! Paula está respirando sozinha! Está quase sem febre e reage muito bem. Fale com ela, criatura, acho que ouve...

Abracei você, com ambas as mãos segurei seu rosto e beijei a testa, as faces, as pálpebras, sacudi seus ombros, chamando, Paula, Paula. E então, filha... então, meu Deus, você abriu os olhos e me olhou!

– Ela reagiu bem ao antibiótico. Já não está perdendo tanto sódio. Se tudo correr bem, dentro de alguns dias vamos poder tirá-la daqui – notificou-me secamente o médico de plantão.

– Paula abriu os olhos!

– Isto não quer dizer nada, não se iluda. O nível de consciência é nulo, talvez escute um pouco, mas não entende nem reconhece ninguém. Acredito que não esteja sofrendo.

– Vamos tomar um chocolate com churros, para festejar esta manhã maravilhosa – disse minha mãe, e saímos alegres, driblando a sujeira.

Você saiu da UTI no dia em que acabou a greve do pessoal da limpeza. Enquanto uma equipe, calçando botas e luvas de borracha, escovava o chão com desinfetante, você viajava numa maca levada por seu marido, rumo a uma enfermaria do Departamento de Neurologia. Aqui existem seis leitos, todos ocupados, um lavatório e grandes janelas das quais se vislumbra o fim do inverno; este vai ser seu lar até que possamos levá-la para casa. Agora posso ficar com você o tempo todo, mas, depois de quarenta e oito horas sem sair do seu lado, compreendi que minhas forças não agüentariam esse ritmo e que seria melhor contratar alguém para ajudar. Minha mãe e as freiras conseguiram duas enfermeiras para cuidar de você, a do dia é uma mocinha rechonchuda e sorridente, que canta sem cessar, e a da noite é uma senhora taciturna e eficiente, de uniforme engomado. Sua mente ainda está no limbo, você abre os olhos e olha assustada, como se estivesse vendo fantasmas. O neurologista se mostra preocupado e, depois da Semana Santa, pretende fazer vários testes para verificar o estado de seu cérebro; há máquinas prodigiosas capazes de fotografar até as lembranças mais remotas. Procuro não pensar no dia de amanhã; o futuro não existe, como dizem os índios do altiplano, só contamos com o passado para extrair experiência e conhecimento, e com o presente, que é apenas uma faísca, pois no mesmo instante ele já passa a ser ontem. Você não tem controle sobre o corpo, não pode se mexer e sofre de espasmos violentos como descargas elétricas; até certo ponto, sinto gratidão pelo estado de completa inocência, pois pior seria se você compreendesse a gravidade de seu mal. De erro em erro, vou aprendendo como tratá-la, a princípio o buraco aberto na garganta, os tubos e as sondas me horrorizavam, mas agora me acostumei, posso fazer sua higiene e trocar a roupa de cama sem a ajuda de ninguém. Comprei um avental e sapatos brancos para me diluir entre os profissionais e economizar explicações. Ninguém aqui jamais ouviu falar de porfiria e não acreditam que você possa ficar boa. Que linda é sua filha, coitadinha, peça a Deus para levá-la depressa!, dizem os que ainda conseguem articular alguma coisa. O ambiente da enfermaria é deprimente, parece um hospício: temos uma mulher transformada em caracol, uivando na cama; ela começou a diminuir e se enrolar sobre si mesma há dois anos, e desde então sua metamorfose progride impiedosamente. O marido vem todas as tardes, depois do trabalho, para lavá-la com um pano úmido e penteá-la, também verifica as correias que a prendem na cama e então se senta ao lado dela, observando, sem abrir a boca.

No extremo oposto, perto da janela, esperneia Elvira, uma sólida camponesa da minha idade, completamente lúcida, mas que perdeu a noção do significado das palavras e o controle dos movimentos. Seu pensamento é claro, embora não possa expressá-lo, quer pedir água e os lábios formam a palavra trem, do mesmo modo que lhe desobedecem as mãos e as pernas, levando-a a se debater como uma marionete cujos fios se emaranharam. O marido contou que um dia, ao voltar do trabalho para casa, encontrou-a desabada numa cadeira, balbuciando coisas incoerentes. Achou que ela estivesse fingindo um pileque para divertir os netos, porém, depois de horas naquilo e com as crianças choramingando assustadas, resolveu trazê-la para Madri. Desde então, ninguém consegue descobrir qual é a doença. De manhã, professores e estudantes de medicina vêm examiná-la como se fosse um animal, espetam agulhas, fazem perguntas que ela não pode responder e logo se vão, dando de ombros. As filhas e uma multidão de amigos e vizinhos desfilam todos os fins de semana, porque ela era a alma de sua cidadezinha. O marido não arreda pé, ali passa os dias e dorme de noite numa cadeira junto ao leito, atendendo-a sem esmorecer, enquanto dá broncas: vamos, porra, engula a sopa senão eu meto isso pela goela abaixo, diabo, esta mulher me enche o saco. A fala vem acompanhada de gestos solícitos e do olhar mais terno desse mundo. Ele confessou, enrubescido, que Elvira é o sol de sua vida, que sem ela nada faz sentido. Dá para perceber o que tem à sua volta, Paula? Não sei se você vê, escuta ou entende alguma coisa neste quarto alucinado, nem mesmo se me reconhece. Voltados sempre para a direita, seus olhos abertos, com as pupilas dilatadas, fixam a janela onde os pombos às vezes vêm pousar. O pessimismo dos médicos e a sordidez desta enfermaria estão minando minha alma. Ernesto também mostra um enorme cansaço, mas quem está pior é minha mãe.

Cem dias. Passaram-se exatamente cem dias desde que você entrou em coma. Fraquejaram as últimas forças de minha mãe, ontem ela nem pôde se levantar de manhã, está esgotada e acabou cedendo às pressões para que regresse ao Chile; comprei a passagem e, há duas horas, fui levá-la ao aeroporto. Nem pense em morrer e me deixar infinitamente órfã, avisei, quando nos despedimos. Voltando para o hotel, encontrei minha cama aberta, uma panelinha de sopa de lentilhas e seu livro de orações para que me fizesse companhia, e assim terminou nossa lua-de-mel.

Nunca tivemos tanto tempo para ficar juntas; com ninguém, exceto os filhos recém-nascidos, pude gozar de uma intimidade tão profunda e prolongada. A convivência com os homens que amei sempre teve elementos de paixão, faceirice e pudor, ou então degenerou num verdadeiro enjôo, eu ignorava como poderia ser gostoso dividir o espaço com outra mulher. Sentirei falta dela, mas preciso ficar só e juntar energia em silêncio, porque o barulho do hospital está me ensurdecendo.

O pai de Ernesto irá embora logo e também sentirei falta dele, passei muitas horas acompanhada por este homenzarrão que se instala junto a seu leito para cuidar de você com especial delicadeza e me distrair com episódios de sua vida aventureira. Durante a Guerra Civil Espanhola, ele perdeu o pai e os tios, só as mulheres e as crianças menores da família sobreviveram. O avô de seu marido, Paula, foi fuzilado no muro da igreja e, na confusão que reinava, a mulher dele fugiu, andou de um lugar para outro, sem saber que ficara viúva com três crianças, passando fome e necessidades incalculáveis. Conseguiu salvar os filhos, que cresceram na Espanha franquista sem esmorecerem em suas firmes convicções republicanas. Aos 18 anos, o pai de Ernesto era um jovem estudante em plena ditadura do General Franco, cuja repressão atingira o apogeu. Como os irmãos, também ele pertencia secretamente ao Partido Comunista. Certo dia, uma companheira caiu em mãos da polícia; avisaram-no imediatamente, ele se despediu da mãe e dos irmãos, e teve tempo para fugir antes que a moça delatasse seu paradeiro. Andou primeiro pelo norte da África, mas o destino o levou para o Novo Mundo e acabou se refugiando na Venezuela, onde trabalhou, casou-se, teve filhos e permaneceu por mais de trinta anos. Com a morte de Franco, resolveu voltar à sua cidadezinha, em

Córdoba, numa busca do próprio passado. Conseguiu localizar alguns dos antigos camaradas, e assim, indagando de um e de outro, descobriu o endereço da moça em quem pensara dia após dia, durante três décadas. Num apartamento pobre, de paredes manchadas, uma mulher bordando perto da janela estava à espera: ele não a reconheceu; ela, porém, nunca o esquecera e estendeu a mão, agradecida por aquela visita tardia. Ele então veio a saber que, apesar da tortura, ela nada confessara, e nesse momento ficou nítido que a fuga e o longo exílio haviam sido inúteis; a polícia jamais o perseguiu porque ninguém o delatara. Agora é tarde para mudar as coisas, o destino desse homem está traçado, ele não pode voltar para a Espanha, pois sua alma se apegou às selvas da Amazônia. Nas horas intermináveis de nossa convivência no hospital, ele narra suas andanças por rios largos e imensos como mares, pelos cumes onde nunca pisara um ser humano, pelos vales onde os diamantes brotam da terra como sementes e as cobras matam com o simples cheiro de seu veneno; ele me descreve tribos que vagueiam despidas sob árvores centenárias, índios agricultores que vendem mulheres e filhas como se fossem gado, soldados a serviço de traficantes, bandoleiros que violam, matam e incendeiam impunemente. Uma vez andava pela selva com um grupo de trabalhadores e uma récua de mulas, abrindo caminho na mata a facão, quando um homem errou o golpe e a lâmina lhe cortou a perna, fazendo um talho profundo e quebrando o osso. Ele começou a se esvair em sangue, apesar do torniquete e de outras medidas de emergência. Nisso, alguém se lembrou do índio que levava as mulas, um velho astuto que tinha fama de feiticeiro, e foram buscá-lo no outro extremo da fila. O homem se aproximou placidamente, deu uma olhada na perna atingida e afastou os curiosos, começando então suas rezas com a parcimônia de quem viu a morte muitas vezes. Abanou a ferida com o próprio chapéu, para espantar os mosquitos, deu nela várias cusparadas e desenhou no ar umas tantas cruzes enquanto cantarolava na língua da floresta. Assim estancou a hemorragia, concluiu o pai de Ernesto com a maior naturalidade. Enrolaram o talho horrendo com um pedaço de pano, puseram o ferido numa padiola improvisada e viajaram durante horas, sem que ele perdesse sequer uma gota de sangue, até chegarem ao posto de socorro mais próximo, onde se fez o possível para costurar e proteger com talas a perna fraturada. O homem ficou manco, mas até hoje a perna está lá. Contei esse episódio às freiras que vêm visitar você e nenhuma se espantou; elas estão acostumadas com os milagres. Se um índio da Amazônia pode estancar uma hemorragia com sua saliva, mais poderá a ciência fazer por você, minha filha. Tenho de conseguir ajuda. Agora que estou sozinha, os dias ficam mais longos e as noites, mais escuras. Sobra tempo para escrever, porque, cumprido o ritual de seus cuidados, nada me resta a fazer senão rememorar.

NO COMEÇO DOS ANOS 1960, meu trabalho progredira das estatísticas florestais para uma cambaleante iniciação no jornalismo, que me levou, por acaso, à televisão. O restante do mundo já tinha transmissão a cores, porém no Chile, último rincão do continente americano, estávamos apenas dando os primeiros passos com programas experimentais, em preto-e-branco. Os privilegiados donos de um televisor se tornaram as pessoas mais influentes do bairro, a vizinhança se amontoava em torno dos raros aparelhos existentes para contemplar, hipnotizada, um desenho geométrico na tela e para escutar música pasteurizada. Todos passavam as tardes de boca aberta e olhar fixo, esperando alguma revelação que mudasse o curso de suas vidas, mas nada acontecia, eram só o quadrado, o círculo e a mesma melodia imbecilizante. Lentamente, passamos da geometria básica para umas poucas horas de programação didática sobre o funcionamento de um motor, o temperamento industrioso das formigas e os tipos de primeiros socorros, nos quais se aplicava a respiração boca a boca num boneco lívido. Também se oferecia um noticiário sem imagens, narrado como no rádio, e, de vez em quando, um filme do cinema mudo. À falta de assuntos mais interessantes, meu chefe na FAO foi convidado para apresentar, durante quinze minutos, o problema da fome mundial. Era o tempo das profecias apocalípticas: a humanidade se reproduzia descontroladamente, os alimentos não eram suficientes, a terra estava esgotada, o planeta iria perecer e, em menos de cinqüenta anos, os poucos sobreviventes estariam se estraçalhando por uma migalha de pão. No dia do programa, meu chefe ficou indisposto e tive de ir ao canal para dar uma desculpa. Sinto muito, disse-me secamente o produtor, mas às três da tarde alguém dessa instituição deverá aparecer diante das câmeras, porque ficou combinado assim e não tenho outro material para preencher o espaço. Imaginei que, se os telespectadores suportavam o quadrado e o círculo, bem como Chaplin no seu *Em busca do ouro*, cinco vezes por semana, o caso não seria tão grave assim. Apresentei-me munida de uns pedaços de filme cortados a tesouradas, em que apareciam búfalos raquíticos arando um solo rachado pela seca numa paragem perdida da Ásia. Como o documentário era em português, inventei um texto dramático que se ajustasse mais ou menos ao gado esquálido, narrando-o com tal ênfase que ninguém pôde ter dúvidas quanto ao iminente fim dos búfalos, do arroz e da humanidade inteira. Quando terminei, o produtor pediu, com um suspiro de resignação, que eu voltasse a pregar sobre a fome todas as quartas-feiras, pois o infeliz estava ansioso para completar seu horário. Assim, tornei-me responsável por um programa no qual me cabia fazer tudo, do roteiro até os créditos. O trabalho consistia em chegar à emissora pontualmente, sentar-me diante de uma luz vermelha e falar para o vazio; nunca tive consciência de que, do outro lado da luz, um milhão de orelhas esperavam minhas palavras e outro milhão de olhos julgavam meu penteado, donde a surpresa quando os desconhecidos me cumprimentavam na rua. A primeira vez que você me viu no televisor, Paula, estava com um ano e meio, e passou pelo susto de ver sua mamãe decapitada, só a cabeça aparecendo atrás de um vidro, experiência que a deixou em estado catatônico por um bom tempo. Meus sogros tinham o único aparelho no raio de um quilômetro e, todas as tardes, ficavam com a casa cheia de espectadores, acolhidos por Granny como se fossem visitas. Ela passava a manhã assando biscoitos e rodando a manivela da máquina de fazer sorvete e, de noite, lavava os pratos e varria um lixo de circo que ficara pelo chão da casa, sem que ninguém sequer agradecesse sua hospitalidade. Virei a pessoa mais conspícua do bairro, os moradores me cumprimentavam respeitosamente e as crianças me apontavam na rua. Poderia ter continuado nessa profissão pelo resto dos meus dias, mas, por fim, o país se cansou das vacas famélicas e das pragas nos arrozais. Quando isso aconteceu, eu era uma das poucas pessoas com experiência na televisão – muito rudimentar, é óbvio –, e pude optar por outros programas; porém, a essa altura, Michael já estava formado em engenharia e, tentados pela aventura, tivemos vontade de viajar antes de ter outros filhos. Conseguimos duas bolsas, partimos para a Europa e chegamos à Suíça de mãos dadas com você, que tinha 2 anos e era uma mocinha em miniatura.

TIO RAMÓN não inspirou nenhum personagem de meus livros, por ser demasiadamente decente e sensato. Os romances são feitos com loucos e vilões, com gente torturada pelas próprias obsessões, com vítimas das engrenagens implacáveis do destino. Um homem inteligente e de bons sentimentos como ele não serve numa narrativa; em compensação, é um avô perfeito, coisa que eu soube tão logo lhe apresentei a primeira neta, no aeroporto de Genebra, vendo-o revelar o manancial de ternura que mantivera oculto até então. Tio Ramón trazia uma grande medalha pendurada no pescoço e presa a uma fita bicolor, e entregou a você as chaves da cidade dentro de um estojo de veludo, dando as boas-vindas em nome dos Quatro Cantões, do Banco Suíço e da Igreja Calvinista. Naquele instante compreendi o quanto amava meu padrasto e, de chofre, apagaram-se os ciúmes tempestuosos e as implicâncias do passado. Você estava vestida com a pelerine e o chapéu de Sherlock Holmes, conforme eu sonhara antes do seu nascimento e que a Avó Hilda fabricou na máquina de costura, seguindo minhas minuciosas instruções. Você falava muito certo e tinha os modos bem-educados de uma mocinha, tal como a Granny ensinara. Eu trabalhava em horário integral e mal desconfiava como se educa um filho, ficando muito confortável delegar essa tarefa a alguém, e agora, diante dos magníficos resultados, vejo que minha sogra conseguiu fazer isso muito melhor. Granny se incumbiu, entre outras coisas, de tirá-la das fraldas. Comprou dois penicos, um pequeno para você e um grande para ela, e ambas se sentavam durante horas na sala, brincando de visita, até você aprender o truque. A casa dela era a única com telefone em todo o bairro, e os vizinhos que pediam para usá-lo acabaram se habituando a ver aquela doce dama inglesa com o traseiro à mostra, sentada diante da neta. Por sua vez, a Avó Hilda descobriu a maneira de lhe dar de comer, porque você comia feito um passarinho. Ela improvisou uma espécie de sela amarrada no lombo de sua cachorra, grande animal negro que tinha a resistência de um burro, no qual você cavalgava enquanto ela a perseguia com a colher de sopa. Na Europa, essas avós exemplares foram substituídas por tio Ramón, que a convenceu de que era ele o dono universal da Coca-Cola, e que ninguém poderia consumi-la em todo o universo e mais além sem sua autorização. Você aprendeu a falar no telefone em francês, interrompia as sessões do Conselho das Nações Unidas, pedindo-lhe licença para tomar um refrigerante. Da mesma forma, fez com que acreditasse que era o dono do jardim zoológico, dos programas infantis da televisão e do famoso repuxo no lago de Genebra. Atento ao horário em que se ligava o repuxo, cronometrou o relógio e, confiante na pontualidade suíça, fingia dar a ordem por telefone ao Presidente da República, levando você até a janela e se deleitando com a expressão maravilhada do seu rosto quando a água surgia no lago, como uma majestosa coluna a se erguer para o céu. Fazia com você brincadeiras tão surrealistas que cheguei a recear que elas afetassem sua saúde mental. Ele tinha uma caixa com seis bonequinhos, denominados "Os condenados à morte", cujo destino era a execução no amanhecer do dia seguinte. Todas as noites você se apresentava a esse inefável carrasco, solicitando clemência, e assim conseguia uma prorrogação da sentença por mais vinte e quatro horas. Afirmava que era descendente direto de Jesus Cristo e, para provar que ambos tinham o mesmo sobrenome, levou-a ao cemitério para ver o mausoléu de Jesus Huidobro. Também garantiu que era príncipe, que no dia do nascimento dele o povo se abraçava nas ruas enquanto repicavam alegremente os sinos das igrejas, anunciando a boa-nova, Nasceu Ramón! Nasceu Ramón! Pendurava no peito as inúmeras condecorações recebidas ao longo da carreira diplomática, dizendo a você que eram medalhas de heroísmo, ganhas em batalhas contra os inimigos de seu reino. Você acreditou em tudo isso durante muito tempo, minha filha.

Naquele ano, vivíamos entre a Suíça e a Bélgica, onde Michael estudava engenharia, e eu, televisão. Em Bruxelas, morávamos num apartamento mínimo em cima de um salão de cabeleireiro. O restante dos inquilinos eram garotas de saias curtas e decotes ousados, com perucas de cores inacreditáveis e cachorrinhos peludos de laço no pescoço. Toda hora se ouvia música, respirações arfantes e brigas, enquanto entravam e saíam os apressados clientes dessas moçoilas. O elevador dava diretamente no único quarto de nosso apartamento e, quando esquecíamos de passar a tranca, era comum acordarmos no meio da noite com um desconhecido perto da cama, perguntando por Pinky ou por Suzanne. Minha bolsa fazia parte de um programa para congoleses, com os quais a Bélgica tinha uma dívida pelos muitos anos de colonização brutal. Era eu a única exceção, mulher de pele clara entre trinta varões negros. Uma semana depois de passar por humilhações, vi que não estava preparada para semelhante prova e abri mão da bolsa, embora fôssemos enfrentar muitas aflições sem aquele dinheiro. O diretor pediu que eu explicasse à turma minha partida brusca, e não tive outro remédio senão encarar o compacto grupo de alunos, dizendo, num francês lamentável, que no meu

 país os homens não entram no banheiro das mulheres desabotoando a braguilha, que não empurram as damas para passar primeiro pelas portas, que não se atropelam para sentar à mesa ou subir no ônibus, que eu me sentia maltratada e me retirava por não estar acostumada a semelhantes modos. Um silêncio glacial acolheu meu breve discurso. Depois de uma longa pausa, um deles tomou a palavra para dizer que no seu país nenhuma mulher decente manifestava em público a necessidade de ir ao banheiro, que tampouco tentava passar pelas portas antes dos homens, ao contrário, andava vários passos atrás, e que nem sua mãe nem as irmãs se sentavam à mesa com ele, comendo, muito depois, as sobras do jantar. Acrescentou que todos se sentiam permanentemente ofendidos por mim, nunca tinham visto uma pessoa tão mal-educada, e como eu constituía uma minoria no grupo, deveria agüentar da melhor maneira que pudesse. Claro que sou minoria neste curso, mas os senhores o são neste país, repliquei, estou disposta a me adaptar, mas o mesmo deverá ser feito pelos senhores, se desejam evitar problemas aqui na Europa. Era uma solução salomônica, concordamos sobre determinadas normas básicas de convivência, e fiquei. Nunca eles quiseram sentar comigo à mesa ou no ônibus, porém pararam de invadir o banheiro e de me afastar aos empurrões. Durante esse ano, mandei o feminismo para o inferno: andava, modestamente, dois metros atrás de meus colegas, não levantava os olhos nem o tom de voz e era a última a passar pelas portas. Certa vez, dois deles apareceram no nosso apartamento, procurando umas anotações de aula, e na mesma tarde a administradora do edifício veio nos advertir que "*gente de cor*" não era bem-vinda, e que só tinha aberto uma exceção para nós, porque, apesar de sul-americanos, não éramos completamente escuros. Guardo como lembrança da aventura belgo-africana uma fotografia em que estou cercada pelos companheiros; entre trinta rostos de ébano, perde-se, no centro, minha cara da cor de pão cru. Nossas bolsas eram apertadas, porém Michael e eu estávamos naquela idade em que a pobreza é de bom-tom. Muitos anos depois, voltei à Bélgica para receber um prêmio literário das mãos do rei Balduíno. Esperava um gigante de manto e coroa, e dei com um cavalheiro pequeno, suave, cansado e levemente manco, que não reconheci. Ele perguntou amavelmente se eu já conhecia seu país, e então lhe contei sobre meus tempos de estudante, quando vivíamos num tal aperto que só comíamos batatas fritas e carne de cavalo. Ele me olhou desconcertado e receei tê-lo ofendido. O senhor gosta de carne de cavalo?, perguntei-lhe, tentando ajeitar a situação.

Graças àquela dieta e a outras economias, tivemos dinheiro suficiente para percorrer a Europa, da Andaluzia até Oslo, num Volkswagen caindo aos pedaços, transformado em carroça de ciganos, que ia pelas estradas aos espirros, com um montão de cacarecos na capota. Ele nos serviu com a lealdade de um dromedário até o final da viagem e, quando chegou a hora de deixá-lo, estava em condições tão ruins que ainda foi preciso pagar para que o levassem para um ferro-velho. Durante meses vivemos numa barraca, você achava que não havia outra forma de vida, Paula, e quando entrávamos num edifício nos perguntava espantada como se dobravam as paredes para guardá-las no alto do carro. Visitamos um número incalculável de castelos, catedrais e museus, levando-a numa mochila pendurada nas costas e alimentando-a de Coca-Cola e bananas. Você não tinha brinquedos, mas se divertia imitando os guias turísticos; aos 3 anos já sabia a diferença entre um afresco romano e um renascentista. Na minha memória, ruínas, praças e palácios de todas aquelas cidades se misturam, não sei bem se estive em Florença ou se a vi num cartão-postal,

 se assisti a uma tourada ou se era uma corrida de cavalos,

não consigo distinguir a Costa Azul da Costa Brava e, no atordoamento do exílio, perdi as fotografias que provam minha passagem por aqueles lugares, de modo que tal pedaço do meu passado pode ser simplesmente um sonho, como tantos outros que me distorcem a realidade. Parte da confusão se devia a uma segunda gravidez, vinda em momento inoportuno, porque as surras da carroça e o esforço de montar a barraca e cozinhar engatinhando me fizeram adoecer. Nicolás foi gerado num saco de dormir, aos primeiros vislumbres de uma fria primavera, possivelmente no Bois de Boulogne, a trinta metros dos homossexuais vestidos de garotinhas impúberes que se prostituíam por 10 dólares e a poucos passos da barraca mais próxima, de onde nos chegavam fumaça de maconha e estrépito de jazz. Com semelhantes antecedentes, esse filho deveria ser um aventureiro desenfreado, entretanto saiu um sujeito pacato, do tipo que inspira confiança à primeira vista; ainda no ventre se adaptava a todas as circunstâncias sem criar caso, era parte do tecido do meu próprio corpo, como até hoje, de certo modo, continua sendo; contudo, mesmo nas melhores circunstâncias, a gravidez é uma tremenda invasão, uma ameba crescendo dentro da gente, passando por várias etapas de evolução – peixe, barata, dinossauro, macaco – até atingir um aspecto humano. Durante aquela viagem puxada através da Europa, Nicolás ficou agachado dentro de mim, muito quietinho, embora sua presença causasse estragos no meu pensamento. Perdi o interesse pelos resquícios das civilizações antigas, me entediava nos museus, enjoava no carro e mal conseguia comer. Deve ser por causa disso que eu não consigo lembrar os pormenores da viagem.

VOLTAMOS PARA O CHILE em plena euforia da Democracia Cristã, um partido que prometia reformas sem mudanças drásticas e que fora eleito com o apoio da direita, para evitar um possível triunfo de Salvador Allende, que muita gente temia como se fosse o próprio Satanás. As eleições já começaram marcadas por uma campanha de terror, na qual a direita se engajara desde o início da década, quando a Revolução Cubana triunfou desencadeando uma onda de esperança em toda a América Latina. Cartazes enormes mostravam mulheres grávidas defendendo os filhos das garras dos soldados russos. Nada de novo debaixo do sol: a mesma coisa fora dita trinta anos antes, no tempo da Frente Popular, e isso voltaria a ser dito sobre Allende, pouco depois, nas eleições de 1970. A política de conciliação dos democratas cristãos, amparada pelos norte-americanos das companhias de cobre, estava destinada ao fracasso porque não satisfazia a esquerda, nem a direita. O projeto de reforma agrária, que o povo chamava de "reforma de canteiros", distribuiu umas poucas terras abandonadas ou mal exploradas, mas os latifúndios continuaram pertencendo aos de sempre. A insatisfação se espalhou e, dois anos mais tarde, uma boa parte da população começaria a aderir à esquerda, os numerosos partidos políticos que favoreciam reformas reais formariam uma coligação e, para a surpresa do mundo em geral e dos Estados Unidos em particular, Salvador Allende se tornaria o primeiro presidente marxista da História eleito pelo voto popular. Não devo me antecipar, entretanto, pois em 1966 ainda se festejava a vitória da Democracia Cristã nas eleições parlamentares do ano anterior e se falava que esse partido governaria o país durante os próximos cinqüenta anos, que a esquerda sofrera uma derrota irreversível e que Allende ficara reduzido a um cadáver político. Era também o tempo das mulheres com aspecto de órfãs desnutridas e dos vestidos tão curtos que mal cobriam as nádegas. Viam-se alguns hippies nos bairros mais sofisticados da capital, com roupas indianas, colares, flores e cabelos compridos, mas para nós, que tínhamos estado em Londres e visto hippies drogados dançando seminus no Trafalgar Square, aqueles do Chile eram decididamente patéticos. Já então minha vida se caracterizava pelo trabalho e pelas responsabilidades, e nada é mais distante do meu temperamento que o ócio bucólico dos Filhos das Flores; apesar disso, adaptei-me logo aos signos exteriores daquela cultura, porque ficava muito melhor de vestido largo, sobretudo nos últimos meses da gravidez, quando estava completamente redonda. Não só adotei as flores nas minhas roupas, como pintei-as também nas paredes da casa e no carro, eram enormes girassóis e dálias de todas as cores que escandalizavam meus sogros e a vizinhança. Felizmente, parece que Michael não percebeu, porque estava ocupado com uma nova construção e com suas longas partidas de xadrez.

Nicolás veio ao mundo num parto laborioso, que demorou dois dias e me deixou mais recordações que um ano inteiro viajando pela Europa. Tive a impressão de cair num precipício, ganhando impulso e velocidade a cada segundo, até o estrondoso final, em que meus ossos se abriram e uma força telúrica e incontrolável empurrou a criança para fora. Não havia passado por nada disso quando você nasceu, Paula, porque fizeram então uma impecável cesariana. Com seu irmão, não foi nem um pouco romântico, apenas esforço, sofrimento e solidão. Ainda ignorava que os pais pudessem ter alguma participação no acontecimento, e, além disso, Michael não era o homem ideal para socorrer nesse transe, ele desmaia quando vê sangue ou uma agulha de injeção. Naquele tempo, eu considerava o parto um assunto estritamente pessoal, tal como a morte; nem desconfiava que, enquanto sofria sozinha num quarto de hospital, outras mulheres da minha geração estavam dando à luz em casa, acompanhadas pela parteira, pelo marido, pelos amigos e por um fotógrafo, enquanto fumavam maconha ao som dos Beatles.

Nicolás nasceu sem um fio de cabelo, com uma espécie de chifre na testa e um braço arroxeado; cheguei a temer que, de tanto ler ficção científica, tivesse trazido a esta Terra uma criatura de outro planeta, porém o médico garantiu que ele era humano. O unicórnio foi resultado do fórceps usado para arrancá-lo de dentro de mim e o roxo do braço desapareceu em pouco tempo. Quando criança, era careca, mas com certeza em algum momento as células capilares se normalizaram porque hoje ele tem uma cabeleira negra e ondulada, e sobrancelhas grossas. Se por acaso você sentiu ciúmes de seu irmão, nunca o demonstrou, sendo para ele uma segunda mãe. Ambos dividiam um quarto muito pequeno, com personagens de histórias pintados nas paredes e com uma janela onde, à noite, aparecia a sombra sinistra de um dragão, agitando suas garras pavorosas. Você vinha para minha cama arrastando seu irmãozinho, nem podia carregá-lo no colo nem era capaz de abandoná-lo à mercê do monstro do jardim. Depois, quando ele aprendeu os fundamentos do medo, passou a dormir com um martelo debaixo do colchão para defender a irmã. De dia, o dragão se transformava numa cerejeira robusta, cujos galhos serviam para pendurar seus balanços, construir esconderijos e, no verão, os dois adoeciam de tanto comer as frutas verdes que disputavam com os passarinhos. Esse minúsculo jardim era um mundo seguro e encantado, onde vocês montavam uma tenda para passar a noite brincando de índio, onde enterravam tesouros e criavam minhocas. Banhavam-se com os meninos e cachorros da vizinhança numa piscininha no fundo do quintal: sobre o telhado, crescia uma parreira selvagem e vocês espremiam as uvas para fabricar um vinho repugnante. Na casa de meus sogros, um quarteirão adiante, havia um sótão repleto de surpresas, árvores frutíferas, pães quentinhos, assados por uma avó perfeita, e ainda um buraco na cerca para entrar engatinhando no campo de golfe e dar boas corridas naquela propriedade alheia. Nicolás e você cresceram ouvindo as canções inglesas da Granny e minhas histórias. De noite, quando eu punha vocês na cama, os dois me davam o tema ou a primeira frase e, em três segundos, saía uma história sob medida; nunca mais tive a alegria dessa inspiração instantânea, mas espero que ela não esteja morta e que, no futuro, meus netos consigam ressuscitá-la.

8

De tanto ouvir que no Chile a gente vivia num matriarcado, quase acabei acreditando; até meu avô e meu padrasto, senhores autoritários de estilo feudal, afirmavam isso sem o menor pudor. Não sei quem inventou o mito do matriarcado, nem como ele se perpetuou por mais de cem anos; talvez tenha sido algum viajante de antigamente, um desses geógrafos dinamarqueses ou comerciantes de Liverpool que, de passagem pela costa, notou como as chilenas são mais fortes e organizadas que a maioria dos homens, concluindo, levianamente, que elas detêm o comando, e, de tão repetida, aquela falácia acabou transformada em dogma. Elas só reinam uma vez ou outra dentro da própria casa. Os homens controlam o poder político e econômico, a cultura e os costumes, fazem as leis e as aplicam como bem entendem, e, quando as pressões sociais e a legislação

não são suficientes para dobrar as mais rebeldes, a religião intervém com seu inegável selo patriarcal. Imperdoável é que as próprias mães se incumbam de perpetuar e reforçar o sistema, criando filhos arrogantes e filhas submissas; se as mulheres entrassem num acordo para agir de outro modo, liquidariam com o machismo no espaço de uma geração. Durante séculos, a pobreza obrigou os homens a percorrerem de ponta a ponta o estreito território nacional, em busca de sustento; freqüentemente, aquele que cava as entranhas das minas do Norte no inverno, chegando o verão, estará no vale central para a colheita da fruta, ou dentro de um barco pesqueiro, no Sul. Os homens chegam e partem, mas as mulheres permanecem, são árvores enraizadas no chão. Filhos e outros parentes giram em torno delas, que cuidam dos velhos, dos doentes, dos desamparados, tornando-se o eixo da comunidade. Em todas as classes sociais, exceto nas privilegiadas, a abnegação e o trabalho são tidos como as maiores virtudes femininas; o espírito de sacrifício é um ponto de honra, quanto mais sofrem pela família, mais orgulhosas elas se sentem. Desde cedo, habituam-se a considerar o companheiro um filho meio bobalhão, ao qual perdoam defeitos graves, da bebedeira à violência doméstica, *porque ele é homem.* Nos anos 1960, um pequeno grupo de moças que tiveram a sorte de enxergar o mundo para além da Cordilheira dos Andes ousou propor um desafio. Ninguém ligava enquanto as reclamações eram difusas, porém, em 1967, surgiu a primeira publicação feminista, sacudindo a pasmaceira provinciana em que vegetávamos. Nasceu como mais um capricho do dono da maior editora do país, um milionário excêntrico, cuja intenção não seria despertar uma conscientização ou coisa desse gênero, e sim fotografar adoles-
 centes andróginas para uma publicação de moda. Ele

tomou para si todos os contatos com as lindas modelos, procurou alguém de seu meio social para fazer o restante do trabalho, e a escolha recaiu sobre Délia Vergara, uma jornalista recém-formada, cujo ar aristocrático escondia uma vontade de ferro e uma inteligência subversiva. Essa mulher produziu uma revista elegante, com o mesmo charme e as mesmas futilidades de tantas publicações daquela época e de hoje, separando, porém, um espaço para a divulgação de suas idéias feministas. Ela trouxe algumas colegas corajosas e assim se criaram um estilo e uma linguagem que jamais tinham sido vistos, em letra impressa, no país. A partir do primeiro número, a revista provocou polêmicas exaltadas; os jovens a receberam com entusiasmo e os grupos mais conservadores ergueram a voz em defesa da moral, da pátria e da tradição, que seguramente perigavam com o tal assunto da igualdade dos sexos. Por uma dessas obras do acaso, minha mãe mostrara a Delia, em Genebra, uma carta escrita por mim, e foi assim que ela soube de minha existência. O tom de alguns parágrafos despertou sua atenção e, de volta ao Chile, resolveu me procurar, para que eu participasse do projeto. Quando me conheceu, eu estava sem trabalho, às vésperas de dar à luz, e minha falta de credenciais era vergonhosa, não passara pela Universidade, tinha a cabeça repleta de fantasias e, como produto de uma vida escolar nômade, escrevia com tremendos erros gramaticais; mesmo assim, ela ofereceu uma página, sem impor outras condições senão um toque irônico, porque era preciso ter algo mais leve entre tantos artigos combativos. Aceitei, ignorando como é difícil escrever coisas engraçadas por encomenda. Na intimidade, nós, chilenos, temos o riso fácil e a vocação para soltar piadas, mas em público somos um povo de bobos sisudos, paralisado pelo medo do ridículo, e isso me ajudou, porque não havia muita concorrência. Eu chamava os homens de trogloditas, e suponho que, se algum deles se atrevesse a escrever sobre o sexo oposto com a mesma insolência, teríamos uma turba de mulheres enfurecidas promovendo um linchamento em praça pública; entretanto, eu não era levada a sério. Quando os primeiros números da revista trouxeram reportagens sobre anticoncepcionais, divórcio, aborto, suicídio e outros assuntos imencionáveis, armou-se uma tremenda confusão. Nossos nomes corriam de boca em boca, às vezes com admiração, mas quase sempre acompanhados de uma careta. Agüentamos muitas agressões e, nos anos seguintes, todas, menos eu, que era casada com um híbrido inglês, acabaram se separando dos maridos *criollos*, incapazes de tolerar a combativa celebridade das esposas.

Tive o primeiro vislumbre da desvantagem do meu sexo quando era ainda uma pirralha de 5 anos e minha mãe me ensinava a fazer tricô no corredor da casa de meu avô, enquanto meus irmãos brincavam no álamo do jardim. Os dedinhos desajeitados tentavam dar laçadas, as malhas corriam das agulhas, a meada de lã se emaranhava, eu suando nesse esforço de concentração, e nessa altura dos acontecimentos minha mãe me diz: sente-se com as pernas fechadas, feito uma mocinha. Joguei longe o tricô e, a partir desse momento, resolvi que ia ser homem; mantive firme tal propósito até os 11 anos, quando, ante a visão das orelhas monumentais do meu primeiro amor, os hormônios me traíram e o corpo começou a mudar inexoravelmente. Seriam precisos quarenta anos para aceitar minha condição e compreender que, com o dobro do esforço e a metade do reconhecimento, conquistara o mesmo que alguns homens por vezes conseguem. Hoje não trocaria meu lugar pelo deles, apesar das injustiças cotidianas que amarguravam minha vida na juventude. Não era a inveja freudiana, não há razão para cobiçar esse pequeno e caprichoso apêndice masculino e, se eu tivesse um, nem sei o que faria com ele. Délia me emprestou uma pilha de livros de autoras americanas e européias, e mandou lê-los em ordem alfabética, para ver se varria as brumas românticas do meu cérebro envenenado por excesso de literatura de ficção, e foi assim que descobri, pouco a pouco, uma maneira articulada de expressar a raiva surda que sempre me acompanhara. Tornei-me uma formidável antagonista para tio Ramón, que precisou recorrer às piores armadilhas de sua retórica quando teve de me enfrentar: agora era eu quem redigia os documentos em três vias, papel timbrado, e ele quem se negava a assinar.

Certa noite, Michael e eu fomos convidados para jantar na casa de um conhecido político socialista que fizera carreira lutando por justiça e igualdade em favor do povo. A seus olhos, o povo se compunha apenas de homens, sequer lhe passava pela cabeça que as mulheres também aí se incluíam. A própria esposa tinha um cargo executivo numa grande empresa e costumava aparecer na imprensa como um raro exemplo de mulher emancipada; não entendo por que se casara com aquele protomacho. Os outros convidados também eram personagens da vida política ou da cultura, e nós, dez anos mais moços, de modo algum nos encaixávamos naquele grupo sofisticado. Alguém, à mesa, elogiou meus artigos humorísticos e perguntou se eu não pensava em escrever a sério e, num ataque de inspiração, respondi que gostaria de entrevistar uma mulher infiel. A sala caiu num silêncio glacial, os comensais conturbados não tiravam os olhos dos pratos, ninguém disse uma palavra sequer durante um bom tempo. Finalmente, a dona da casa se levantou e foi para a cozinha preparar o café, indo eu atrás, a pretexto de ajudá-la. Enquanto arrumávamos as xícaras na bandeja, ela disse que, se eu jurasse guardar segredo e jamais revelasse sua identidade, estaria disposta a me conceder a entrevista. No dia seguinte, munida de um gravador, fui a seu escritório, uma sala iluminada num edifício de vidro e aço em pleno centro da cidade, onde ela reinava, sem rivais femininas, num posto de comando entre uma multidão de tecnocratas de terno cinza e gravata listrada. Recebeu-me sem mostra de ansiedade, esbelta, elegante, com saia curta e amplo sorriso, vestindo um traje Chanel e com várias correntes douradas no pescoço, disposta a contar sua história sem problemas de consciência. Em novembro daquele ano, a revista publicou dez linhas sobre o assassinato de Che Guevara, que tinha abalado o mundo, e quatro páginas com a entrevista dessa mulher infiel que fez tremer a pacata sociedade chilena. As vendas dobraram numa semana e me contrataram como parte da equipe de redação. Chegaram milhares de cartas, muitas vindas de organizações religiosas e de conhecidos caciques políticos da direita, chocados com o mau exemplo público daquela sem-vergonha, mas também recebemos cartas de leitoras confessando as próprias aventuras. Hoje fica difícil imaginar semelhante reação diante de uma coisa tão banal; afinal, a infidelidade é tão antiga quanto a instituição do casamento. Ninguém perdoou que a protagonista da reportagem tivesse as mesmas motivações de um homem para cometer o adultério: oportunidade, tédio, sentimento de rejeição, faceirice, desafio, curiosidade. A senhora da minha entrevista não era mulher de um bêbado brutal nem de um inválido em cadeira de rodas, tampouco sofria os tormentos de um amor impossível; nenhuma tragédia em sua vida, simplesmente a falta de bons motivos para manter-se leal a um marido que, por sua vez, a traía. Muita gente se horrorizou com sua perfeita organização, ela e duas amigas haviam alugado um apartamento discreto, mantinham-no impecavelmente e se revezavam durante a semana, levando seus amantes; assim, não se expunham aos inconvenientes de freqüentarem hotéis onde poderiam ser reconhecidas. Ninguém imaginara que as mulheres poderiam gozar de tal conforto, um apartamento próprio para encontros amorosos era privilégio masculino, havendo mesmo um nome francês para isso: *garçonnière.* Eram comuns entre os graúdos da geração de meu avô, porém agora poucos podiam se permitir semelhante luxo e, em geral, cada um fornicava como e onde pudesse, de acordo com o próprio orçamento. De qualquer forma, não faltavam quartos de aluguel para amores furtivos e todo mundo sabia exatamente os preços e onde ficavam.

Vinte anos depois, num momento do meu longo périplo, encontrei em outra parte do mundo, longíssimo do Chile, o marido da senhora de traje Chanel. O homem fora preso e torturado durante os primeiros anos da ditadura militar, e trazia cicatrizes no corpo e na alma. Vivia então no exílio, separado da família, com a saúde debilitada, porque o frio da prisão se apoderara dele, devorando seus ossos; não obstante, conservava o mesmo encanto e sua tremenda vaidade. Mal se lembrava de mim, restando-lhe na memória apenas aquela entrevista que lera fascinado.

– Sempre quis saber quem era essa mulher infiel – disse em tom confidencial. – Comentei o caso com todos os meus amigos. Naqueles dias, Santiago não falava de outra coisa. Eu adoraria visitá-la naquele apartamento, oxalá encontrando as outras duas amigas também. Desculpe a falta de modéstia, Isabel, mas acho que essas três donas mereceriam ter pela frente um macho de verdade.

– Para ser sincera, acho que isso nunca lhes faltou.

– Tanto tempo depois, você não vai me contar quem era ela?

– Não.

– Diga pelo menos se a conheço!

– Sim... biblicamente.

O trabalho na revista e, mais tarde, na televisão foi uma válvula para soltar a birutice herdada de meus antepassados; sem isso, a pressão acumulada estouraria, mandando-me direto para o hospício. No Chile dessa época, o ambiente prudente e moralista, a mentalidade provinciana e a rigidez das normas sociais eram esmagadores. Meu avô logo se acostumou à minha vida pública, deixando de jogar no lixo meus artigos; sem comentá-los, de vez em quando perguntava qual era a opinião de Michael e insistia em lembrar que eu tinha de me sentir muito agradecida por ter um marido tão tolerante. Ele não apreciava a reputação de feminista, os vestidos compridos e os chapéus antigos, e gostava ainda menos do meu velho Citroën pintado feito uma cortina de banheiro, porém perdoava essas extravagâncias porque na vida real eu cumpria bem o papel de mãe, esposa e dona-de-casa. Pelo simples prazer de escandalizar o próximo, eu era capaz de desfilar na rua com um sutiã enfiado num cabo de vassoura – claro que sozinha, pois ninguém se disporia a me acompanhar –, entretanto, na vida privada, interiorizara as fórmulas da eterna felicidade doméstica. De manhã, servia o café do meu marido na cama; esperava-o de tarde na maior elegância e com a azeitona do seu martini entre os dentes; à noite, deixava numa cadeira o terno e a camisa que ele iria vestir no dia seguinte; engraxava sapatos, cofiava seus cabelos e suas unhas, e lhe comprava roupa sem causar o incômodo de ter de experimentá-la, tal como fazia com meus filhos. Não era só estupidez; era excesso de energia.

Cultivava apenas o aspecto exterior dos hippies, vivendo na realidade como uma formiga operária capaz de trabalhar dez horas por dia para pagar as contas. A única vez que experimentei maconha, oferecida por um hippie verdadeiro, compreendi que aquilo não era coisa para mim. Dei seis tragadas seguidas, e a euforia alucinante, da qual tanto ouvira falar, não tomou conta de mim, só fiquei com dor de cabeça; meus pragmáticos genes bascos são imunes à felicidade fácil das drogas. Voltei para a televisão, dessa vez com um programa feminista de humor, e colaborava na única revista infantil do país, que acabei dirigindo quando seu fundador morreu de uma doença fulminante. Durante anos me diverti entrevistando assassinos, videntes, prostitutas, necrófilos, saltimbancos, santarrões de milagres suspeitos, psiquiatras malucos e mendigas com falsos aleijões, que alugavam recém-nascidos para comover as almas caridosas. Escrevia receitas culinárias inventadas conforme a inspiração do momento e, de vez em quando, improvisava o horóscopo, orientando-me pelos aniversários de meus amigos. A astróloga morava no Peru e o correio costumava atrasar, quando a correspondência não desaparecia na voragem do destino. Certa ocasião, telefonei para lhe dizer que tínhamos o horóscopo de março, mas que faltava o de fevereiro, e ela respondeu que publicasse o que estava conosco, qual era o problema, a ordem dos fatores não altera o produto; daí por diante, passei a fazer as previsões, com a mesma porcentagem de acertos. A tarefa mais árdua era o Correio Sentimental, no qual eu assinava com o pseudônimo de Francisca Román. Na falta de experiência pessoal, recorria à intuição herdada de Memé e aos conselhos da Avó Hilda, que assistia a todas as novelas em cartaz e era uma verdadeira especialista em assuntos do coração. O arquivo de cartas de Francisca Román hoje me seria útil para escrever vários volumes de contos – onde terão ido parar aquelas gavetas cheias de epístolas melodramáticas? Nem entendo como sobrava algum tempo para cuidar da casa, do marido e das crianças, mas bem que eu dava um jeito. Nos momentos livres, cosia meus vestidos, escrevia histórias infantis e peças de teatro, mantendo ainda uma caudalosa correspondência com minha mãe. Enquanto isso, Michael estava sempre ao alcance da mão, festejando essa felicidade sem conflitos na qual nos havíamos instalado, com a certeza ingênua de que, se seguíssemos as normas, tudo sempre acabaria bem. Parecia apaixonado, e eu, certamente, estava apaixonada também. Era um pai permissivo e um tanto ausente; de qualquer modo, castigos e recompensas corriam por minha conta, já que se supunha que só as mães educam os filhos. O feminismo não chegou a tempo para dividirmos as tarefas domésticas, isso nem me passou pela cabeça, achei que a liberação consistia em enfrentar a vida e assumir os deveres masculinos, sem cogitar que também deveria delegar parte do meu fardo. O resultado foi muito cansaço, como aconteceu com milhares de mulheres da minha geração, que hoje questionam os movimentos feministas.

Os móveis da casa costumavam desaparecer, e no seu lugar surgiam antiguidades duvidosas do Mercado Persa, onde um comerciante sírio trocava trastes velhos por roupas masculinas; à medida que Michael ia ficando sem ter o que vestir, a casa se enchia de penicos lascados, máquinas de costura de pedal, rodas de carreta e lampiões a gás. Meus sogros, assustados com certos personagens que desfilavam em nosso lar, faziam o possível para proteger os netos de perigos potenciais. Meu rosto na televisão e o nome na revista eram um convite aberto para alguns seres estapafúrdios, como um empregado dos Correios que mantinha correspondência com marcianos, ou uma moça que abandonou a filhinha recém-nascida na minha mesa de trabalho. Ficamos com a menina por algum tempo e tínhamos decidido adotá-la quando, voltando para casa numa tarde, descobrimos que os avós legítimos a tinham levado sob proteção policial. Um mineiro do Norte, vidente profissional que de tanto prever catástrofes havia perdido o juízo, dormiu no sofá da sala durante duas semanas, até que se conseguisse uma internação no Serviço Nacional de Saúde. O infeliz chegara à capital para ser atendido no Hospital Psiquiátrico exatamente no dia em que se declarou uma greve. Com pouco dinheiro e sem conhecer ninguém, embora com as faculdades proféticas ainda intactas, foi capaz de localizar uma das raras pessoas dispostas a ampará-lo naquela cidade hostil. Este homem tem um parafuso a menos e pode tirar a faca e degolar vocês todos, advertiu Granny, muito nervosa. Ela pegou os netos e levou-os para dormir em sua casa enquanto durou a visita do vidente, que afinal nos saiu completamente inofensivo e até capaz de salvar nossas vidas, predizendo que, num tremor intenso, cairiam as paredes. Michael fez uma inspeção completa, reforçou alguns pontos e, quando veio um terremoto brando, desabou somente o muro do jardim, esmagando as dálias e o coelho do vizinho.

Granny e a Avó Hilda ajudaram a tomar conta das crianças, Michael deu a elas estabilidade e decência, o colégio as educou e o restante foi conseguido porque tinham vivacidade e talento naturais. Eu só tratei de distraí-los. Você era uma menina sábia, Paula. Desde pequenina tinha vocação pedagógica e coube a seu irmão, aos cachorros e às bonecas desempenharem o papel de alunos. O tempo que sobrava de suas atividades docentes era dividido entre brincadeiras com Granny, visitas a uma residência de idosos na vizinhança e sessões de costura com a Avó Hilda. Apesar dos primorosos vestidos de bordado inglês que minha mãe comprava na Suíça, você andava como uma órfã, metida em seus trapos malcosidos. Enquanto meu sogro empregava seu tempo de aposentado tentando resolver a quadratura do círculo e outros intermináveis problemas de matemática, Granny aproveitava os netos numa verdadeira orgia de ser avó, vendo como subiam ao sótão para brincar de bandido e mocinho, como entravam clandestinamente no clube para tomar banho de piscina e aplaudindo as intermináveis representações que faziam vestidos com minhas camisolas. Você passava o verão assando biscoitos com essa mulher adorável e o inverno tricotando cachecóis listrados para seus amigos da residência geriátrica; depois, quando saímos do Chile, você escrevia cartas para cada um dos velhinhos até que o último desses bisavós alheios morreu de solidão. Aqueles foram os anos mais felizes e seguros de nossas vidas. Nicolás e você entesouraram alegres recordações que os ampararam nos tempos difíceis, quando nos pediam chorando que voltássemos para o Chile; porém, então, já não havia retorno possível, Granny jazia sob um tufo de jasmins, seu marido se perdera nos labirintos da esclerose, os amigos haviam morrido ou se dispersado pelo mundo e não havia lugar para nós naquele país. Só restava a casa. Ela ainda está lá, intacta. Não faz muito tempo que fui visitá-la, e seu tamanho me surpreendeu, parece uma casinha de bonecas, com a peruca meio careca no telhado.

Michael teve comigo uma paciência louvável, os mexericos e críticas que eu provocava não o perturbaram, não interferia em meus projetos, por mais descabidos que fossem, e me apoiou com lealdade até nos erros, não obstante nossos caminhos se afastarem cada vez mais. Enquanto eu circulava entre feministas, boêmios, artistas e intelectuais, ele se dedicava a seus projetos, cálculos, edifícios em construção, partidas de xadrez e de *bridge*. Ficava até tarde no escritório, porque entre os profissionais chilenos é de bom-tom trabalhar de sol a sol e não tirar férias, o contrário disso se considera indício de mentalidade de burocrata e leva ao fracasso na empresa privada. Era bom amigo e bom amante, mas não conservo muitas lembranças suas, foi perdendo o contorno, como uma fotografia fora de foco. Tivemos uma educação tradicional, segundo a qual o marido sustenta a família e a mulher cuida do lar e dos filhos, mas no nosso caso as coisas não aconteceram bem assim; comecei a trabalhar antes dele e assumia grande parte de nossas despesas, seu salário era destinado ao pagamento da dívida da casa e a alguns investimentos, enquanto o meu virava fumaça no dia-a-dia. Em todo caso, ele permaneceu fiel a si mesmo, pouco mudou ao longo da vida, mas eu reservava surpresas, ardia de inquietações, via injustiças por toda parte, pretendia transformar o mundo e abraçava tantas causas diferentes que acabava perdendo a conta, e meus filhos viviam numa permanente anarquia. Dez anos depois, quando já estávamos instalados na Venezuela e meus ideais haviam se deteriorado bastante devido às vicissitudes do exílio, perguntei a essas crianças – crescidas na era dos hippies e dos sonhos socialistas – de que forma gostariam de viver, e ambos responderam a uma só voz e sem acordo prévio: como burgueses acomodados.

TIO RAMÓN e minha mãe regressaram da Suíça no ano da morte de meu pai. Meu padrasto escalara os lentos degraus da carreira diplomática, conquistando um posto importante na Chancelaria. Levava os netos ao palácio do governo, dizendo-lhes que aquela era sua residência particular, instalava-os no longo salão de banquetes dos embaixadores, entre reposteiros de veludo e retratos dos próceres da

Pátria, onde garçons de luvas brancas lhes serviam suco de laranja. Aos 7 anos, você teve de fazer uma redação sobre a família e então escreveu que o único parente interessante era tio Ramón, príncipe e descendente direto de Jesus Cristo, dono de um palácio com criados de uniforme e guardas armados. A professora me deu o nome de um psiquiatra infantil, porém sua reputação foi salva pouco depois, num dia em que, devendo ir ao dentista, esqueci de buscá-la e você ficou horas esperando na porta do colégio. Nem seu pai nem eu fomos localizados e, numa última tentativa, a professora telefonou para o tio Ramón. Diga a Paula que não saia daí, irei apanhá-la imediatamente, ele respondeu, e com efeito, meia hora mais tarde, aparece a limusine presidencial toda embandeirada e com escolta de dois policiais motorizados, um chofer de boné na mão salta e abre a porta de trás, e então desce seu avô, com o peito coberto de condecorações e a capa negra das grandes cerimônias que ele fora buscar em casa, num desses rasgos de inspiração poética. Não lembre do tremendo bolo que lhe dei, filha, mas só daquela comitiva imperial e da cara de sua professora, que, bastante encabulada, inclinou-se para cumprimentar tio Ramón com profunda reverência.

Meu pai morreu de um ataque fulminante, nem teve tempo para fazer um balanço de suas grandezas ou misérias, porque uma onda de sangue inundou-lhe as cavidades mais fundas do coração e ele ficou jogado na rua como indigente. A Assistência Pública o recolheu e levou-o para o necrotério, onde uma autópsia determinou a causa da morte. Quando revistaram seus bolsos, acharam algum papéis e ligaram o sobrenome ao meu e, em contato comigo, pediram que fosse identificar o cadáver. Ao ouvir o nome, não imaginei que se tratasse de meu pai, porque há muitos anos não pensava nele nem restavam vestígios de sua passagem por minha vida, sequer o rancor pelo abandono; pensei sim, em meu irmão, cujo segundo nome é Tomás e que naquele tempo ainda andava metido com a misteriosa seita do Messias argentino. Passávamos meses sem notícias dele e imaginávamos sempre o pior, por conta do sentimento trágico, típico da família. Minha mãe esgotara todos os recursos para localizá-lo, sem o menor resultado, e se inclinava a crer nos rumores de que o filho se juntara aos revolucionários cubanos, já que era mais tolerável a idéia de que ele andasse nas pegadas do defunto Che Guevara do que sabê-lo hipnotizado por um santarrão. Antes de sair para o necrotério, liguei para o trabalho de tio Ramón, gaguejando a notícia de que meu irmão morrera. Cheguei antes dele no prédio sinistro, apresentei-me a um funcionário impassível que me conduziu a uma sala fria, onde havia uma maca com um vulto coberto por um lençol. Levantaram o tecido e apareceu um homem gordo, lívido e nu, grosseiramente costurado do pescoço até o sexo, com quem não senti ter a mais remota conexão. Momentos depois, tio Ramón chegou, lançando um olhar breve para anunciar que aquele era meu pai. Aproximei-me de novo e observei suas feições com muito cuidado, pois não teria a oportunidade de vê-lo nunca mais.

Nesse dia soube da existência de um irmão mais velho, filho de meu pai com outro amor; extraordinariamente parecido com o rapaz por quem me apaixonei aos 15 anos, numa aula de matemática. Soube também dos três filhos mais moços que ele tivera com uma terceira mulher, dando-lhes, ironicamente, nossos nomes. Tio Ramón se incumbiu do funeral e de redigir um documento pelo qual renunciávamos a qualquer herança, em favor dessa outra família; Juan e eu assinamos imediatamente e, depois, falsificamos a assinatura de Pancho para evitar complicações e demoras. No dia seguinte, acompanhamos o caixão daquele desconhecido, através de uma aléia do Cemitério Geral; ninguém mais compareceu ao enterro, meu pai deixou este mundo quase sem amigos. Nunca mais tive contato com os meio-irmãos. Quando penso em meu pai, só consigo visualizá-lo inerte, na solidão abissal da sala gelada do necrotério.

O PRIMEIRO CADÁVER que vi de perto não foi o de meu pai. Já tinha avistado, a distância, alguns corpos atirados na rua durante o pandemônio da guerra que sacudiu o Líbano, bem como numa ameaça de revolução na Bolívia; contudo, pareciam mais umas marionetes do que pessoas, eu só lembro de Memé viva e de tio Pablo não sobraram rastros. O único morto real e presente da minha infância me coube ver quando eu tinha 8 anos e em circunstâncias que o tornaram inesquecível.

Naquela noite de 25 de dezembro de 1950, fiquei acordada durante horas, com os olhos abertos na escuridão povoada pelos barulhos da casa da praia. Meus irmãos e primos dormiam em beliches no mesmo quarto e, através das finas paredes de papelão, eu escutava a respiração dos que dormiam nos outros quartos, o ronco permanente da geladeira e os passos secretos das ratazanas. Várias vezes quis levantar e ir ao pátio me refrescar com a brisa salgada que vinha do mar, porém o trânsito incessante das baratas cegas me dissuadia. Entre lençóis úmidos da eterna maresia, apalpava meu corpo com espanto e terror, enquanto as imagens daquela tarde de revelação passavam como rajadas diante do luar pálido, na janela. Ainda sentia a boca úmida do pescador no meu pescoço, sua voz me sussurrando no ouvido. De longe vinha o barulho surdo do oceano e, de tempos em tempos, um carro passava pela rua, iluminando brevemente as frestas das persianas. Sentia, no peito, um rumor de campanário, um peso de lápide, uma garra poderosa subindo até a garganta para me asfixiar. O Diabo aparece à noite, nos espelhos... No quarto não havia nenhum, o único existente em casa ficava no banheiro, um retângulo oxidado diante do qual minha mãe pintava os lábios e que era alto demais para mim; porém, o Mal não habita só os espelhos, dissera Margara, ele também fica vagando no escuro, à caça de pecados humanos, e se mete dentro das meninas más para devorar suas tripas. Eu colocava a mão onde o pescador pusera a sua e logo a retirava, assustada, sem entender aquela mistura de repugnância e de turvo prazer. Voltava a sentir os dedos ásperos e firmes me explorando, o roçar das faces mal barbeadas, o cheiro e o peso dele, as obscenidades ditas no meu ouvido. Seguramente a marca do pecado estava estampada na minha testa. Como ninguém notara? Ao chegar em casa, não ousei olhar de frente minha mãe nem meu avô, me escondi de Margara e, pretextando uma dor de barriga, fui cedo para a cama, depois de um longo banho de chuveiro em que me esfreguei inteira com o sabão azul de lavar roupa; nada, entretanto, poderia tirar minhas manchas. Suja, estava suja para sempre... No entanto, nem me passava pela cabeça desobedecer à ordem daquele homem, no dia seguinte o encontraria de novo na calçada dos gerânios e, fatalmente, iria segui-lo até o bosque, mesmo que com isso eu perdesse a vida. Se seu avô souber, ele me mata, o pescador avisara. Meu silêncio era sagrado, e seria minha a responsabilidade por sua vida. A proximidade do segundo encontro me enchia de terror, embora também de fascínio – o que existiria para além do pecado? As horas se escoavam com uma lentidão colossal enquanto eu escutava a respiração ritmada dos irmãos e dos primos, e calculava quanto faltaria para o amanhecer. Mal surgissem os primeiros raios de sol, poderia sair da cama e pisar no chão, pois com a luz do dia as baratas voltam para seus esconderijos. Sentia fome, pensava no manjar branco e nos biscoitos que estavam na cozinha, morria de frio e me agasalhava com pesados cobertores, mas em seguida a febre das lembranças proibidas e o delírio da antecipação começavam a me sufocar.

Na manhã seguinte, bem cedinho, quando a família ainda dormia, levantei-me sem fazer barulho, vesti-me e fui para o quintal, dando a volta na casa para entrar na cozinha pelos fundos. As panelas de ferro e de cobre pendiam dos ganchos pregados nas paredes, em cima da mesa de granito cinzento havia um balde com água do mar, cheio de amêijoas frescas, e uma sacola de pão da véspera. Não consegui abrir o pote de manjar branco, mas cortei um pedaço de queijo e uma fatia de marmelada, saindo de casa para ver o sol que surgia por trás do morro como uma laranja incandescente. Sem saber por que, fui andando até a boca do rio, centro da aldeiazinha de pescadores, onde não havia o menor movimento àquela hora. Passei a igreja, o correio, o armazém, passei pelo conjunto de casas novas, todas iguais com seus tetos de zinco e seus terraços de madeira debruçados sobre o mar, passei pelo hotel onde os jovens iam dançar músicas antigas todas as noites, porque nenhuma novidade chegava naquelas bandas; andei a comprida rua do comércio, com suas quitandas, a farmácia, a loja de tecidos do turco, a banca de jornal, o bar e o bilhar, sem ver ninguém. Cheguei à zona dos pescadores, com suas choças de madeira e biroscas de peixe e marisco, com redes penduradas para secar como enormes teias de aranha, e, na areia, os botes de barriga para cima, esperando que seus donos se curassem da farra natalina para saírem mar adentro. Ouvi vozes e vi um grupo junto a uma das últimas casinhas, lá onde o rio deságua no mar. O sol já estava alto e me ardiam os ombros num formigamento quente. Com a última dentada de queijo e marmelada, cheguei ao final da rua e me aproximei, cautelosamente, de uma roda de pessoas, tentando abrir passagem, mas me empurraram para trás. Nesse momento, apareceram dois guardas de bicicleta, um tocou o apito e o outro gritou que dispersassem, porra, que tinha chegado a lei. O círculo se abriu fugazmente e cheguei a ver o pescador caído de bruços sobre a areia escura do leito do rio, com os braços abertos em cruz, as mesmas calças pretas, a mesma camisa branca e os mesmos chinelos de borracha da véspera, de quando me levou ao bosque. Um dos policiais disse que lhe tinham acertado uma pancada na cabeça, e vi, então, a mancha de sangue seco na orelha e no pescoço. Uma coisa explodiu no meu peito e fui invadida por um gosto de toranja azeda, me dobrei sacudida por ânsias de vômito violentas, caí de joelhos e expeli na areia uma mistura de queijo, marmelada e culpa. O que esta menina está fazendo aqui?, alguém gritou enquanto uma mão tentava agarrar meu braço, porém me ergui e saí correndo como uma alucinada. Corri, com uma tremenda dor nas costas e um gosto amargo na boca, corri sem parar até que apareceu o telhado vermelho da minha casa, e então desabei encolhida entre uns arbustos, na beira da calçada. Quem me vira no bosque, com o pescador? Como Tata ficara sabendo? Não conseguia pensar, a única coisa certa era que aquele homem nunca mais voltaria ao mar para tirar mariscos, que estava morto sobre a areia, pagando o crime de nós dois, que eu estava livre e não iria ao encontro marcado, que ele não me levaria de novo para o bosque. Muito tempo depois, escutei os sons da casa, as empregadas preparando o café-da-manhã, as vozes de meus irmãos e dos primos. A jumenta do leiteiro passou, com sua barulheira de latões, veio o entregador de pão no triciclo, e Margara saiu para as compras resmungando. Fui de mansinho para o pátio das hortênsias, lavei o rosto e as mãos na água da nascente que descia pelo morro, ajeitei um pouco os cabelos e apareci na sala de jantar, onde meu avô já se instalara na poltrona, com o jornal e uma xícara fumegante de café com leite. Por que está me olhando assim?, perguntou sorridente.

Dois dias depois, quando o médico-legista deu autorização, o homem foi velado em sua casa modesta. A aldeia em peso, inclusive os veranistas, desfilou para vê-lo, pois era muito raro acontecer alguma coisa interessante e ninguém quis perder a novidade de um assassinato, o único registrado na memória do balneário desde os tempos do pintor crucificado. Embora minha mãe achasse aquilo um espetáculo mórbido, Margara me levou consigo, porque Tata – que se oferecera para pagar o enterro – tinha declarado que a morte é natural e convinha se acostumar com ela desde cedo. À tardinha, subimos o morro e chegamos a um casebre de madeira, enfeitado com guirlandas de papel, uma bandeira chilena e humildes ramos de flores dos quintais da vizinhança. A essa altura, já esmoreciam os violões desafinados e os presentes, tontos de cachaça, dormiam nas cadeiras de palha dispostas em círculo em volta do ataúde, um simples caixão de pinho sem verniz, iluminado por quatro velas. A mãe, de luto, murmurava rezas intercaladas por soluços e maldições, enquanto atiçava as chamas de um fogão de lenha onde fervia uma chaleira negra de fuligem. As vizinhas arrumavam xícaras para passar o chá e os irmãos mais moços, com brilhantina nos cabelos e sapatos domingueiros, corriam pelo pátio, entre cachorros e galinhas. Numa cômoda desmantelada estava a fotografia do pescador com a farda do serviço militar, sobre a qual se atravessava uma faixa negra. Parentes e amigos se revezariam a noite inteira, para velar o cadáver até a hora do enterro, tangendo cada vez pior os violões, comendo o que as mulheres trouxessem, recordando o morto na fala pastosa dos bêbados tristes. Margara foi adiante, resmungando entre dentes e me arrastando pelo braço porque eu ia ficando para trás. Quando nos vimos diante do caixão, ela obrigou-me a chegar perto e rezar um Padre-nosso de despedida, pois, a seu ver, as almas dos assassinados nunca descansam e aparecem de noite para perturbar os vivos. Deitado sobre um lençol branco, vi o homem que, três dias antes, me tocara no bosque. Olhei primeiro com um medo visceral e logo com curiosidade, procurando alguma semelhança, mas não consegui achá-la. Aquele rosto não era o dos meus pecados, era uma máscara lívida com os lábios pintados, o cabelo repartido ao meio e duro de brilhantina, dois algodões nas ventas e um lenço amarrado em volta da cabeça, para segurar a mandíbula.

APESAR DE FICAR CHEIO de gente todas as tardes, o hospital parece vazio nas manhãs de sábado e domingo. Chego ainda no escuro, com o cansaço acumulado da semana, e me pego arrastando os pés e a bolsa pelo chão, exausta. Percorro os eternos corredores solitários, onde até as batidas do meu coração têm eco, e parece que ando sobre uma esteira rolante que vem em sentido contrário, não prossigo, estou sempre no mesmo lugar, cada vez mais cansada. Vou murmurando fórmulas mágicas inventadas por mim e, à medida que me aproximo do prédio, do longo corredor dos passos perdidos, e chego perto de sua enfermaria e de sua cama, a angústia aperta meu peito. Você se transformou num bebê grande, Paula. Faz duas semanas que saiu da

Unidade de Terapia Intensiva e as mudanças são poucas. Você estava muito tensa quando chegou à enfermaria, como que aterrorizada, e pouco a pouco acalmou, sem dar, entretanto, indícios de inteligência; o olhar continua imóvel, fixo na janela. Ainda não estou desesperada, acredito que, apesar dos nefandos prognósticos, você voltará para nós e, mesmo sem ser a mulher brilhante e graciosa que era antes, poderá ter uma vida quase normal e ser feliz, disso cuido eu. As despesas dispararam, passo no banco para trocar dinheiro e ele se evapora da bolsa tão depressa que nem consigo entender como isso acontece; prefiro não fazer contas, esta não é a hora de agir com prudência. Preciso achar um fisioterapeuta porque os recursos do hospital são mínimos; de vez em quando, aparecem umas moças distraídas que movimentam seus braços e suas pernas, de má vontade, durante uns dez minutos, de acordo com as vagas instruções de um bigodudo enérgico que parece ser chefe delas e que viu você uma única vez. Os pacientes são muitos e poucos os recursos, por isso eu mesma faço com que você se exercite. Obrigo seu corpo a se movimentar quatro vezes por dia, começando pelos dedos dos pés, um a um, e seguindo para cima, com lentidão e força, porque não é fácil abrir sua mão nem dobrar seus joelhos e cotovelos; sento-a na cama e bato em suas costas para limpar os pulmões, refresco a áspera abertura da garganta com umas gotinhas de água, porque a calefação faz o ar ficar muito seco, e, para evitar deformações, uso livros amarrados com bandagens nas solas dos seus pés e também separo os dedos das mãos com pedaços de borracha, procurando ainda manter sua cabeça reta com um colar improvisado que fiz, usando um travesseiro de viagem e esparadrapo, embora esses recursos de emergência sejam desoladores. Paula, preciso levá-la logo para algum lugar onde encontre ajuda, dizem que a reabilitação opera milagres. O neurologista pede que eu tenha paciência, garante que ainda não é possível transferi-la, muito menos atravessar o mundo com você num avião. Passo o dia e boa parte da noite no hospital, fiquei amiga dos doentes de sua enfermaria e dos parentes deles. Faço massagens em Elvira e, já que as palavras a traem, estamos inventando uma linguagem de gestos para nos comunicarmos; aos outros conto histórias, e em troca me dão o café de suas garrafas térmicas e sanduichinhos de presunto que lhes trazem de casa. A mulher-caracol foi levada para o quarto zero, ela está chegando ao fim. O marido de Elvira me diz a todo momento "sua filha está mais espertinha", porém posso ler em seus olhos que, no fundo, não acredita nisso. Mostrei-lhes as fotos de seu casamento, contei sua vida, todos conhecem você bem e alguns dissimulam o choro quando Ernesto vem vê-la e a abraça, dizendo coisas no seu ouvido. Seu marido está tão cansado quanto eu, tem olheiras, emagreceu, a roupa dele sobra no corpo.

Willie veio de novo, procura fazer isso freqüentemente para aliviar esta longa separação que parece se eternizar. Há quatro anos, quando resolvemos viver juntos, fizemos a promessa de nunca nos separarmos, porém a vida cuidou de estragar nossos planos. Este homem é pura força, tem tantas qualidades quanto defeitos, abarca todo o ar em torno de si, deixando-me trêmula, mas me faz muito bem estar com ele. A seu lado, durmo sem tomar comprimidos, anestesiada pela segurança e pelo calor de seu corpo. De manhã cedo me traz o café na cama, obriga que eu descanse mais uma hora e parte para o hospital, recebendo o turno da enfermeira da noite. Aparece na enfermaria com seu jeans desbotado, botas, blusão de couro preto e uma boina igual à do meu avô, comprada na Plaza Mayor; apesar da indumentária, parece um antigo marinheiro genovês, e receio que o parem na rua, pedindo informações sobre as rotas de navegação para o Novo Mundo. Cumprimenta os doentes numa espécie de gíria com sotaque mexicano e, sob o olhar atônito dos outros, se instala junto a seu leito para acariciar-lhe as mãos e dizer o que faremos quando você for para a Califórnia. Willie não consegue esconder a preocupação porque, como advogado, já viu muitos quadros graves e tem poucas esperanças na sua recuperação, preparando meu espírito para o pior.

– Vamos tomar conta dela, muitas famílias fazem isso, não seremos os únicos; cuidar de Paula e amá-la nos dará um novo objetivo, aprenderemos uma forma diferente de sermos felizes. Nossa vida continua e ela irá conosco para qualquer lugar, qual é o problema? – ele me consola com esse pragmatismo generoso e um pouco ingênuo que me seduziu quando o conheci.

– Não! – respondo sem perceber que estou gritando. – Não quero ouvir suas profecias nefandas. Paula vai ficar boa!

– Você está obcecada, só fala nela, não pensa em outra coisa, rola por um abismo com tanto impulso que já não consegue parar. Não me deixa ajudar, não me ouve... Precisa criar alguma distância emocional entre vocês duas, senão acaba louca. Se cair doente, quem tomará conta de sua filha? Deixe eu cuidar de você, por favor...

Os bruxos vêm à tarde, não sei como chegaram aqui, estão empenhados em passar para você energia e saúde. Na vida normal, são empregados, técnicos, funcionários, gente como outra qualquer, porém utilizam as horas livres para estudar ciências esotéricas e pretendem curar pelo poder de suas convicções. Eles me afirmam que conseguem recarregar as baterias esgotadas de seu corpo enfermo, que seu espírito está crescendo e se renovando, e que uma mulher diferente e melhor vai emergir dessa imobilidade. Dizem que não devo olhá-la com olhos de mãe, mas com o olho de ouro, e então irei vê-la num plano diferente, flutuando tranqüila, alheia aos horrores e às misérias desta enfermaria; por outro lado, recomendam que eu me prepare, porque, se você já cumpriu seu destino neste mundo e está pronta para a longa viagem da alma, não voltará. Fazem parte de uma organização mundial e se comunicam com outros curandeiros para que também lhe mandem forças, da mesma forma que as freiras mantêm contato com outras congregações para rezarem por você; eles dizem que a recuperação depende de sua própria vontade de viver, a última decisão está em suas mãos. Não ouso comentar isso com minha família da Califórnia, pois certamente ninguém veria com bons olhos esses médicos espirituais. Ernesto também não aprova a invasão de curandeiros, não quer que sua mulher se transforme num espetáculo público, mas acho que eles não fazem mal algum, você nem percebe essas presenças. As freiras participam das cerimônias, tocam os sinos tibetanos, queimam incenso e invocam seu deus cristão e toda a corte celestial, enquanto os demais, na enfermaria, observam os procedimentos de cura com certas reservas. Paula, não se assuste, ninguém dança coberto de penas nem decapita galos, salpicando sangue sobre você; apenas a abanam um pouco para tirar a energia negativa, depois impõem as mãos sobre seu corpo, fecham os olhos e se concentram. Pedem que eu ajude, que imagine um raio de luz entrando pela minha cabeça, passando através de mim e indo de minhas mãos para você, pedem que eu a visualize curada e deixe de chorar, porque a tristeza contamina o ar e confunde a alma. Não sei se isso lhe faz bem, mas uma coisa é certa: o ânimo dos outros melhorou, estamos mais alegres nesta enfermaria. Resolvemos controlar a tristeza, ouvir sevilhanas no rádio, distribuir os biscoitos e avisar aos visitantes que não apareçam de cara triste. A hora de contar histórias também se prolongou, não sou mais a única que fala, todo mundo participa. O mais loquaz é o marido de Elvira, com um caudal de casos, cada qual conta sua vida e inventamos novas aventuras quando as nossas se esgotam; de tanto acrescentar detalhes e dar rédea solta à imaginação, nos aperfeiçoamos e já vem gente de outros quartos para nos ouvir.

No leito onde estava antes a mulher-caracol temos uma nova doente, é uma garota morena, cheia de cortes e manchas roxas, que foi violentada num parque por quatro desalmados. As coisas dela estão marcadas com um círculo vermelho, o pessoal do hospital só a toca de luvas, mas nós a incorporamos à estranha família desta enfermaria, lavando-a e dando-lhe comida na boca. No começo, achou que tinha acordado num asilo de alienados e tremia com a cabeça escondida debaixo do lençol, porém aos poucos foi se entusiasmando e se pôs a sorrir com o toque dos sininhos tibetanos, as canções no rádio e as confidências de todos. Fez amizade com as freiras e os curandeiros, pede que eu leia em voz alta as fofocas da realeza européia e dos artistas de cinema porque não consegue erguer a cabeça. Diante de Elvira, há uma paciente recém-chegada do Departamento de Psiquiatria, chama-se Aurélia e vai ser operada de um tumor no cérebro porque tem convulsões repetidamente. No dia marcado para a cirurgia, ela se vestiu e fez uma maquiagem cuidadosa bem cedinho, despediu-se dos demais com um afetuoso abraço e saiu. Dizíamos boa sorte, estaremos pensando em você, coragem, tenha força, enquanto ela se afastava pelo corredor. Quando chegou a maca que iria levá-la para o pavilhão dos suplícios, já havia sumido e andava pelas ruas, só regressando dois dias depois, quando a polícia desistira de procurá-la. Marcou-se outra data para a operação, mas de novo foi impossível realizá-la, porque Aurélia se entalou com meia peça de presunto cru, que trouxera escondida na bolsa, e o anestesista disse que nem louco iria se meter com ela em semelhantes condições. Agora o cirurgião está gozando as férias da Semana Santa e quem sabe quanto tempo será preciso para que se consiga uma sala de cirurgia; nossa amiga está salva por enquanto. Ela atribui a origem de sua doença ao fato de seu marido ser *imponente* e, pelos gestos, deduzo que quer dizer *impotente*. A pica dele não funciona e por isso querem me abrir o crânio, suspira resignada, se ele desse no couro, eu estaria numa boa, sem me lembrar da doença, a prova é que os ataques começaram na lua-de-mel, quando aquele broxa estava muito mais interessado em ouvir lutas de boxe pelo rádio do que na minha camisola com plumas no decote. Aurélia canta e dança o flamenco, fala por versos rimados e, se eu me distrair, Paula, vai encher você de perfume de lilases e ainda lhe passa seu batom. Ela caçoa igualmente dos médicos, dos bruxos e das freiras, considerando-os uma quadrilha de açougueiros. Se essa menina até agora não se curou com o amor da mãe e do marido, é porque não tem mais jeito, diz ela. Enquanto isso, a polícia costuma dar umas voltas por aqui, para fazer perguntas à garota violentada e, pela maneira como a tratam, parece que em vez de ser a vítima é a criminosa: o que estava fazendo sozinha naquele bairro, às dez horas da noite? por que não gritou? você estava drogada? está se queixando de quê? isto acontece porque anda arrumando encrenca. Aurélia é a única que tem coragem de enfrentá-los, fica diante deles com as mãos na cintura, interpelando. Não é para isso que são pagos, porra, as mulheres sempre saem perdendo. Fique quieta, a senhora não tem nada a ver com isso, replicam os policiais indignados, mas nós aplaudimos porque, quando Aurélia não cai num de seus transes, é de uma lucidez assombrosa. Guarda, debaixo da cama, três maletas de roupa de corista e se troca várias vezes por dia, se lambuza de pintura, eriça o cabelo como se fosse um bolo de cachos oxigenados, basta alguma provocação para que fique nua, mostrando as carnes renascentistas, e lança desafios para que adivinhemos sua idade e tomemos a medida de sua cintura, igualzinha à de solteira, isso é de família, sua mãe também era uma beleza. E ainda acrescenta, com certo mau humor, que pouco lhe servem tantos atributos, visto que o marido é um eunuco. Quando o tipo vem visitá-la, instala-se numa cadeira e cochila, enquanto ela o insulta e nós fazemos um tremendo esforço para fingir que nada percebemos.

Willie está pesquisando um lugar que possa recebê-la, Paula, é necessário contar com mais ciência e menos exorcismos, enquanto procuro convencer os médicos de que a deixem sair e fazer com que Ernesto aceite tal situação. Ele não quer se separar de você, mas não há outra alternativa. De manhã, as moças da Reabilitação apareceram e decidiram levá-la, pela primeira vez, ao salão de ginástica do andar térreo. Eu estava com o uniforme branco e fui com elas, empurrando sua cadeira de rodas; há tanta gente aqui e sou tão vista pelos corredores que ninguém duvidou de minha condição de enfermeira. O chefe do setor achou suficiente um olhar superficial para decidir que nada se poderia fazer por você, o nível de consciência é zero, disse, ela não obedece a nenhuma instrução e tem uma traqueotomia aberta, não posso me responsabilizar por uma paciente em semelhantes condições. Isto me fez decidir que iria tirá-la deste hospital e da Espanha o quanto antes, apesar

 de saber que é preciso uma estratégia militar para descermos apenas dois andares de elevador; vinte horas de vôo, de Madri à Califórnia, é uma luta impensável, mas hei de vencê-la. Consegui uma cadeira de rodas e, ajudada pelo marido de Elvira, prendi você no encosto, usando um lençol enrolado, já que desmorona como se não tivesse nenhum osso, levei-a à capela por alguns minutos e, depois, até o terraço. Aurélia me acompanhou, com seu roupão de veludo azul que lhe dá um ar de ave-do-paraíso, e fazia caretas para os curiosos que olhavam para você com insistência durante o percurso; de fato, filha, seu aspecto é lamentável. Instalei-a diante do parque, entre dezenas de pombos que vieram bicar miolo de pão. Vou alegrar Paula um pouco, disse Aurélia, e começou a cantar e rebolar com tantos requebros que logo acorreram muitos espectadores. De repente, você abriu os olhos, primeiro com dificuldade, aflita porque há muito tempo não via a luz do sol nem respirava ar puro, e, quando conseguiu que a vista ficasse em foco, deu com a figura insólita dessa matrona roliça, vestida de azul e dançando em meio a um turbilhão de pombos assustados. Você levantou as sobrancelhas com uma expressão de espanto e não sei o que se passou por sua cabeça, Paula, porque começou a chorar com uma tristeza imensa, um pranto de impotência e de medo. Abracei-a, expliquei o que acontecera, por enquanto você não pode se mexer, mas devagarinho vai se recuperar, não consegue falar porque tem um buraco no pescoço e o ar não chega à sua boca, mas quando ele for fechado diremos tudo, nesse momento sua obrigação é respirar profundamente, já disse que amo você, filha, que nunca a deixarei só. Pouco a pouco você foi se acalmando, sem despregar os olhos de mim, e acho que me reconheceu, ou talvez isso tenha sido imaginação. Enquanto isso, Aurélia dava um de seus chiliques, e assim terminou nossa primeira aventura na cadeira de rodas. Segundo o neurologista, o pranto não significa nada, ele não compreende por que você continua na mesma, teme uma lesão cerebral e me anunciou uma série de testes para a próxima semana. Eu não quero mais exames, quero apenas embrulhá-la num cobertor e sair correndo, levando você no colo até o outro lado do mundo, onde uma família está à sua espera.

9

Esta é uma estranha experiência de imobilidade. Numa paciente ampulheta, os dias se medem de grão em grão, tão lentos que se perdem no calendário, levando-me a crer que sempre estive nesta cidade invernal, entre igrejas, estátuas e avenidas majestosas. Os recursos de magia não deram resultado; são bilhetes dentro de garrafas lançadas ao mar, na esperança de que alguém os receba e venha nos salvar, mas até agora não houve resposta. Passei 49 anos correndo atrás de metas das quais me nem lembro, na ação e na luta, perseguindo alguma coisa inominável que sempre estava mais adiante. Agora sou obrigada a permanecer quieta e calada; por mais que corra, não chego a lugar algum, se gritar, ninguém me escuta. Você me deu o silêncio para examinar minha passagem por este mundo, Paula, para voltar ao passado verdadeiro e ao passado fantástico, para recuperar o que os outros esqueceram, lembrar o que nunca aconteceu e o que talvez venha a acontecer. Ausente, muda e paralisada, você é minha guia. O tempo passa muito devagar. Ou talvez o tempo nem passe, quem passa somos nós, através dele. Tenho dias de sobra para refletir, nada para fazer, somente esperar, enquanto você existe neste misterioso estado de inseto dentro do casulo. Quero saber que espécie de borboleta emergirá no seu despertar... Passo horas escrevendo a seu lado. O marido de Elvira me traz café e pergunta por que me dedico tanto a esta carta sem-fim que você não pode ler. Algum dia irá lê-la, tenho certeza, e rirá de mim com essa malícia que costuma usar para demolir meus sentimentalismos. Revejo a totalidade de meu destino e, com um pouco de sorte, hei de descobrir o sentido da criatura que sou. Com um esforço brutal, passei a vida remando contra a corrente; estou cansada, quero dar meia-volta, largar os remos e deixar que a correnteza me leve suavemente até o mar. Minha avó escrevia em seus cadernos para reter momentos fugidios e tapear a memória fraca. Eu tento distrair a morte. Meus pensamentos volteiam num redemoinho incansável, e você, pelo contrário, permanece fixa num presente estático, completamente alheia às perdas do passado e ao que o futuro anuncia. Estou assustada. Já senti muito medo algumas vezes, mas sempre havia uma saída de emergência, inclusive no terror do Golpe Militar, existia a salvação do exílio. Agora estou num beco sem saída, as portas da esperança desapareceram e não sei o que fazer com tanto medo.

Imagino que você queira ouvir falar dos tempos mais felizes de sua infância, quando Granny ainda estava viva, quando seus pais se amavam e o Chile era seu país, mas este caderno está chegando aos anos 1970, quando as coisas começaram a mudar. Custei a perceber que a História dera uma guinada. Em setembro de 1970, Salvador Allende foi eleito presidente por uma coalizão de marxistas, socialistas, comunistas, grupos da classe média que se haviam desiludido, cristãos radicais e milhares de homens e mulheres pobres, agrupados sob o emblema da Unidade

Popular e decididos a embarcar num programa de transição para o socialismo, sem, entretanto, alterar a longa tradição burguesa e democrática do país. Apesar das evidentes contradições do projeto, uma onda de esperança irracional mobilizou boa parte da sociedade, que esperava ver sair do processo o homem novo, movido por altos ideais, mais generoso, tolerante e justo. No instante em que a vitória de Allende foi anunciada, seus adversários começaram a sabotagem, e a roda do destino tomou um rumo trágico. Na noite da eleição, não fui para a rua festejar com os partidários dele, para não ofender meus sogros e meu avô, que tinham medo de que um novo Stalin surgisse no Chile. Allende fora candidato por três vezes e venceu na quarta, apesar da convicção generalizada de que se queimara no fracasso das eleições anteriores. Até a Unidade Popular tinha dúvidas e esteve a ponto de escolher Pablo Neruda como representante. O poeta não tinha qualquer ambição política, sentia-se velho e cansado, só se interessava por sua namorada, a poesia; não obstante, sendo membro disciplinado do Partido Comunista, dispôs-se a acatar ordens. Quando finalmente Salvador Allende foi designado candidato oficial, depois de muitas discussões internas entre os partidos, Neruda foi o primeiro a sorrir aliviado e lhe dar os parabéns. A ferida profunda que cindiu o país em facções irreconciliáveis começou durante a campanha, quando as famílias se dividiram, os casais se separaram e os amigos se puseram a brigar. Meu sogro encheu as paredes de propaganda da direita; discutíamos apaixonadamente, mas nunca houve insultos porque o carinho que tínhamos por Granny e pelas crianças superava nossas desavenças. Nessa época, ele ainda era um homem forte e elegante, embora já tivesse começado a lenta deterioração que o levou às profundezas do esquecimento. Passava a manhã na cama, enfurnado em sua matemática, e acompanhava fervorosamente três telenovelas que absorviam boa parte de suas tardes; certas vezes nem se vestia, andando pela casa de pijama e chinelos, e era a mulher quem lhe trazia a comida na bandeja. A obsessão de lavar as mãos tornou-se incontrolável, tinha a pele coberta de feridas, e aquelas mãos elegantes se transformaram em garras de condor. Estava certo da vitória de seu candidato, embora a dúvida volta e meia o atormentasse. À medida que a eleição se aproximava, o inverno arrefecia e iam surgindo os brotos da primavera. Granny, na azáfama da cozinha, fazia as primeiras conservas e brincava com os netos sem participar das discussões políticas, mas ficava muito preocupada quando ouvia nossas vozes exaltadas. Nesse ano descobri que minha sogra bebia escondido, fazendo-o com tanta discrição que ninguém mais reparou.

No dia da eleição, quem mais se surpreendeu com a vitória foram os vencedores, porque, no fundo, não a esperavam. Atrás das portas e janelas do bairro alto, os derrotados tremiam, certos de que a turba se levantaria com o ódio de classe acumulado durante séculos, mas não foi isso o que aconteceu, houve apenas manifestações pacíficas de alegria popular. Uma multidão invadiu as ruas, agitando bandeiras e faixas, cantando que o *povo unido jamais será vencido*, enquanto a Embaixada dos Estados Unidos fazia uma reunião de emergência com todo o seu pessoal; os norte-americanos tinham começado a conspirar um ano antes, financiando os extremistas da direita e procurando seduzir alguns generais com tendências golpistas. Nos quartéis, os militares, em estado de alerta, aguardavam instruções. Tio Ramón e minha mãe estavam felizes com o triunfo de Salvador Allende: Tata aceitou a derrota com fidalguia e, quando o vencedor apareceu inesperadamente na casa de meus pais naquela noite, foi cumprimentá-lo. No dia seguinte, como de costume, fui trabalhar e encontrei o prédio agitado por boatos contraditórios e o dono da editora empacotando secretamente as câmeras e preparando seu avião particular para atravessar a fronteira com a família e boa parte de seus bens, enquanto um segurança cuidava do carro de corrida italiano, para evitar que o populacho, supostamente amotinado, o arranhasse. Continuaremos trabalhando como se nada tivesse acontecido, anunciou Délia Vergara, com o mesmo tom que Miss Saint John usara quando resolveu ignorar a guerra no Líbano, anos atrás. E foi o que fizemos durante três anos. No dia seguinte, de manhã cedo, meu sogro foi um dos primeiros a fazer fila na porta do banco para retirar dinheiro, pois planejava fugir do país assim que as hordas cubanas desembarcassem ou que a ditadura soviética começasse a fuzilar os cidadãos. Daqui não saio, fico com as crianças, garantiu-me Granny, chorando sem que o marido soubesse. Os netos haviam se tornado a razão de sua vida. A decisão de partir foi adiada, as passagens ficaram em cima da lareira, sempre à mão, embora nunca utilizadas, porque as piores previsões não se realizaram; ninguém tomou de assalto o país, as fronteiras continuaram abertas, não houve execuções no *paredón*, como temia meu sogro, e Granny encasquetou que marxista algum iria separá-la dos netos, e menos ainda aquele que tinha o mesmo sobrenome de sua nora.

Como não houve maioria, o Congresso deveria decidir a eleição. Até aí sempre fora respeitada a maioria simples, dizia-se que ganha quem tem um único voto de vantagem, mas a Unidade Popular despertava um enorme temor. De qualquer maneira, o peso da tradição foi mais forte que o medo dos parlamentares e o poder da Embaixada americana e, depois de longas deliberações, o Congresso – dominado pela Democracia Cristã – redigiu um documento exigindo de Allende respeito às garantias constitucionais; ele o assinou e recebeu a faixa presidencial em cerimônia solene, dois meses depois. Pela primeira vez na História, um marxista fora eleito numa votação democrática; os olhos do mundo se voltavam para o Chile. Pablo Neruda partiu para Paris como embaixador, e lá recebeu, dois anos mais tarde, a notícia de que havia ganho o Prêmio Nobel de literatura. O velho rei da Suécia entregou-lhe uma medalha de ouro que o poeta dedicou a todos os chilenos, "*porque minha poesia é propriedade da minha pátria*".

O PRESIDENTE ALLENDE nomeou tio Ramón embaixador na Argentina, e foi assim que minha mãe se tornou a administradora de um edifício monumental, na única colina de Buenos Aires, com vários salões, uma sala de jantar para quarenta e oito convivas, duas bibliotecas, vinte e três banheiros e um número indeterminado de tapetes e obras de arte provenientes de governos anteriores, suntuosidade bem difícil de explicar em se tratando da Unidade Popular, que pretendia projetar uma imagem simples e austera. O pessoal era tão numeroso – motoristas, cozinheiros, garçons, arrumadeiras e jardineiros – que se impunha uma estratégia militar para organizar o trabalho e os turnos de refeições. A cozinha funcionava a todo vapor, na preparação de coquetéis, almoços, chás de senhoras, banquetes oficiais e dietas para minha mãe, que acabava passando mal do estômago com tanta trabalheira. Apesar do regime, ela inventava receitas que tornaram famosa a mesa da Embaixada. Era capaz de apresentar um peru intacto, com penas no traseiro e olhos abertos, mas bastava retirar quatro palitos para a pele se soltar como uma veste, revelando a carne suculenta e o interior recheado com avezinhas que, por sua vez, estavam recheadas de amêndoas, a mil anos-luz dos pedaços de gado que flutuavam em água quente, nos meus almoços escolares do Líbano. Num desses ágapes, conheci a vidente mais célebre de Buenos Aires. Do lado oposto da mesa, ela cravou os olhos em mim e não deixou de me observar durante todo o jantar. Teria uns 60 anos, seu porte era aristocrático e estava vestida de preto, num estilo sóbrio e antiquado. Ao sair da sala de jantar, aproximou-se, dizendo que desejava conversar comigo em particular; minha mãe então a apresentou como Maria Teresa Juárez e nos levou para uma das bibliotecas. Sem dizer palavra, a mulher se sentou num sofá e me indicou o lugar a seu lado, depois pegou minhas mãos, retendo-as durante alguns minutos que me pareceram longuíssimos porque ignorava o que ela pretendia, e finalmente me fez quatro profecias que anotei sem jamais esquecê-las: haverá um banho de sangue no seu país, você ficará imóvel ou paralisada por um longo tempo, seu único caminho é a escrita e um de seus filhos vai ser conhecido em diversas partes do mundo. Qual deles?, quis saber minha mãe. Ela pediu fotografias, estudou-as durante uns segundos e apontou você, Paula. Como os outros três prognósticos se concretizaram, suponho que o último também seja verdade, isso me dá esperanças de que você não morra, filha, ainda falta cumprir seu destino. Assim que sairmos deste hospital, pretendo entrar em contato com aquela senhora, se é que ela ainda vive, para lhe perguntar o que o futuro reserva para você.

Tio Ramón, entusiasmado com sua missão na Argentina, abriu as portas da Embaixada para políticos, intelectuais, jornalistas e todos aqueles que pudessem dar uma contribuição para o projeto de Salvador Allende. Auxiliado por minha mãe, que deu provas de grande força, capacidade de organização e valentia naqueles três anos, ele se empenhou em normalizar as difíceis relações entre o Chile e a Argentina, dois vizinhos muito próximos que tiveram atritos no passado e que agora deviam superar as desconfianças provocadas pela experiência socialista chilena. Perdendo horas de sono, ele fez uma revisão minuciosa do inventário e das complicadas contas da Embaixada, para evitar que a abundância e a desordem dessem ensejo à malversação de fundos. A gestão da Unidade Popular era examinada com lupas pelos inimigos políticos, sempre à cata do menor pretexto para denegri-la. Sua primeira surpresa foi o orçamento com a segurança; ao consultar os colegas do Corpo Diplomático, descobriu que os guarda-costas particulares tinham virado um problema em Buenos Aires. Começaram como proteção contra seqüestros e atentados, mas logo se perdeu o controle sobre eles e, nessa ocasião, já havia mais de trinta mil, número que continuava aumentando. Sem ética, chefes, normas ou regulamentos, constituíam um verdadeiro exército armado até os dentes, que se encarregava de promover o terror para justificar a própria existência. Também se suspeitava que fosse muito simples seqüestrar ou assassinar alguém, bastando fazer um acordo com os próprios guardas sobre a quantia para que eles se encarregassem do trabalho. Tio Ramón resolveu correr o risco e despediu seus seguranças, porque julgou que o representante de um governo do povo não podia viver rodeado de matadores profissionais. Pouco depois uma bomba estourou no edifício, reduzindo lustres e janelas a uma montanha de vidro pulverizado e destroçando para sempre os nervos da cachorra suíça de minha mãe, embora ninguém tenha saído ferido. Para abafar o escândalo, divulgou-se na imprensa que fora uma explosão num encanamento defeituoso. Esse foi o primeiro atentado terrorista que meus pais enfrentaram naquela cidade. Quatro anos depois, teriam de fugir intempestivamente para salvar suas vidas. Quando aceitaram o posto, não imaginaram o trabalho que significaria essa Embaixada, que era, depois de Washington, a mais importante para o Chile, porém se dispuseram a cumprir sua missão com a experiência acumulada em muitos anos de carreira diplomática. O preço por terem feito isso de maneira tão brilhante foi enfrentar, mais adiante, muitos anos de exílio.

NOS TRÊS ANOS SEGUINTES, o governo da Unidade Popular nacionalizou os recursos naturais do país – cobre, ferro, nitratos, carvão –, que desde sempre tinham estado em mãos estrangeiras, negando-se a pagar, mesmo simbolicamente, um único dólar como compensação; expandiu dramaticamente a reforma agrária, repartindo latifúndios de famílias antigas e poderosas entre os camponeses, e isso desencadeou um ódio sem precedentes; desarmou os monopólios que, durante décadas, impediam a competitividade no mercado, obrigando-os a comercializar produtos a preços convenientes à maioria dos chilenos. As crianças recebiam leite na escola, organizou-se o atendimento médico nas comunidades marginalizadas e os salários dos mais pobres subiram razoavelmente. Essas mudanças vinham acompanhadas por alegres demonstrações de apoio popular ao governo, muito embora os próprios correligionários de Allende se negassem a admitir que seria preciso pagar pelas reformas e que a solução não estava em emitir mais dinheiro. Rapidamente se instalou o caos econômico e começou a violência política. Externamente, o processo era acompanhado com curiosidade, pois se tratava de um pequeno país latino-americano que escolhera o caminho de uma revolução pacífica. Allende projetava a imagem de um líder progressista empenhado em melhorar a situação dos trabalhadores e superar as injustiças econômicas e sociais, porém, dentro do Chile, metade da população o detestava e o país se cindira em forças irreconciliáveis. Ante a possibilidade de que as idéias dele tivessem êxito e que o socialismo se expandisse irremediavelmente pelo continente, os Estados Unidos, em pânico, cortaram créditos e estabeleceram o bloqueio econômico. A sabotagem da direita e os erros da Unidade Popular geraram uma crise de proporções nunca vistas, a inflação atingiu níveis tão incríveis que não se sabia de manhã quanto iria custar, à tarde, um litro de leite, as notas sobravam mas pouco havia para se comprar, começaram as filas para conseguir produtos essenciais, como óleo, pasta de dentes, açúcar, pneus. Foi impossível evitar o mercado negro. No meu aniversário, as colegas me deram dois rolos de papel higiênico e uma lata de leite condensado, os artigos mais preciosos naquele momento. Como os outros, fomos vítimas da angústia do desabastecimento, entrávamos na fila para não perder uma oportunidade, mesmo que a recompensa consistisse em graxa de sapatos amarela. Surgiram os profissionais de guardar lugar na fila ou de comprar produtos pelo preço oficial para revendê-los pelo dobro. Nicolás se especializou em obter cigarros para Granny. De Buenos Aires, minha mãe mandava caixotes de alimentos pelos mais misteriosos caminhos, porém suas instruções eram mal compreendidas e às vezes recebíamos um galão de molho de soja ou vinte e quatro vidros de cebolinhas no vinagre. Em troca, expedíamos seus netos de três em três meses; eles viajavam sozinhos, com nomes e outros dados num letreiro pendurado no pescoço. Tio Ramón convenceu-os de que o magnífico prédio da Embaixada era sua casa de veraneio, dissipando qualquer dúvida que porventura restasse sobre sua origem principesca. Para que eles não se aborrecessem, dava-lhes trabalho no próprio gabinete, e o primeiro salário que receberam veio pelos serviços prestados a esse avô formidável, como subsecretários das secretárias da Chancelaria. Em Buenos Aires, as crianças tiveram caxumba e a *peste cristal*, escondendo-se nos 23 banheiros para que ninguém recolhesse uma amostra das fezes para uma análise clínica.

No Chile, tínhamos orgulho de que os Chefes de Estado circulassem sem guarda-costas e que o pátio do Palácio de la Moneda fosse uma via pública; com Salvador Allende, isso acabou, pois o ódio se exacerbara e temia-se por sua vida. Os inimigos iam juntando munição para atacá-lo. O presidente socialista se deslocava com vinte homens armados e uma frota de carros azuis sem chapa oficial absolutamente iguais, para que nunca se identificasse em qual deles viajava. Até então, os mandatários moravam nas próprias casas, mas a dele era pequena e inadequada para o cargo. Sob uma saraivada de críticas raivosas, o governo comprou para a presidência uma mansão no bairro alto e a família se mudou com as cerâmicas pré-colombianas, os quadros colecionados ao longo de anos, obras ofertadas pelos próprios artistas, primeiras edições de livros com dedicatórias dos autores e fotografias que testemunhavam os momentos importantes da carreira de Allende. Tive a oportunidade de comparecer a algumas reuniões na nova residência, onde o único tema continuava sendo a política. Quando meus pais vinham da Argentina, o presidente os convidava para a grande casa de campo encarapitada nas colinas próximas à capital. Depois do almoço víamos uns absurdos filmes de faroeste que o relaxavam. Em quartos que davam para o pátio, ficavam os guarda-costas voluntários, designados por Allende como seu *grupo de amigos pessoais*, e que a oposição qualificava de guerrilheiros terroristas e assassinos. Estavam sempre rondando em alerta, armados e dispostos a protegê-lo com os próprios corpos. Num desses dias campestres, Allende tentou nos ensinar tiro ao alvo com um fuzil que Fidel Castro lhe oferecera, o mesmo que foi encontrado junto do seu cadáver no dia do Golpe Militar. Eu, que nunca pegara uma arma e me criara ouvindo Tata dizer que o Diabo é quem carrega armas de fogo, segurei o fuzil como se fosse um guarda-chuva, movimentei-o desastradamente sem notar que ele apontava para a cabeça de Allende, e um daqueles guardas, materializando-se incontinenti, voou em cima de mim e rolamos pelo chão. Esta é uma das poucas lembranças que guardo dele durante os três anos de seu governo. Vi-o menos que antes, não participei da política e continuei trabalhando na editora, tida por ele como seu pior inimigo; na verdade, eu não compreendia nada do que estava acontecendo no país.

Quem era Salvador Allende? Não sei, e seria pretensioso, de minha parte, tentar descrevê-lo, pois muitos volumes se fazem necessários para dar uma idéia de sua personalidade complexa, da difícil gestão e do papel que ele desempenha na História. Considerei-o, durante anos, um tio a mais numa família numerosa, o único representante de meu pai; somente após sua morte, quando saí do Chile, compreendi sua dimensão legendária. Em particular foi um bom amigo para os amigos, de uma lealdade beirando a imprudência, incapaz de conceber uma traição e por isso custou-lhe muito dar-se conta de que fora traído. Lembro a rapidez de suas respostas e seu senso de humor. Fora derrotado em duas campanhas e ainda era bem moço quando um jornalista lhe perguntou o que gostaria de ver no próprio epitáfio, recebendo a resposta imediata: *aqui jaz o futuro presidente do Chile*. Acho que seus traços mais notórios foram a integridade, a intuição, a valentia e o carisma; obedecia aos rompantes, quase sempre infalíveis, não recuava diante do perigo e tinha a capacidade de seduzir tanto as massas como os indivíduos. Comentava-se que ele podia reverter a seu favor qualquer situação, e por isso, no dia do Golpe Militar os generais não ousaram enfrentá-lo pessoalmente, preferindo se comunicar por telefone e por intermédio de mensageiros. Assumiu o cargo de presidente com tal dignidade que chegou a parecer arrogante, tinha gestos grandiloqüentes de tribuno e uma maneira de andar característica, muito teso, empinando o peito e quase na ponta dos pés, como os galos de briga. Dormia pouco, três ou quatro horas, via o dia clarear, lendo ou jogando xadrez com os amigos mais fiéis, mas era capaz de conciliar o sono por alguns minutos, geralmente no carro, despertando bem fagueiro. Era um homem requintado, amante de cães de raça, objetos de arte, roupas elegantes e mulheres fortes. Zelando muito pela saúde, era prudente com a comida e a bebida. Os inimigos acusavam-no de fanfarrão e de gastador, controlando minuciosamente seus gostos burgueses, aventuras, casacos de camurça e gravatas de seda. Metade da população temia que ele conduzisse o país para uma ditadura comunista e tratou de impedi-lo a todo custo, enquanto a outra metade comemorava a experiência socialista, pintando pombas e flores pelos muros.

ENQUANTO ISSO, eu continuava na lua, escrevendo frivolidades e fazendo loucuras na televisão, sem suspeitar das verdadeiras proporções da violência que germinava na sombra e que acabaria desabando sobre nós. Com o país já em plena crise, a diretora da revista me mandou entrevistar Salvador Allende para descobrir o que ele pensava sobre o Natal. Preparávamos o número de dezembro com muita antecedência, e não era coisa fácil, em outubro, chegar perto do presidente, preocupado com assuntos urgentes do Estado, porém aproveitei uma visita dele à casa de meus pais para uma abordagem tímida. Não me pergunte besteiras, minha filha, foi sua resposta seca. Assim começou e terminou minha carreira de jornalista política. Continuei rabiscando horóscopos de fabricação caseira, matérias sobre decoração, jardinagem e educação de filhos, realizando entrevistas com personagens estrambóticos, produzindo o Correio Sentimental, crônicas sobre cultura, arte e viagens. Délia desconfiava de mim, acusando-me de inventar reportagens sem sair de casa e de pôr minhas opiniões na boca dos entrevistados, razão pela qual raramente me confiavam assuntos importantes.

À medida que o abastecimento piorava, a tensão atingiu um grau insuportável e Granny começou a beber mais. Seguindo as instruções do marido, saía freqüentemente com as mulheres da vizinhança para protestar da maneira usual contra a escassez de alimentos, ou seja, batendo nas panelas. Os homens permaneciam invisíveis enquanto elas desfilavam com frigideiras e conchas de cozinha, num estardalhaço que parecia o fim do mundo. O barulho é inesquecível: começava como um gongo solitário, a percussão ganhava corpo ainda nos quintais das casas até se tornar contagiante e se espalhar, exaltando os ânimos, e logo as mulheres iam para a rua e uma algazarra ensurdecedora transformava a cidade num inferno. Granny conseguia encabeçar a manifestação e dava um jeito para desviá-la, evitando passar em frente de nossa casa, onde era sabido que morava alguém da família Allende. De qualquer maneira, se as agressivas senhoras nos atacassem, a mangueira do jardim estava sempre pronta para dissuadi-las com um esguicho de água fria. As divergências ideológicas não alteraram a camaradagem com minha sogra, compartilhávamos as crianças, as obrigações do cotidiano, planos e esperanças. Para lhe dar um pouco de independência, abri uma conta no banco, mas foi preciso fechá-la ao cabo de três meses porque ela nunca entendeu o mecanismo, achando que existiria dinheiro enquanto houvesse cheques no talão, sem jamais anotar seus gastos; em menos de uma semana o depósito se convertera em presentes para os netos. A política também não perturbou a paz que reinava entre mim e Michael, amávamos-nos e éramos bons companheiros.

Nessa época, começou minha paixão pelo teatro. Tio Ramón foi nomeado embaixador na Argentina exatamente quando os seqüestros de figuras públicas viraram moda na América Latina. A possibilidade de que tal coisa acontecesse me inspirou uma peça de teatro: um grupo de guerrilheiros seqüestra um diplomata para trocá-lo por presos políticos. Escrevi a jato, sentei-me à máquina, sem dormir nem comer até bater a palavra fim, três dias depois. Uma companhia importante aceitou encená-la, e assim me vi, certa noite, lendo o texto com os atores em volta de uma mesa, na penumbra de um palco vazio, varrido por rajadas de vento, todos nós agasalhadíssimos e munidos de garrafas térmicas com chá. Cada ator leu e analisou seu papel, pondo em evidência as falhas monumentais do texto. À medida que a leitura progredia, eu ia diminuindo na cadeira, até sumir debaixo da mesa; no final recolhi as cópias, morta de vergonha, e fui para casa reescrever tudo desde a primeira linha, estudando cada personagem separadamente para lhe dar maior coerência. A segunda versão saiu um pouco melhor, mas ainda faltavam tensão e um desfecho dramático. Assisti a todos os ensaios e fiz a maioria das modificações sugeridas, aprendendo assim alguns truques que vieram a ser muito úteis para os meus romances. Dez anos depois, ao escrever *A casa dos espíritos*, recordei aqueles ensaios em torno de uma mesa e procurei estabelecer uma biografia completa, um caráter definido e voz própria para cada personagem, muito embora no caso desse livro as transgressões da história e a tenaz indisciplina dos espíritos tenham malogrado minhas intenções. A peça teatral chamou-se, logicamente, *O embaixador*, e dediquei-a a tio Ramón, que não a assistiu porque estava em Buenos Aires. Houve boa crítica na estréia, mas não considero isso um mérito meu, porque o trabalho se deveu realmente ao diretor e aos atores, da idéia original sobravam só uns fiapos. Penso que por isso meu padrasto escapou de ser seqüestrado, porque, de acordo com a lei das probabilidades, seria impossível que na vida real acontecesse o que eu tinha posto em cena; no entanto, a peça não conseguiu proteger outro diplomata, que acabou seqüestrado no Uruguai e vítima dos sofrimentos que imaginei na segurança de minha casa, em Santiago. Hoje sou mais cuidadosa com o que escrevo, pois comprovei que, se alguma coisa não é verdade agora, poderá sê-lo no dia de amanhã. Outra companhia me pediu um roteiro e acabei fazendo duas comédias musicais que batizamos de *café-concerto*, por falta de melhor designação para seu gênero, e estas tiveram um sucesso inesperado. A segunda saiu memorável, devido à inclusão de um coro de damas bem gordas, cantando e dançando para animar o espetáculo. Não foi fácil arranjar mulheres obesas e atraentes, dispostas a serem ridículas no palco; eu e o diretor nos postamos numa esquina movimentada do centro e parávamos cada senhora de cor avermelhada que passava, perguntando se ela não gostaria de ser atriz. Muitas aceitavam entusiasmadas, mas, assim que percebiam as exigências do trabalho, saíam desabaladas, levamos semanas para conseguir seis aspirantes. Como o teatro estava ocupado por outra produção, realizávamos os ensaios em nossa casa, tendo de tirar os móveis da sala para abrir espaço suficiente. Contávamos com um piano desafinado que, num ataque de loucura, pintei de verde-limão e decorei com uma cortesã reclinada num divã. Estremecimentos telúricos retumbavam pela casa toda quando as integrantes desse coro monumental executavam danças como se fossem vestais gregas num ritmo de rock'n roll, exibindo anáguas num can-can frenético, aos saltos, nas pontas dos pés, acompanhadas pelos levíssimos acordes de um *Lago dos cisnes* capaz de matar Tchaikowsky de uma síncope fulminante. Michael precisou reforçar os pisos do palco e de nossa casa para que não afundassem com aquelas investidas paquidérmicas. As mulheres, que nunca tinham feito exercícios físicos, deram para emagrecer de modo alarmante, e Granny passou a nutri-las com suculentas macarronadas e tortas de maçã, para que não se derretessem as banhas sensuais. Na estréia, pusemos um cartaz no saguão, pedindo, por favor, pizzas em vez de flores para as coristas. Assim, ao longo de dois anos de trabalho, inclusive com turnês pelo país, se conservaram as colinas redondas e profundas depressões daqueles vastos territórios carnais. Michael, entusiasmado com essas aventuras artísticas, ia seguidamente ao teatro e acabou conhecendo de cor o espetáculo de tanto vê-lo e, se houvesse uma emergência, poderia substituir qualquer ator, até mesmo as volumosas vestais do coro. Nicolás e você também aprenderam as canções e, dez anos depois, quando eu sequer lembrava os títulos das peças, eram ambos capazes de representá-las de ponta a ponta. Meu avô assistiu várias vezes, primeiro por dever de família e logo por prazer, e cada vez que caía o pano ele aplaudia de pé, gritando e brandindo a bengala. Ficou apaixonado pelas coristas e me fazia longas dissertações sobre a gordura como parte da beleza, e a agressão à natureza que eram as esquálidas modelos dos figurinos. Para ele, o ideal de beleza se manifestava na dona do bar da esquina, com seus peitos de valquíria e nádegas epopéicas, bem como na sua disposição de lhe vender gim em garrafas de água mineral; com ela sonhava escondido, para que o fantasma vigilante de Memé não o pegasse em flagrante.

As danças de Aurélia, a poetisa epiléptica de sua enfermaria, com boás de plumas meio carecas e vestidos de poá, me fazem lembrar aquelas bailarinas obesas e também uma aventura pessoal. Metida nas roupagens de zarzuela, Aurélia rebola em sua idade madura com muito mais graça do que eu tinha na juventude. Uma vez apareceu um anúncio no jornal, oferecendo trabalho para jovens altas e bonitas num teatro de variedades. A diretora da revista determinou que eu conseguisse o emprego para me introduzir nos bastidores e escrever uma matéria sobre as vidas dessas *pobres mulheres*, definindo-as assim em seu mais estrito rigor feminista. Eu estava a léguas de ter os requisitos exigidos no anúncio, porém se tratava de uma daquelas reportagens que ninguém mais queria fazer. Sem coragem de ir sozinha, pedi a uma grande amiga que me acompanhasse. Vestimos as roupas mais vistosas, a nosso entender próprias para coristas andarem na rua, e prendemos um broche de brilhantes falsos no topete do meu cachorro, um bastardo de mau gênio batizado de Fifi para tal ocasião. O nome verdadeiro era Drácula. Quando nos viu enfeitadas daquele modo, Michael decidiu que não poderíamos sair de casa sem proteção e, como não havia quem cuidasse das crianças, fomos todos juntos. O teatro ficava em pleno centro da cidade, sem possibilidade de estacionar o carro por perto, o que nos fez andar a pé vários quarteirões. À frente, íamos minha amiga e eu, com Drácula no colo, e, protegendo a retaguarda, vinha Michael de mãos dadas com as crianças. O trajeto foi uma espécie de tourada, os homens investiam cheios de entusiasmo, dando chifradas e gritando olé; isto nos tornou confiantes. Uma fila comprida aguardava diante da bilheteria, para a compra de ingressos, claro que apenas homens, na maioria velhos, além de recrutas de folga e um bando de adolescentes barulhentos de uniforme escolar, que naturalmente emudeceram quando aparecemos. O porteiro, tão decrépito quanto o próprio local, levou-nos por uma escadaria vetusta até o segundo andar. Esperávamos encontrar, como nos filmes, um mafioso gordo com anel de rubi e um charuto mastigado, mas quem nos recebeu, na penumbra de um imenso sótão empoeirado e sem móveis, foi uma senhora com jeito de tia do interior, embrulhada num casaco meio pardo, com gorro de lã e luvas de dedos recortados. Costurava um vestido de lantejoulas sob uma lâmpada, a seus pés ardia uma estufa de carvão, como única fonte de calor, e, na outra cadeira, repousava um gato gordo que se eriçou feito um porco-espinho quando viu o Drácula. Num canto, erguia-se um espelho tríplice, de corpo inteiro, com a moldura descascada, e os figurinos do espetáculo pendiam do teto, dentro de sacos plásticos, como pássaros de penas iridescentes que nada tinham a ver com aquele lugar soturno.

– Viemos por causa do anúncio – disse minha amiga, com sotaque forçado de zona portuária.

A boa mulher nos examinou da cabeça aos pés, com expressão de dúvida, pois algo em nós destoava do seu esquema. Perguntou se tínhamos experiência naquela profissão e minha amiga soltou um resumo da própria biografia: chamava-se Gladys, de dia era cabeleireira, e de noite, cantora, tinha boa voz mas não sabia dançar, estando, porém, disposta a aprender, claro que não teria dificuldade. Antes que eu conseguisse abrir a boca, apontou-me, informando que sua colega se chamava Salomé e era estrela de variedades com longa trajetória no Brasil, onde aparecia completamente nua num espetáculo de enorme sucesso, sendo Fifi o cão amestrado que trazia a roupa no focinho para um mulato grandão me vestir. O artista de cor não pudera comparecer porque estava no hospital, recém-operado de apendicite, ela acrescentou. Quando minha amiga chegou ao fim da peroração, a mulher havia abandonado a costura e nos olhava de boca aberta.

– Fiquem nuas – ordenou. Acho que ela desconfiava de alguma coisa.

Com essa falta de pudor das pessoas magras, minha colega tirou a roupa, enfiou uns sapatos dourados de salto alto e desfilou diante da senhora do casaco cor-de-musgo. Fazia um frio medonho.

– Tudo bem, você não tem seios, mas aqui a gente recheia tudo. Agora é a vez de Salomé – e a tia voltou para mim um indicador peremptório.

Eu não previra esse detalhe, porém não ousei me negar. Tirei a roupa tiritando, batia o queixo, e descobri, horrorizada, que estava com as ceroulas tricotadas pela Avó Hilda. Sem largar o cachorro, que grunhia para o gato, encarapitei-me nos sapatos dourados, grandes demais para mim, e comecei a andar arrastando os pés, com um ar de pato ferido. Subitamente, bati com os olhos no espelho e vi minha lamentável figura, triplicada e sob todos os ângulos. Até hoje não me recuperei daquela humilhação.

– O que lhe falta é altura, mas serve. Para que ninguém note isso, vamos colocar plumas mais compridas na cabeça e você vai dançar na frente. O cachorro e o negro ficarão de fora, aqui já temos nosso próprio espetáculo. Voltem amanhã, para começarem os ensaios. O salário é baixo, mas haverá boas gorjetas se vocês forem amáveis com os cavalheiros.

Eufóricas, fomos encontrar Michael e as crianças na rua, sem acreditar na tremenda honra de sermos aceitas na primeira tentativa. Ignorávamos que havia uma crise permanente de coristas e, no desespero, os empresários estavam dispostos a contratar até um chimpanzé. Poucos dias depois me achei vestida com a verdadeira indumentária de uma estrela do gênero, ou seja, com um triângulo de lantejoulas brilhantes no púbis, uma esmeralda no umbigo, pompons luminosos nos bicos dos seios e, na cabeça, um capacete de plumas de avestruz, pesado feito um saco de cimento. Atrás, nada. Olhei-me no espelho e concluí que seria recebida pelo público com uma chuva de tomates, os espectadores pagavam para ver carnes firmes e profissionais, nunca uma mãe de família sem os atributos naturais do ofício. Para cúmulo da desgraça, uma equipe da Televisão Nacional aparecera para filmar o espetáculo e já estava instalando as câmeras enquanto o coreógrafo tentava me ensinar a descer uma escadaria, entre duas fileiras de garotões musculosos, pintados de dourado e vestidos de gladiadores, com tochas acesas erguidas em suas mãos.

– Levante a cabeça, abaixe os ombros, sorria, mulher, não olhe para o chão, ande trançando as pernas lentamente, uma na frente da outra. Estou mandando sorrir! Não mexa os braços como se estivesse batendo asas, porque com tanta pena você parece uma galinha choca. Cuidado com as tochas, não me queime as plumas que elas custam um dinheirão! Balance as cadeiras, encolha a barriga, respire. Se não respirar; você morre.

Tentei seguir as ordens, mas ele suspirava e tapava os olhos com sua mão lânguida, enquanto as tochas se consumiam rapidamente e os romanos olhavam para o teto com ar de aborrecimento. Num momento de descuido, fui até a cortina e espiei o público, um monte de homens barulhentos e impacientes, porque já estávamos com quinze minutos de atraso. Não tive coragem bastante para enfrentá-los, decidindo que a morte seria preferível e corri para a saída. A câmera de televisão tinha me filmado de frente durante o ensaio, quando descia a escada iluminada pelas tochas olímpicas dos atletas de ouro, e depois registrou por trás a imagem de uma corista verdadeira, que descia as mesmas escadas, já com as cortinas abertas e sob a gritaria da multidão. O filme foi editado no estúdio e apareci no programa, com minha cara e meus ombros, mas com o corpo perfeito da maior vedete do teatro de revista do país. A fofoca atravessou a cordilheira, chegando a meus pais, em Buenos Aires. O senhor embaixador teve de explicar à imprensa marrom que a sobrinha do Presidente Allende não dançava nua num espetáculo pornográfico, que aquilo fora uma lamentável confusão de nomes. Meu sogro esperava sua novela predileta quando me viu aparecer sem roupa e o susto lhe tirou o fôlego. As colegas da revista comemoraram minha reportagem sobre o mundo do *bataclã*, porém o gerente da editora, católico praticante e pai de cinco filhos, considerou aquilo uma verdadeira afronta. Entre muitas atividades, eu dirigia a única revista infantil em circulação e o escândalo se constituía num péssimo exemplo para a juventude. Chamou-me a seu escritório para perguntar como tinha a ousadia de exibir o traseiro praticamente nu para todo o país e precisei confessar que, infelizmente, o traseiro não era meu, e sim um truque da televisão. O gerente me olhou da cabeça aos pés e acreditou no ato. Fora isso, o caso não teve maiores conseqüências. Nicolás e você chegaram ao colégio com ar de desafio, contando para quem quisesse ouvir que a senhora de plumas era sua mamãe, isso liquidou as caçoadas e cheguei mesmo a dar alguns autógrafos. Michael deu de ombros, achando graça, sem fornecer explicações aos amigos, que comentaram invejosamente o corpo espetacular de sua mulher. Mais de um ficou me olhando com expressão de espanto, sem imaginar como nem por que eu escondia, sob longos vestidos hippies, os atributos físicos que mostrara tão generosamente na telinha. Por precaução, deixei de visitar Tata por uns dias, até que ele me telefonou morrendo de rir, para dizer que achara o programa tão bom quanto a luta livre do Teatro Caupolicán e que era uma maravilha a maneira como a televisão mostrava tudo muito melhor que a vida real. Ao contrário do marido, que se negou a pôr os pés na rua durante uma quinzena, Granny se vangloriava da minha façanha. A sós, ela confessou que, quando me viu descendo aquela escadaria entre duas fileiras de dourados gladiadores, sentiu-se plenamente realizada, pois essa sempre fora sua fantasia mais secreta. Àquela altura, minha sogra tinha começado a mudar, ficava agitada, às vezes abraçava as crianças com os olhos cheios de lágrimas, como se tivesse a intuição de que uma terrível sombra ameaçava sua precária felicidade. As tensões no país tinham atingido proporções violentas e ela, com essa sensibilidade profunda dos mais inocentes, pressentia algo de grave. Bebia *pisco* ordinário e escondia as garrafas em lugares estratégicos. Você, Paula, que tinha por ela um amor infinito, descobria os esconderijos, um a um, e sem dizer palavra apanhava as garrafas vazias para enterrá-las entre as dálias do jardim.

NESSE MEIO-TEMPO, esgotada pelas pressões e pelo trabalho com a Embaixada, minha mãe partira para uma clínica na Romênia, onde a famosa Dra. Aslan operava milagres com pilulinhas geriátricas. Ficou um mês numa cela de convento, curando-se de males reais e imaginários, e passando em revista as velhas cicatrizes do passado. No quarto vizinho, um venezuelano encantador se comoveu com o pranto dela e um dia tomou coragem para bater à sua porta. O que está acontecendo com você? Não existe nada que não se possa curar com um pouco de música e um gole de rum, disse ele, ao se apresentar. Nas semanas seguintes, ambos se instalavam em suas espreguiçadeiras, sob o céu nublado de Bucareste, vestindo roupões regulamentares e calçando chinelos, como dois velhos lamurientos, dispostos a contar as respectivas vidas sem qualquer pudor porque imaginavam que nunca mais se reencontrariam. Minha mãe confiou seu passado, e ele, em troca, os próprios segredos; ela mostrou algumas cartas minhas e ele, as fotografias da mulher e das filhas, únicas paixões verdadeiras que tinha nessa vida. Quando o tratamento terminou, os dois se despediram na porta do hospital, minha mãe com uma elegante indumentária de viagem, olhos verdes lavados pelas lágrimas e rejuvenescida pelas artes prodigiosas da Dra. Aslan, e o cavalheiro venezuelano com seu terno de viagem e amplo sorriso de dentes impecáveis; quase não se reconheceram. Comovido, ele tentou beijar a mão da amiga que escutara suas confissões, mas antes que terminasse o gesto ela o abraçou. Nunca esquecerei você, disse. Se algum dia precisar de mim, estarei sempre às ordens, replicou ele. Chamava-se Valentín Hernández, era um poderoso político em seu país e foi fundamental para o futuro de nossa família, poucos anos depois, quando os ventos da violência nos atiraram em diferentes direções.

AS REPORTAGENS na revista e os programas de televisão me deram certa notoriedade; de tanto ser elogiada ou insultada por quem me via na rua, acabei pensando que era uma espécie de celebridade. No inverno de 1973, Pablo Neruda me convidou para visitá-lo na Isla Negra. O poeta estava doente e deixara o posto de embaixador em Paris para voltar ao Chile, instalando-se em sua casa do litoral, onde ditava as memórias e escrevia seus últimos versos olhando o mar. Preparei-me bastante para esse encontro, comprei um gravador novo, fiz uma lista de perguntas, reli sua obra e umas biografias, e também mandei fazer uma revisão no motor do velho Citroën, para que o carro não enguiçasse em tão delicada missão. O vento zunia entre pinheiros e eucaliptos, o mar estava cinzento e chuviscava sobre o lugarejo de casas fechadas e ruas desertas. O poeta morava num labirinto de madeira e pedra, um conjunto de construções ampliadas e emendadas de forma mirabolante. No pátio, havia sirene de navio, esculturas, restos de naufrágios que haviam sido resgatados do mar e, de uma escarpa, via-se a praia infatigavelmente batida pelo Pacífico. A paisagem, com a pureza do aço, cinza sobre cinza, palpitava. Pablo Neruda usava um poncho e um gorro, coroando sua grande cabeça de gárgula, e me recebeu sem formalidades, dizendo que se divertia com meus artigos humorísticos, dos quais às vezes mandava fazer cópias para enviá-los aos amigos. Ele estava enfraquecido, mas juntou as forças para me conduzir pelos maravilhosos recantos dessa cova abarrotada de modestos tesouros, mostrando-me as coleções de conchas, garrafas, bonecas, livros e quadros. Era um infatigável comprador de objetos: *Amo todas as coisas, não só as supremas, mas as infinitamente pequenas, o dedal, as esporas, os pratos, as floreiras...* Também apreciava a boa mesa. No almoço foi-nos servido um congro assado no forno, esse peixe de carne branca e firme, rei dos mares chilenos, com vinho branco seco e gelado. Ele falou das memórias que tentava escrever antes que a morte delas desse cabo, de meus artigos humorísticos – sugeriu que os selecionasse para um livro – e de como descobrira, nos mais variados lugares do mundo, suas figuras de proa, essas enormes carrancas com rosto e seios de sereia que presidiam as antigas embarcações. Essas lindas moças nasceram para viver entre as ondas, disse ele, sentem-se muito infelizes em terra firme, por isso eu as resgato e coloco aqui, olhando para o mar. Referiu-se longamente à situação política, que o enchia de angústia, e, com a voz embargada, falou de seu país dividido em extremos violentos. Os jornais da direita publicavam manchetes em seis colunas: "Chilenos, juntem ódio!", e incitavam os militares a tomarem o poder e Allende a renunciar à presidência e se suicidar, como fizera o Presidente Balmaceda, no século XIX, para evitar a guerra civil.

– Precisavam ter mais cuidado com o que pedem, numa dessas acabam conseguindo – suspirou o poeta.

– Nunca haverá um golpe militar no Chile, Don Pablo. Nossas Forças Armadas respeitam a democracia – tratei de tranqüilizá-lo, com clichês mais que repetidos.

Depois do almoço começou a chover, a sala se encheu de sombras, e a portentosa mulher da figura de proa ganhou vida, soltou-se do casco e nos saudou com o tremor de seus seios nus. Compreendi então que o poeta estava cansado, que o vinho me havia subido à cabeça e que era preciso andar ligeiro.

– Que tal se começássemos a entrevista... sugeri.

– Que entrevista?

– Bem... foi para isso que eu vim, não?

– Entrevista comigo? Nunca me submeteria a semelhante prova! – ele riu. – Você deve ser a pior jornalista deste país, minha filha. Não consegue ser objetiva, coloca-se no centro de tudo e desconfio que mente um bocado, e que, quando falta notícia, você inventa. Por que não passa a escrever romances? Na literatura, esses defeitos viram qualidades.

Paula, enquanto conto isso para você, Aurélia se prepara para recitar uma poesia composta especialmente para você. Pedi-lhe que não o fizesse porque seus versos me baixam o moral, mas ela insiste. Não tem confiança nos médicos, acha que você não vai se recuperar.

– Acredita mesmo que eles todos entraram num acordo para me enganar?

– Ai, como a senhora é ingênua! Não vê que eles vivem se protegendo? Nunca irão admitir que prejudicaram sua filha, são uns malandros que têm poder sobre a vida e a morte. Eu que o diga, passei a vida de hospital em hospital. Se soubesse o que já vi...

Seu estranho poema é sobre um pássaro com asas petrificadas. Diz que você já está morta, que quer ir embora, mas não consegue porque a retenho aqui, pesando como uma âncora em seus pés.

– Não se esforce tanto por ela, Isabel. Não vê que você está é lutando contra ela? Paula não está mais aqui, olhe seus olhos, parecem uma água escura. Se não reconhece a própria mãe é porque já partiu, aceite isso de uma vez.

– Fique quieta, Aurélia...

– Deixe-a falar, os loucos não mentem – suspira o marido de Elvira.

O que há do outro lado da vida? Apenas uma noite silenciosa e solidão? O que sobra quando não existem desejos, recordações e esperanças? O que há na morte? Se eu pudesse permanecer imóvel, sem falar nem pensar, sem suplicar, chorar, lembrar ou esperar, se pudesse submergir no mais completo silêncio, talvez então eu conseguisse ouvir você, minha filha.

10

No começo de 1973, o Chile parecia um país em guerra, o ódio gerado na sombra, dia após dia, desembocara em greves, sabotagens e ações terroristas das quais se acusavam mutuamente extremistas da esquerda e da direita.

Grupos da Unidade Popular invadiam terras particulares onde estabeleciam assentamentos, ocupavam fábricas para nacionalizá-las e bancos para fazer intervenções, criando um clima de tamanha insegurança que a oposição ao governo não precisou fazer muita força para semear o pânico. Os inimigos de Allende aperfeiçoaram os próprios métodos a ponto de torná-los uma verdadeira ciência, agravando os problemas econômicos; soltavam boatos assustadores, incitando o povo a tirar o dinheiro dos bancos, queimavam colheitas e matavam o gado, faziam desaparecer artigos essenciais do mercado, de pneus de caminhão até as minúsculas peças dos mais sofisticados aparelhos eletrônicos. Paralisavam-se hospitais pela falta de seringas e algodão, sem sobressalentes, as fábricas deixavam de funcionar. Era suficiente eliminar uma única peça para paralisar uma indústria inteira, e assim milhares de operários foram postos na rua. Em resposta, os trabalhadores se organizavam em comitês, expulsavam os chefes, assumiam o comando e erguiam acampamentos nos portões, vigiando noite e dia para que os donos não arruinassem as próprias empresas. Empregados de bancos e funcionários públicos também montavam guarda para evitar que os colegas do outro bando misturassem papéis nos arquivos, destruíssem documentos ou pusessem bombas nos banheiros. Horas preciosas eram gastas em reuniões intermináveis, nas quais se pretendia tomar decisões coletivas, porém todos queriam tomar a palavra para expor seus pontos de vista sobre assuntos insignificantes e raramente se chegava a um acordo; o que um chefe decidia normalmente em cinco minutos acabava custando uma semana aos empregados perdidos em discussões bizantinas e votações democráticas. Em escala maior, era o que acontecia no governo, os partidos de Unidade Popular dividiam o poder em fatias, e as decisões passavam por tantas instâncias que, quando finalmente alguma delas era aprovada, já deixara de ter a mais remota semelhança com o projeto original. Allende não contava com a maioria no Congresso e seus projetos se estraçalhavam contra o muro inflexível da oposição. O caos aumentou, vivia-se num clima de precariedade e violência latente, a grande máquina da pátria emperrara. De noite, Santiago tinha o aspecto de cidade devastada por um cataclismo, as ruas permaneciam escuras e quase desertas, pois pouca gente ousava circular a pé, o transporte coletivo funcionava parcialmente devido às greves, e a gasolina estava racionada. No centro, ardiam fogueiras dos *companheiros*, como se chamavam os partidários do governo, que durante a noite vigiavam ruas e prédios. Brigadas de jovens comunistas pintavam painéis panfletários pelas paredes e os grupos da extrema-direita circulavam em carros de vidros escuros, disparando às cegas. No campo, onde fora aplicada a reforma agrária, proprietários planejavam a revanche com armas que contrabandeavam através da longa fronteira andina. Milhares de cabeças de gado foram levadas para a Argentina pelas rotas do sul e outras acabaram sacrificadas para impedir sua distribuição nos mercados. Às vezes, os rios ficavam tintos de sangue e a correnteza arrastava os cadáveres inchados das vacas leiteiras e dos porcos de engorda. Os camponeses, que vinham de gerações de obediência às ordens, reuniam-se em assentamentos para trabalhar, mas não tinham iniciativa, conhecimentos ou crédito. Ignorando como usar a liberdade, muitos ansiavam secretamente pelo regresso do patrão, esse pai autoritário e quase sempre odiado, porém capaz de pelo menos dar ordens claras e, se necessário, de protegê-los contra as surpresas do clima, as pragas do plantio e as pestes dos animais; era o patrão quem tinha amigos e obtinha o necessário, enquanto eles não ousariam entrar num banco e se sabiam incapazes de decifrar a letra miúda nos papéis que lhes eram apresentados para assinar. Tampouco entendiam que diabo os assessores do governo ficavam resmungando em sua linguagem enrolada e cheia de palavras difíceis, uma gente da cidade, com as unhas limpas, que não sabia usar um arado e nunca tivera de arrancar das entranhas de uma vaca um bezerro mal posicionado, usando as próprias mãos. Os camponeses não guardaram sementes para replantar, comeram touros reprodutores e perderam os melhores meses do verão discutindo política, enquanto as frutas caíam de maduras e as verduras secavam na plantação. Por fim, os caminhoneiros declararam greve e não houve meio de transportar a carga ao longo do país, algumas cidades ficando sem alimentos, enquanto em outras as hortaliças e os produtos do mar apodreciam. Salvador Allende perdeu a voz de tanto denunciar a sabotagem, mas ninguém ligou, e ele não teve pessoal nem poder suficientes para se impor, pela força, aos inimigos. Acusou os norte-americanos de financiarem a greve; cada caminhoneiro que deixasse de trabalhar, recebia 50 dólares por dia e isso anulava as esperanças de solucionar o conflito; quando mandou o Exército restabelecer a ordem, ficou provado que faltavam peças nos motores e não se podiam movimentar as carcaças enguiçadas nas estradas, além do que o chão estava cheio de pregos entortados que furaram os pneus dos veículos militares. A televisão filmou de helicóptero a inutilidade daqueles destroços enferrujando ao longo do asfalto. O abastecimento se converteu num pesadelo, mas ninguém passava fome, porque quem podia pagava caro no mercado negro e os pobres se organizavam por bairros para conseguirem o essencial. O governo pedia paciência e o Ministério da Agricultura distribuía panfletos para ensinar aos cidadãos como cultivar hortaliças nas varandas e nas banheiras. Temendo a falta de comida, comecei a estocar alimentos conseguidos com a astúcia de um contrabandista. Primeiro eu rira de minha sogra, dizendo que, se não há frango, come-se talharim, e se não existe açúcar, tanto melhor, porque assim a gente emagrece, mas acabei mandando os escrúpulos à merda. Se antes fazia horas de fila para comprar um quilo de pelancas de origem duvidosa, agora os revendedores vinham deixar em casa a melhor carne, só que por um preço dez vezes maior que o tabelado. Essa solução durou pouco, porque seria preciso um colosso de cinismo para entulhar as cabeças de meus filhos com pregações sobre a moral socialista enquanto lhes dava no jantar costeletas do mercado negro.

Apesar das graves dificuldades daquele tempo, o povo continuava comemorando a vitória e, quando se realizaram as eleições parlamentares, em março, a Unidade Popular aumentou seu percentual de votos. A direita compreendeu então que a presença de um montão de pregos nas estradas e a ausência de frangos nos mercados não seriam suficientes para derrotar o governo socialista e decidiram partir para a última fase da conspiração. Desde esse momento, surgiram os rumores de um golpe militar. Na grande maioria, não desconfiávamos do que se tratava, tínhamos ouvido falar que nos outros países do continente os soldados tomavam o poder com irritante regularidade e nos vangloriávamos de que isso nunca aconteceria no Chile, éramos uma democracia sólida e não uma dessas republiquetas da América Central ou a Argentina, onde todos os governos civis haviam sido derrubados por levantes militares durante cinqüenta anos. Julgávamo-nos os suíços do continente. O Chefe das Forças Armadas, General Prats, era partidário de que se respeitasse a Constituição e se deixasse Allende terminar o mandato em paz, porém uma fração do Exército sublevou-se e, em junho, os tanques foram para as ruas. Prats conseguiu disciplinar a tropa, mas a zorra já tinha começado; o Parlamento declarou ilegal o governo da Unidade Popular e os generais exigiram a saída de seu comandante-em-chefe, mas, em vez de darem as caras, mandaram as esposas se manifestarem em frente à casa de Prats, num vexaminoso espetáculo público. O general se viu obrigado a renunciar e o presidente substituiu-o por Augusto Pinochet, um obscuro homem de armas do qual ninguém ouvira falar até então, amigo e compadre de Prats, e que jurou lealdade à democracia. O país parecia estar fora de controle e Salvador Allende anunciou um plebiscito para que o povo decidisse se ele continuaria governando ou se deveria renunciar, convocando novas eleições; a data proposta foi 11 de setembro. O exemplo das mulheres dos militares atuando no lugar dos maridos foi logo imitado. Meu sogro, como tantos outros, mandou Granny jogar milho nos cadetes da Escola Militar para ver se eles paravam de se comportar como galinhas e saíam em defesa da pátria, como era seu dever. Ele estava tão entusiasmado com a possibilidade de derrubar o socialismo de uma vez por todas que chegou a fazer seu panelaço no jardim em sinal de apoio às vizinhas que haviam saído em protesto. Achava que os militares, legalistas como a maioria dos chilenos, tirariam Allende da cadeira presidencial, poriam ordem no descalabro, varreriam do país esquerdistas e revoltosos e, em seguida, convocariam outra eleição; tudo saindo bem, o pêndulo iria para o lado oposto e teríamos novamente um presidente conservador. Não se iluda, na melhor das hipóteses teremos um democrata-cristão, adverti, conhecendo o ódio que ele nutria por esse partido, maior ainda do que sentia pelos comunistas. A idéia dos militares se perpetuando no poder não passava pela cabeça de ninguém, nem mesmo pela de meu sogro, embora já estivesse consolidada entre os que participavam da conspiração.

CÉLIA E NICOLÁS pedem meu regresso à Califórnia em maio, para a chegada de seu bebê. Convidaram-me para participar do nascimento de minha neta, dizem que para mim será uma festa receber a criança no momento em que sua cabecinha estiver despontando para esta vida, depois de todos esses meses que passei exposta à morte, à dor, às despedidas e às lágrimas. Se o que vejo em sonhos se realizar, como já aconteceu antes, teremos uma menina morena e simpática, de temperamento firme. Você precisa melhorar logo, Paula, para ir comigo para casa e ser madrinha de Andrea. Por que fico falando assim, minha filha? Durante muito tempo você não poderá fazer nada; anos de paciência, esforço e organização nos esperam, e você ficará com a parte mais difícil, mas estarei junto, ajudando, nada irá faltar, haverá paz e conforto à sua volta, vamos ajudá-la a se curar. Disseram-me que a reabilitação é muito lenta, mas capaz de prodígios, talvez você precise dela pela vida toda. O especialista em porfiria sustenta que você vai se recuperar completamente, porém o neurologista pediu uma bateria de exames, que começaram a ser feitos ontem. Um deles, muito doloroso, foi para verificar o estado dos nervos periféricos. Levei-a na maca pelos dédalos do hospital, até outra ala do prédio, onde espetaram seus braços e suas pernas com agulhas, aplicando eletricidade para medir as reações. Suportamos isso juntas, você nas nuvens da inconsciência e eu pensando em tantos homens, mulheres e crianças que foram torturados de maneira semelhante no Chile, por meio de choques elétricos. Cada vez que seu corpo recebia uma descarga, o meu sentia tudo, com o agravante do pavor.

Procurei relaxar e respirar com você, no mesmo ritmo, imitando o que Célia e Nicolás fazem nos cursos de parto natural; a dor é inevitável em nossa passagem pela vida, mas dizem que pode ser quase sempre suportável se não houver resistência e se não acrescentarmos a ela o medo e a angústia.

Célia teve o primeiro filho em Caracas, dopada e sozinha, porque não permitiram aa entrada de seu marido na maternidade. Nem ela nem o bebê foram protagonistas do evento, apenas o médico, sumo-sacerdote vestido de branco e com uma máscara, cabendo a ele decidir como e quando a cerimônia seria oficiada; induziu o parto no dia mais conveniente de sua agenda, porque pretendia passar o fim de semana na praia, e assim foi, também, quando meus filhos nasceram, há mais de vinte anos; pelo visto, o sistema pouco mudou. Há alguns meses levei minha nora para andar num bosque e lá, entre sequóias altivas e o murmúrio das águas, passei-lhe um sermão sobre a antiga arte das parteiras, o parto natural e o direito de viver a plenitude dessa experiência única, na qual a mãe encarna o poder feminino do universo. Ela ouviu impassível minha peroração, de vez em quando me olhando oblíqua e eloqüentemente, pois me julga pelos vestidos longos e pela almofada de meditação que carrego no carro, e acha que estou virando uma beata da Nova Era. Antes de conhecer Nicolás, Célia pertencia a uma organização católica de extrema-direita, não tinha permissão para fumar ou usar calças compridas, leitura e cinema eram censurados, o contato com o sexo oposto reduzido ao mínimo e cada momento de sua vida era regulamentado. Nessa seita, os homens devem dormir uma vez por semana sobre uma tábua, para evitar as tentações da carne, enquanto as mulheres fazem isso todas as noites, porque sua natureza é, supostamente, mais licenciosa. Célia aprendeu a usar o açoite e um cilício com farpas metálicas, fabricado pelas freiras da Candelária, para se disciplinar por amor ao Criador e pagar as próprias culpas e as alheias. Há três anos, eu pouco tinha em comum com ela, pois fora formada no desprezo pelos esquerdistas, homossexuais, artistas e por gente de outras raças ou outra condição social, mas uma simpatia mútua nos salvou e acabou ajudando a superar essas barreiras. San Francisco se encarregou do restante. Os preconceitos caíram, um a um; o cilício e o açoite passaram a fazer parte do anedotário familiar, ela se empenhou em leituras sobre política e história e, pelo caminho, suas idéias foram mudando, conheceu alguns homossexuais e percebeu que não eram demônios em forma de gente como lhe tinham dito, e acabou por aceitar também meus amigos artistas, embora alguns se enfeitassem com argolas atravessadas no nariz e uma crista verde no topo do crânio. Curou-se do racismo em menos de uma semana, quando viu que nos Estados Unidos não somos brancos, e sim *hispânicos*, e ocupamos o degrau mais baixo da escala social. Nunca tento lhe impor minhas idéias, porque se trata de uma leoa selvagem que não suportaria isso, somente segue os caminhos traçados por seu instinto e sua inteligência, mas, naquele dia no bosque, não pude me esquivar e pus em prática os melhores truques de retórica que aprendera com tio Ramón, para convencê-la de que precisaríamos procurar outros métodos, menos clínicos e mais humanos, para o seu parto. Quando chegamos em casa, Nicolás estava na porta, à espera. Peça à sua mãe que lhe explique essa trapalhada de música do universo, soltou-lhe esta nora irreverente, e desde então nos referimos ao nascimento de Andrea como a *música do universo*. Apesar do ceticismo do começo, ambos aceitaram minha sugestão e agora planejam parir como índios. Mais à frente, Paula, tentarei convencê-la do mesmo. Você é a protagonista desta doença, você tem de dar à luz a própria saúde, sem medo, com muita força. Talvez seja esta uma oportunidade tão criadora como o parto de Célia; você poderá nascer para a outra vida por meio da dor, atravessar o umbral, crescer.

ONTEM, ERNESTO E EU estávamos sozinhos no elevador do hospital, quando entrou uma mulher indescritível, um desses seres sem nenhum traço especial, sem idade nem aspecto definidos, uma sombra. Poucos segundos depois, percebi que meu genro perdera a cor, ofegando, com os olhos fechados, apoiado na parede para não cair. Dei um passo para ajudá-lo e, nesse instante, o elevador parou e a mulher saiu. Tínhamos de sair também, mas Ernesto segurou meu braço; a porta se fechou e ficamos lá dentro. Então senti o cheiro de seu perfume, Paula, tão nítido e surpreendente como um grito, e compreendi a reação de seu marido. Apertei um botão para nos determos entre dois andares, respirando os últimos vestígios desse perfume que conhecemos tão bem, enquanto rolava um rio de lágrimas pelo rosto dele. Não sei quanto tempo ficamos assim, até que batidas e gritos se fizeram ouvir, apertei outro botão, e continuamos descendo. Saímos aos tropeções, ele cambaleante e eu o sustentando, sob os olhares desconfiados de quem estava no corredor. Levei-o a uma confeitaria e nos sentamos trêmulos, diante de uma xícara de chocolate.

– Estou ficando meio louco... – disse ele. – Não consigo me concentrar no trabalho. Vejo números na tela do computador, parecem caligrafia chinesa, falam comigo e não respondo; ando tão distraído que nem sei como ainda me toleram no escritório, cometo erros monumentais. Sinto Paula tão longe! Se você soubesse como eu gosto e preciso dela... Sem ela, a vida perdeu o colorido, ficou tudo cinzento. Vivo esperando que o telefone toque e que seja você, com a voz alvoroçada, anunciando que Paula acordou e está me chamando. Nesse momento eu serei tão feliz como quando a conheci e nos apaixonamos à primeira vista.

– Você precisa desabafar, Ernesto, isto é uma tortura insuportável, precisa queimar um pouco de energia.

– Eu corro, levanto pesos, faço aikido, mas nada me ajuda. Este amor é feito gelo e fogo.

– Desculpe a indiscrição... mas você não cogitou em sair com alguma moça?

– Quem diria que você é minha sogra, Isabel! Não, não posso tocar outra mulher, não desejo mais ninguém. Sem Paula minha vida não tem sentido. O que Deus está querendo de mim? Por que me atormenta desse jeito? Nós fizemos tantos planos... Falamos em envelhecer juntos e fazer amor até os 90 anos, falamos dos lugares que iríamos visitar, de como seríamos o centro de uma grande família e teríamos a casa aberta para os amigos. Sabe que Paula queria fundar um asilo para velhos pobres? Ela queria dar aos outros idosos os cuidados que não pôde oferecer a Granny.

– Esta é a pior prova da vida de vocês, mas hão de superá-la, Ernesto.

– Estou tão cansado...

ACABA DE PASSAR pela enfermaria um professor de medicina, com um grupo de estudantes. Ele não me conhece e, graças ao avental e aos sapatos brancos, pude estar presente enquanto examinavam você. Precisei de todo o sangue-frio adquirido no colégio do Líbano para manter uma expressão indiferente, durante o tempo em que a manipularam sem o menor respeito, como se fosse um cadáver, falando de seu caso como se você não pudesse ouvi-los. Disseram que a recuperação se dá normalmente nos seis primeiros meses, e você já está com quatro, que não deve evoluir muito mais e é possível que fique anos assim, que não se pode destinar um leito do hospital a um doente incurável, que irão mandá-la para uma instituição, e imagino que estivessem se referindo a um asilo ou um hospício. Não acredite em nada, Paula.

Se entende o que ouve, esqueça isso, por favor, nunca abandonarei você, daqui irá para uma clínica de reabilitação, e depois para casa, não vou deixar que a continuem atormentando com agulhas elétricas e prognósticos lapidares. Já chega. Também não é verdade que seu estado não apresenta alterações; eles não as vêem porque só aparecem na enfermaria raramente, mas quem está aqui com você constata seus progressos. Ernesto garante que você o reconhece; senta a seu lado, procura seu olhar, fala baixinho e vejo como sua expressão muda, ele a acalma e você parece às vezes emocionada, algumas lágrimas rolam de seus olhos e os lábios se movimentam para dizer a ele alguma coisa, ou você ergue levemente a mão, como se quisesse acariciá-lo. Os médicos não acreditam nisso, nem têm tempo para observá-la, vêem apenas uma doente paralítica e petrificada, que nem ao menos pestaneja quando gritam seu nome. Apesar da lentidão apavorante deste processo, sei que você está saindo, passo a passo, do abismo no qual ficou perdida durante vários meses e que um dia desses se ligará ao presente. Repito isso sem parar, mas às vezes a esperança falha. Ernesto me surpreendeu elucubrando no terraço.

– Pense um pouco, qual é a pior coisa que pode acontecer?

– Não é a morte, Ernesto, mas que Paula continue do jeito que está.

– E você acha que nós vamos gostar menos dela por causa disso?

Como sempre, seu marido tem razão. Não gostaremos menos, mas muito mais, nos organizaremos, teremos um hospital em casa e, quando eu faltar, seu marido, seu irmão ou meus netos cuidarão de você, isso veremos, filha, não se preocupe.

Chego ao hotel de noite e mergulho num silêncio quieto, indispensável para recuperar o que sobrou de minha energia dispersa na agitação do hospital. Muita gente visita de tarde sua enfermaria, faz calor, é uma confusão, e ainda há quem se atreva a fumar enquanto os doentes se sufocam. Meu quarto de hotel se converteu num refúgio sagrado, onde posso pôr ordem no pensamento e escrever. Willie e Célia telefonam diariamente da Califórnia, minha mãe escreve a toda hora, estou bem acompanhada. Eu me sentiria mais forte se pudesse descansar, mas durmo aos sobressaltos e freqüentemente os sonhos aterrorizantes são mais vívidos que a realidade. Todas as noites acordo mil vezes, assaltada por pesadelos e recordações.

NO DIA 11 DE SETEMBRO DE 1973, a Marinha sublevou-se ao amanhecer; logo depois, o Exército e a Aeronáutica, e, finalmente, o Corpo de Carabineiros, a polícia chilena. Salvador Allende foi imediatamente avisado, vestiu-se depressa, despediu-se da mulher e partiu para o seu gabinete, disposto a cumprir o que sempre dissera: de La Moneda não me tirarão vivo. Suas filhas, Isabel e Tati, que estava grávida, acompanharam o pai. A má notícia logo se espalhou, e ministros, secretários, funcionários, médicos de confiança, alguns jornalistas e amigos chegaram ao Palácio; era uma pequena multidão que dava voltas pelos salões sem saber o que fazer, improvisando táticas de combate, bloqueando portas com móveis, conforme as confusas ordens dos guarda-costas do presidente. Os mais angustiados opinavam que chegara a hora de convocar o povo para uma manifestação maciça em defesa do governo, porém Allende calculou que haveria milhares de mortos. Enquanto isso, ele tentava dissuadir os rebeldes, por meio de mensageiros e telefonemas, porque nenhum dos generais revoltosos teve a coragem de enfrentá-lo cara a cara. Os guardas receberam ordens de seus superiores para se retirarem, pois também

 os carabineiros haviam aderido ao Golpe, e o presidente os

liberou, mas exigindo que lhe entregassem as armas. O Palácio ficou desguarnecido e as enormes portas, com reforços de ferro forjado, foram fechadas por dentro. Pouco depois das nove da manhã, Allende compreendeu que toda a sua habilidade política seria insuficiente para desviar o trágico rumo daquele dia; na verdade, os homens trancados no antigo prédio colonial tinham ficado sós, ninguém iria resgatá-los, e o povo estava desarmado e sem líderes. Ordenou a saída das mulheres e seus guardas distribuíram as armas entre os homens, mas pouquíssimos deles sabiam usá-las. As notícias chegaram à Embaixada de Buenos Aires e tio Ramón conseguiu telefonar para o presidente. Allende se despediu do amigo de tantos anos: *não vou renunciar, só sairei de La Moneda quando terminar meu mandato, quando o povo assim exigir, ou então morto.* Enquanto isso, as unidades militares de todo o país caíam nas mãos dos golpistas, uma a uma, e nos quartéis começava o expurgo dos que permaneceram leais à Constituição: os primeiros fuzilados desse dia vestiam farda. O Palácio estava cercado por soldados e tanques, ouviram-se disparos isolados e logo um tiroteio que perfurou as grossas paredes centenárias e incendiou móveis e cortinas do primeiro andar. Allende apareceu no terraço, com um capacete e um fuzil, e disparou algumas rajadas, mas logo alguém o convenceu de que isso era uma loucura e o obrigou a entrar. Concedeu-se uma breve trégua para retirar as mulheres e o presidente pediu que todos se rendessem, mas poucos o fizeram; a maioria se entrincheirou nos salões do segundo andar, enquanto ele se despedia, com um abraço, das seis mulheres que ainda permaneciam a seu lado. As filhas não queriam abandoná-lo, mas o fim se desencadeara e, por ordem do pai, ambas foram retiradas à força. No meio da confusão, elas saíram e andaram pela rua sem que ninguém as detivesse, até serem recolhidas por um carro que as levou para um lugar seguro. Tati nunca se recuperou da dor daquela separação e da morte do pai, o homem que mais amara na vida; três anos depois, exilada em Cuba, entregou os filhos a uma amiga e, sem se despedir de ninguém, matou-se com um tiro. Os generais, que não esperavam tamanha resistência, ignoravam como agir e, não querendo transformar Allende em herói, ofereceram um avião para que partisse com a família para o exílio. Enganaram-se comigo, traidores, foi a sua resposta. Então lhe anunciaram que ia começar o bombardeio aéreo. Restava muito pouco tempo. O presidente se dirigiu ao povo pela última vez por intermédio da única emissora de rádio que ainda não caíra em mãos dos militares revoltosos. A voz dele era tão pausada e firme, as palavras tão resolutas, que essa despedida não parece o derradeiro alento de um homem que vai morrer, e sim a saudação digna de quem entra para sempre na História.

> Certamente a Rádio Magallanes será emudecida e o timbre tranqüilo de minha voz não chegará a vocês. Pouco importa. Continuarão a ouvi-lo. Estarei sempre junto de vocês. Pelo menos, a recordação que deixo será a de um homem digno, que foi leal à lealdade dos trabalhadores... Eles têm a força, poderão nos avassalar, mas os processos sociais não são detidos pelo crime e pela força. A História é nossa e é feita pelos povos... Trabalhadores da minha pátria: tenho fé no Chile e em seu destino. Outros homens superarão este momento amargo e obscuro, em que a traição pretende se impor. Continuem com a certeza de que, muito antes do que se pensa, abrir-se-ão as grandes veredas pelas quais passará o homem livre, para construir uma sociedade melhor. Viva o Chile! Viva o povo! Viva os trabalhadores!

Os bombardeiros voaram como pássaros fatídicos sobre o palácio de La Moneda, lançando sua carga com tal precisão que os explosivos entraram pelas janelas e, em menos de dez minutos, uma ala inteira do edifício estava em chamas, enquanto os tanques, da rua, disparavam gás lacrimogêneo. Simultaneamente, outros aviões e tanques atacavam a residência presidencial no bairro alto. O fogo e a fumaça envolveram o primeiro andar do palácio e começaram a invadir os salões do segundo andar, onde Salvador Allende e um pequeno grupo fiel ainda permaneciam entrincheirados. Havia corpos atirados por toda parte, alguns eram de feridos se esvaindo em sangue. Os sobreviventes, sufocados pela fumaça e pelos gases, não conseguiam se fazer ouvir, devido ao barulho do tiroteio, dos aviões e das bombas. A tropa de assalto do Exército penetrou as saídas de incêndio, ocupou o térreo em chamas e, por meio de alto-falantes, ordenou aos remanescentes que descessem por uma escadaria de pedra exterior, que dava para a rua. Allende compreendeu que qualquer resistência acabaria em massacre e ordenou aos seus que se rendessem, porque seriam mais úteis ao povo vivos do que mortos. Despediu-se de cada um com um forte aperto de mão, olhando-os nos olhos. Eles saíram em fila indiana, de braços erguidos. Os soldados os receberam a coronhadas e pontapés, jogaram-nos escadaria abaixo e acabaram de atordoá-los com pancadas, antes de arrastá-los para a rua, onde ficaram estendidos com a boca no chão, enquanto um oficial alucinado ameaçava passar os tanques por cima. O presidente permaneceu com o fuzil na mão, junto à bandeira chilena, rasgada e ensangüentada, no Salão Vermelho já em ruínas. Os soldados irromperam com as armas engatilhadas. A versão oficial é de que ele pôs no queixo o cano da arma, disparou e o tiro estraçalhou sua cabeça.

NESSA TERÇA-FEIRA inesquecível, saí para o trabalho, como fazia todas as manhãs. Michael também foi e, creio que um pouco mais tarde, os meninos seguiram a pé para o colégio, levando suas mochilas, sem saber que as aulas estavam suspensas. A poucos quarteirões, notei as ruas quase desertas, viam-se apenas algumas donas-de-casa surpresas diante das padarias fechadas e uns tantos trabalhadores que caminhavam com suas marmitas debaixo do braço, pois não havia ônibus; circulavam somente os veículos militares, entre os quais meu carro, pintado com flores e anjinhos, mais parecia uma piada. Ninguém me deteve. Eu não tinha rádio para escutar os noticiários, e mesmo que tivesse, de nada serviria, porque toda informação já estava censurada. Pensei em passar pela casa do Tata, talvez ele soubesse que diabos estava acontecendo, mas desisti de incomodá-lo tão cedo. Prossegui até o escritório, com a sensação de estar perdida nas páginas de um daqueles livros de ficção científica que tanto me agradavam na adolescência, a cidade parecia congelada num cataclismo de outro mundo. Encontrei a porta da editora trancada a cadeado; pelo vidro, o porteiro fez sinais para que eu fosse embora, tratava-se de um homem detestável que espionava os funcionários para delatá-los sob o menor pretexto. Então, pensei, isto é um Golpe Militar, e dei meia-volta para tomar um café com a Avó Hilda e comentar os acontecimentos. A essa altura, ouvi os helicópteros e, pouco depois, os primeiros aviões passavam baixo e rugindo.

Avó Hilda estava na porta de casa, olhando a rua com um ar desolado, e mal viu se aproximar o carro colorido, que tão bem conhecia, veio correndo a meu encontro, com as más notícias. Temia pelo marido, um abnegado professor de francês que tinha saído muito cedo para o trabalho e não se comunicara mais com ela. Tomamos café com torradas, tentando contatá-lo pelo telefone, mas ninguém atendia. Falei com Granny, que não desconfiava de coisa alguma, e com as crianças, que brincavam sossegadamente, a situação não me pareceu alarmante e até achei que poderia passar a manhã costurando com a Avó Hilda; ela, porém, estava inquieta. O colégio no qual seu marido ensinava ficava em pleno centro, a poucos quarteirões do palácio de La Moneda, e, pela única emissora que ainda dava notícias, ela soubera que esse setor estava nas mãos dos golpistas. Há tiros, estão matando gente, dizem que não se deve sair por causa de balas perdidas, uma amiga que mora lá no centro me telefonou dizendo que se vêem mortos, feridos e caminhões repletos de presos, parece que há toque de recolher; você sabe o que é isso?, balbuciava a Avó Hilda. Não, eu não sabia. Apesar de sua angústia parecer exagerada, ofereci-me para ir buscar o marido dela, pois mal ou bem eu circulava sem que ninguém me incomodasse. Quarenta minutos depois, estacionei diante do colégio, entrei pela porta entreaberta e lá também não vi ninguém, pátios e salas de aula estavam silenciosos. Um velho porteiro apareceu, arrastando os pés, e me mostrou com um gesto onde estava meu amigo. Não pode ser, os *milicos* se revoltaram!, repetia ele, incrédulo. Numa sala de aula, encontrei o professor sentado diante do quadro-negro, com uma pilha de papéis sobre a mesa, e o rádio ligado, com o rosto entre as mãos, soluçando. Ouça, disse ele. Foi assim que ouvi as últimas palavras do Presidente Allende. Depois, fomos para o andar mais alto do prédio, de onde se avistavam os telhados de La Moneda, e esperamos, sem saber o que, porque não havia mais notícias, todas as emissoras estavam transmitindo hinos marciais. Quando vimos os aviões voando muito baixo, ouvimos o estrondo das bombas e uma grossa coluna de fumaça se elevou para o céu, sentimos que estávamos sendo vítimas de um pesadelo. Não podíamos acreditar que eles tivessem ousado atacar La Moneda, o coração da democracia chilena. O que será do companheiro Allende?, perguntou meu amigo, com a voz embargada. Ele nunca se renderá, respondi. Então compreendemos a extensão da tragédia e o perigo que estávamos correndo, despedimo-nos do porteiro, que se negava a abandonar seu posto, entramos em meu automóvel e partimos em direção ao bairro alto pelas ruas laterais, evitando os soldados. Não consigo entender como chegamos sem problemas à casa dele, nem como fiz o trajeto até a minha, onde Michael me esperava aflito, e as crianças contentes com aquelas férias inesperadas.

No meio da tarde, eu soube, por um telefonema confidencial, que Salvador Allende tinha morrido.

AS LINHAS ESTAVAM sobrecarregadas e as comunicações internacionais, praticamente interrompidas, mas consegui telefonar para meus pais, em Buenos Aires, para lhes dar a terrível notícia. Eles já sabiam, a censura que tínhamos no Chile não valia para o restante do mundo. Tio Ramón hasteou a bandeira a meio-pau em sinal de luto e, ato contínuo, apresentou seu pedido de demissão irrevogável à Junta Militar. Minha mãe e ele fizeram um inventário rigoroso de todos os bens públicos que havia na residência e, dois dias depois, entregaram a Embaixada. Assim terminaram seus 39 anos de carreira diplomática; não estavam dispostos a colaborar com a Junta, preferiram a incerteza e o anonimato. Tio Ramón tinha 57 anos e minha mãe, cinco a menos; ambos estavam com o coração despedaçado, seu país sucumbira à insensatez da violência, a família se dispersara, os filhos estavam longe, os amigos, mortos ou no exílio; eles não tinham trabalho e contavam com poucos recursos numa cidade estrangeira, onde também já se pressentiam o horror da ditadura e o começo do que veio a se chamar a *Guerra Suja*. Despediram-se do pessoal, que manifestou carinho e respeito até o último momento, e saíram de mãos dadas e de cabeça erguida. Nos jardins, uma multidão gritava as palavras de ordem da Unidade Popular, eram milhares de jovens e velhos, de homens, mulheres e crianças, todos chorando a morte de Salvador Allende e de seus sonhos de justiça e liberdade. O Chile se convertera num símbolo.

O TERROR COMEÇOU no amanhecer daquela mesma terça-feira, porém algumas pessoas só vieram a saber muitos dias depois, outras esperaram mais tempo para aceitá-lo e, apesar de todas as evidências, um punhado de privilegiados conseguiu ignorá-lo durante 17 anos e até hoje ainda o nega. Os quatro generais das Forças Armadas e Carabineiros apareceram na televisão explicando os motivos do Pronunciamento Militar, nome que deram ao Golpe, enquanto dezenas de cadáveres flutuavam no rio Mapocho, que atravessa a cidade, e milhares de prisioneiros se amontoavam em quartéis, prisões e novos campos de concentração, organizados ao longo de todo o país em poucos dias. O general mais violento era o da Aeronáutica; o mais insignificante, o dos Carabineiros; o mais apagado, um tal Augusto Pinochet, de quem pouco se tinha ouvido falar. Ninguém desconfiou, nessa primeira aparição em público, que aquele homem, com aspecto de avô bonachão, se tornaria a figura de óculos escuros, com o peito coalhado de medalhas e capa de imperador prussiano, cujas reveladoras fotografias acabaram dando a volta ao mundo. A Junta Militar impôs o toque de recolher por muitas horas, apenas os homens das Forças Armadas podiam circular pelas ruas. Nessa ocasião, invadiram os prédios do governo e da administração pública, bancos, universidades, fábricas, assentamentos de camponeses e comunidades inteiras, em busca dos partidários da Unidade Popular. Políticos, jornalistas, intelectuais e artistas da esquerda foram presos imediatamente, dirigentes operários foram fuzilados sem processos, as prisões não eram suficientes para os detentos, e para esse fim utilizaram escolas e estádios. Estávamos sem notícias, a televisão transmitia desenhos animados, as rádios tocavam marchas militares e a cada momento divulgavam novos comunicados com as ordens do dia, e então voltávamos a ver nas telas os quatro generais golpistas, tendo como pano de fundo as armas da pátria e a bandeira nacional. Explicaram o Plano Z aos cidadãos, segundo o qual o governo deposto tinha uma interminável lista negra, com milhares de nomes de pessoas da oposição que deveriam ser massacradas nos próximos dias, tendo eles se antecipado para evitar um genocídio sem precedentes. Disseram que a pátria estava nas mãos de agentes soviéticos e de guerrilheiros cubanos, e que, embriagado, Allende se suicidara de vergonha não somente pelo fracasso de sua gestão, mas sobretudo porque as honradas Forças Armadas haviam desmascarado seus depósitos de armamentos russos, sua despensa cheia de frangos, sua corrupção, seus roubos e bacanais, como provava uma série de fotografias pornográficas que, por decência, não poderiam ser exibidas. Pela imprensa, rádio e televisão, intimaram centenas de pessoas a se entregarem ao Ministério da Defesa e alguns incautos o fizeram de boa-fé, pagando muito caro por isso. Meu irmão Pancho figurava entre eles e se salvou porque estava em missão diplomática em Moscou, onde ficou retido com sua família durante vários anos. A casa do presidente foi tomada de assalto depois de ter sido bombardeada e até a roupa da família foi saqueada. A vizinhança e os soldados levaram como recordação os objetos pessoais, os documentos mais íntimos e as obras de arte que os Allende haviam colecionado ao longo da vida. Nas comunidades operárias, a repressão foi implacável, houve execuções sumárias no país inteiro, um sem-número de prisioneiros, desaparecidos e torturados, não havia onde esconder tantos perseguidos nem como alimentar milhares de famílias sem trabalho. Como surgiram de repente tantos delatores, colaboracionistas, torturadores e assassinos? Talvez eles tenham sempre existido e nós não os enxergássemos. Tampouco podíamos entender o ódio feroz da tropa, oriunda das camadas sociais mais baixas, e que agora martirizava seus irmãos de classe.

A viúva, as filhas e alguns colaboradores próximos de Salvador Allende se refugiaram na Embaixada do México. No dia seguinte ao Golpe Militar, Tencha saiu com um salvo-conduto, escoltada por militares, para enterrar secretamente seu marido numa cova anônima. Não permitiram que ela visse o cadáver. Pouco depois partiu com as filhas para o exílio no México, onde foram recebidas com honras pelo presidente e generosamente amparadas por todo o povo. O destituído General Prats, que se negara a dar respaldo aos golpistas, foi tirado do Chile e levado para a Argentina a toque de caixa, porque tinha um sólido prestígio nas fileiras e temiam que ele encabeçasse uma possível cisão das Forças Armadas, embora nunca tivesse pensado em semelhante coisa. Levou uma vida retirada e modesta em Buenos Aires, contando com pouquíssimos amigos, entre eles, meus pais; estava longe das filhas e temia pela própria vida. Trancado em seu apartamento, começou a escrever, em silêncio, as amargas memórias dos últimos tempos.

No dia seguinte ao Golpe, houve uma determinação militar de que se arvorasse a bandeira em todos os telhados, para celebrar a vitória dos valentes soldados, que tão heroicamente defendiam a civilização ocidental cristã contra a conspiração comunista. Um jipe estacionou diante de nossa casa, para verificar por que não cumpríamos a ordem. Michael e eu explicamos meu parentesco com Allende, estamos de luto, se o senhor quiser hasteamos a bandeira a meio-pau, com uma tarja negra, foi o que dissemos. O oficial ficou pensando durante algum tempo e, como não tinha instruções sobre isso, partiu sem maiores comentários. Haviam começado as denúncias e esperávamos que, a qualquer momento, houvesse um telefonema nos acusando sabe-se lá de que crimes, mas isso não aconteceu; talvez o carinho que Granny inspirava no bairro tenha impedido isso. Michael soube que havia um grupo de operários retidos num de seus edifícios em construção, não haviam conseguido sair de manhã e depois não puderam fazê-lo devido ao toque de recolher. Estavam sem comunicação e alimento. Avisamos a Granny, que deu um jeito de atravessar a rua agachada e vir para perto dos netos, tiramos provisões de nossa despensa e, tal como indicara o rádio para os casos de emergência, saímos no carro, a passo de tartaruga, com um lenço branco amarrado num pau e com as janelas abertas. Cinco vezes nos pararam, exigindo sempre que Michael descesse; revistavam bruscamente o desconjuntado Citroën e em seguida nos deixavam prosseguir. Não me fizeram qualquer pergunta, sequer me viram, e pensei que o espírito protetor de Memé me houvesse coberto com um manto de invisibilidade; só depois compreendi que, na idiossincrasia militar, as mulheres não contam, valendo apenas como butim de guerra. Se tivessem examinado meus documentos e visto meu sobrenome, talvez nunca conseguíssemos entregar a cesta com alimentos. Nessa ocasião, não sentimos medo, pois ainda desconhecíamos os mecanismos da repressão e acreditávamos que bastava explicar que não pertencíamos a nenhum partido político para estar fora de perigo, mas, quando foi suspenso o toque de recolher e pudemos nos comunicar, a verdade logo se revelou.

Na editora, despediram imediatamente quem tivera alguma participação ativa na Unidade Popular; eu fiquei na mira. Délia Vergara, pálida mas firme, anunciou o mesmo

 que dissera três anos antes: continuaremos trabalhando

como de costume. Entretanto, dessa vez era diferente, vários colaboradores haviam desaparecido e a melhor jornalista da equipe estava alucinada, tentando esconder seu irmão. Três meses depois, ela própria teve de se asilar e acabou refugiada na França, onde viveu por mais de vinte anos. As autoridades convocaram a imprensa para comunicar as normas da rigorosa censura sob a qual se devia operar: não eram somente assuntos proibidos, mas também palavras perigosas, como *companheiro*, que foi eliminada do vocabulário, e outras mais, que se deveria empregar com extrema prudência, tais como povo, sindicato, assentamento, justiça, trabalhador e muitas mais, identificadas com a linguagem da esquerda. A palavra democracia só poderia ser usada com um adjetivo: democracia condicionada, autoritária e até mesmo totalitária. Meu primeiro contato direto com a censura se deu uma semana depois, quando apareceu nas bancas a revista juvenil que eu dirigia, com uma ilustração na capa de quatro gorilas ferozes e, no interior, uma longa reportagem sobre esses animais. As Forças Armadas consideraram isso uma alusão direta aos quatro generais da Junta. Preparávamos as páginas a cores com dois meses de antecedência e, nesse caso, a hipótese de um Golpe Militar ainda era bastante remota, sendo uma estranha coincidência que os quatro gorilas fossem parar na capa da revista logo naquele momento. O dono da editora, que regressara em seu avião particular assim que o caos dos primeiros dias se aplacou, despediu-me e nomeou outro diretor, o mesmo homem que pouco depois conseguiu convencer a Junta Militar a modificar os mapas, virando os continentes de cabeça para baixo, de modo que a benemérita pátria aparecesse no topo e não no cu da página, colocando o Sul em cima e estendendo as águas territoriais até a Ásia. Perdi a função de diretora e logo ficaria sem meu lugar na revista feminina, medida que atingiria o restante da equipe, já que, aos olhos dos militares, o feminismo era tão subversivo quanto o marxismo. Os soldados cortavam as calças compridas das mulheres a tesouradas, em plena rua, porque, segundo eles, somente os machos podem usar calças; os cabelos longos dos homens foram considerados indícios de viadagem e as barbas eram raspadas porque tinham medo de que, atrás delas, houvesse comunistas escondidos. Havíamos retrocedido aos tempos da autoridade masculina inquestionável. Sob as ordens de uma nova diretora, a revista deu uma guinada brusca e se transformou na réplica exata de dúzias de publicações fúteis, destinadas às mulheres. O dono da empresa voltou a fotografar suas belas adolescentes.

A Junta Militar acabou, por decreto, com greves e protestos, devolveu as terras aos antigos donos e as minas, aos norte-americanos. Abriu o país para os empreendimentos e capital estrangeiros, vendeu nossos bosques milenares e a fauna marítima a companhias japonesas, e criou um sistema de polpudas comissões e de corrupção como uma forma de governo. Surgiu uma nova casta de jovens executivos, educados nas doutrinas do capitalismo puro, que circulavam em motos reluzentes e dirigiam os destinos da pátria com a mais impiedosa frieza. Em nome da eficiência econômica, os generais congelaram a História, combateram a democracia como uma "*ideologia estrangeira*" e ela foi substituída por uma doutrina de "*lei e ordem*". O Chile não foi um caso isolado, logo a longa noite do totalitarismo se estenderia por toda a América Latina.

Parte II

Maio – Dezembro de 1992

1

Já não escrevo para que minha filha não se sinta tão perdida quando acordar, porque ela não acordará. Estas páginas não têm destinatário, Paula nunca poderá lê-las...

Não! Por que estou repetindo o que os outros dizem se não acredito nisso? Ela foi descartada entre os doentes irrecuperáveis. Lesão cerebral, me disseram... Depois de ver os últimos exames, o neurologista me levou a seu consultório e, com a maior suavidade, mostrou as radiografias contra a luz, dois grandes retângulos negros nos quais a excepcional inteligência de minha filha está reduzida a uma imprestável mancha escura. Seu lápis ia indicando os caminhos emaranhados do cérebro, à medida que ele explicava as terríveis conseqüências dessas manchas e linhas.

– Paula tem uma lesão grave, não podemos fazer nada, o cérebro está destruído. É impossível determinar quando e como isso aconteceu, a causa pode ter sido perda de sódio, falta de oxigênio ou excesso de medicamentos, mas também pode ser atribuída ao processo devastador da doença.

– Quer dizer que ela poderá ficar mentalmente retardada?

– O prognóstico é muito ruim, na melhor das hipóteses, ela atingiria um nível de desenvolvimento infantil.

– Que significa isso?

– Nessa etapa fica difícil dizer, cada caso é diferente.

– Ela conseguirá falar?

– Não acredito. O mais provável é que também não volte a andar. Será sempre uma inválida – acrescentou, olhando-me tristemente por cima dos óculos.

– Há um erro nisso. O senhor tem que repetir esses exames!

– Temo que seja essa a realidade, Isabel.

– O senhor não sabe o que está dizendo! Nunca viu Paula sadia, não imagina como é minha filha! Ela é brilhante, a pessoa mais inteligente da família, sempre a primeira em tudo que se propõe a fazer. Tem um espírito indomável. Está achando que vai se dar por vencida? Nunca!

– Sinto muito... – murmurou segurando minhas mãos, mas eu já não o ouvia. Sua voz vinha de muito longe, enquanto o passado inteiro de Paula surgia diante de mim, numa sucessão de rápidas imagens. Pude vê-la em cada idade: recém-nascida, nuazinha e com os olhos abertos, olhando-me com a mesma expressão atenta que teve até o último instante de sua vida consciente; dando os primeiros passos, com a seriedade de uma professorinha; escondendo, sem que ninguém visse, as tristes garrafas da avó; aos 10 anos, dançando como uma marionete alucinada as músicas da televisão e, aos 15, me recebendo com um abraço contrafeito e um olhar duro, quando voltei para casa depois da aventura fracassada com um amante cujo nome não quero lembrar; na última festa do colégio, com seus cabelos batendo na cintura, e depois de beca e barrete de formatura. Eu a vi, como uma fada, entre as alvas rendas de seu vestido de noiva, e com a blusa verde de algodão e os chinelos gastos, de pele de coelho, dobrada de dor e com a cabeça no meu colo, quando a doença já a atacara. Naquela tarde, há quatro meses e vinte e um dias precisamente, Ernesto e eu ainda falávamos de uma gripe e discutíamos a tendência de Paula a exagerar suas doenças, para chamar nossa atenção. E pude vê-la, na madrugada fatídica em que começou a morrer nos meus braços, vomitando sangue. Essas visões apareceram como fotografias desordenadas e superpostas, num tempo muito lento e inexorável, pelo qual andávamos todos pesadamente, como se estivéssemos no fundo do mar, incapazes de dar um pulo de tigre para deter, de repente, a roda do destino, que gira veloz, rumo à fatalidade. Durante quase cinqüenta anos, tolerei a violência e a dor, confiante na proteção concedida pelo sol da sorte que tenho em minhas costas, porém, sempre suspeitei que, cedo ou tarde, uma grande desgraça desabaria em cima de mim. Entretanto, nunca supus que o golpe atingiria um de meus filhos. Nisso, voltei a ouvir a voz do neurologista.

– Ela não percebe nada, pode acreditar em mim, sua filha não está sofrendo.

– Sofre, sim, está assustada. Vou levá-la para a Califórnia o mais depressa possível.

– Aqui ela tem cobertura do Seguro Social; nos Estados Unidos, a medicina é um roubo. Além disso, a viagem é arriscada, Paula ainda não retém o sódio, não controla a pressão nem a temperatura, apresenta dificuldades respiratórias; não é conveniente removê-la nessa fase, talvez não consiga resistir à viagem. A Espanha tem algumas instituições onde nas quais ela poderá ser bem tratada, ela não vai sentir saudades de ninguém, não reconhece nada em volta, sequer sabe onde está.

– O senhor não entende que nunca irei deixá-la? Me ajude, doutor, tenho que levar Paula, custe o que custar...

Quando olho para trás e vejo o longo trajeto de minha vida, acho que o Golpe Militar do Chile foi uma dessas encruzilhadas dramáticas que mudaram meu rumo. Daqui a alguns anos, talvez relembre o dia de ontem como outra tragédia que me marcou a existência. Nada voltará a ser como antes. Afirmam que não há remédio, mas não acredito, levarei Paula para os Estados Unidos e lá encontraremos ajuda. Willie conseguiu uma vaga num hospital e a única coisa que falta é convencer Ernesto a deixá-la partir, ele não pode cuidar dela e jamais iremos interná-la numa instituição; vou descobrir uma forma de viajar com Paula, não será o primeiro doente grave a ser transportado; ela irá comigo, nem que eu tenha de roubar um avião.

A BAÍA DE SAN FRANCISCO nunca esteve tão bonita, com centenas de barcos com as velas coloridas e enfunadas navegando para comemorar o começo da primavera, com o pessoal de short, correndo na ponte do Golden Gate, e as montanhas verdes, pois finalmente choveu, depois de seis anos de seca. Em todo esse tempo, jamais se viram árvores tão frondosas nem um céu tão anil, a paisagem se vestiu de festa para nos receber, como um gesto acolhedor. Acabou o longo inverno de Madri. Antes de partir, levei Paula à capela, que estava deserta e na penumbra, como quase sempre acontece, mas cheia de lírios para a Nossa Senhora, por causa do Dia das Mães. Coloquei a cadeira de rodas diante dessa imagem de madeira, perante a qual minha mãe derramou tantas lágrimas naqueles cem dias de seu sofrimento, e acendi uma vela como celebração à vida. Minha mãe pedia que a Virgem envolvesse Paula com seu manto e a protegesse da dor e da angústia, que, se quisesse levá-la, pelo menos não a deixasse sofrer mais. Eu pedi à Deusa que nos ajudasse a chegar sãos e salvos à Califórnia, que nos desse amparo nessa segunda etapa que agora começava e força para atravessá-la. Paula, com a cabeça inclinada e o olhar fixo no chão, totalmente espástica, começou a chorar, e suas lágrimas escorriam, uma a uma, como as notas de um exercício de piano. O que minha filha consegue entender? Às vezes acho que quer me dizer alguma coisa, acho que quer dizer adeus...

Ernesto e eu fomos preparar sua maleta. Entrei nesse apartamentinho limpo, arrumado, límpido, onde ambos foram tão felizes por tão breve tempo, e, como sempre, a simplicidade franciscana na qual viviam me causou um impacto. Aos 28 anos, Paula atingiu um grau de maturidade que outras pessoas não conseguem, percebeu como a vida é efêmera e foi se desligando de quase tudo que é material, cada vez mais concentrada nas inquietações da alma. Por que você se afoba tanto, se a gente vai ser enterrada enrolada num lençol?, foi o que me disse, numa loja de roupas, quando quis lhe comprar três blusas. Ela se desfez de tudo, até o último fiapo de vaidade, não queria enfeites, nada de desnecessário ou supérfluo; sua cabeça clara só reservava espaço e paciência para o essencial. Estou procurando Deus e não O encontro, disse pouco antes de entrar em coma. Ernesto pôs numa sacola algumas roupas, fotografias da lua-de-mel na Escócia, os chinelos gastos de pele de coelho, o açucareiro que ela herdou da Granny e a boneca de pano – já meio careca e caolha – que eu fiz quando ela nasceu e que levava consigo como uma relíquia comida pelas traças. Ficaram, numa cesta, as cartas que lhe escrevi durante estes anos e que, como minha mãe, ela guardava por ordem de data. Sugeri destruí-las, porém meu genro disse que algum dia ela iria querê-las de volta. O apartamento ficou varrido por um vento desolador; no dia 6 de dezembro, Paula saiu de lá para o hospital e nunca mais voltou. Seu espírito vigilante permanecia presente enquanto guardávamos essas poucas coisas e mexíamos em sua intimidade. Subitamente, Ernesto caiu de joelhos, abraçado em minha cintura, sacudido pelos soluços que reprimira ao longo de meses intermináveis. Creio que nesse momento percebeu a tragédia em toda a sua extensão e compreendeu que sua mulher nunca mais voltaria ao apartamento de Madri, que ela partira para outra dimensão, deixando-o sozinho, com a lembrança da beleza e da graça que despertaram sua paixão.

– Será que nos amamos demais, que Paula e eu consumimos feito uns gulosos toda a felicidade a que tínhamos direito? Será que devoramos a vida? Tenho uma reserva de amor incondicional, mas parece que ela não está mais sentindo falta dele – disse.

– Paula precisa de você como nunca, Ernesto, mas agora precisa mais de mim, porque você não pode tomar conta dela.

– Não é justo que você carregue sozinha essa tremenda responsabilidade. Ela é minha mulher...

– Não ficarei só, conto com uma família. Além disso, você pode vir junto, minha casa também é sua.

– O que vai acontecer se eu não conseguir trabalho na Califórnia? Não posso ficar debaixo de sua asa. Mas também não quero me separar dela...

– Paula me contou, numa carta, que tudo mudou quando você entrou na vida dela, que se sentiu completa. E que, certas vezes, quando vocês estavam com uma porção de gente, meio tontos com o barulho das conversas cruzadas, bastava um olhar para se dizerem o quanto se gostavam. O tempo se congelava e criava-se um espaço mágico, no qual apenas você e ela existiam. Talvez aconteça isso daqui para a frente, o amor de vocês dois continuará intacto, apesar da distância, dentro de um compartimento isolado, para além da vida e da morte.

No último momento, antes de fechar a porta definitivamente, ele me entregou um envelope lacrado. Com a letra inconfundível de minha filha, estava escrito: *Para ser aberto quando eu morrer.*

– Alguns meses atrás, em plena lua-de-mel, Paula acordou aos gritos – ele me contou. Não sei o que sonhara, mas deve ter sido alguma coisa muito inquietante, porque não conseguiu mais dormir. Então escreveu esta carta e a entregou para mim. Acha que devemos abri-la?

– Ernesto, Paula não morreu...

– Então fique com ela. Cada vez que eu vejo este envelope, sinto uma garra me apertando, aqui no peito.

Adeus, Madri... Ficaram para trás o corredor dos passos perdidos, onde dei tantas voltas ao mundo, o quarto de hotel e as sopas de lentilhas. Abracei Elvira, Aurélia e os outros amigos do hospital pela última vez, e todos choravam ao se despedirem; abracei as freiras, que me deram um terço benzido pelo Papa, os curandeiros, que vieram aplicar, ainda uma vez, a arte dos sininhos tibetanos, e o neurologista, único médico que permaneceu comigo até o final, preparando Paula e obtendo assinaturas e autorizações para que a companhia aérea a transportasse. Reservei vários lugares da primeira classe, instalei uma maca, oxigênio e os aparelhos necessários, contratei uma enfermeira especializada e levei minha filha de ambulância até o aeroporto, onde havia gente à nossa espera para nos transferir diretamente para o avião. Ela estava adormecida, graças a umas gotas que o médico me deu no último instante. Penteei seus cabelos, prendendo a metade num rabo-de-cavalo amarrado com um lenço, do jeito que ela gostava, Ernesto e eu a vestimos pela primeira vez, nesses longos meses, pondo uma saia minha e um casaco dele, porque, no armário, só havia dois jeans, umas poucas blusas e um casacão, impossíveis de colocar em seu corpo rígido.

A viagem de Madri para San Francisco foi um safári de mais de vinte horas, alimentando a doente de gota em gota, controlando os sinais vitais e afundando-a num torpor piedoso, por meio de gotas extraordinárias, sempre que ela ficava agitada. Isso aconteceu há menos de uma semana, mas já esqueci os detalhes, lembro apenas que passamos umas horas em Washington, onde um funcionário da Embaixada do Chile nos esperava para agilizar a entrada nos Estados Unidos. A enfermeira e Ernesto ficaram cuidando de Paula enquanto eu corria pelo aeroporto, com a bagagem, os passaportes e as autorizações, os quais foram carimbados por funcionários que não faziam perguntas, pois viam aquela moça pálida desmaiada numa maca. Em San Francisco, Willie nos apanhou com uma ambulância e, uma hora depois, chegávamos à Clínica de Reabilitação, onde uma equipe médica recebeu Paula, que chegara com a pressão muito baixa e suando frio. Célia, Nicolás e meu neto nos esperavam na porta: Alejandro correu para mim, tropeçando em suas perninhas desajeitadas e com os braços abertos, mas deve ter percebido no ar a tremenda calamidade, porque se deteve e recuou, assustado. Nicolás acompanhara pelo telefone, dia após dia, os detalhes da doença, porém não estava preparado para o que viu diante de si. Inclinou-se sobre a irmã, beijou-lhe a testa, ela abriu os olhos por um instante e pareceu fixar a vista nele. Paula, Paula!, murmurou enquanto as lágrimas rolavam pela face. Célia, muda e apavorada, protegendo com os braços o bebê que trazia no ventre, sumiu atrás de uma coluna, no canto menos iluminado da sala.

Nessa noite, Ernesto ficou no hospital e eu fui para casa com Willie. Estivera longe por muitos meses e me senti uma estranha, como se nunca tivesse atravessado esse umbral nem visto os móveis e os objetos que algum dia comprara cheia de entusiasmo. Tudo estava impecável e meu marido colhera as mais lindas rosas para pôr nos vasos. Vi nossa cama com o dossel de cambraia branca e as grandes almofadas bordadas, os quadros que me acompanharam nesses anos, minha roupa arrumada por cores, no *closet*, e achei tudo muito bonito, embora inteiramente alheio, pois meu lar ainda continuava sendo a enfermaria do hospital, o quarto de hotel e o apartamentinho despojado de Paula. Senti que nunca estivera nessa casa, que minha alma ficara esquecida no corredor dos passos perdidos e que levaria um bom tempo para recuperá-la. Foi então que Willie me deu um abraço apertado e seu calor e seu cheiro chegaram a mim, através do tecido de sua camisa, a força inconfundível de sua lealdade me envolveu e pressenti que o pior havia passado, daí para frente não estaria só, que ao lado dele teria ânimo para suportar as piores surpresas.

ERNESTO SÓ PÔDE PERMANECER na Califórnia quatro dias e agora retornou ao trabalho. Ele está negociando uma transferência para os Estados Unidos, para ficar perto de sua mulher.

– Espere, meu amor, prometo que volto depressa e a gente não se separa nunca mais. Coragem, não se dê por vencida – disse ele, beijando-a, antes de partir.

Todas as manhãs fazem exercícios com Paula e a submetem a provas complicadas, mas de tarde o tempo é livre para se estar com ela. Os médicos parecem surpresos com as excelentes condições de seu corpo, a pele está sadia, as articulações não se deformaram nem perderam a flexibilidade, apesar da paralisia. Aqueles movimentos improvisados que eu lhe fazia são os mesmos que executam aqui, minhas talas com livros e bandagens não eram diferentes das que foram feitas sob medida, as batidas nas costas para ajudá-la a tossir e as gotas d'água umedecendo a traqueotomia têm efeito semelhante ao destas sofisticadas máquinas respiratórias. Ela está num quarto individual, bem iluminado, com uma janela que dá para um pátio de gerânios; pusemos nas paredes fotografias da família e temos música suave, há um televisor no qual lhe mostramos imagens plácidas, de água e de bosques. Minhas amigas trouxeram loções perfumadas e lhe passamos nas costas óleo de rosmaninho, para estimulá-la, pela manhã, e à noite, para ajudá-la a dormir, refrescamos seu corpo com água-de-rosas e camomila. Diariamente aparece um homem, cujas longas mãos de mágico fazem massagens japonesas e meia dúzia de terapeutas se revezam no atendimento, uns trabalhando com ela no ginásio, outros tentando se comunicar por meio de cartões com letras e desenhos, tocando instrumentos e até pondo limão ou mel em sua boca, para ver se ela reage aos sabores. Veio também um dos raros especialistas em porfiria que existem, pois ninguém anda interessado nesse mal; alguns o conhecem por referências, porque se diz que houve um rei, na Inglaterra, com fama de louco, mas que, na verdade, tinha porfiria. O especialista leu os relatórios do hospital espanhol, examinou-a e diagnosticou que a lesão cerebral não provém da doença; possivelmente houve um acidente ou um erro no tratamento.

Hoje sentamos Paula numa cadeira de rodas, com travesseiros escorando suas costas, e a levamos para passear nos jardins da clínica. Há um caminho sinuoso, entre tufos de jasmins selvagens, cujo perfume é tão penetrante quanto o das loções extraídas dessas flores. Elas me trazem Granny de volta, é muita coincidência que estejam cercando Paula. Pusemos nela um chapéu de abas largas e óculos escuros para protegê-la do sol, e, arrumada dessa maneira, parecia quase normal. Nicolás empurrava a cadeira, enquanto Célia, que já está muito pesada, e eu, com Alejandro no colo, a observávamos de longe. Nicolás colhera uns jasmins e os pusera nas mãos da irmã, falando com ela como se pudesse obter resposta. O que estaria dizendo? Eu também lhe falo o tempo todo, porque, se acaso tivesse um momento de lucidez, num desses fulgores poderíamos nos comunicar; todas as manhãs repito que ela está no verão da Califórnia, junto da família, e lhe digo a data para que não fique flutuando à deriva do espaço e do tempo; à noite, conto que mais um dia terminou, que é hora de sonhar, e murmuro em seu ouvido uma daquelas doces orações inglesas da Granny, com as quais ela foi criada. Explico-lhe o que aconteceu, que sou sua mãe, que não tenha medo porque sairá fortalecida dessa provação, que nos momentos mais desesperadores, quando todas as portas se fecham e nos sentimos num beco sem saída, sempre acaba se abrindo uma fresta inesperada pela qual poderemos escapar. Lembro os tempos mais difíceis do terror no Chile e da solidão no exílio, que também foram as épocas mais importantes de nossas vidas, porque nos deram impulso e força.

COMO MILHARES de outros chilenos, muitas vezes me perguntei se fiz bem em fugir do país durante a ditadura, se tinha o direito de desenraizar meus filhos e arrastar meu marido para um futuro incerto, num país estranho, ou se seria preferível ficarmos, procurando passar despercebidos, embora essas perguntas não tenham resposta. Tudo aconteceu inexoravelmente, como nas tragédias gregas; a fatalidade estava diante de mim, mas não pude evitar os passos que a ela me conduziam.

Em 23 de setembro de 1973, 12 dias depois do Golpe Militar, morreu Pablo Neruda. Ele estava doente e os tristes acontecimentos daqueles dias esgotaram sua vontade de viver. Agonizou em Isla Negra, olhando o mar sem vê-lo arrebentar contra os rochedos, abaixo de sua janela. A esposa, Matilde, estabelecera um círculo hermético à volta de seu leito, para que não entrassem notícias do que estava acontecendo no país, mas de algum modo o poeta soube dos milhares de presos, torturados e mortos. Victor Jara teve as mãos destruídas, foi como se matassem um rouxinol, e diz-se que ele cantava, e cantava, e isso os excitava ainda mais; o que está acontecendo com eles, ficaram todos loucos, murmurava Neruda com o olhar perdido. Começou a se sufocar e levaram-no de ambulância para uma clínica de Santiago, enquanto chegavam centenas de telegramas de diversos governos estrangeiros, oferecendo asilo político ao poeta do Prêmio Nobel; alguns embaixadores se apresentaram pessoalmente, para convencê-lo de partir, porém ele não queria ficar distante de sua terra nesses tempos de cataclismo. Não posso abandonar meu povo, não posso fugir, prometa que você também não partirá, pediu à mulher, e ela assim prometeu. As últimas palavras desse homem, que cantou a vida, foram: eles serão fuzilados, eles serão fuzilados. A enfermeira lhe deu um calmante, ele adormeceu profundamente e nunca mais despertou. A morte deixou em seus lábios o sorriso irônico dos melhores dias, quando se fantasiava para divertir os amigos. Nesse preciso momento, seu motorista estava sendo barbaramente torturado numa cela do Estádio Nacional, pois queriam lhe arrancar sabe-se lá que confissão inútil sobre o velho e pacífico poeta. Foi velado na casa azul do Cerro San Cristóbal, que a tropa invadira, deixando em ruínas; ficaram espalhados por todos os lados pedaços de suas cerâmicas, garrafas e bonecas; dos relógios e dos quadros, tudo o que não era possível carregar foi destruído e incendiado. Água e lama escorriam pelo chão coalhado de cacos de vidro, e sobre estes, os passos produziam sons de um chocalhar de ossos. Matilde passou a noite em meio à devastação, sentada junto ao ataúde do homem que para ela compôs os mais formosos versos de amor, tendo por companhia uns poucos amigos que ousaram atravessar o cerco policial que isolava a casa, desafiando o toque de recolher. Enterraram-no no dia seguinte num túmulo emprestado; ao longo das ruas por onde passou, o diminuto funeral foi ameaçado pelas metralhadoras. Pouca gente pôde acompanhá-lo na caminhada final, amigos estavam presos ou escondidos, e havia quem temesse represálias. Eu e minhas companheiras da revista desfilamos lentamente, com cravos vermelhos nas mãos, gritando, "Pablo Neruda! Presente, agora e sempre!", sob os olhares desafiadores dos soldados, todos iguais, com seus capacetes de guerra, os rostos pintados para não serem identificados e as armas tremendo nas mãos. Na metade do caminho, alguém gritou, "Companheiro Salvador Allende!" e respondemos todos, a uma só voz, "Presente, agora e sempre!". Dessa forma, o enterro do poeta também serviu para homenagear a morte do presidente, cujo corpo jazia em sepultura anônima, no cemitério de outra cidade. Os mortos não descansam em sepulcros sem nome, disse um velho que caminhava a meu lado. Quando voltei para casa, escrevi a carta cotidiana para minha mãe, narrando o enterro: essa carta ficou guardada com as demais e, oito anos depois, ela a entregou a mim e pude incluí-la quase textualmente em meu primeiro romance. Também contei tudo a meu avô, que me ouviu mudo e tenso até o final; em seguida, sacudindo-me pelos braços com suas garras de ferro, gritou por que diabos eu fora ao cemitério, se não tinha noção do que estava acontecendo no Chile, que tomasse cuidado, pelo amor de meus filhos e por respeito a ele, que já não podia passar por semelhantes aflições. Não bastava aparecer na televisão com meu sobrenome? Para que me expunha? Essas não eram coisas de minha competência.

– Tata, o mal se desencadeou.

– De que mal você está falando? São coisas de sua imaginação, o mundo sempre foi assim.

– Será que a gente nega a existência do mal porque não acredita no poder do bem?

– Prometa que vai ficar calada dentro de casa! – exigiu.

– Isso, eu não posso prometer, Tata.

Realmente não podia, era tarde para tais promessas. Dois dias depois do Golpe Militar, tão logo foi suspenso o toque de recolher das primeiras horas, eu me vi presa, sem saber como, à rede que imediatamente se formou para ajudar os perseguidos. Soube que seria necessário ocultar um jovem extremista; ele levara um tiro na perna ao fugir de uma emboscada feita por perseguidores que seguiam suas pegadas. Conseguiu se refugiar na garagem de um amigo e um médico de boa-vontade foi até lá à meia-noite, extraindo a bala e fazendo-lhe os primeiros curativos. Escaldava de febre, apesar dos antibióticos, sendo impossível mantê-lo por mais tempo naquele lugar, tampouco se podia cogitar em levá-lo para um hospital, porque certamente o prenderiam. Naquelas condições, não agüentaria a penosa viagem para atravessar a fronteira por um passo ao Sul da Cordilheira, como alguns vinham fazendo; a única alternativa era se asilar, porém só pessoas bem relacionadas – políticos, jornalistas, intelectuais e artistas conhecidos – conseguiam entrar pela porta da frente das embaixadas; os pobres-diabos, como ele e tantos outros, estavam desamparados. Eu não sabia muito bem o que significava asilo, pois só ouvira essa palavra no hino nacional: *o la patria será de los libres, o el asilo contra la opresión*, entretanto o caso era dramático e não pensei duas vezes, oferecendo-lhe ajuda sem calcular os riscos, porque naquele momento ignorávamos como se opera o terror, ainda nos guiávamos pelos princípios da normalidade. Decidi ir direto para a Embaixada Argentina, estacionei o carro o mais perto possível e me encaminhei para a entrada, com o coração aos pulos, mas a passos firmes. Pela grade, viam-se roupas penduradas nas janelas do prédio e gente gritando, debruçada. A rua era um formigueiro de soldados, havia um tanque e ninhos de metralhadoras. Bastou que me aproximasse para assestarem os fuzis. Como é que se faz para conseguir asilo aqui?, perguntei. Seus documentos!, ladraram os soldados, em uníssono. Entreguei a carteira de identidade, agarraram meus braços e me levaram até a guarita, junto à porta, onde repeti a pergunta para um oficial, procurando disfarçar a voz trêmula. O homem me olhou com uma tal expressão de surpresa que ambos acabamos sorrindo. Estou aqui exatamente para evitar que as pessoas peçam asilo, respondeu, examinando meu sobrenome nos documentos. Depois de um silêncio eterno, ordenou que os outros se retirassem e ficamos a sós, no diminuto espaço da guarita. Já vi você na televisão... com certeza isso é uma reportagem, disse ele. Foi amável, porém definitivo: enquanto estivesse ali, ninguém se asilaria na Embaixada, aquela não era como a do México, onde qualquer um entrava quando bem quisesse, tudo dependia de se entender com o mordomo. Compreendi. Devolveu-me os papéis, despedimo-nos com um aperto de mão, ele avisou que eu não me metesse em confusões e parti para a Embaixada do México, onde já havia centenas de asilados, mas cuja hospitalidade sempre daria para mais um.

Soube, imediatamente, que algumas comunidades da periferia estavam cercadas pelo exército e que, em outras, o toque de recolher vigorava a metade do dia: muita gente passava fome. Os soldados entravam com tanques, cercando as casas e obrigando todo mundo a sair; os homens acima de 14 anos eram levados para o pátio da escola ou para o campo de futebol, geralmente um terreno baldio com marcações de giz, e depois de apanharem metodicamente, diante das mulheres e das crianças, vários eram sorteados e removidos. Alguns voltavam contando pesadelos e mostrando marcas de tortura; os corpos arrebentados dos outros eram atirados de noite nos depósitos de lixo, para que todo mundo conhecesse o destino reservado aos subversivos. Em certos bairros, a maioria dos homens desaparecera e as famílias estavam sem amparo. Coube-me angariar dinheiro e alimentos para os panelões de comida que a Igreja organizava, com a finalidade de dar um prato quente às crianças pequenas. Ficou gravado para sempre na memória o espetáculo dos irmãos mais velhos, aguardando na rua com a barriga vazia e a esperança de que sobrassem alguns pães. Para pedir, tornei-me audaciosa: os amigos diziam não ao telefone e acho que se escondiam assim que eu aparecia. Meu avô dava, secretamente, o quanto podia, mas não queria saber o que eu fazia com seu dinheiro. Entrincheirou-se, assustado, entre quatro paredes e diante do televisor, porém as más notícias entravam pelas janelas, brotavam como capim pelos cantos, era impossível evitá-las. Não sei se Tata tinha todo esse medo por saber mais do que confessava, ou porque seus 80 anos lhe haviam mostrado as infinitas possibilidades da maldade humana. Foi uma surpresa, para mim, descobrir que o mundo é violento e predatório e que se rege pela implacável lei dos mais fortes. A seleção da espécie não serviu para que a inteligência floresça ou o espírito evolua, pois nos destruímos uns aos outros na primeira oportunidade, tal como ratazanas presas numa caixa excessivamente apertada.

Entrei em contato com um setor da Igreja Católica que, de certa forma, me reconciliou com a religião, da qual me afastara inteiramente havia 15 anos. Até então, conhecia dogmas, rituais, culpa e pecados, o Vaticano governando o destino de milhões de fiéis pelo mundo afora, a Igreja oficial que, apesar das encíclicas sociais, sempre tomava o partido dos poderosos. Ouvira falar, vagamente, da Teologia da Libertação e dos movimentos de padres operários, mas não conhecia a Igreja militante, os milhares e milhares de cristãos dedicados a servir os mais necessitados de modo humilde e anônimo. Eles constituíram a única organização capaz de ajudar os perseguidos, por meio da Pastoral da Solidariedade, para esse fim criada pelo Cardeal nos primeiros dias da ditadura. Durante 17 anos, um grupo numeroso de sacerdotes e freiras arriscariam as próprias vidas para salvar vidas alheias e denunciar os crimes cometidos. Foi um padre quem me indicou os caminhos mais seguros para a obtenção de asilo político. Alguns dos que ajudei a pular um muro acabaram na França, Alemanha, Canadá ou nos países escandinavos, onde foram recebidas centenas de refugiados chilenos. Uma vez tomado esse rumo, não pude recuar, porque um caso levava a outro, e mais outro, e assim me envolvi nas atividades clandestinas, escondendo e transportando gente, passando informações que outras pessoas obtinham sobre os torturados ou desaparecidos, e cujo destino último era a publicação na Alemanha; também gravava entrevistas com as vítimas para manter um registro do que acontecia no Chile, tarefa assumida por vários jornalistas naquele tempo. Não imaginava que oito anos depois estaria usando esse material na elaboração de dois romances. A princípio, não medi o perigo e agia à luz do dia, no burburinho do centro de Santiago, no calor de um verão e num outono dourado; tive noção dos riscos somente em meados de 1974. Era tão pouco o que sabia sobre os mecanismos do terror que custei muito a perceber os sinais premonitórios; nada indicava que existisse um mundo paralelo nas sombras, uma dimensão cruel da realidade. Eu me julgava invulnerável. Minhas motivações não eram de modo algum heróicas, havia apenas compaixão por essa gente desesperada e, devo admitir, uma atração irresistível pela aventura. Nos momentos de maior perigo, recordava o conselho que tio Ramón me dera na noite da primeira festa: *lembre-se de que os outros têm mais medo que você...*

Esse tempo de incertezas revelou o verdadeiro rosto das pessoas; os líderes políticos mais combativos foram os primeiros a mergulhar no silêncio ou fugir do país, enquanto outras pessoas, cujas vidas haviam transcorrido sem alardes, deram provas de extraordinária coragem. Um bom amigo meu, psicólogo desempregado, ganhava a vida como fotógrafo da revista; era um homem suave e um tanto ingênuo, passava os domingos conosco, em família, e até então nunca fizera comentários sobre política. Eu o chamava de Francisco, embora seu nome fosse outro, e nove anos depois o converti em modelo para o protagonista de *De amor e de sombra*. Era ligado a grupos religiosos por ter um irmão padre operário e foi por meio deste que tomou conhecimento das atrocidades cometidas no país; assim, várias vezes se expôs para ajudar os outros. Em idas secretas ao Cerro San Cristóbal, onde julgávamos que ninguém nos estaria ouvindo, ele me relatava o que acontecia. Certas vezes colaborei com ele, mas tive de agir sozinha em outras ocasiões. Preparara um sistema bastante rudimentar para o primeiro encontro, geralmente o único: combinávamos a hora, em meu inconfundível veículo eu contornava bem devagar a Praça Itália, captava uma breve senha e, parando um instante, alguém subia rapidamente no carro. Nunca soube os nomes nem as histórias que aqueles semblantes pálidos e mãos trêmulas ocultavam, porque o acordo era trocar o mínimo de palavras, restando-me, depois de tudo, um beijo na face e um agradecimento em voz baixa, pois nunca mais ouvia falar daquela criatura. Pior era quando havia crianças em jogo. Soube do caso de um bebê que levaram para junto dos pais, numa Embaixada, dopado com um sonífero e escondido no fundo de uma cesta de alfaces, por ser este o meio de burlar a vigilância.

Michael sabia de minhas atividades e nunca se opôs, nem mesmo quando era preciso esconder alguém lá em casa. Serenamente, ele me alertava sobre os riscos, estranhando que desabassem sobre mim tantos casos, enquanto apenas um ou outro chegava a seu conhecimento. Não sei, suponho que tive a ver com isso devido à condição de jornalista, eu falava com gente na rua, ao passo que ele, pelo contrário, circulava entre empresários, a casta que mais se beneficiou durante a ditadura. Uma vez apareci no restaurante em que Michael costumava almoçar com os sócios da companhia de construção, explicando que, numa única refeição, gastavam o equivalente a um mês de alimentação para vinte crianças do refeitório dos padres, e pedi que comessem um sanduíche no escritório uma vez por semana, entregando-me a quantia economizada. Um espanto glacial acolheu minhas palavras, até o garçom parou com sua bandeja, petrificado e todos os olhares se voltaram para Michael, imagino que se perguntando que tipo de homem seria aquele, incapaz de coibir a insolência da esposa. O diretor da empresa tirou os óculos, limpou-os lentamente com o lenço e imediatamente preencheu um cheque dez vezes superior ao que eu pedira. Michael nunca mais almoçou com eles e esse gesto marcou sua posição. Criado na rigidez dos mais nobres sentimentos, custava a acreditar nas assustadoras histórias que eu contava ou a imaginar que todos nós poderíamos ser mortos, inclusive as crianças, se algum desses infelizes que passavam por nossas vidas fosse preso e confessasse, sob tortura, ter permanecido sob nosso teto. Rumores horripilantes chegavam até nós, mas, por esses mecanismos mentais que às vezes nos levam a rejeitar o óbvio, achávamos que tudo era exagero, até não ser mais possível continuar assim. Acordávamos suando no meio da noite porque um veículo estacionava na rua durante o toque de recolher, ou porque o telefone tocava e ninguém dizia nada do outro lado, porém, na manhã seguinte, lá estava o sol brilhando, as crianças e o cachorro se metiam em nossa cama, preparávamos o café e a vida recomeçava como se tudo fosse normal. Foram precisos alguns meses para que as evidências se mostrassem irrefutáveis e o medo nos paralisasse. Como tudo pôde mudar tão súbita e radicalmente? Como a realidade se distorceu daquela maneira? Todos fomos cúmplices, a sociedade inteira enlouqueceu. O Diabo no espelho... Às vezes, quando me encontrava só no Cerro San Cristóbal, com um pouco de tempo para pensar, via de novo a água negra dos espelhos de minha infância, onde Satanás aparecia de noite, e, inclinando-me sobre o cristal, confirmava, apavorada, que o Mal tinha meu próprio rosto. Eu não estava limpa, ninguém estava, dentro de cada um de nós se escondia um monstro, tínhamos um lado escuro e malvado. Dependendo das condições, também eu não chegaria ao ponto de torturar e matar? Digamos, por exemplo, que alguém fizesse mal a meus filhos... de quanta crueldade eu não seria capaz nesse caso? Os demônios tinham se evadido dos espelhos e estavam soltos pelo mundo.

No final do ano seguinte, quando o país já estava completamente dominado, pôs-se em prática um sistema de capitalismo puro que favorecia sobretudo os empresários, porquanto os trabalhadores já haviam perdido seus direitos, e que só foi possível implantar por meio da força. Não se tratava da lei da oferta e da procura, como diziam os jovens ideólogos da direita, uma vez que a força de trabalho estava reprimida e à mercê dos patrões. Acabaram-se as perspectivas sociais que o povo conseguira décadas antes, aboliu-se o direito de reunião e de greve, os dirigentes operários desapareciam ou eram assassinados. As empresas, atirando-se na corrida de uma concorrência implacável, exigiam o rendimento máximo de seus trabalhadores pagando-lhes o mínimo. Havia tantos desempregados fazendo fila nas portas das fábricas para pedir uma colocação que se obtinha mão-de-obra em níveis de escravidão. Ninguém ousava protestar porque, na melhor das hipóteses, perderia o emprego e ainda seria acusado de comunista ou de subversivo, indo parar numa cela de tortura da polícia política. Forjou-se um aparente milagre econômico com um imenso custo social, jamais se vira no Chile tanta falta de vergonha na exibição da riqueza, nem tantos sobrevivendo nos limites da miséria. Michael, como gerente administrativo, viu-se obrigado a despedir centenas de operários; convocava-os a seu escritório, seguindo uma relação de nomes, para informar que a partir do dia seguinte não deveriam mais comparecer ao trabalho e para lhes explicar que, de acordo com os novos regulamentos, não teriam direito às indenizações. Sabia que cada um daqueles homens tinha família e não conseguiria emprego, que ser despedido equivalia a uma condenação irrevogável à miséria. Voltava para casa desmoralizado e triste, em poucos meses era um homem abatido e cheio de cabelos brancos. Um dia reuniu os sócios da empresa para lhes dizer que as coisas estavam chegando aos limites da obscenidade, que seus capatazes ganhavam por dia o equivalente a três litros de leite. A resposta foi uma gargalhada, que isso não tinha importância porque "no final das contas essa gente não toma leite". A essa altura, eu perdera meu posto nas duas revistas e gravava o programa no estúdio sob a vigilância de um guarda de metralhadora em punho. Não era só a censura que me impedia de trabalhar, pois logo percebi que convinha à ditadura ter alguém da família Allende fazendo humor pela televisão, não seria essa a melhor prova da normalidade do país? Larguei tudo. Sentia-me observada, o medo me fazia passar noites em claro, fiquei cheia de urticária que eu coçava até sangrar. Muitos amigos foram para o exterior, alguns desapareceram e deles não mais se ouviu falar, era como se nunca tivessem existido. Certa tarde, recebi a visita de um desenhista que deixara de ver por muitos meses e, a sós comigo, ele tirou a camisa para mostrar as cicatrizes ainda recentes. Tinham riscado com uma faca o A de Allende em suas costas. Da Argentina, minha mãe implorava que tivesse cuidado e não fizesse qualquer alarde para não provocar uma desgraça. Era impossível esquecer as profecias de Maria Teresa Juárez, a vidente, e ela achava que, como já acontecera o anunciado banho de sangue, também poderia advir aquela condenação à imobilidade que fora prognosticada para mim. Acaso não seriam anos de prisão? Comecei a considerar a possibilidade de sair do Chile, mas sem coragem de manifestá-la em voz alta, porque achava que dizendo isso poria em marcha as engrenagens de uma máquina de morte e destruição. Freqüentemente ia deambular pelos caminhos do Cerro San Cristóbal, aqueles mesmos caminhos que percorrera, muitos anos antes, nos piqueniques familiares, escondia-me entre as árvores para gritar com uma dor de lança cravada no peito; em outras ocasiões, metia um lanche e uma garrafa de vinho numa cesta e partia morro acima, com Francisco, que tentava inutilmente me ajudar com seus conhecimentos de psicólogo. Somente com ele eu podia falar sobre minhas atividades clandestinas, meus temores e os inconfessáveis desejos de fugir. Você está louca, replicava, qualquer coisa é preferível ao exílio: como poderá deixar sua casa, seus amigos, sua pátria?

MEUS FILHOS E GRANNY foram os primeiros a perceber meu estado de espírito. Paula, que então era uma sábia menina de 11 anos, e Nicolás, três anos mais novo, compreenderam que em volta deles o medo e a pobreza ganhavam a força de um caudal incontrolável. Tornaram-se silenciosos e prudentes. Souberam que o marido de uma professora do colégio, escultor que antes do Golpe Militar fizera o busto de Salvador Allende, fora preso por três homens sem qualquer identificação que entraram em seu ateliê levando-o resolutamente. Desconhecia-se seu paradeiro e a mulher não ousava mencionar aquela desgraça para não perder o emprego, era o tempo em que ainda se pensava que, se uma pessoa desaparecia, certamente seria culpada. Ignoro como meus filhos tomaram conhecimento disso e, nessa noite, falaram comigo. Tinham ido visitar a professora, que morava a poucos quarteirões de nossa casa, e a encontraram embrulhada num xale, às escuras, porque não podia pagar as contas de luz nem comprar parafina para as estufas, pois seu salário mal dava para alimentar os três filhos, que ela já tivera de tirar do colégio. Queremos dar nossas bicicletas porque eles não têm dinheiro para o ônibus, me informou Paula. Assim fizeram e a partir desse dia aumentaram suas idas e vindas misteriosas, ela não só escondia as garrafas da avó e levava presentes para os idosos da residência geriátrica, como também transportava numa sacola vidros de conservas e pacotes de arroz, entregando-os à professora. Meses depois, tendo sobrevivido à prisão e à tortura, o escultor voltou para casa e fez um Cristo na Cruz, em ferro e bronze, oferecendo-o às crianças. Desde então, Nicolás o mantém pendurado na parede sobre a cabeceira da cama.

Meus filhos não repetiam nada do que se falava em família e também não mencionavam os desconhecidos que às vezes passavam diante de nossa casa. Nicolás começou a urinar na cama de noite, acordava envergonhado, vinha cabisbaixo para o meu quarto e me abraçava, tremendo. Teríamos de lhe dar mais carinho do que nunca, mas Michael vivia atormentado pelos problemas de seus operários e eu, correndo de um trabalho para outro, visitando bairros pobres, escondendo pessoas e com os nervos em farrapos; creio que nenhum de nós pôde oferecer aos filhos a segurança ou o consolo de que precisavam. Enquanto isso, Granny era despedaçada por forças opostas: de um lado, o marido, que comemorava as bravatas da ditadura, e nós, do outro lado, contando coisas da repressão; sua angústia se transformou em pânico, seu pequenino mundo estava ameaçado pelas forças de um furacão. Tenha cuidado, dizia-me a toda hora, sem saber ao certo a que se referia, porque a própria mente se negava a aceitar os perigos que seu coração de avó sinalizava. Toda a sua vida girava em torno daqueles netos. Mentiras, são mentiras do comunismo soviético para desprestigiar o Chile, dizia-lhe meu sogro quando ela se referia aos funestos rumores que poluíam o ar. Tal como meus filhos, ela se acostumou a silenciar as dúvidas e a evitar comentários que pudessem atrair a desgraça.

Um ano após o Golpe, a Junta Militar mandou matar o General Prats em Buenos Aires, pois achou que, de lá, o antigo Chefe das Forças Armadas poderia encabeçar uma rebelião de militares democráticos. Também havia o temor de que Prats publicasse suas memórias, revelando a traição dos generais; nessa época, difundira-se a versão oficial dos acontecimentos do dia 11 de setembro, justificando os fatos e exaltando até as raias do heroísmo a imagem de Pinochet. O General Prats fora alertado, por meio de recados telefônicos e cartas anônimas, de que sua vida corria perigo. Tio Ramón, sobre quem recaía a suspeita de ter cópia das memórias do general, também foi ameaçado naqueles mesmos dias, mas no fundo não acreditou. Prats, pelo contrário, conhecia bem os métodos de seus colegas e sabia que os esquadrões da morte começavam a agir na Argentina, mantendo com a ditadura chilena um horrendo tráfico de corpos, prisioneiros e documentos de identidade dos desaparecidos. Ele tentou em vão obter um passaporte para abandonar aquele país e ir para a Europa; tio Ramón falou com o embaixador do Chile, um antigo funcionário que fora seu amigo durante anos, pedindo que auxiliasse o general desterrado, mas o enrolaram com promessas nunca cumpridas. Pouco antes da meia-noite de 29 de setembro de 1974, explodiu uma bomba no carro dos Prats, quando eles chegavam em casa depois de um jantar com meus pais. A força da explosão atirou pedaços de metal incandescente a cem metros de distância, esfacelou o corpo do general e matou sua esposa numa fogueira infernal. Minutos depois, estavam reunidos no local da tragédia vários jornalistas chilenos, que apareceram antes da polícia argentina, como se estivessem esperando o atentado na esquina.

Tio Ramón me telefonou às duas da madrugada, para pedir que avisasse às filhas de Prats e para me comunicar que ele e minha mãe tinham saído de casa e estavam escondidos num lugar secreto. No dia seguinte, tomei um avião para Buenos Aires, numa estranha missão às cegas, porque sequer sabia onde localizá-los. Um homem muito alto veio a meu encontro no aeroporto, segurou meu braço e levou-me quase arrastada para um carro negro que esperava à porta. Não tenha medo, sou um amigo, disse-me num espanhol com forte sotaque alemão, e havia tanta bondade em seus olhos azuis que acreditei. Era um tcheco, representante das Nações Unidas, que estava fazendo gestões para conduzir meus pais a um terreno mais seguro, onde o longo braço do terror não os alcançasse. Levou-me para vê-los num apartamento do centro da cidade, onde os encontrei serenos e se organizando para a fuga. Veja só de que esses assassinos podem ser capazes, filha, você tem de sair do Chile, mais uma vez pediu minha mãe. Não houve muito tempo para ficarmos juntos, mal puderam contar os acontecimentos e me dar uma idéia de suas intenções, pois o amigo tcheco conseguiu tirá-los do país no mesmo dia. Despedimo-nos com um abraço desesperado, sem saber se nos veríamos novamente. Continue me escrevendo todos os dias e guarde as cartas até que haja um endereço onde eu possa recebê-las, disse minha mãe no último instante. Protegida pelo homem alto e de olhos bondosos, fiquei naquela cidade, para embalar móveis, pagar contas, devolver o apartamento alugado por meus pais e conseguir uma licença para levar comigo a cachorra suíça, que havia ficado meio lunática com a explosão de uma bomba na Embaixada. Esse animal acabou se tornando a única companhia de Granny, quando todos nós tivemos de abandoná-la.

Poucos dias depois, na residência do comandante-em-chefe em Santiago, onde os Prats moraram até serem forçados a abandonar o cargo, a mulher de Pinochet viu o General Prats em plena luz do dia na sala de jantar, sentado à mesa e de costas para a janela, iluminado pelo tímido sol da primavera. Passado o susto, achou que a visão era produto do sentimento de culpa e não deu muita bola, mas nas semanas seguintes o fantasma daquele amigo traído reapareceu de corpo inteiro, ora nos salões, ora descendo a escadaria com passos decididos ou então surgindo nas portas, até sua obstinada presença se tornar insuportável. Pinochet mandou construir um gigantesco *bunker* rodeado por um muro de fortaleza capaz de protegê-lo contra os inimigos vivos e mortos, mas os responsáveis por sua segurança descobriram que aquilo seria alvo fácil de um bombardeio aéreo. Diante disso, ele mandou reforçar os muros e blindar as janelas da casa mal-assombrada, dobrou o número de guardas armados, instalou ao redor ninhos de metralhadoras e fez bloquear a rua para que ninguém se aproximasse. Não consigo saber como o General Prats dá um jeito para burlar tamanha vigilância.

EM MEADOS DE 1975, a repressão se aperfeiçoara e acabei vítima de meu próprio terror. Tinha medo de utilizar o telefone, censurava as cartas escritas para minha mãe, achando que poderiam abri-las no correio, e media os comentários, inclusive no seio da família. Amigos relacionados com os militares tinham avisado que meu nome figurava nas listas negras e, pouco depois, recebemos ameaças de morte pelo telefone. Eu sabia de gente que se dedicava a perturbar pelo simples prazer de semear o pânico, e não teria prestado atenção nessas vozes anônimas, porém, diante do que acontecera com os Prats e da milagrosa fuga de meus pais, já não me sentia segura. Certa tarde fui com Michael e as crianças ao aeroporto, para me despedir de uns amigos que, como tantos outros, tinham feito a opção de partir. Ao saberem que na Austrália se ofereciam terras para novos imigrantes, decidiram tentar a vida como fazendeiros. Estávamos olhando o avião decolar quando uma mulher desconhecida se aproximou de mim, perguntando se era eu aquela da televisão; insistia em que a acompanhasse porque tinha algo a me dizer em particular. Sem me dar tempo para reagir, agarrou meu braço, levando-me até o banheiro e, quando ficamos a sós, tirou da bolsa um envelope, pondo-o em minhas mãos.

– Entregue isto, é um assunto de vida ou morte. Tenho que viajar no próximo avião, meu contato não apareceu e não posso esperar mais – disse ela. Obrigou-me a repetir duas vezes o endereço, para ter certeza de que eu o havia decorado, e foi-se embora correndo.

– Quem era? – perguntou Michael quando saí do banheiro.

– Não tenho a menor idéia. Pediu que entregasse isto, disse que é muito importante.

– O que é? Por que você recebeu? Pode ser uma armadilha...

Todas essas perguntas e outras mais que nos ocorreram depois tiraram nosso sono por boa parte da noite, não queríamos abrir o envelope porque era melhor ignorar seu conteúdo, não tínhamos coragem de levá-lo para o endereço indicado pela mulher e também não podíamos destruí-lo. Durante essas horas, acho que Michael compreendeu que eu não procurava problemas, mas eram eles que vinham a meu encontro. Finalmente vimos como a realidade se distorcera, se uma incumbência tão simples como entregar uma carta podia nos custar a vida e se aceitávamos o tema da tortura e da morte como parte da conversa cotidiana, como se fosse uma coisa plenamente aceita. De manhã cedo, abrimos o mapa-múndi sobre a mesa da sala de jantar, vendo para onde poderíamos ir. Metade da população da América Latina vivia, então, sob uma ditadura militar; sob o pretexto de combater o comunismo, as Forças Armadas de vários países haviam se transformado em mercenários das classes privilegiadas e em instrumentos de repressão sobre os mais pobres. Na década seguinte, os militares levaram a cabo uma guerra sem quartel contra os próprios povos, milhões de pessoas morreram, desapareceram e se exilaram; nunca se vira antes, no continente, um movimento tão vasto de massas humanas atravessando fronteiras. Nessa manhã, Michael e eu descobrimos que restavam bem poucas democracias onde se pudesse procurar refúgio e que várias, como o México, a Costa Rica ou a Colômbia, já não concediam vistos para chilenos, porque no último ano e meio gente demais havia emigrado. Mal terminou o toque de recolher, deixamos as crianças com Granny, demos algumas instruções para o caso de não voltarmos e fomos entregar o envelope no endereço indicado. Tocamos a campainha de uma casa velha, numa rua do centro, um homem de jeans abriu a porta e verificamos, com profundo alívio, que ele usava um colarinho de sacerdote. Reconhecemos seu sotaque belga porque havíamos morado naquele país.

TIO RAMÓN e minha mãe se viram sem um lugar para se estabelecer após a fuga da Argentina, e, durante meses, precisaram aceitar a hospitalidade de amigos no estrangeiro, sem ter como tirar definitivamente suas coisas das malas. Minha mãe, então, se lembrou do venezuelano que conhecera na clínica geriátrica da Romênia e, seguindo um ímpeto do coração, procurou o cartão de visita guardado por todos esses anos e telefonou para Caracas, contando-lhe em poucas palavras o que tinha acontecido. Venha, moça, aqui há espaço para todos, foi a resposta imediata de Valentín Hernández. Com isso, tivemos a idéia de nos instalarmos na Venezuela, antevendo um país verde e generoso, onde contávamos com um amigo e poderíamos ficar por algum tempo, até que mudasse a situação no Chile. Michael e eu começamos a planejar a viagem, seria preciso alugar a casa, vender móveis e arranjar trabalho, porém tudo se precipitou em menos de uma semana. Naquela quarta-feira, as crianças chegaram do colégio aterrorizadas; desconhecidos haviam-nas agredido na rua e, depois de fazerem ameaças, mandaram um recado para mim: "Digam à puta da sua mãe que ela está com os dias contados."

No dia seguinte, vi meu avô pela última vez. Lembro-me dele como sempre, na poltrona que lhe comprara muitos anos antes num leilão, com sua cabeleira prateada e a bengala de camponês na mão. Deve ter sido muito alto na juventude, porque quando estava sentado ainda dava essa impressão, mas, com a idade, os pilares de seu corpo se deformaram e ele desmoronou como um edifício cujos alicerces tivessem sido minados. Não pude me despedir, não tive coragem para dizer que partia, mas acho que ele o pressentiu.

– Faz muito tempo que sinto uma aflição, Tata... Alguma vez o senhor matou um homem?

– Por que esta pergunta tão louca?

– Porque o senhor tem mau gênio – insinuei, pensando no corpo do pescador emborcado na areia, na época remota de meus 8 anos.

– Você nunca me viu empunhar uma arma, não é? Por boas razões desconfio delas – disse o velho. – Quando eu era moço, despertei certa madrugada, com uma batida na janela de meu quarto. Pulei da cama, peguei o revólver e, meio dormindo ainda, cheguei à janela e disparei. O barulho do tiro me acordou e então percebi, espantado, que havia disparado contra uns estudantes que voltavam de uma festa. Um deles batera com o guarda-chuva na veneziana. Graças a Deus não o matei, salvei-me por um triz de assassinar um inocente. De lá para cá, as armas de caça estão guardadas na garagem. Faz muitos anos que não uso.

Era verdade. Na cabeceira de sua cama ficavam penduradas umas boleadeiras, dessas que os gaúchos argentinos usam,

 com duas bolas de pedra unidas por um longa tira de couro, e ele as tinha ao alcance da mão, para a eventualidade de enfrentar algum gatuno.

– Nunca usou as boleadeiras ou um garrote para matar alguém? Uma pessoa que tenha ofendido ou maltratado algum membro da família...

– Não sei de que raios está falando, filha. Este país anda cheio de assassinos, mas eu não sou nenhum deles.

Era a primeira vez que se referia à situação em que vivíamos no Chile, até então se limitara a ouvir em silêncio e com os lábios apertados as histórias que eu contava. Pôs-se de pé com um chocalhar de ossos e de imprecações, tinha muita dificuldade para andar, mas diante dele ninguém ousava levantar a hipótese de uma cadeira de rodas, e então mandou que o acompanhasse. Nada mudara naquele quarto, desde a morte de minha avó, os móveis negros na mesma arrumação, o grande relógio e o cheiro dos sabonetes ingleses que guardava no armário. Abriu a escrivaninha com uma chave que sempre trazia no bolso do colete, remexeu uma das gavetas, tirou uma velha lata de biscoitos e passou-a às minhas mãos.

– Isto era de sua avó e agora é seu – disse com a voz embargada.

– Tata, preciso confessar uma coisa...

– Não me venha dizer que roubou o espelho de prata de Memé...

– Como soube que tinha sido eu?

– Porque vi. Tenho o sono leve. Já que tem o espelho, pode muito bem ficar com o restante. É tudo que sobra de Memé, mas não preciso dessas coisas para me lembrar dela e prefiro que estejam em suas mãos, porque quando eu morrer não quero que joguem isto no lixo.

– Não pense na morte, Tata.

– Na minha idade não se pensa noutra coisa. Estou certo de que vou morrer sozinho, como um cachorro.

– Eu estarei com o senhor.

– Tomara que não esqueça da promessa que me fez. Se está pensando em sair daqui para algum lugar, lembre-se de que quando chegar a hora vai ter que me ajudar a morrer decentemente.

– Lembro sim, Tata, não se preocupe.

No dia seguinte embarquei sozinha para a Venezuela. Não sabia que nunca mais iria ver meu avô. Passei pelas formalidades do aeroporto com as relíquias de Memé apertadas contra o peito. A lata de biscoitos continha partes de uma grinalda com flores-de-laranjeira feitas de cera, umas luvinhas de camurça daquele tempo e um livro de orações gasto pelo uso, com a capa de madrepérola. Carregava também um saquinho plástico com um punhado de terra do nosso jardim, pensando em plantar miosótis – que é a flor da lembrança – noutro lugar do mundo. O funcionário que examinou meu passaporte viu os carimbos de entradas e saídas freqüentes na Argentina e minha carteira de jornalista, e, como suponho que não achou meu nome em sua lista, deixou-me sair. O avião foi subindo através de um colchão de nuvens e pouco depois passava sobre os picos nevados da Cordilheira dos Andes. Aqueles cumes brancos que apareciam entre as nuvens do inverno foram a última imagem que tive da minha pátria. Eu voltarei, eu voltarei, repetia como numa oração.

2

Andrea, minha neta, nasceu na sala da televisão, num dos primeiros dias quentes da primavera. O apartamento de Célia e Nicolás fica num terceiro andar, sem elevador; não

 é prático para casos de emergência, por isso escolheram o

térreo de nossa casa para trazer o bebê ao mundo, num cômodo grande com janelões dando para o terraço, onde transcorre nossa vida cotidiana; nos dias claros ficam visíveis três pontes da baía e à noite, do outro lado das águas, piscam as luzes de Berkeley. Célia adaptou-se tanto ao estilo californiano que decidiu aplicar a *música do universo* até as últimas conseqüências, dispensando médicos e hospital, para dar à luz em família. Os primeiros sintomas começaram à meia-noite, ao amanhecer Célia de repente se viu encharcada pelo líquido amniótico e, pouco depois, os três vieram para nossa casa. Vi o casal chegar com o ar ofuscado das vítimas de catástrofes naturais, de chinelos, com seus pertences numa surrada sacola preta e carregando Alejandro, de pijama e ainda sonolento. O menino não desconfiava que dentro de poucas horas teria de dividir seus domínios com uma irmã, e que terminaria para sempre seu reinado totalitário de filho e neto único. Poucas horas depois, chegou a parteira, uma mulher jovem, disposta a correr o risco de trabalhar em domicílio, dirigindo uma caminhonete carregada com o equipamento de seu ofício, e vestida de excursionista, de short e tênis. Integrou-se tão bem na rotina familiar que logo já estava na cozinha, preparando o café-da-manhã com Willie. Enquanto isso, Célia passeava sem perder a calma, apoiada em Nicolás, respirando curto quando a dor aumentava e descansando quando a criança em seu ventre dava trégua. Minha nora carrega nas veias canções secretas que marcam o ritmo de seus passos ao caminhar; durante as contrações arfava e oscilava como se estivesse escutando dentro de si uma irresistível percussão venezuelana. Mais para o final me pareceu que, em certos momentos, ela fechava as mãos com muita força e que uma chispa de pavor passava por seus olhos, mas logo o marido atraía seu olhar e sussurrava algo no código particular dos casais e ela relaxava a tensão. Assim passou o tempo, vertiginoso para mim e muito lento para ela, que suportou essa prova sem queixume, sem calmantes nem anestesia. Nicolás a amparou, minha humilde participação consistiu em oferecer-lhe gelo picado e suco de maçã, e a de Willie foi distrair Alejandro, enquanto a parteira acompanhava os acontecimentos a uma distância prudente, sem intervir, e eu lembrava a minha própria experiência, tão diferente desta, quando Nicolás nasceu. A partir do momento em que atravessei a porta do hospital, perdi minha identidade e passei a ser uma paciente sem nome, somente um número. Despiram-me, deram uma bata aberta nas costas e me levaram para um lugar isolado, onde fui submetida a algumas humilhações adicionais, e então fiquei só. De vez em quando, alguém fazia explorações entre minhas pernas, meu corpo se convertera numa única caverna palpitante e dolorida; passei um dia, uma noite e boa parte do dia seguinte nessa laboriosa tarefa, cansada e meio morta de medo, até que finalmente me anunciaram que o desenlace se aproximava e me levaram para a sala de parto. Deitada de costas sobre uma mesa metálica, com os ossos transformados em cinzas e ofuscada pelas luzes, me entreguei ao sofrimento. Nada mais dependia de mim, o bebê se debatia para sair e minhas cadeiras se abriam para ajudá-lo, sem intervenção da minha vontade. Tudo o que aprendera nos manuais e nos cursos de preparação de nada serviu. Há um momento em que já não se pode deter a viagem iniciada, rolamos em direção a uma fronteira, passamos através de uma porta misteriosa e amanhecemos do outro lado, em outra vida. A criança entra no mundo, e a mãe, em outro estado de consciência, nenhuma das duas volta a ser a mesma. Com

Nicolás me iniciei no universo feminino, a cesariana anterior me privara de um rito único que somente as fêmeas dos mamíferos compartilham. O processo alegre de gerar um filho, a paciência na gestação, a força para trazê-lo à vida e o sentimento de profundo assombro em que isso culmina só podem ser comparados à criação de um livro. Os filhos, como os livros, são viagens ao nosso interior, nas quais o corpo, a mente e a alma invertem seus rumos, regressando ao próprio centro da vida.

O clima de tranqüila alegria que reinava em nossa casa quando Andrea nasceu de modo algum se parecia com minha angústia naquela sala de parto, 25 anos antes. No meio da tarde, Célia fez um sinal, Nicolás ajudou-a a subir na cama e, em menos de um minuto, materializaram-se os aparelhos e instrumentos que a parteira trouxera na caminhonete. Aquela moça de short pareceu envelhecer de repente, o tom de sua voz mudou e milênios de experiência feminina se refletiram em seu rosto sardento. Lave as mãos e se prepare, porque agora a senhora vai ter que trabalhar, disse com uma piscadela. Célia abraçou o marido, apertou os dentes e fez força. E então, numa onda de sangue, surgiu uma cabeça coberta de cabelos escuros e um rostinho amassado e arroxeado, que peguei com uma das mãos como se fosse um cálice, enquanto a outra, num gesto rápido, soltava o cordão azulado que envolvia o pescoço. Com outro brutal esforço feito pela mãe para empurrar, apareceu o restante do corpo de minha neta, um embrulho ensangüentado e frágil, o presente mais extraordinário. Num soluço abissal, senti no âmago a experiência sagrada de dar à luz, o esforço, a dor, o pânico, fiquei maravilhadamente grata à coragem heróica de minha nora e ao milagre de seu corpo sólido e de seu espírito nobre, feitos para a maternidade. Como por trás de um véu, vislumbrei Nicolás, comovido, pegando a menina que estava nas minhas mãos para acomodá-la no regaço da mãe. Ela se ergueu entre os travesseiros, arfando, banhada em suor e transformada por uma luz interior, completamente indiferente ao restante de seu corpo, que continuava pulsando e sangrando, apertou a filha nos braços e, sobre ela reclinada, deu-lhe as boas-vindas com uma cascata de palavras doces numa linguagem que acabava de inventar, beijando-a, cheirando-a, como fazem todas as fêmeas, dando-lhe o seio como o gesto mais antigo da humanidade. O tempo se congelou no quarto e o sol se deteve sobre as rosas do terraço, o mundo prendeu a respiração para celebrar o prodígio dessa nova vida. A parteira me passou uma tesoura, cortei o cordão umbilical e Andrea iniciou seu destino separada de sua mãe. De onde vem esta menina? Onde estava, antes de germinar no ventre de Célia? Tenho de fazer mil perguntas para ela, mas receio que quando consiga me responder já tenha esquecido como era o céu... Silêncio antes de nascer, silêncio depois da morte, a vida é puro ruído entre dois silêncios insondáveis.

PAULA PASSOU UM MÊS na clínica de reabilitação, acabaram de examiná-la e avaliá-la por dentro e por fora, e nos entregaram um laudo demolidor. Michael veio do Chile e Ernesto também estava aqui, com uma licença especial. Conseguiu que seu escritório o transferisse para Nova York, pelo menos ficamos no mesmo país, a seis horas de distância, caso haja uma emergência, e com o telefone ao alcance da mão, sempre que a tristeza quiser nos derrotar. Ele não estivera com sua mulher desde que a trouxemos de Madri, naquele pesadelo de viagem; embora eu o mantenha informado sobre todos os pormenores, impressionou-se ao vê-la tão linda e tão mais ausente. Este homem é como algumas árvores que suportam um vendaval, vergando-se sem, contudo, tombar.
 Trouxe presentes para Paula, entrou apressado no quarto

dela, abraçou-a e beijou-a, murmurando como sentia saudades e que bonita tinha ficado, enquanto ela olhava fixamente adiante de si, com seus grandes olhos sem luz, como uma boneca. Depois recostou a seu lado para mostrar fotografias da lua-de-mel e lembrar-lhe os tempos felizes do ano passado, até que ambos adormeceram como um casal normal, à hora da sesta. Rezo para que encontre uma mulher saudável, de alma bondosa como Paula, e que seja feliz longe daqui, ele não pode permanecer preso a uma doente pelo resto da vida; mas ainda não devo falar nisso, é muito cedo. Os médicos e terapeutas que trataram de Paula reuniram a família para dar seu veredicto: o nível de consciência dela é nulo, não há sinais de alteração nessas quatro semanas, não conseguiram estabelecer nenhuma comunicação com ela e o mais realista é supor que se irá deteriorando. Não voltará a falar nem a engolir, nunca poderá se mexer por vontade própria, é muito difícil que chegue a reconhecer alguém; afirmaram que a reabilitação é impossível, embora os exercícios se façam necessários para mantê-la flexível. No final recomendaram que ela fosse para uma instituição especializada nesse tipo de doentes, porque exige cuidados constantes e não pode permanecer sozinha por um minuto sequer. Um longo silêncio se fez, após as últimas palavras desse relatório. Do outro lado da mesa, estavam Nicolás e Célia, com as crianças no colo, e Ernesto, com a cabeça entre as mãos.

– É importante decidir o que será feito caso haja uma pneumonia ou outra infecção grave. Vocês optarão por um tratamento agressivo? – perguntou um dos médicos.

Nenhum de nós entendera suas palavras.

– Se lhe administrarem doses maciças de antibióticos, ou se a puserem na UTI cada vez que isso aconteça, ela poderá viver muitos anos. Se não receber tratamento, morrerá mais cedo – explicou.

Ernesto ergueu o rosto e nossos olhares se encontraram. Também olhei para Nicolás e Célia e, sem hesitação ou necessidade de entrar num acordo, os três fizeram um gesto para mim.

– Paula não vai voltar para a Unidade de Terapia Intensiva e não iremos torturá-la com novas transfusões de sangue, drogas ou exames dolorosos. Se o estado for muito grave, ficaremos a seu lado para ajudá-la a morrer – falei com uma voz tão firme que nem pude reconhecer como minha.

Michael saiu da sala fora de si e, poucos dias depois, voltou para o Chile. Nesse instante, ficou claro que minha filha voltava para meu regaço e que somente eu seria responsável por sua vida e tomaria decisões no momento de sua morte. As duas juntas e sós, como no dia do nascimento dela. Senti o corpo sacudido por uma onda de força semelhante a uma descarga elétrica e compreendi que as vicissitudes de minha longa caminhada haviam sido uma feroz preparação para esta prova. Não estou derrotada, ainda me resta muito por fazer, a medicina ocidental não é a única alternativa para casos como esse, vou bater a outras portas e recorrer a outros meios, inclusive os mais improváveis, para salvá-la. Desde o início tive o propósito de trazê-la para casa, por isso, durante o mês que ela permaneceu na clínica de reabilitação, fui me treinando na forma de cuidá-la e de utilizar os aparelhos de fisioterapia. Consegui o equipamento necessário em menos de três dias, de uma cama elétrica até uma grua que permite movimentá-la, e contratei quatro mulheres da América Central para me ajudarem em turnos de dia e de noite. Entrevistei quinze candidatas e escolhi as que julguei mais carinhosas, porque já acabou a etapa da eficiência e estamos entrando na do amor. Todas carregam um passado trágico, porém conservam o frescor de um sorriso maternal. Uma delas traz marcas de navalhadas nas pernas e nos braços; o marido foi assassinado em

El Salvador e ela foi dada como morta, numa poça de sangue, com seus três filhos pequenos. Conseguiu um jeito de se arrastar até encontrar ajuda e pouco depois fugiu do país, deixando as crianças com a avó. Outra vem da Nicarágua, há muitos anos não vê seus cinco filhos, mas quer trazê-los um a um, trabalha e economiza até o último centavo para um dia ficar com eles. O primeiro andar da casa virou o reino de Paula, mas também continua sendo a sala familiar, como era antes, onde estão a televisão, o som e os brinquedos das crianças. Foi aí que Andrea nasceu, faz só uma semana, e aí sua tia vai morar o tempo que queira permanecer neste mundo. Pelos janelões se vêem os gerânios do verão e as rosas plantadas em barris, companheiras fiéis de muitas épocas de infortúnio. Nicolás pintou de branco as paredes, cercamos a cama com fotografias de seus anos felizes, parentes e amigos, e pusemos numa prateleira sua boneca de pano. É impossível dissimular os enormes aparelhos de que ela necessita, mas pelo menos esse cômodo é mais acolhedor que os quartos de hospital onde viveu nos últimos meses. Na manhã ensolarada em que minha filha chegou numa ambulância, a casa pareceu se abrir para acolhê-la alegremente. Durante a primeira meia hora tudo foi atividade, barulho e azáfama, mas de repente cessou a confusão, ela estava instalada em sua cama e começava a rotina, a família se dispersou, cada qual para os seus afazeres, ficamos sós e aí senti o silêncio e a calma da casa em repouso. Sentei junto dela e peguei sua mão. O tempo se arrastava muito lentamente, as horas foram passando e vi mudar a cor da baía, o sol se pôs e começou a cair a tardia noite de junho. Uma grande gata com manchas pardas, que eu nunca vira antes, entrou pela porta de vidro aberta, deu umas voltas pelo aposento para reconhecer o terreno e depois saltou na cama, deitando-se aos pés de Paula. Ela gosta de gatos, talvez a tenha chamado com o pensamento para que lhe fizesse companhia.

Acabou para mim a correria da vida, entrei no ritmo de Paula, o tempo sossegou nos relógios. Nada a fazer. Disponho de dias, semanas, anos, junto à cama de minha filha, fazendo hora sem saber o que espero. Sei que ela nunca voltará a ser como antes, sua mente partiu sabe-se lá para onde, mas o corpo e o espírito estão aqui. A inteligência era seu traço mais deslumbrante, a bondade transparecia a um segundo olhar, é duro imaginar que seu cérebro privilegiado esteja reduzido a uma escura nuvem numa radiografia, que tenham desaparecido para sempre sua inclinação para os estudos, seu senso de humor, sua memória para os mínimos detalhes. É como uma planta, disseram os médicos. A gata pode me seduzir a ponto de eu lhe dar comida e deixar que durma nessa cama, mas minha filha não me reconhece e sequer pode apertar-me a mão para manifestar alguma coisa. Tentei ensinar a piscar, uma vez para o sim, duas para o não, mas foi trabalho em vão. Pelo menos ela está comigo, a salvo nesta casa, protegida por todos nós. Ninguém voltará a invadi-la com agulhas e sondas, de agora em diante só vai receber carícias, música e flores. Minha tarefa é manter seu corpo sadio e poupá-la das dores, assim seu espírito terá a paz necessária para cumprir o restante de sua missão na Terra. Silêncio. As horas sobram para nada fazer. Tomo consciência de meu corpo, de minha respiração, da forma como meu peso se distribui na cadeira, a coluna me sustenta e os músculos obedecem a meus desejos. Resolvo, vou tomar água, e meu braço se ergue e pega o copo com a força e a velocidade exatas; bebo e sinto os movimentos da língua e dos lábios, o fresco sabor na boca, o líquido frio descendo pela garganta. Minha pobre filha não pode fazer nada disso, se deseja beber não pode pedir, precisa esperar que outra pessoa adivinhe sua necessidade e venha lhe dar água com uma seringa, pelo tubo inserido em seu estômago. Não sente o alívio da sede satisfeita, tem os lábios sempre secos, mal posso umedecê-los um pouco porque, se os molho, o líquido poderá ir para os pulmões. Nós duas presas neste parêntese brutal. Minhas amigas me recomendaram a Dra. Cheri Forrester, especializada em pacientes terminais e com fama de ser compassiva; telefonei para ela e tive a surpresa de saber que havia lido meus livros e estava disposta a visitar Paula. É uma mulher jovem, de olhos escuros e expressão intensa, que me abraçou ao chegar e escutou de coração aberto o relato dos acontecimentos.

– O que você quer de mim? – perguntou no final.

– Ajuda para manter Paula bem-disposta e confortável, ajuda para o momento de sua morte e ajuda para procurar outros recursos. Sei que os médicos não podem fazer nada por ela, vou experimentar a medicina alternativa: santarrões, plantas, homeopatia, tudo que possa conseguir.

– Eu faria o mesmo se fosse com minha filha, mas essas experiências precisam ter um limite. Você não pode viver de ilusões e aqui essas coisas não são gratuitas. Paula pode ficar neste estado durante muitos anos, você tem que administrar bem suas forças e seus recursos.

– Quanto tempo?

– Digamos três meses. Se nesse prazo não houver resultados significativos, você sossega.

– Está bem.

Ela me apresentou ao Dr. Miki Shima, um pitoresco acupunturista japonês, que pretendo tornar personagem de um romance, caso volte a escrever ficção. A notícia se espalhou e logo começou um desfile de curandeiros, oferecendo seus serviços: um que vende colchões magnéticos para energizar, um hipnotizador que grava histórias contadas às avessas e faz Paula ouvi-las por meio de fones, uma santa da Índia que encarna a Mãe Universal, um apache que combina a sabedoria dos bisavós com o poder dos cristais, e um astrólogo que prevê o futuro, embora suas visões sejam tão confusas que acabem permitindo interpretações contraditórias. Ouço a todos, procurando não comprometer a tranqüilidade de Paula. Fiz também uma peregrinação à casa de um famoso médium de Oregon, um cavalheiro de cabelos pintados, cuja sala de atendimento está cheia de animais de pelúcia, e que é capaz de examinar uma doente com seu terceiro olho, sem arredar de casa. Receitou uma combinação de pós e gotas bastante complicada de administrar, porém Nicolás, que é muito cético para essas coisas, comparou a receita com a que havia num frasco de Centrum, multivitamínico dos mais usados, e eram coisas quase iguais. Nenhum desses estranhos doutores prometeu devolver a saúde à minha filha, mas talvez possam melhorar a qualidade de seus dias e conseguir estabelecer alguma forma de comunicação. As assistentes também me oferecem orações e remédios naturais; uma delas conseguiu água benta de uma fonte sagrada do México e lhe dá com tanta fé que talvez aconteça um milagre. O Dr. Shima vem toda semana e levanta nosso ânimo, examina Paula cuidadosamente, põe suas finas agulhas nas orelhas e nos pés, e receita homeopatia. Às vezes acaricia seus cabelos como se fossem os de sua própria filha e fica com os olhos cheios de lágrimas, como é bonita, diz, se conseguirmos que ela continue assim, talvez a ciência descubra uma maneira de renovar as células danificadas e até de transplantar um cérebro, por que não? Nem brincando, doutor, é o que respondo, não deixarei ninguém fazer experiências de Frankenstein com Paula. Trouxe para mim umas ervas orientais, cujo nome, numa tradução exata, é "para a tristeza provocada por luto ou perda do amor", e suponho que, graças a elas, continuo funcionando com relativa normalidade. A Dra. Forrester observa tudo isso sem opinar e conta os dias no calendário; três meses e basta, lembra-me a cada visita. Também ela parece preocupada com minha saúde, acha que estou deprimida e esgotada, e me receitou comprimidos para dormir, avisando que tome apenas um, porque podem ser fatais.

Escrever me faz bem, apesar de ser às vezes penoso, porque cada palavra é como uma queimadura. Estas páginas são uma viagem irreversível por um longo túnel, não enxergo a saída, mas sei que deve haver alguma; impossível voltar atrás, tudo é questão de continuar avançando passo a passo, até o final. Escrevo procurando um sinal, esperando que Paula rompa seu implacável silêncio e me responda sem voz nestas folhas amarelas, ou talvez o faça somente para superar o espanto e fixar estas imagens fugazes antes que elas caiam no esquecimento. Caminhar também me faz bem. A meia hora daqui existem morros e bosques densos, aonde vou para respirar fundo quando a angústia me sufoca e o cansaço me abate. A paisagem, verde, úmida e um tanto sombria, lembra a do Sul do Chile, com as mesmas árvores centenárias, o perfume intenso de eucaliptos, pinheiros e hortelã selvagem, os córregos que se transformam em cascatas no inverno, gritos de pássaros e trilar de grilos. Descobri um lugar solitário em que as copas formam uma alta abóbada de catedral gótica e um filete de água desliza com sua música particular, por entre as pedras. Lá me instalo, escutando a água e o ritmo do sangue em minhas veias, procurando respirar com calma e voltar aos limites de minha própria pele, porém não encontro paz, minha cabeça é atropelada por premonições e lembranças. Também nos momentos mais difíceis do passado, eu buscava a solidão de um bosque.

A PARTIR DO MOMENTO em que atravessei a Cordilheira, tudo começou a correr mal e foi piorando nos anos seguintes. Embora ainda não o soubesse, a profecia da vidente argentina passava a se realizar: teria pela frente muitos anos de imobilidade. Não entre as paredes de uma cela ou numa cadeira de rodas, como minha mãe e eu imaginamos, mas no isolamento do exílio. Pereceram as raízes de uma só machadada e levaria seis anos para desenvolver outras, plantadas na memória e nos livros que iria escrever. Durante esse longo período, a frustração e o silêncio seriam meu cárcere. Na primeira noite em Caracas, sentada numa cama alheia, num quarto inóspito, enquanto entrava por uma fresta a incansável agitação da rua, fiz um balanço das perdas e adivinhei um longo caminho de obstáculos e solidões. O impacto da chegada foi como o de ter caído em outro planeta; vinha do inverno, da ordem assustadora da ditadura e da pobreza generalizada, e chegara a um país quente e anárquico, em plena prosperidade do petróleo, onde o esbanjamento de uma sociedade saudita atingia limites absurdos: importavam-se de Miami até o pão e os ovos do consumo diário, porque isso ficava mais cômodo do que produzi-los. No primeiro jornal que caiu em minhas mãos, tomei conhecimento do aniversário, comemorado com orquestra e champanhe, de um cachorrinho lulu pertencente a uma dama da alta sociedade, festa à qual compareceram outros cães com seus donos vestidos a rigor. Para mim, criada na sobriedade da casa de Tata, era difícil acreditar em tanto exibicionismo, mas com o tempo não só me habituei como aprendi a entrar nele. A disposição para a farra, o sentimento do presente e a visão otimista dos venezuelanos, que a princípio me espantavam, acabaram sendo as melhores lições dessa época. Levei anos para entender as regras daquela sociedade e descobrir a forma de penetrar sem excessivos atritos no terreno incerto do exílio, mas, quando finalmente o consegui, senti-me livre dos fardos que carregava em meu país. Perdi o medo do ridículo, das sanções sociais, de "descer de nível", como meu avô dizia ao se referir à pobreza, e do meu próprio sangue quente. A sensualidade deixou de ser um defeito que eu precisava ocultar para manter a classe e aceitei-a como ingrediente fundamental de meu temperamento e, mais tarde, de minha escrita. Na Venezuela, curei-me de algumas feridas antigas e de rancores novos, deixei cair a pele e andei em carne viva até que outra me saísse, mais resistente, foi lá que eduquei meus filhos, ganhei uma nora e um genro, escrevi três livros e pus um ponto final em meu casamento. Quando penso nos 13 anos que passei em Caracas, sinto um misto de incredulidade e alegria. Cinco semanas depois da chegada, quando se evidenciou ser impossível um regresso ao Chile a curto prazo, Michael embarcou com as crianças, deixando a casa fechada com todos os nossos pertences, porque não conseguira alugá-la. Tanta gente abandonava o país naquele tempo que era mais conveniente comprar uma propriedade a preço de banana do que pagar aluguel; além do mais, nossa casa era uma cabana rústica, sem outro valor que não fosse o sentimental. Enquanto ficou desabitada, quebraram as janelas e roubaram o que havia dentro, mas só viemos a saber disso um ano depois e, a essa altura, já não nos importava. Aquelas cinco semanas que vivi separada de meus filhos foram um pesadelo, ainda lembro, com nitidez fotográfica, das caras de Paula e Nicolás, quando desceram do avião de mãos dadas com o pai e foram recebidos pelo bafo quente e úmido daquele verão eterno. Vinham com roupas de lã, Paula trazia sua boneca de pano debaixo do braço, e Nicolás, com o pesado Cristo de ferro que lhe dera a professora, me pareceu menor e mais magro, só depois vim a saber que na minha ausência se negava a comer. Após alguns meses, a família inteira conseguiu se reunir, graças aos vistos obtidos com o auxílio de Valentín Hernández, que não se esquecera da promessa feita à minha mãe na clínica da Romênia. Meus pais se instalaram dois andares acima, no mesmo edifício que nós, e, depois de complicadas gestões, meu irmão Pancho conseguiu sair de Moscou com os seus, rumo à Venezuela. Também chegou Juan, com a intenção de ficar, mas não pôde resistir ao calor e à bagunça, arranjando um meio de partir para os Estados Unidos com uma bolsa de estudos. No Chile ficou Granny, acabrunhada pela solidão e pela tristeza, da noite para o dia perdera os netos que havia criado e se viu num vazio, cuidando de um velho que passava os dias na cama, diante de uma televisão, e da cachorra neurótica herdada de minha mãe. Pôs-se a beber cada vez mais e, como já não precisava mais manter as aparências perante os netos, nem se preocupava em ocultá-lo. As garrafas se acumulavam pelos cantos, enquanto o marido fazia de conta que não via, praticamente deixou de comer e de dormir, passava as noites em claro, de copo na mão, no vaivém desconsolado da cadeira de balanço, onde – por anos e anos – fizera os netos adormecer em seu colo. Foi sendo carcomida pelos vermes da tristeza, perdeu a cor de água-marinha de seus olhos, os cabelos caíam aos chumaços, sua pele ficou grossa e gretada como a de uma tartaruga, parou de tomar banho e de se arrumar, andava de roupão e chinelos, secando as lágrimas nas mangas. Dois anos depois, a irmã de Michael, que morava no Uruguai, levou os pais para sua casa, mas já era tarde para salvar Granny.

Alegre e caótica em 1975, Caracas era uma das cidades mais caras do mundo. Brotavam por toda parte edifícios novos e largas rodovias, o comércio exibia um descalabro de artigos de luxo, a cada esquina havia bares, bancos, restaurantes e hotéis para encontros clandestinos, e as ruas estavam permanentemente entupidas de milhares de carros do último tipo que não podiam andar na desordem do trânsito, ninguém respeitava os sinais, porém paravam nas pistas de alta velocidade para que algum pedestre distraído atravessasse. O dinheiro parecia crescer nas árvores, maços de notas passavam de mão em mão a uma tal velocidade que nem havia tempo para conferir; os homens sustentavam várias amantes, as mulheres iam fazer compras em Miami nos fins de semana e as crianças consideravam um direito natural viajar todos os anos para a Disneylândia. Sem dinheiro, nada se podia fazer, conforme verifiquei ao cabo de poucos dias, quando fui ao banco para trocar os dólares comprados no mercado negro no Chile, descobrindo, horrorizada, que metade deles eram falsos. Havia bairros da periferia com gente na miséria e regiões em que água poluída ainda matava como no tempo da Colônia, porém, na euforia da riqueza fácil, ninguém tomava conhecimento disso. O poder político se repartia na base da amizade entre os dois partidos mais poderosos, a esquerda tinha sido anulada e a guerrilha dos anos 1960, que chegou a ser uma das mais organizadas no continente, estava derrotada. Vindo do Chile, era um alívio confirmar que ninguém falava de política ou de doenças. Os homens, alardeando poder e virilidade, ostentavam correntes e anéis de ouro, falavam aos gritos e faziam piadas, sempre de olho nas mulheres. Ao lado deles, os discretos chilenos, com suas vozes agudas e sua linguagem cheia de diminutivos, pareciam uns bibelôs. As mulheres mais formosas do planeta, extraordinário produto da combinação de muitas raças, andavam com ritmo de salsa nas cadeiras, exibindo corpos exuberantes e ganhando todos os concursos internacionais de beleza. O ar vibrava, qualquer pretexto era bom para cantar, as rádios trovejavam na vizinhança, nos carros, em todos os lugares. Tambores, cavaquinhos, violões, canto e dança, o país folgava na farra do petróleo. Imigrantes dos quatro cantos do planeta chegavam a essa terra em busca da fortuna, sobretudo os colombianos, que atravessavam a fronteira aos milhões para ganhar a vida nos empregos que ninguém mais queria. Os estrangeiros encontravam, de início, uma certa má vontade, mas logo a generosidade natural daquele povo lhes abria as portas. Os mais odiados eram os do *Coño Sul*, como designavam argentinos, uruguaios e chilenos, porque na grande maioria eram refugiados políticos, intelectuais, técnicos e profissionais que competiam com os quadros médios venezuelanos. Logo aprendi que, ao emigrar, perdem-se as muletas que nos serviram de apoio até então, é preciso começar do zero, porque o passado fica suprimido de uma penada e ninguém está se importando com o lugar de onde a gente veio ou o com o que fazia antes. Conheci verdadeiras eminências em seus países de origem que não conseguiram revalidar títulos profissionais e acabaram vendendo seguros de porta em porta; também vi uns espertalhões que inventavam diplomas e hierarquias, e que, de algum modo, conseguiam ocupar altos postos, tudo dependia da audácia e de bons contatos. Podia-se conseguir tudo com um amigo ou pagando a taxa da corrupção. Um profissional estrangeiro só obteria um contrato por meio de um sócio venezuelano que emprestasse seu nome e o apadrinhasse; caso contrário, não tinha a menor chance. O preço era 50% do valor: um fazia o trabalho enquanto o outro assinava embaixo, recebendo sua porcentagem no início, mal entrava o primeiro pagamento. Uma semana depois da chegada, surgiu um emprego para Michael no leste do país, numa zona quente que começava a se desenvolver graças ao tesouro inesgotável do solo. A Venezuela inteira repousa sobre um mar de ouro negro, onde se crava uma picareta sai um jato grosso de petróleo, a riqueza natural é paradisíaca, existem regiões onde pepitas de ouro e diamantes brutos estão espalhados na terra como sementes. Tudo cresce nesse clima, ao longo das rodovias se vêem as bananeiras e abacaxis, basta atirar um caroço de manga no chão para que surja uma árvore em pouco tempo; na antena de aço de nossa televisão, uma planta deu flor. A natureza ainda continua na idade da inocência: praias mornas de areia branca e palmeiras desgrenhadas, montanhas de cumes nevados por onde vagam perdidos os fantasmas dos Conquistadores, extensas savanas lunares subitamente interceptadas por *tepuys* prodigiosos, altíssimos cilindros de rocha viva que parecem ter sido colocados ali por gigantes de outros planetas, florestas impenetráveis habitadas por tribos antigas que ainda desconhecem o uso dos metais. Tudo se oferece com abundância nessa região encantada. Michael foi incumbido de uma parte do gigantesco projeto de uma das maiores barragens do mundo, num território verde e cheio de cobras, suor e crimes. Os homens se instalavam em acampamentos provisórios, deixando as famílias nas cidades próximas, porém minhas perspectivas de encontrar trabalho naquelas paragens e de educar as crianças num bom colégio eram nulas, de modo que ficamos na capital e Michael vinha nos visitar a intervalos de seis ou sete semanas. Morávamos num apartamento do bairro mais barulhento e populoso da cidade; aquilo era um inferno para os meninos, acostumados a ir a pé para o colégio, passear de bicicleta, brincar no jardim e visitar a Granny, não podiam sair sozinhos devido ao trânsito e à violência da rua, chateavam-se entre quatro paredes vendo televisão e diariamente me pediam que voltássemos para o Chile, por favor. Não os ajudei a suportar a angústia daqueles primeiros anos, pelo contrário, meu mau humor tornava rarefeito o ar que respirávamos. Não pude me empregar em nenhum dos tipos de trabalho que sabia fazer, de nada serviu a experiência adquirida, as portas estavam fechadas. Mandei centenas de solicitações, fui atrás de inúmeros anúncios de jornal e preenchi uma montanha de formulários, sem obter resposta, tudo ficava no ar, esperando por uma decisão que não vinha nunca. Não havia percebido que, lá, dizer um "não" era falta de educação. Quando me mandavam voltar no dia seguinte, as esperanças renasciam, sem que compreendesse que o adiamento era uma forma amável de recusar. Da celebridadezinha de que desfrutei no Chile com a televisão e as reportagens feministas, passei ao anonimato e à humilhação cotidiana daqueles que procuram emprego. Graças a um amigo chileno, pude publicar uma coluna semanal de humor num jornal e a mantive durante muitos anos para ter algum espaço na imprensa, fazendo-o por amor à arte, pois o pagamento equivalia à corrida de táxi para entregar o artigo. Fiz algumas traduções, roteiros de televisão e até uma peça de teatro; alguns desses trabalhos foram pagos a preço de ouro e nunca vieram à luz, enquanto outros foram utilizados sem que nunca me pagassem. Dois andares acima, tio Ramón se vestia todas as manhãs com seus ternos de embaixador e também saía em busca de trabalho, mas, ao contrário de mim, jamais se queixava. Sua queda era mais lamentável que a minha, porque caía de mais alto, perdera muito, era 25 anos mais velho e sua dignidade terá pesado o dobro; entretanto, nunca o vi deprimido. Nos fins de semana organizava passeios à praia com as crianças, verdadeiros safáris que ele enfrentava energicamente ao volante, suando, com música caribenha no rádio, uma piada nos lábios, coçando as mordidas de mosquito e lembrando-nos de que éramos *imensamente ricos*, até que pudéssemos nos molhar naquele morno mar azul-turquesa, nos acotovelando com centenas e centenas de outros seres que haviam tido a mesma idéia. Às vezes, em alguma abençoada quarta-feira, eu escapulia para a costa e podia então gozar da praia limpa e vazia, embora essas excursões solitárias fossem cheias de riscos. Naquela época de solidão e impotência, eu precisava mais do que nunca do contato com a natureza, a paz de um bosque, o silêncio de uma montanha ou o marulho das ondas, mas as mulheres não deviam ir ao cinema sozinhas e muito menos a um descampado, onde qualquer desgraça poderia suceder. Sentia-me prisioneira no apartamento e em minha própria pele, da mesma maneira que meus filhos, mas pelo menos estávamos a salvo da violência e da ditadura, acolhidos pela vastidão da Venezuela. Encontrara um lugar seguro para depositar a terra de meu jardim e plantar um miosótis, mas ainda não sabia disso.

Esperava com impaciência as raras visitas de Michael, mas, quando finalmente o tinha ao alcance da mão, sentia uma inexplicável desilusão. Ele chegava cansado do trabalho e da vida no acampamento, não era o homem que eu ficava imaginando nas noites sufocantes de Caracas. Nos meses e anos seguintes, nossas palavras acabaram, conseguíamos apenas manter conversas neutras, salpicadas de lugares-comuns e fórmulas de cortesia. Uma força me impelia a agarrá-lo pela camisa, a sacudi-lo aos gritos, mas o rigoroso senso de justiça aprendido nos colégios ingleses me paralisava e eu acabava dando as boas-vindas com uma ternura que aflorava espontaneamente quando o via chegar, mas que em poucos minutos desaparecia. Aquele homem passara semanas metido na selva para ganhar o pão da família, deixara o Chile, os amigos e a segurança de seu trabalho para me acompanhar numa aventura incerta, eu não tinha o direito de incomodá-lo com as impaciências de meu coração. Seria muito mais saudável se vocês se engalfinhassem como nós, aconselhavam minha mãe e tio

Ramón, meus únicos confidentes naquela época, mas era impossível um enfrentamento com um marido que não opunha resistência; toda a agressividade desmoronava, até se converter em fastio, desaparecendo na textura algodoada de nossa relação. Procurei me convencer de que entre ambos, apesar das circunstâncias difíceis, nada de fundamental se havia alterado. Não consegui, mas nessa tentativa acabei enganando Michael. Se tivéssemos falado claramente, talvez fosse possível evitar o descalabro final, mas não tive coragem suficiente. Desejos e angústias insatisfeitos me queimavam por dentro, esse foi um período de vários namoros para distrair a solidão. Lá não me conheciam, eu não devia satisfações a ninguém. Procurava alívio onde menos poderia achá-lo, porque a verdade é que não sirvo para a clandestinidade, sou muito desajeitada para as emaranhadas estratégias da mentira, deixava pistas por todo lado, mas a decência de Michael impedia-o de imaginar a falsidade alheia. Eu me debatia em segredos e ardia de culpa, dividida entre o desprezo e a raiva contra mim mesma e o rancor contra aquele marido distante que pairava, imperturbável, na névoa da ignorância, sempre amável e discreto, com sua imutável equanimidade, sem nada pedir e aceitando o que viesse com ar distante e vagamente agradecido. Precisava de um pretexto para acabar de uma vez por todas com aquele casamento, mas ele nunca me deu; pelo contrário, naqueles anos aumentou sua fama de santo aos olhos dos outros. Suponho que estivesse tão absorvido pelo trabalho, e com tamanha necessidade de um lar, que por isso preferia não fazer perguntas a respeito de meus sentimentos ou minhas atividades; crescia um abismo sob nossos pés, mas ele não quis ver as evidências e continuou agarrado às próprias ilusões até o último instante, quando tudo desmoronou ruidosamente. Se desconfiava de alguma coisa, talvez atribuísse tudo a uma crise existencial que eu superaria sozinha, como se fosse uma febre passageira. Não percebi, senão muitos anos depois, que essa cegueira diante da realidade era o traço mais forte de sua personalidade, sempre assumi a culpa total do fracasso do amor: eu não era capaz de amá-lo como aparentemente ele me amava. Não me questionava se aquele homem merecia uma dedicação maior, só queria saber por que eu não era capaz de oferecê-la. Nossos caminhos tomavam rumos divergentes, eu estava mudando e me distanciava sem poder evitá-lo. Enquanto ele trabalhava no verde exuberante e no úmido calor de uma região selvagem, eu, como uma ratazana enlouquecida, me arrebentava contra as paredes do apartamento de Caracas, sempre olhando para o Sul e contando os dias que faltavam para o regresso. Nunca imaginei que a ditadura fosse durar 17 anos.

3

O homem por quem me apaixonei em 1978 era músico, um refugiado político a mais entre os milhares provenientes do Sul, que chegaram a Caracas na década de setenta. Havia fugido do esquadrão da morte, deixando em Buenos Aires uma mulher e dois filhos, enquanto procurava moradia e trabalho, com uma flauta e um violão como únicas cartas de apresentação. Penso que esse amor correspondido desabou sobre ele por acaso, quando menos o desejava e menos lhe convinha, acontecendo o mesmo comigo. Um produtor teatral chileno que foi tentar a sorte em Caracas, como tantas outras pessoas atraídas pela prosperidade do petróleo, pediu que eu escrevesse uma comédia baseada num tema local. Era uma oportunidade que não poderia perder, estava sem trabalho e bastante desesperada porque minhas minguadas economias se haviam evaporado. Precisava-se de um compositor com experiência nesse tipo de espetáculo para criar as canções e, não sei por que, o empresário preferiu alguém do Sul a contratar algum dos excelentes músicos venezuelanos. Foi assim que conheci, junto de um piano empoeirado, aquele que viria a ser meu amante. Lembro-me pouco desse primeiro dia e não me sentia à vontade com aquele argentino arrogante e de mau gênio, mas fiquei impressionada com seu talento; sem o menor esforço, ele conseguia converter minhas vagas idéias em frases musicais precisas e tocava de ouvido qualquer instrumento. Eu, que sou incapaz de cantar "Parabéns pra você", achei o homem um gênio. Era magro e tenso como um toureiro, com uma barba de mágico bem aparada, irônico e agressivo. Sentia-se tão solitário e perdido em Caracas quanto eu, julgo que essas circunstâncias nos uniram. Poucos dias depois, fomos a um parque para repassar suas canções longe de ouvidos indiscretos, ele levou o violão, e eu, um caderno e uma cesta de piquenique. Aquela e outras sessões musicais foram úteis, porque o produtor se evaporou da noite para o dia, deixando o teatro contratado e nove pessoas comprometidas às quais nunca pagou um centavo. Alguns haviam gasto tempo e esforço, outros, investido dinheiro que desapareceu sem deixar rastro, e eu, ao menos, fiquei com uma aventura memorável. Naquele primeiro lanche ao ar livre, contamos nossos passados, falei do Golpe Militar, ele me pôs em dia sobre os horrores da Guerra Suja e os motivos que o levaram a sair de sua terra, e no final me vi defendendo a Venezuela de seus ataques, que eram idênticos aos que eu andara fazendo na véspera. Se você não gosta deste país, por que não vai embora, eu estou grata por viver com minha família nesta democracia, pelo menos aqui não matam como no Chile e na Argentina, disse-lhe com uma veemência exagerada. Ele desandou a rir, pegou o violão e começou a cantarolar um tango meio gozador; eu me senti provinciana, característica que se repetiria muitas vezes em nossa relação. Era um desses intelectuais notívagos de Buenos Aires, freqüentador de velhas tabernas e de cafés, amigo do pessoal de teatro, de músicos e escritores, leitor voraz, homem brigão e de resposta pronta, conhecera muita gente famosa, um adversário feroz que me seduziu com suas histórias e sua inteligência; em compensação, duvido que o tenha impressionado muito, pois a seus olhos eu não passava de uma imigrante chilena de 35 anos, vestida de hippie e com hábitos burgueses. A única vez que consegui deslumbrá-lo foi quando contei que Che Guevara tinha jantado na casa de meus pais, em Genebra, e só a partir daí se interessou por mim verdadeiramente. Descobri, ao longo da vida, que esse jantar com o heróico guerrilheiro da revolução cubana é um afrodisíaco irresistível para a maioria dos homens. Uma semana depois, começaram as chuvas de verão, e os encontros bucólicos no parque se transformaram em sessões de trabalho em minha casa, onde havia bem pouca privacidade. Certo dia me convidou para ir ao apartamento onde morava, um desses quartos pobretões e barulhentos que são alugados por semana. Tomamos café, ele mostrou fotografias da família, uma canção puxou outra, e mais outra, até que acabamos tocando flauta na cama. Não se trata de uma daquelas metáforas grosseiras que deixam minha mãe horrorizada, ele realmente me proporcionou um concerto com esse instrumento. Fiquei apaixonada como uma adolescente. Ao cabo de um mês, a situação era insustentável, anunciou-me que ia se divorciar da mulher, insistiu para que eu largasse tudo e fosse com ele para a Espanha, onde poderia encontrar amigos e trabalho, pois outros artistas argentinos se haviam radicado lá com sucesso. A rapidez com que tomou essas decisões me pareceu uma prova de amor irrefutável, mas depois descobri que era um nativo de Gêmeos um tanto instável e que, com a mesma precipitação, propunha fugir comigo para outro continente ou era capaz de mudar de idéia, voltando à estaca zero. Se eu tivesse tido um pouco mais de astúcia, ou se ao menos tivesse estudado astrologia quando improvisava horóscopos para a revista do Chile, observaria melhor seu temperamento e agiria com mais prudência, mas, do jeito como as coisas aconteceram, mergulhei de cabeça num melodrama trivial que por pouco não me custou os filhos e até mesmo a vida. Vivia tão nervosa que batia o carro a toda hora, certa vez avancei um sinal vermelho, trombando com três veículos em movimento, e a pancada me deixou sem sentidos por vários minutos; voltei a mim bastante machucada e cercada de caixões; mãos misericordiosas me haviam transportado para o local mais próximo, nada mais nada menos que uma funerária. Em Caracas, havia um código não-escrito que substituía as regras do trânsito: chegando a uma esquina, os motoristas se olhavam e numa fração de segundo se decidia quem passaria primeiro. O sistema era prático e funcionava melhor que os sinais – não sei se mudou, acho que ainda é assim –, mas era preciso estar atenta e saber interpretar a expressão das pessoas. Àquela altura, no meu estado emocional, essas e outras convenções para circular no mundo me baratinavam. Enquanto isso, o ambiente doméstico parecia carregado de eletricidade, as crianças pressentiam o chão fugindo sob meus pés e, pela primeira vez, começaram a criar problemas. Paula, que sempre fora uma menina madura demais para a idade, teve os únicos chiliques de sua vida, batia portas e ficava chorando trancada durante horas. Nicolás se comportava como um bandido no colégio, suas notas eram um desastre e vivia cheio de curativos, caía, se cortava, quebrava a cabeça e os ossos com uma freqüência suspeita. Nessa ocasião descobriu o prazer de disparar ovos com um estilingue nos apartamentos próximos e em quem passava pela rua. Recusei-me a admitir as acusações dos vizinhos, embora consumíssemos noventa ovos por semana e a parede do edifício em frente estivesse coberta por uma gigantesca omelete cozida ao sol do trópico, até o dia em que um dos projéteis aterrissou na cabeça de um Senador da República que passava por baixo de nossas janelas. Se tio Ramón não intervém com seu talento diplomático, talvez tivessem revogado nossos vistos e nos expulsado do país. Meus pais, que desconfiavam do motivo de minhas saídas noturnas e ausências prolongadas, fizeram um interrogatório e acabei confessando meu amor ilegal. Minha mãe me chamou reservadamente para me lembrar que eu tinha dois filhos para criar, mostrando os riscos que corria, e para dizer que, apesar de tudo, podia contar com ela em caso de necessidade. Tio Ramón também me chamou à parte para aconselhar que agisse de maneira mais discreta – não há necessidade de se casar com os amantes – e, fosse qual fosse minha decisão, permaneceria do meu lado. Venha agora comigo para a Espanha ou não nos veremos mais, ameaçou o camarada da flauta entre dois apaixonados acordes, e como não consegui decidir, empacotou seus instrumentos e foi-se embora. Vinte e quatro horas depois, começaram os telefonemas urgentes de Madri, que me deixavam sobressaltada o dia inteiro e incapaz de dormir boa parte da noite. Entre os problemas das crianças, consertos do carro e peremptórias exigências amorosas, perdi a noção dos dias e, quando Michael veio nos visitar, fui colhida de surpresa.

Tentei falar com meu marido naquela noite, para explicar o que estava acontecendo, mas antes que o conseguisse ele anunciou uma viagem de negócios à Europa, convidando-me para ir junto, as crianças ficariam com meus pais por uma semana. É preciso preservar a família, os amantes passam e vão embora sem deixar cicatrizes, aconselhou minha mãe. Mesmo que peguem você na cama com outro, nunca se deve admitir uma infidelidade, porque isso ninguém perdoa, alertou tio Ramón. Fomos para Paris e, enquanto Michael fazia seu trabalho, eu me sentava nos cafés dos Champs Elysées para pensar na novela em que mergulhara, torturada entre as lembranças do calor daquelas tardes de chuva tropical ao som da flauta e as pontadas naturais da culpa, querendo que caísse um raio dos céus para pôr fim às minhas dúvidas. Os rostos de Paula e Nicolás me apareciam em cada criança que passava diante de mim, e de uma coisa eu estava segura: não poderia me separar de meus filhos. Não precisa fazer isso, venha com eles, disse a voz persuasiva do amante, que descobrira o hotel onde eu estava e que telefonava de Madri. Decidi que nunca perdoaria a mim mesma se não desse uma chance ao amor, talvez o único de minha vida, porque parecia que estava à beira da decrepitude aos 36 anos. Michael voltou para a Venezuela, e eu, usando como pretexto a necessidade de ficar sozinha por alguns dias, peguei um trem para a Espanha.

Essa lua-de-mel clandestina, passeando de braços dados pelas ruas de paralelepípedos, jantando à luz de velas em antigas tabernas, dormindo abraçados e comemorando a incrível sorte de ter tropeçado neste amor único em todo o universo, durou precisamente três dias, até que Michael foi me buscar. Eu o vi chegar pálido e alterado, abraçou-me e os muitos anos de vida em comum caíram como um manto do qual não poderia me esquivar. Percebi que sentia um grande carinho por aquele homem discreto que me oferecia um amor fiel e representava a estabilidade de um lar. Nossa relação carecia de paixão, porém era harmoniosa e segura, não tive forças para enfrentar um divórcio e causar mais problemas para meus filhos, que já os tinham em número suficiente devido à condição de imigrantes. Disse adeus àquele amor proibido entre as árvores do parque do Retiro, que despertava depois de um longo inverno, e tomei o avião para Caracas. O que aconteceu não importa, tudo vai se ajeitar, não falaremos mais nisso, disse Michael, e cumpriu sua palavra. Nos meses seguintes, quis falar com ele algumas vezes, mas não foi possível, acabávamos sempre evitando o assunto. Minha infidelidade ficou sem resolução, um sonho inconfessável suspenso como uma nuvem acima de nossas cabeças, e, não fosse pelos insistentes telefonemas de Madri, seria capaz de considerá-la mais um produto de minha exaltada imaginação. Michael procurava paz e descanso quando vinha para casa, tinha uma necessidade desesperada de acreditar que nada mudara em sua vida amena e que a mulher superara inteiramente aquele episódio de loucura. A traição não tinha espaço em sua mente, não entendia as nuances do que acontecera, achou que eu regressara com ele porque não amava mais o outro, acreditou que voltaríamos a ser o casal de antigamente e que o silêncio cicatrizaria as feridas. Contudo, nada voltou a ser como antes, alguma coisa se quebrara e isso nunca teria conserto. Eu me fechava no banheiro para chorar e gritar, e ele, no quarto, fingia ler o jornal para não ter de averiguar a causa do pranto. Sofri outro acidente sério de automóvel, mas dessa vez consegui me dar conta de que, numa fração de segundo antes do impacto, pisara fundo no acelerador em vez de pisar no freio.

GRANNY COMEÇOU A MORRER no dia em que se despediu dos netos, e a agonia durou três longos anos. Os médicos puseram a culpa no álcool, dizendo que ele arrebentara seu fígado, ela estava inchada e com a pele amarelada, mas morreu mesmo de desgosto. Chegou um momento em que perdeu a noção do espaço e do tempo, como se os dias durassem duas horas e as noites não existissem, ficava perto da porta esperando as crianças e não dormia porque escutava suas vozes chamando por ela. Parou de tomar conta da casa, abandonando a cozinha, que nunca mais impregnou o bairro com o cheiro bom de seus biscoitos de canela, deixou de limpar os quartos e de regar o jardim, onde murcharam as dálias e deu peste nas ameixeiras carregadas de fruta podre, sem ninguém para colher. A cachorra suíça que minha mãe dera para Granny também se encolheu num canto para morrer aos poucos como a nova dona. Meu sogro ficou de cama todo aquele inverno, por conta de um resfriado imaginário, pois não conseguiu enfrentar o medo de perder a mulher e achou que poderia modificar a realidade se ignorasse as evidências. Os vizinhos, que consideravam Granny a fada-madrinha da comunidade, inicialmente se revezavam para lhe fazer companhia e mantê-la ocupada, mas depois começaram a evitá-la. Aquela senhora de olhos azuis, impecável em seus vestidos de algodão florido, sempre atarefada com as delícias de sua cozinha e deixando as portas abertas para as crianças das redondeza, transformou-se rapidamente numa anciã desmazelada que falava coisas incoerentes e perguntava a meio mundo se alguém tinha visto seus netos. Quando começou a se perder pela casa e olhar o marido como se não o conhecesse, a irmã de Michael decidiu intervir. Foi visitar os pais e os encontrou vivendo numa pocilga, nada fora limpo durante meses, lixo e garrafas vazias estavam acumulados e a decadência entrara definitivamente na casa e na alma de seus moradores. Assustada, percebeu que a situação chegara ao limite, não seria mais o caso de ensaboar o piso, pôr as coisas em ordem e contratar uma pessoa para cuidar dos velhos, como a princípio pensou, mas sim de levá-los consigo. Vendeu alguns móveis, guardou o restante no sótão, fechou a casa e embarcou com os pais para Montevidéu. Na confusão dos últimos momentos, a cachorra saiu de mansinho e ninguém mais soube dela. Em menos de uma semana, fomos avisados de que Granny esgotara as derradeiras forças, já não conseguia se levantar e se achava no hospital. Michael atravessava um período crítico no trabalho, a floresta estava devorando a obra em construção, as chuvas e os rios haviam carregado os diques, e de manhã apareciam jacarés navegando nos buracos cavados para as fundações. Deixei as crianças com meus pais novamente e peguei o avião para me despedir de Granny.

O Uruguai daquela época era um país à venda. Sob o pretexto de eliminar a guerrilha, a ditadura militar tinha adotado o calabouço, a tortura e as execuções sumárias como um estilo de governo; milhares de pessoas desapareceram e morreram, quase um terço da população emigrou, fugindo do horror daquele tempo, enquanto os militares e um punhado de colaboradores enriqueciam com os despojos. Quem partia não levava muita coisa e era obrigado a se desfazer dos seus bens, em cada quarteirão surgiam letreiros de vendas e leilões, nesses anos era possível comprar propriedades, móveis, carros e obras de arte a preço de banana, os colecionadores do resto do continente afluíam como piranhas à procura de antigüidades. O táxi me levou do aeroporto para o hospital numa triste madrugada de agosto, pleno inverno no Sul do mundo, passando por ruas vazias nas quais metade das casas estavam desabitadas. Deixei a mala na portaria, subi dois andares e dei com um enfermeiro tresnoitado que me conduziu ao quarto de Granny. Não a reconheci, havia se transformado num lagartozinho naqueles três anos, mas então ela abriu os olhos, através das nuvens vislumbrei uma centelha azul-turquesa e caí de joelhos, junto à sua cama. Olá, filhota, como vão meus meninos?, murmurou e não chegou a ouvir a resposta, porque uma golfada de sangue mergulhou-a na inconsciência e ela nunca mais despertou. Fiquei ao lado, esperando o dia clarear, escutando o borbulhar dos tubos de borracha que faziam a sucção de seu estômago e ventilavam os pulmões, rememorando os anos felizes e os anos trágicos em que estivemos juntas, e agradecendo seu carinho incondicional. Entregue-se, Granny, não continue lutando nem sofrendo, parta depressa, por favor, eu suplicava, enquanto lhe acariciava as mãos e beijava a testa febril. Quando o sol despontou, lembrei-me de Michael e telefonei para dizer que ele tomasse o primeiro avião e viesse acompanhar o pai e a irmã, pois não poderia estar ausente naquele transe.

Pacientemente, a doce Granny esperou até o dia seguinte para que seu filho ainda pudesse vê-la com vida por alguns minutos. Nós dois estávamos junto ao leito quando ela deixou de respirar. Michael foi consolar a irmã e eu fiquei para ajudar a enfermeira a lavar minha sogra, retribuindo na morte os infinitos cuidados que ela em vida prodigalizou a meus filhos, e, enquanto passava uma esponja úmida pelo corpo, penteava os quatro fios de cabelo

 que restavam em sua cabeça, espargia água-de-colônia e

vestia a camisola emprestada pela filha, ia dando notícias de Paula e de Nicolás, de nossa vida em Caracas, de como sentia saudades e precisava dela nessa infeliz etapa de minha vida, em que nosso lar estava em perigo, varrido por ventos adversos. No dia seguinte deixamos Granny num cemitério inglês, sob ramos de jasmins, no lugar exato que ela teria escolhido para descansar. Fui dizer-lhe adeus pela última vez com a família de Michael e fiquei surpresa de vê-los sem lágrimas nem espalhafatos, contidos por essa delicada sobriedade que têm os anglo-saxões quando enterram seus mortos. Alguém leu as palavras rituais, mas sequer as ouvi, porque escutava somente a voz de Granny entoando suas canções de avó. Cada qual depositou uma flor e um punhado de terra sobre o caixão, abraçamo-nos em silêncio e depois saímos, lentamente. Ela ficou só, sonhando naquele jardim. Desde então, quando sinto o perfume dos jasmins, Granny vem a meu encontro.

De volta para casa, meu sogro foi lavar as mãos, enquanto a filha preparava o chá. Pouco depois, entrou na sala de jantar com seu terno escuro, cabelo engomalinado e um botão de rosa na lapela, bonitão e jovem ainda, afastando uma cadeira com os cotovelos para não pôr seus dedos nela ao se sentar.

– Onde está minha *young lady*? – perguntou surpreso por não ver a mulher.

– Ela já não está mais conosco, papai – disse a filha, e todos nos olhamos assustados.

– Diga-lhe que o chá está servido, que estamos à sua espera.

Então percebemos que para ele o tempo se congelara, que ainda não sabia que a mulher estava morta. Continuaria ignorando isso pelo resto da vida. Comparecera ao funeral distraidamente, como se fosse o enterro de um parente distante e, a partir daí, recusou as lembranças, uma cortina de loucura senil desceu ante seus olhos e nunca mais pisou no terreno da realidade. A única mulher que ele amou permaneceu para sempre a seu lado, jovem e alegre, esqueceu-se de que havia saído do Chile e perdido todos os seus bens. Ao longo dos dez anos seguintes, até morrer reduzido ao tamanho de um menino num lar de idosos dementes, continuou convencido de que estava em casa, diante do campo de golfe, que Granny continuava na cozinha fazendo doce de ameixas e que nessa noite dormiriam juntos, conforme fizeram noite após noite, durante 47 anos.

TINHA CHEGADO O MOMENTO de falar com Michael sobre aquelas coisas silenciadas por tanto tempo, ele não poderia continuar confortavelmente instalado na fantasia, como seu pai. Numa tarde de chuva fina, fomos passear na praia, agasalhados com ponchos e cachecóis. Não sei ao certo quando admiti a idéia de que devia me separar, talvez tenha sido junto ao leito de Granny, assistindo à sua morte, ou quando saímos do cemitério, deixando-a entre os jasmins, ou quem sabe se já decidira isso várias semanas atrás; também não lembro de como anunciei que não voltaria com ele para Caracas, que iria para a Espanha tentar a vida e que tinha a intenção de levar os meninos comigo. Disse-lhe que sabia como seria difícil para eles e que lamentava não poder poupá-los dessa nova provação, mas que os filhos precisam acompanhar a mãe em seu destino. Falei cuidadosamente, medindo as palavras para feri-lo o mínimo possível, arrasada pelo sentimento de culpa e pela compaixão que ele me inspirava; afinal, em poucas horas aquele homem perdia a mãe, o pai e a mulher. Sua resposta foi que eu havia perdido o juízo e era incapaz de tomar decisões, de modo que as tomaria em meu lugar, para me proteger e também a seus filhos; podia partir para a Espanha se fosse essa minha vontade, dessa vez não iria me buscar nem faria nada para me impedir, mas nunca me entregaria as crianças; também não poderia levar uma parte de nossas economias, porque, abandonando o lar, perderia todos os direitos. Pediu que eu pensasse melhor e prometeu que me perdoaria, caso eu desistisse dessa idéia maluca, apagávamos o passado e partiríamos para uma vida nova, recomeçando tudo outra vez. Foi então que compreendi que trabalhara durante vinte anos e, feitas as contas, não tinha nada, meu esforço se evaporara nas despesas do dia-a-dia, enquanto Michael investira sabiamente a parte dele, pondo em seu nome os poucos bens que possuíamos. Não poderia levar os filhos sem dinheiro para sustentá-los, mesmo se o pai o consentisse. Foi uma discussão pausada, sem levantar a voz, que talvez tenha durado uns vinte minutos e terminou com um sincero abraço de despedida.

– Não fale mal de mim para Paula e Nicolás – pedi.

– Nunca falarei mal de você. Lembre-se de que nós três gostamos muito de você e estaremos à sua espera.

– Assim que conseguir um trabalho, virei buscá-los.

– Não os entregarei. Poderá vê-los quando quiser, mas se for agora irá perdê-los para sempre.

– Isso a gente vai ver...

No fundo, não me sentia tão alarmada, achava que logo Michael haveria de ceder, não tinha a menor idéia do que significava criar filhos, porque até então cumprira suas funções de pai a uma distância confortável. O trabalho não lhe facilitava as coisas, não poderia levar as crianças para o ambiente selvagem, onde passava a maior parte de seu tempo, e também não poderia deixá-los sozinhos em Caracas; eu tinha certeza de que um mês depois ele me imploraria para tomar conta delas.

Saí do inverno fúnebre de Montevidéu e aterrissei no dia seguinte no escaldante agosto de Madri, disposta a viver o amor até as últimas conseqüências. Da fantasia romântica que inventara em encontros clandestinos e cartas apressadas, caí na realidade sórdida da pobreza, que noites e dias de abraços incansáveis não bastavam para atenuar. Alugamos um apartamento pequeno e escuro, num bairro operário da periferia, entre dúzias de edifícios de tijolos vermelhos completamente iguais. Não havia nada de verde, nenhuma árvore crescia naquelas bandas, só se viam pátios de terra, quadras de esporte, cimento, asfalto e tijolo. Eu sentia aquela feiúra como uma bofetada. Você é uma burguesa muito mimada, caçoava o amante, sorrindo entre dois beijos, mas, no fundo, fazia a sério a recriminação. No mercado das pulgas, compramos uma cama, uma mesa, três cadeiras, alguns pratos e panelas, que foram trazidos por um homenzarrão mal-humorado numa caminhonete caindo aos pedaços. Num irresistível capricho, comprei uma floreira, mas jamais nos sobrou dinheiro para pôr flores dentro dela. De manhã saíamos à procura de trabalho, de tarde voltávamos exaustos e com as mãos abanando. Os amigos dele nos evitavam, as promessas se evaporavam, as portas se fechavam, ninguém dava resposta a nossos pedidos e o dinheiro diminuía rapidamente. Em cada criança vista na rua, julgava reconhecer meus filhos, estar separada deles me doía fisicamente; cheguei a pensar que aquela permanente queimadura no estômago fosse uma úlcera ou um câncer. Houve ocasiões em que precisei escolher entre comprar pão ou selos para enviar uma carta à minha mãe, e passei dias em jejum. Tentei escrever com ele um musical, mas havia se esgotado a cumplicidade simpática dos lanches no parque e das tardes junto ao piano poeirento do teatro de Caracas, a angústia nos separava, as diferenças eram cada vez mais visíveis, os defeitos de cada um se ampliavam. Preferíamos não falar dos filhos, porque o abismo entre nós aumentava sempre que nos referíamos a eles; eu vivia triste, e ele, arredio. Os assuntos mais banais viravam motivo de briga, as reconciliações eram verdadeiros torneios apaixonados que nos deixavam meio zonzos. Assim se passaram três meses. Durante esse período não arranjei emprego nem amigos, acabaram-se minhas últimas economias e se esgotou a paixão por um homem que certamente mereceria uma sorte melhor. Para ele, deve ter sido um inferno suportar minha angústia por estar longe dos filhos, as corridas ao correio e as expedições noturnas ao aeroporto, onde um chileno engenhoso conectava fios nos aparelhos telefônicos para conseguir ligações internacionais de graça. Era lá que nós, os refugiados pobres da América do Sul – os *sudacas*, como nos chamavam com desprezo –, íamos nos reunir, escondidos da polícia, para falarmos com nossas famílias que estavam do outro lado do mundo. Foi assim que eu soube que Michael voltara para o trabalho e as crianças estavam sozinhas, vigiadas por meus pais, dois andares acima, que Paula assumira as tarefas domésticas e a educação do irmão com uma severidade de sargento, e que Nicolás havia quebrado o braço e emagrecia a olhos vistos, porque se recusava a comer. Enquanto isso, meu amor se reduzia a farrapos, destruído pelos inconvenientes da miséria e da saudade. Em pouco tempo, descobri que meu apaixonado se deixava abater facilmente pelos problemas cotidianos e entrava em depressão ou tinha ataques de mau humor frenético; não pude imaginar meus filhos com semelhante padrasto, e por isso, quando Michael finalmente admitiu que não poderia tomar conta deles e resolveu mandá-los para mim, tive certeza de que chegara ao fundo do poço e de que não podia continuar me iludindo com contos de fadas. Acompanhara o flautista num transe hipnótico, tal como os ratos de Hamelin, mas não podia arrastar minha família para um destino semelhante. Naquela noite, examinei lucidamente meus inúmeros erros dos últimos anos, dos riscos absurdos aos quais me expusera em plena ditadura e que me haviam obrigado a sair do Chile, até os silêncios polidos que me separaram de Michael e a maneira imprudente com que fugi de casa sem dar uma explicação sequer, nem encarar os aspectos básicos de um divórcio. Naquela noite, acabou minha juventude e entrei noutra etapa da vida. Chega, eu disse. Às cinco da manhã fui para o aeroporto, consegui fazer uma ligação grátis para tio Ramón, pedindo que mandasse dinheiro para uma passagem de avião. Disse adeus ao amante, certa de que nunca mais o veria, e onze horas depois aterrissei na Venezuela, derrotada, sem bagagem ou qualquer plano, senão o de abraçar meus filhos e não deixá-los nunca mais. Michael estava esperando no aeroporto, recebeu-me com um casto beijo na testa e os olhos cheios de lágrimas. Emocionado, disse que era o responsável pelo que acontecera, pois devia ter cuidado melhor de mim, e pediu que, por consideração aos anos que ambos compartilhamos e pelo amor à família, eu lhe desse outra oportunidade e recomeçássemos tudo. Preciso de tempo, respondi, arrasada por sua nobreza e furiosa sem saber por quê. Em silêncio, dirigiu o carro morro acima até Caracas e, ao chegar em casa, anunciou que daria todo o tempo que eu quisesse, pois ele partiria para seu trabalho na selva e teríamos poucas ocasiões de nos ver.

HOJE É MEU ANIVERSÁRIO, faço meio século. Talvez alguns amigos venham de tarde para nos visitar, aqui as pessoas aparecem sem avisar, trata-se de uma casa aberta onde os vivos e os mortos andam de mãos dadas. Foi comprada há alguns anos, quando Willie e eu percebemos que o amor à primeira vista não dava sinais de diminuir e precisávamos de uma casa maior que a dele. Ao vê-la, tivemos a impressão de que estava à nossa espera, ou melhor, que nos estava chamando. Tinha um aspecto cansado, madeiras descascadas, precisava de reforma e era escura por dentro, mas tinha uma vista espetacular da baía e uma alma benigna. Disseram-nos que a proprietária morrera poucos meses antes e pensamos que fora feliz entre estas paredes, porque os aposentos ainda conservavam sua memória. Decidimos a compra em meia hora, sem pechinchar, e nos anos seguintes se converteu no refúgio de uma verdadeira tribo anglo-latina, onde ecoam palavras em espanhol e em inglês, onde as panelas fumegam na cozinha com comidas picantes e muitos convivas se sentam à mesa. Os cômodos se esticam e se multiplicam para acolher todos que chegam: avós, netos, filhos de Willie, e agora Paula, esta menina que lentamente está virando anjo. Uma família de gambazinhos mora nos alicerces, e a misteriosa gata parda aparece todas as tardes, demonstrando que nos adotou. Há poucos dias depositou na cama de minha filha um pássaro de asas azuis que acabara de caçar, sangrando ainda, e calculo que essa tenha sido sua delicada maneira de retribuir as atenções. Nos últimos quatro anos, a casa se transformou, ganhando grandes clarabóias, para que entrem o sol e as estrelas, tapetes e paredes brancas, lajotas mexicanas e um jardinzinho. Contratamos uma equipe de chineses para fazer um depósito, mas, como eles não entendiam inglês, acabaram se atrapalhando com as instruções e, quando nos demos conta, haviam acrescentado ao térreo dois quartos, um banheiro e um estranho recinto que acabou virando a carpintaria de Willie. Escondi no porão surpresas horríveis para os netos: um esqueleto de gesso, mapas com tesouros, baús com fantasias de piratas e jóias de mentira. Tenho a esperança de que um subterrâneo sinistro seja um bom incentivo para a imaginação, pelo menos foi o que me proporcionou o da casa de meu avô. Esta aqui estremece, geme e boceja durante a noite, imagino que pelos aposentos deambulam as lembranças de seus moradores, os personagens que fogem dos livros e dos sonhos, o suave fantasma da antiga proprietária e a alma de Paula, que vez por outra se liberta das dolorosas amarras de seu corpo. As casas precisam de nascimentos e mortes para se converter em lares. Hoje é um dia de festa, teremos um bolo de aniversário e Willie voltará do escritório carregado de sacolas de supermercado, disposto a passar a tarde plantando roseiras em terra firme. É seu presente para mim. Essas pobres plantas nos barris simbolizam a atitude nômade de seu dono, que sempre deixava uma porta aberta para fugir quando as coisas ficavam feias. Foi assim anteriormente, com todas as suas relações, chegava a um ponto em que empacotava a roupa e partia, carregando os barris para outro destino. Creio que ficaremos aqui por muito tempo, já chegou a hora de plantar minhas rosas no jardim, declarou ontem. Gosto deste homem de outra raça, que anda a passos largos, ri alto, fala com um vozeirão, parte com facão os frangos do jantar e cozinha sem fazer escândalo, tão diferente dos outros homens que amei. Fico feliz com suas expansões de energia masculina, porque elas são contrabalançadas por uma infinita reserva de gentileza à qual posso sempre recorrer. Sobreviveu a grandes infelicidades sem mascará-las com atitudes cínicas e hoje pode se entregar de maneira irrestrita a este amor tardio e a esta tribo latina, onde ocupa agora lugar principal. Mais tarde virá o restante da família, Célia e Nicolás ficarão vendo televisão, enquanto Paula dormita em sua cadeira, encheremos a piscina de plástico no terraço para que Alejandro possa chapinhar a água, ele já se familiarizou com a tia silenciosa. Penso que hoje será outro domingo gostoso.

Estou com 50 anos, entrei na última metade de minha vida, mas sinto a mesma força que tinha aos vinte, o corpo ainda não me pregou nenhuma peça. *Vieja*... Paula me chamava de velha expressando carinho. Agora a palavra me assusta um pouco, sugere uma velha com verrugas e varizes. Em outras culturas, as mulheres se vestem de preto, amarram um lenço na cabeça, deixam o buço à mostra e se afastam da agitação mundana para se consagrar aos rituais piedosos, chorar seus mortos e cuidar dos netos, mas na América do Norte fazem esforços grotescos para se sentir sempre saudáveis e contentes. Tenho um leque de rugas finas em torno dos olhos, como cicatrizes tênues dos risos e dos prantos do passado; sou parecida com a fotografia de minha avó clarividente, com a mesma expressão intensa, tingida de tristeza. Estou perdendo cabelo nas têmporas; uma semana depois de Paula adoecer, apareceram umas falhas redondas como moedas, disseram que é por causa do sofrimento e que o cabelo vai crescer depois, mas isso não chega a me incomodar. Precisei cortar a longa cabeleira de Paula e ela agora está com uma cabeça de rapazinho, parece muito mais moça, voltou à infância. Quero saber quanto tempo ainda viverei, e para quê. A idade e as circunstâncias me colocaram junto a esta cadeira de rodas para velar pela minha filha. Sou a guardiã dela e de minha família... Estou aprendendo vertiginosamente as vantagens do desprendimento. Tornarei a escrever? Cada etapa do caminho é diferente e talvez já esteja encerrada a da literatura. Saberei isso daqui a alguns meses, no próximo dia 8 de janeiro, quando me sentar diante da máquina para começar outro romance e me certificar da presença ou do silêncio dos espíritos. Fui ficando vazia nestes meses, esgotou-se minha inspiração, mas também é possível que as histórias sejam criaturas dotadas de vida própria, que existam numa dimensão misteriosa e que, nesse caso, tudo dependa de que eu fique novamente aberta para que me adentrem e se organizem conforme sua vontade e saiam convertidas em palavras. Elas não me pertencem, não são uma criação minha; porém, se consigo quebrar os muros da angústia que me aprisiona, poderei servir-lhes de médium. Se isto não acontecer, mudo de profissão. Desde que Paula caiu doente, uma cortina de trevas oculta o mundo fantástico onde antes eu passeava livremente; a realidade se tornou implacável. As experiências de hoje são as lembranças de amanhã; antes não me faltaram acontecimentos extremos para alimentar a memória e disso nasceram todas as minhas histórias. No final de meu terceiro livro, Eva Luna diz: *quando escrevo, conto a vida como eu gostaria que ela fosse, como um romance.* Não sei se meu percurso foi extraordinário ou se escrevi aqueles livros a partir de uma existência banal, mas minha memória está composta unicamente de aventuras, amores, alegrias e sofrimentos; as obrigações mesquinhas do dia-a-dia desapareceram. Quando olho para trás, parece que sou a protagonista de um melodrama; em compensação, agora tudo se deteve, não resta nada para narrar; o presente tem a veracidade brutal da tragédia. Fecho os olhos e surge diante de mim a imagem dolorosa de minha filha em sua cadeira de rodas, com o olhar fixo no mar, olhando para além do horizonte, onde a morte começa.

O que acontecerá com este grande espaço vazio que sou agora? O que me irá preencher quando não sobrar o menor vestígio de ambição, projeto algum, nada de mim? A força de sucção me reduzirá a um buraco negro e desaparecerei. Morrer... Abandonar o corpo é uma idéia fascinante. Não quero continuar viva e morrer por dentro, se preciso continuar neste mundo, devo planejar os anos que me restam. Talvez a velhice seja outro começo, talvez seja possível voltar ao tempo mágico da infância, àquele tempo anterior ao pensamento linear e aos preconceitos, quando eu percebia o universo por meio dos sentidos exaltados de um demente e estava livre para crer no inacreditável e explorar mundos que depois, na idade da razão, desapareceram. Já não tenho muita coisa a perder, nada para defender: será isso a liberdade? Passa pela minha cabeça que nós, avós, temos o papel de bruxas protetoras, que devemos zelar pelas mulheres mais moças, pelas crianças, pela comunidade e também – por que não? – por este maltratado planeta, vítima de tantas violações. Gostaria de sair voando numa vassoura e dançar com outras bruxas pagãs pelos bosques, ao luar, invocando as forças da terra e afugentando os demônios, quero virar uma velha sábia, aprender antigos sortilégios e segredos de curandeiros. Não pretendo pouca coisa. As feiticeiras, como os santos, são estrelas solitárias que brilham com luz própria, não dependem de nada nem de ninguém, por isso não têm medo e podem se atirar no abismo, seguras de que não vão se arrebentar e de que sairão voando. Podem se transformar em pássaros para ver o mundo de cima, ou em vermes capazes de enxergar tudo por dentro, podem viver em outras dimensões e viajar para outras galáxias, são navegantes num infinito oceano de paz e conhecimento.

4

Quando renunciei definitivamente à paixão carnal por um indeciso músico argentino, abriu-se diante de mim um infindável deserto de tédio e solidão. Estava com 37 anos e, confundindo o amor em geral com o amante em particular, havia decidido me curar para sempre do vício de me apaixonar, que no final das contas só me trouxera complicações. Ainda bem que não consegui isso completamente, a inclinação permaneceu latente, como uma semente asfixiada sob dois metros de gelo polar, que brota com teimosia à primeira brisa morna. Depois que voltei com meu marido para Caracas, o amante continuou insistindo durante algum tempo, acho que mais por obrigação do que por outros motivos. O telefone tocava, ouvia-se o clique característico das ligações internacionais e eu desligava sem responder; com a mesma determinação, rasguei cartas sem abri-las, até que o flautista deu por encerradas suas tentativas de comunicação. Passaram-se 15 anos e, se alguém me tivesse dito que iria esquecê-lo, jamais acreditaria, porque estava certa de ter vivido um desses raros amores heróicos que, pelo desenlace trágico, constituem material para uma ópera. Minha visão atual é mais modesta e simplesmente espero ser capaz de reconhecê-lo se nos encontrarmos numa das curvas do caminho. Essa relação frustrada foi uma ferida aberta durante mais de dois anos; fiquei literalmente doente de amor, mas ninguém soube, nem mesmo minha mãe, que me observava de perto. Certas manhãs não tinha forças para levantar da cama, derrotada pelo fracasso e, algumas noites, lembranças e desejos escaldantes me angustiavam tanto que precisava de duchas geladas para combatê-los. Na febre de varrer o passado, cheguei a rasgar as partituras de suas canções e minha peça de teatro, coisa de que me arrependo, por desconfiar que talvez não fossem tão ruins assim. Curei-me com uma dose cavalar do remédio receitado por Michael: sepultei o amor num areal de silêncio. Não comentei o fato durante vários anos, até que ele deixou de doer, e fui tão drástica no propósito de eliminar até a recordação das melhores carícias que cheguei a exagerar e hoje tenho uma lacuna alarmante na memória, onde não só se afogaram desgraças daquela época como também suas alegrias.

Essa aventura me fez lembrar a primeira lição de minha infância, cujo esquecimento era difícil de explicar: não há liberdade sem independência econômica. Sem perceber, nos anos do casamento, eu me havia colocado na mesma situação de minha mãe, quando ela vivia da caridade de meu avô. Desde pequena jurei que isso não aconteceria comigo, e estava decidida a ser forte e produtiva como o patriarca da família para não precisar pedir nada a ninguém, mas, em vez de administrar os ganhos de meu trabalho, por preguiça deixei-os nas mãos de um marido cuja reputação de santo considerei garantia suficiente. Aquele homem sensato e prático, com perfeito controle das próprias emoções e aparentemente incapaz de cometer um ato injusto ou pouco honroso, parecia ser mais apto a cuidar de meus interesses do que eu. Não sei de onde fui tirar semelhante idéia. No tumulto da vida em comum e da minha própria vocação para gastadeira, perdi tudo. Ao voltar para ele, decidi que o primeiro passo para ingressar na nova etapa seria conseguir um emprego seguro, poupar o máximo e mudar as regras da economia doméstica de tal forma que os ganhos dele se destinassem às despesas cotidianas e os meus, aos investimentos. Não tinha a intenção de juntar dinheiro para me divorciar, não havia a menor necessidade de estratégias cínicas, porque, tendo o trovador sumido do horizonte, acabara a raiva do marido e, sem sombra de dúvida, ele teria negociado uma separação em termos mais justos que os propostos naquela praia invernal de Montevidéu. Fiquei com ele por nove anos, na maior boa-fé, julgando que com alguma sorte e muito empenho poderíamos cumprir as promessas de eternidade feitas perante o altar. Contudo, o tecido que formávamos como casal não se rasgara por razões que pouco tinham a ver com minha infidelidade, e sim com as contas mais antigas, conforme descobri anos depois. Nesse reencontro, pesaram na balança os dois filhos, metade de uma vida investida em nossa relação, o carinho tranqüilo e os interesses comuns em torno dos quais nos uníamos. Não levei em consideração minhas paixões, que acabaram sendo mais fortes que aqueles sábios propósitos. Senti um carinho sincero por esse homem durante muitos anos; lamento que a má qualidade do convívio, nos últimos tempos, desgastasse as boas recordações da juventude.

Michael partiu para a remota província onde os jacarés amanheciam nos buracos cavados para as fundações, disposto a concluir a obra e procurar um trabalho que exigisse menos sacrifício, e eu fiquei com meus filhos, que haviam mudado muito durante a minha ausência, e pareciam definitivamente instalados em seu novo país, sem falar mais em voltar para o Chile. Naqueles três meses, Paula deixara para trás a meninice e se transformara numa bonita jovem, consumida pela obstinação de aprender: tirava as melhores notas da turma, estudava violão sem ter o mínimo jeito e, depois de dominar o inglês, com o auxílio de discos e dicionários, começou a falar francês e italiano. Entrementes, Nicolás crescera um palmo, e um dia apareceu com as calças pela canela, as mangas na metade do braço e o mesmo porte do avô e do pai; tinha um talho costurado na cabeça, várias cicatrizes e a secreta ambição de escalar o arranha-céu mais alto da cidade. Eu o via arrastando grandes tambores metálicos para armazenar excrementos de seres humanos e de diversos animais, ingrata tarefa imposta nas aulas de ciências. Com isso, pretendia demonstrar que aqueles gases putrefatos podiam

 servir como combustível e que, mediante processo de

reciclagem, era viável utilizar fezes para cozinhar, em vez de despejá-las no mar através dos esgotos. Paula, que aprendera a dirigir, levava-o de carro a estábulos, galinheiros, chiqueiros e banheiros de amigos para recolher a matéria-prima da experiência, que ficava guardada em casa sob a ameaça de que o calor explodisse os gases e o bairro inteiro ficasse coberto de cocô. A camaradagem da infância tinha virado uma sólida cumplicidade, a mesma que os manteve unidos até o último dia consciente de Paula. Esse par de adolescentes espigados entendeu tacitamente minha intenção de enterrar aquele penoso episódio de nossas vidas; suponho que tenha deixado neles graves cicatrizes e sabe-se lá quanto rancor contra mim, porque eu os traí, mas nenhum dos dois se referiu ao fato senão nove anos depois, quando finalmente pudemos comentá-lo, para descobrir, já achando graça, que ninguém se lembrava dos pormenores e que havíamos esquecido o nome daquele amante que quase virou padrasto.

COMO QUASE SEMPRE acontece quando a gente envereda pelo caminho indicado no livro do destino, uma série de coincidências me ajudou a pôr em prática meus planos. Durante três anos, eu não havia conseguido fazer amigos nem arranjar trabalho na Venezuela, mas mal concentrei toda a energia na tarefa de me adaptar e de sobreviver, ambas as coisas se realizaram em menos de uma semana. As cartas de tarô de minha mãe, que antes haviam previsto a clássica intervenção de um homem moreno com bigode – com certeza se referiam ao flautista –, voltaram a se manifestar, anunciando desta vez uma mulher loura. Com efeito, poucos dias depois de voltar para Caracas, apareceu em minha vida Marilena, uma professora de cabeleira dourada que me ofereceu um emprego. Era dona de um Instituto onde ensinava arte e dava aulas para crianças com problemas de aprendizagem. Enquanto a mãe, uma enérgica senhora espanhola, administrava a academia em seu papel de secretária, Marilena ensinava dez horas por dia e dedicava outras dez à pesquisa de uns métodos ambiciosos, por meio dos quais se propunha a mudar a educação na Venezuela e, por que não, no mundo. Meu trabalho consistia em auxiliá-la na supervisão dos professores e na organização dos cursos, bem como em atrair alunos com uma campanha publicitária e manter boas relações com os pais. Tornamo-nos muito amigas. Era uma mulher tão clara quanto seus cabelos de ouro, pragmática e objetiva, que me obrigava a aceitar a dura realidade quando eu derivava em confusões sentimentais ou nostalgias patrióticas, e que também liquidava qualquer tendência à autopiedade. Foi com ela que partilhei meus segredos, aprendi outro ofício e sacudi a depressão que me mantivera paralisada por muito tempo. Ensinou-me os códigos e as sutilezas da sociedade de Caracas, que até então eu não conseguira entender porque aplicava meu ponto de vista chileno para analisá-la, e, dois anos depois, eu já estava tão bem adaptada que só me faltava falar com sotaque do Caribe. Certo dia encontrei, no fundo de uma mala, o saquinho plástico com um punhado de terra e lembrei que a trouxera do Chile com o propósito de nela plantar as melhores sementes da memória, mas não o fizera por não ter a intenção de me fixar, vivia dependendo das notícias do Sul, esperando que caísse a ditadura para poder voltar. Concluí que esperara o suficiente e, numa cerimônia íntima, misturei a terra de meu antigo jardim com outra, venezuelana, coloquei-a num vaso e plantei miosótis. Brotou uma planta raquítica, inadequada para aquele clima, e logo morreu ressequida; com o correr do tempo, pude substituí-la por uma exuberante vegetação tropical que cresceu com a voracidade de um polvo.

Meus filhos também se adaptaram. Paula se apaixonou por um jovem siciliano, imigrante de primeira geração como ela, que continuava fiel às tradições de sua terra. O pai fizera fortuna com materiais de construção e esperava que Paula terminasse o colégio – visto que ela queria isso – e aprendesse a cozinhar para realizar o casamento. Fiz uma oposição impiedosa, embora sentisse no fundo uma inevitável simpatia pelo bom rapaz e por seus encantadores parentes, uma família numerosa e sem complicações metafísicas ou intelectuais, que todo santo dia festejava a vida com ágapes suculentos da melhor cozinha italiana. O noivo era filho e neto mais velho, um rapagão alto e louro, com alma de polinésio, que gastava o tempo divertindo se placidamente em seu iate, na casa da praia, com a coleção de carros e em festas inocentes. Minha única objeção era que aquele genro em potencial não tinha emprego nem estudava, o pai lhe dava uma mesada generosa e prometera uma casa mobiliada para quando se casasse com Paula. Certo dia, ele me enfrentou, pálido e trêmulo, embora com voz firme, para dizer que parássemos com as indiretas e falássemos claramente, pois estava cansado de minhas perguntas capciosas. Explicou que, para ele, o trabalho não era uma virtude, mas uma necessidade, que se podia comer sem trabalhar, somente um imbecil faria semelhante esforço. Não entendia nossa compulsão pelo sacrifício e pelo esforço, achava que, se fôssemos "imensamente ricos", como apregoava tio Ramón, que continuaríamos nos levantando de manhã cedo e passando doze horas na labuta, porque, para nós, esse era o único parâmetro de integridade. Confesso que ele balançou a estóica escala de valores herdada de meu avô e que, depois disso, passei a encarar o trabalho com um espírito um pouco mais brincalhão. O casamento foi adiado porque Paula, ao concluir o colégio, anunciou que não estava pronta para enfrentar as panelas e que, em vez disso, pensava em estudar psicologia. O noivo acabou aceitando, pois ela sequer o consultara e, além do mais, a profissão poderia ser útil para criar melhor a meia dúzia de filhos que ele pretendia ter. No entanto, não conseguiu digerir a idéia de que ela se inscrevesse num seminário sobre sexualidade e andasse de um lado para o outro com uma maleta de objetos vexaminosos, medindo pênis e orgasmos. Eu também achava aquilo uma péssima idéia, mal ou bem não estávamos na Suécia e as pessoas certamente desaprovariam esse tipo de especialidade, mas não manifestei minha opinião porque Paula me aniquilaria com os próprios argumentos feministas que lhe inculquei desde a mais tenra infância. Só me atrevi a sugerir que ela fosse discreta, porque, se ganhasse a fama de sexóloga, ninguém teria peito para cortejá-la, os homens temem as comparações, porém fui fulminada por um olhar profissional que pôs fim à nossa conversa. Quando o seminário estava acabando, tive de fazer uma viagem à Holanda e ela me encomendou certo material didático difícil de se conseguir na Venezuela. Foi assim que uma noite me vi nas lojas indecentes dos bairros mais sórdidos de Amsterdã, procurando os artefatos da lista dela, longos pênis de borracha, bonecas com orifícios e vídeos que apresentavam mulheres com esforçados paraplégicos ou com cães libidinosos. Meu rubor ao comprá-los não foi tão grande se comparado ao que tive no aeroporto de Caracas, quando me abriram a mala e aqueles objetos curiosos foram manuseados pelas autoridades, tendo eu de explicar, ante os olhares divertidos dos demais passageiros, que não os comprara para mim, mas para minha filha. Isso determinou o fim do noivado de Paula com aquele siciliano de coração gentil. Com o tempo, ele pôs a cabeça no lugar, terminou os estudos, começou a trabalhar na firma do pai, casou-se e teve um filho, mas não se esqueceu do primeiro amor. Desde que soube que Paula está doente, costuma telefonar para me dar apoio, tal como meia dúzia de homens que choram quando lhes dou notícias ruins. Ignoro quem sejam esses desconhecidos, que papel tiveram no destino de minha filha, nem que marcas profundas ela terá deixado em suas almas. Paula passava pela vida dos outros plantando sólidas sementes, vi os frutos nestes eternos meses de agonia. Por onde andou, deixou amigos e amores, pessoas de todas as idades e condições se comunicam comigo para pedir notícias, não conseguem acreditar que tenha desabado em cima dela tamanha desgraça.

Naquele mesmo período, Nicolás escalava os picos mais abruptos dos Andes, explorava grutas submarinas para fotografar tubarões e quebrava os ossos com tanta freqüência que eu começava a tremer cada vez que o telefone tocava. Se não apareciam problemas reais para me preocupar, ele tratava de inventá-los com a mesma criatividade que aplicara à experiência dos gases naturais. Certa tarde, voltei do escritório e dei com a casa às escuras e aparentemente vazia. Percebi uma luz no final do corredor, para lá me encaminhei chamando, meio distraída, e de repente tropecei, na entrada do banheiro, com meu filho pendurado com uma corda em volta do pescoço. Antes de despencar no chão feito uma pedra, consegui perceber sua expressão de enforcado, com a língua de fora e os olhos revirados. Não perdi os sentidos, mas não podia me mexer, estava convertida num bloco de gelo. Diante de minha reação, Nicolás se livrou do arreio no qual se pendurara primorosamente, e veio correndo me socorrer, dando beijos arrependidos e jurando que nunca mais me faria passar por semelhante susto. As boas intenções duravam poucas semanas, pois logo descobria um modo de submergir na banheira, respirando por um fino tubo de vidro, para que eu o encontrasse afogado, ou então aparecia com um braço na tipóia e uma venda no olho. Segundo os manuais de psicologia de Paula, aqueles acidentes revelavam uma recalcada tendência suicida, e seu delírio em me torturar com brincadeiras assustadoras provinha de uma raiva inconfessável, mas, para a tranqüilidade de todos nós, concluímos que os textos costumam se enganar. Nicolás foi só um garoto meio estúpido, nunca um louco suicida, e seu carinho por mim era tão evidente que minha mãe diagnosticou complexo de Édipo. O tempo confirmou nossa teoria; um belo dia, aos 17 anos, ele acordou convertido num homem, os tambores experimentais, patíbulos, cordas de alpinismo, o arpão para matar tubarões e o estojo de primeiros socorros foram metidos numa caixa e guardados na garagem, e ele comunicou que desejava se dedicar à computação. Quando o vejo agora, com sua serena expressão de intelectual e uma criança em cada braço, fico me perguntando se não teria sido um sonho aquele quadro pavoroso de Nicolás se balançando numa forca caseira.

Nesse meio-tempo, Michael concluiu a obra na selva e voltou para a capital com idéias de estabelecer a própria empresa de construções. Cautelosamente, fomos remendando pouco a pouco o tecido rasgado de nossa relação, a ponto de ela ser tão amável e harmoniosa que, aos olhos dos outros, parecíamos namorados. Meu emprego permitiu que nos mantivéssemos por algum tempo, enquanto ele ia atrás de contratos naquela Caracas explosiva, onde árvores eram abatidas, morros eram arrasados e casas iam abaixo para que, num piscar de olhos, se erguessem arranha-céus e surgissem pistas de alta velocidade. O negócio da academia de minha amiga era tão instável que, às vezes, precisávamos recorrer à pensão da mãe dela ou às nossas economias para pagar as contas do fim do mês. Os alunos acorriam num tropel antes dos exames finais, quando seus pais desconfiavam que não iriam passar de ano e, mediante aulas especiais, conseguiam ficar em dia, mas, em vez de continuar estudando para resolver as causas dos problemas, mal passavam nas provas, desapareciam. Durante vários meses, os ganhos eram instáveis e o Instituto sobrevivia a duras penas; esperávamos com angústia o mês de janeiro, quando haveria um número suficiente de crianças inscritas para manter navegando aquele frágil veleiro. Em dezembro desse ano, a situação ficou crítica, a mãe de Marilena e eu, que éramos responsáveis pela parte administrativa, examinamos diversas vezes o livro de contabilidade, procurando equilibrar as cifras negativas sem o menor resultado. Estávamos às voltas com isso quando passou pelo escritório a faxineira, uma colombiana carinhosa que costumava nos brindar com queijadinhas feitas por ela mesma. Vendo-nos refazer as contas como umas desesperadas, perguntou, com sincero interesse, qual era o problema, e relatamos nossas dificuldades.

– De tarde eu trabalho numa funerária, e quando a clientela cai, lavamos a agência com banho de descarrego – disse ela.

– Como é que é isso?

– Um trabalho, ora, ora. A gente tem que fazer uma boa limpeza. Primeiro lavando o chão, dos fundos até a porta, para afastar mau-olhado, e depois da porta para dentro, para chamar os espíritos de luz e os bons fluidos.

– E aí?

– Aí os mortos começam a chegar.

– Mas aqui não estamos querendo mortos, só estamos atrás de crianças.

– Dá na mesma, descarrego serve para melhorar qualquer negócio.

Demos algum dinheiro e, no dia seguinte, ela trouxe um galão com um líquido fedorento, de aspecto suspeito: no fundo se concentrava um leite amarelado, depois havia uma camada de caldo com umas borbulhazinhas e por cima outra, de um óleo esverdeado. Foi preciso remexer aquilo antes de usar, e proteger o nariz com um lenço. Tomara que minha filha não fique sabendo desta barbaridade, suspirou a mãe de Marilena, que se encaminhava para os 70 anos sem sequer ter perdido a vitalidade e o bom humor que a induziram a deixar sua Valência querida havia trinta anos, para ir até o Novo Mundo atrás de um marido infiel, enfrentá-lo quando ele vivia com uma concubina, exigir o divórcio e, em seguida, esquecê-lo bem depressa. Seduzida por aquele país exuberante, onde se sentira livre pela primeira vez na vida, ficou com a filha e ambas seguiram em frente com tenacidade e talento. Esta boa senhora e eu esfregamos o chão, ajoelhadas, murmurando as palavras rituais e prendendo o riso, porque se caçoássemos abertamente tudo iria por água abaixo, e bruxaria só funciona com seriedade e fé. Foram dois dias de labuta, ficamos com a coluna torta e os joelhos em carne viva; por mais que arejássemos o local, não conseguimos tirar o fedor, mas valeu a pena: na primeira semana de janeiro formou-se na porta uma longa fila de pais trazendo os filhos pelas mãos. Diante de um resultado tão espetacular, tive a idéia de usar as sobras do galão para ver se melhorava a sorte de Michael, e numa noite penetrei escondido em seu escritório, para lavá-lo de ponta a ponta, como fizéramos na academia. Não tive notícias durante vários dias, salvo alguns comentários sobre o cheiro estranho do ambiente. Consultei a faxineira, e ela garantiu que quem tinha o encosto era meu marido, tudo se resolveria se fosse levado à Montanha Sagrada para fazer um trabalho de profissional, mas tal conselho estava muito longe de minhas possibilidades. Um homem como ele, produto acabado da educação britânica, de cursos de engenharia e do vício do xadrez, jamais se prestaria a cerimônias mágicas, mas mesmo assim fiquei pensando na lógica das feitiçarias e deduzi que, se o líquido prodigioso servia para esfregar no chão, motivo algum impediria que ele fosse usado numa lavagem de seres humanos. Na manhã seguinte, quando Michael estava no chuveiro, vim por trás e joguei as sobras do galão em cima dele. Soltou um grito de susto, pouco depois estava com a pele da cor de um caranguejo e perdendo mechas de cabelo, porém, passadas precisamente duas semanas, conseguiu um sócio venezuelano e um contato fabuloso.

Minha amiga Marilena nunca soube a causa da extraordinária prosperidade daquele ano, mas duvidou que fosse coisa duradoura; estava cansada de lutar por recursos e encarava a possibilidade de uma mudança de rumo. Quando ela discutiu o assunto conosco, surgiu a idéia – inspirada pelos eflúvios do despacho que ainda perduravam nas ranhuras do chão – de transformar o Instituto numa escola onde seria possível aplicar suas maravilhosas teorias pedagógicas para resolver problemas de aprendizagem, eliminando-se, de quebra, os sustos provocados por nosso livro-caixa. Esse foi o começo de um sólido empreendimento que se transformou, em poucos anos, num dos mais respeitáveis colégios da cidade.

TENHO TEMPO DE SOBRA para meditar, neste outono da Califórnia. Preciso me acostumar com o estado de minha filha, sem lembrá-la como a jovem graciosa e alegre de antigamente, nem me perder nas visões do futuro, mas aceitar cada dia do jeito que apareça, sem esperar por milagres. Paula depende de mim para sobreviver, é minha de novo, está novamente em meu colo como um recém-nascido, para ela acabaram as alegrias e os sofrimentos da vida. Eu a levo para o terraço, envolta em xales, diante da baía de San Francisco e das roseiras de Willie, cheias de flores desde que ele as plantou em terra firme. De vez em quando, minha filha abre os olhos e contempla fixamente a superfície iridescente das águas; eu me coloco sob sua vista, mas ela não me vê, suas pupilas são como poços inescrutáveis. Só consigo me comunicar com ela de noite, quando me visita em sonhos. Durmo sobressaltada e acordo freqüentemente com a certeza de que está me chamando, levanto depressa e corro para o seu quarto, onde sempre alguma coisa anda mal: a temperatura ou a pressão aumentaram, transpira ou está com frio, sua posição é desconfortável ou tem cãibras. Geralmente, a mulher que toma conta de noite adormeceu no final dos programas de televisão em espanhol. Nessas ocasiões me deito ao lado de Paula e a encosto no meu peito, ajeitando-a da melhor maneira possível, porque é maior que eu, e enquanto isso peço que ela tenha paz, que descanse na serenidade dos místicos, que viva num paraíso de harmonia e silêncio, que consiga encontrar aquele Deus que tanto procurou em sua curta trajetória. Peço inspiração para adivinhar suas necessidades e também auxílio para mantê-la confortavelmente, pois desse modo seu espírito poderá viajar sem perturbação até o lugar dos encontros. Que estará sentindo? Costuma se mostrar assustada, trêmula, com os olhos saindo das órbitas, como se contemplasse visões do inferno; em compensação, permanece ausente e imóvel em outras ocasiões, como se já estivesse distante de tudo. A vida é um milagre e, para ela, acabou de repente, sem lhe dar tempo de se despedir, ou de fazer as contas, no exato momento em que se lançava na vertigem da juventude. O impulso foi truncado quando começava a indagar o sentido das coisas e deixou-me o peso de encontrar as respostas. Às vezes passo a noite perambulando pela casa, como os misteriosos gambazinhos do porão que vêm aqui em cima em busca da comida da gata, ou como o fantasma de minha avó, que deixa seu espelho para falar comigo. Quando ela consegue dormir, volto para a cama e abraço Willie pelas costas, olhando fixamente para os números verdes do relógio, e as horas escorrem inexoravelmente, esgotando o presente, já é futuro. Eu tinha de tomar os comprimidos da Dra. Forrester, mas, sem saber a razão, eu os acumulo como se fossem um tesouro, escondidos na cesta onde estão as cartas de minha mãe. Certas madrugadas, vejo nascer o sol nos janelões do quarto de Paula; em cada alvorada se cria um mundo novo, o céu se tinge de um tom alaranjado e ergue-se das águas o vapor da noite, envolvendo a paisagem de rendas enevoadas, como numa delicada pintura japonesa. Sou um barco sem rumo que navega num mar de sofrimento. Nestes longos meses, fui descascando como uma cebola, camada após camada, mudando, deixei de ser a mulher que era, minha filha me deu a oportunidade de olhar para dentro e descobrir os espaços interiores, grandes vazios escuros e estranhamente aprazíveis, que eu nunca havia explorado. São lugares sagrados e, para atingi-los, preciso percorrer um caminho estreito e cheio de obstáculos, vencer as feras da imaginação que saltam diante de mim. Quando o terror me paralisa, fecho os olhos e me abandono, com a sensação de submergir em águas agitadas, por entre os golpes furiosos das ondas. Acho que estou morrendo entre instantes que, na verdade, são eternos, mas pouco a pouco percebo que continuo viva apesar de tudo, porque, no torvelinho feroz, há um resquício de misericórdia que me permite respirar. Deixo-me arrastar sem opor resistência e, aos poucos, o medo retrocede. Flutuando, penetro uma gruta submarina e lá descanso por algum tempo, a salvo dos dragões da desgraça. Choro sem soluçar, perdida por dentro, como talvez chorem os bichos, mas a essa altura o Sol acaba de surgir e a gata se aproxima, pedindo comida, e ouço os passos de Willie na cozinha e o cheiro do café invade a casa. Outro dia começa, como todos os dias.

5

Ano-novo de 1981. Nesse dia vi que completaria 40 anos em agosto e que até então não fizera nada de realmente importante. Quarenta! Seria o começo da decrepitude e não custava muito me imaginar tricotando meias numa cadeira de balanço. Quando era uma menina solitária e birrenta na casa de meu avô, sonhava com proezas heróicas: seria uma atriz famosa e, em vez de comprar peles e jóias, daria todo o meu dinheiro para um orfanato, descobriria a vacina contra os ossos fraturados, taparia o buraco de um dique com o dedo e assim salvaria outra aldeia holandesa. Desejava ser Tom Sawyer, o Pirata Negro ou Sandokan e, depois de ler Shakespeare e incorporar a tragédia em meu repertório, quis ser como aqueles personagens maravilhosos que, depois de viverem exuberantemente, morriam no último ato. A idéia de virar uma freira anônima só me veio muito mais tarde. Naquela época eu me sentia diferente de meus irmãos e das outras crianças, não conseguia enxergar o mundo como os outros, tinha a impressão de que os objetos e as pessoas costumavam ficar transparentes e de que as histórias dos livros e os sonhos eram mais verdadeiros que a realidade. Às vezes assaltavam-me instantes de lucidez assustadora e julgava adivinhar o futuro ou o passado remoto, muito anterior a meu nascimento, como se todos os tempos coincidissem simultaneamente no mesmo espaço, e logo, através dessa janelinha aberta numa fração de segundo, eu penetrava outras dimensões. Na adolescência, teria dado tudo para fazer parte de uma gangue de rapazes barulhentos que dançavam rock n'roll e fumavam escondido, mas não tentei porque tinha a certeza de não ser como eles. O sentimento de solidão carregado desde a infância se tornou ainda mais agudo, porém tinha como consolo a vaga esperança de estar eleita para um destino especial, que algum dia me seria revelado. Mais adiante, entrei em cheio nas rotinas do casamento e da maternidade, nas quais as desgraças e solidões da primeira juventude perderam o contorno e foram esquecidos aqueles projetos de grandeza. O jornalismo, o teatro e a televisão me mantiveram ocupada, não pensei mais em termos de destino até que, brutalmente, o Golpe Militar me fez enfrentar a realidade e me obrigou a mudar de rumo. Aqueles anos de exílio voluntário na Venezuela poderiam se resumir numa única palavra, que tinha para mim o peso de uma condenação: mediocridade. Com 40 anos, já seria tarde demais para surpresas, meu prazo encurtava depressa, as únicas coisas certas eram a má qualidade de minha vida e o tédio, mas o orgulho não me deixava admitir isso. À minha mãe – única pessoa interessada em investigar o assunto – eu respondia que tudo corria bem em minha vida nova e impecável, que me curara do amor frustrado valendo-me de uma disciplina estóica, contava agora com um trabalho seguro, estava economizando dinheiro pela primeira vez, meu marido ainda parecia apaixonado e nossa família voltara para os eixos, inclusive eu me vestia como uma professora inofensiva

– que mais se poderia exigir? Nada restava dos xales com franjas, das saias compridas e das flores no cabelo, embora eu costumasse tirá-los do fundo de uma mala sem ninguém ver, só para me admirar com eles, por alguns minutos, diante do espelho. O papel de burguesa ajuizada me sufocava e eu era consumida pelos mesmos desejos da juventude, porém não tinha o menor direito de me queixar, arriscara tudo de uma só vez, perdera, e a vida concedia uma segunda oportunidade, só deveria dar graças à minha boa sorte. Você conseguiu fazer um milagre, filha, nunca pensei que pudesse colar os cacos do casamento e da própria existência, disse minha mãe certa vez, com um suspiro que não era de alívio e um tom que me pareceu irônico. Talvez fosse ela a única pessoa da família a intuir o conteúdo de minha caixa de Pandora, mas não teve coragem de destampá-la. Nesse Ano-Novo de 1981, enquanto todos brindavam com champanhe e os fogos de artifício estouravam, anunciando o ano recém-nascido, prometi a mim mesma vencer o tédio e me resignar humildemente a uma vida sem brilho, como é a de quase todo mundo. Resolvi que não seria tão difícil renunciar a um amor, se tinha a nobre camaradagem com meu marido para substituí-lo, que sem dúvida o emprego fixo no colégio era preferível às aventuras incertas do jornalismo ou às incursões no teatro, e que precisava me radicar na Venezuela definitivamente, em vez de continuar suspirando por uma pátria idealizada nos confins do planeta. Eram idéias razoáveis, de qualquer jeito, dentro de uns trinta ou quarenta anos, e, uma vez murchas minhas paixões, quando sequer recordasse o gosto ruim do amor frustrado ou do tédio, poderia me aposentar tranqüilamente com a venda das ações que vinha adquirindo no negócio de Marilena. Esse projeto ajuizado não durou mais de uma semana. No dia 8 de janeiro, telefonaram de Santiago avisando que meu avô estava muito doente e tal notícia anulou minhas promessas de bom comportamento e me lançou num rumo inesperado. Tata caminhava para os 100 anos, tinha virado um esqueleto de pássaro, semi-inválido e triste, porém perfeitamente lúcido. Quando acabou de ler a última letra da *Enciclopédia Britânica* e já sabia de cor o *Dicionário da Real Academia*, quando perdeu todo o interesse pelas desgraças alheias das telenovelas, percebeu que era hora de morrer e quis fazê-lo com dignidade. Instalou-se na poltrona envergando seu terno preto surrado, com a bengala entre os joelhos, e invocou o fantasma de minha avó para que o ajudasse a morrer, tendo em vista que a neta faltara ao compromisso de um modo tão pouco educado. Durante aqueles anos, havíamos mantido contato por meio de minhas cartas persistentes e de suas esporádicas respostas. Resolvi escrever pela última vez, para lhe dizer que podia partir em paz porque eu nunca me esqueceria dele, e que pretendia deixar sua memória como herança para meus filhos e os filhos de meus filhos. Como prova disso, comecei a carta com um caso de minha tia-avó Rosa, sua primeira noiva, uma jovem de beleza quase sobrenatural que morrera em circunstâncias misteriosas pouco antes de casar, envenenada por engano ou por maldade, cuja fotografia em suave tonalidade sépia sempre esteve sobre o piano de nossa casa, sorrindo em sua inalterável formosura. Anos depois, meu avô se casou com a irmã mais moça de Rosa, minha avó. A partir das primeiras linhas, outros desígnios se apoderaram da carta, afastando-me da história incerta da família para explorar o mundo seguro da ficção. Na viagem, confundi os motivos e se apagaram os limites entre a verdade e a imaginação, os personagens ganharam vida e conseguiram ser mais exigentes que meus próprios filhos. Com a cabeça no limbo, fazia numa jornada dupla de trabalho no colégio, das sete da manhã às sete da noite, cometendo erros catastróficos na administração; não sei como não nos arruinamos naquele ano, eu cuidava dos livros de contabilidade, dos professores, dos alunos e das aulas com o rabo-do-olho, enquanto toda a minha atenção se concentrava numa sacola de lona onde carregava as páginas que de noite ia rabiscando. O corpo funcionava como um autômato e meu pensamento se perdia nesse mundo que nascia de palavra em palavra. Chegava em casa quando começava a anoitecer, jantava com a família, tomava um banho de chuveiro e depois me sentava diante de uma máquina de escrever portátil, na cozinha ou à mesa da sala, até o cansaço me obrigar a ir para a cama. Escrevia sem o menor esforço, sem pensar, porque era minha avó clarividente quem estava ditando. Às seis da manhã me levantava para ir para o trabalho, mas aquelas poucas horas de sono eram suficientes; vivia em transe, com energia de sobra, como se tivesse dentro de mim uma lâmpada acesa. A família escutava a batucada constante das teclas e reparava que eu vivia nas nuvens, mas ninguém fazia perguntas, talvez adivinhando que eu não teria resposta, sequer sabia direito o que andava fazendo, porque a intenção de enviar uma carta para meu avô saiu de foco rapidamente e não pude admitir que estivesse escrevendo um romance, essa idéia me parecia petulante. Passara mais de vinte anos na periferia da literatura – jornalismo, contos, teatro, roteiros de televisão e centenas de cartas – sem ter a coragem de confessar minha verdadeira vocação; seria preciso publicar três romances em várias línguas antes de pôr "escritora" como profissão, ao preencher um formulário. Levava meus papéis para toda parte, com medo de que se extraviassem ou de que houvesse um incêndio lá em casa; aquela pilha de folhas amarradas com uma fita significava para mim um filho recém-nascido. Certo dia, quando a sacola já estava pesada demais, contei quinhentas páginas, tão corrigidas e tornadas a corrigir com um líquido branco que algumas haviam adquirido a consistência de papelão, outras tinham manchas de sopa ou acréscimos colados com fita adesiva que desdobravam como mapas, bendito seja o computador, que hoje me permite corrigir sem ter de passar a limpo. Não havia para quem mandar aquela extensa carta, meu avô não estava mais neste mundo. Senti uma espécie de alegria quando recebemos a notícia de sua morte, era isso o que ele há anos desejava, e continuei escrevendo com maior confiança, porque aquele velho maravilhoso enfim se encontrara com Memé e ambos liam por cima do meu ombro. Os comentários fantásticos de minha avó e a risada marota de Tata me acompanharam noite após noite. O epílogo foi minha maior dificuldade, escrevi diversas vezes sem descobrir o tom, saía sentimental, ou então como um sermão ou uma panfletagem, sabia o que queria contar mas não conseguia expressá-lo, até que mais uma vez os fantasmas vieram me socorrer. Uma noite sonhei que meu avô jazia de costas na cama, com os olhos fechados, tal como estava naquela madrugada em que entrei em seu quarto para roubar o espelho de prata. No sonho, eu levantava o lençol e o via vestido de luto, com gravata e sapatos, e compreendia que morrera, então eu me sentava ao lado dele, entre os móveis negros de seu quarto, lendo para ele o livro que acabara de escrever, e, à medida que minha voz narrava a história, os móveis iam ficando de madeira clara, a cama se enchia de cortinados azuis e o sol entrava pela janela. Acordei num sobressalto, às três da madrugada, com a solução: Alba, a neta, escreve a história da família junto do cadáver de seu avô, Esteban Trueba, enquanto espera que amanheça, para enterrá-lo. Fui para a cozinha, sentei diante da máquina e, em menos de duas horas, escrevi as dez páginas do epílogo. Dizem que nunca se termina um livro, que simplesmente o autor se dá por vencido; neste caso, meus avós, talvez incomodados por ver suas memórias sendo tão traídas, me obrigaram a datilografar a palavra fim. Escrevera meu primeiro livro. Não sabia que essas páginas iriam mudar minha vida, mas senti que havia acabado um longo período de paralisia e mudez.

Com a mesma fita que usara durante um ano, amarrei a pilha de folhas e entreguei-a timidamente à minha mãe, que as devolveu poucos dias depois, perguntando, com expressão horrorizada, como eu me atrevia a revelar segredos de família e descrever meu pai como um depravado, ainda por cima deixando-o com o próprio sobrenome. Naquelas páginas eu introduzira um conde francês, cujo nome fora escolhido ao acaso: Bilbaire. Acho que o ouvira alguma vez, guardando-o num compartimento esquecido, e, ao criar o personagem, batizei-o assim, sem a menor consciência de ter usado o sobrenome materno de meu progenitor. Com a reação de minha mãe, renasceram certas suspeitas sobre meu pai que foram um tormento na infância. Para satisfazê-la, resolvi mudar o sobrenome e, depois de muita procura, encontrei uma palavra francesa com uma letra a menos, capaz de caber com folga no mesmo espaço, apagando então Bilbaire com corretor no original para escrever em cima Savigny, tarefa que custou vários dias de revisão página por página, metendo cada folha no rolo da máquina portátil e me consolando desse trabalho artesanal com a idéia de que Cervantes escreveu D. Quixote com uma pena de ave, à luz de vela, na prisão e com a mão que lhe restava. Depois dessa alteração, minha mãe entrou entusiasmada no jogo da ficção, participou da escolha do título *A casa dos espíritos* e contribuiu com idéias estupendas, inclusive algumas relativas ao conde controverso. Foi ela, com sua imaginação mórbida, quem imaginou que, entre as fotografias escabrosas colecionadas pelo tal personagem, haveria "um lhama embalsamado cavalgando uma criada coxa". Desde então minha mãe é minha editora e a única pessoa que corrige meus livros, porque alguém com a capacidade de criar uma coisa tão retorcida merece minha total confiança. Também foi ela quem insistiu na publicação, entrando em contato com editores argentinos, chilenos e venezuelanos, enviando cartas a torto e a direito sem perder as esperanças, embora ninguém se tenha dado ao trabalho de ler o manuscrito ou de nos mandar uma resposta. Eu ignorava a existência de agentes literários, a verdade é que, como a maioria dos seres normais, também não lera crítica literária, nem desconfiava que os livros são analisados nas universidades com a mesma seriedade com que se estudam os astros no firmamento. Se tivesse sabido, não ousaria publicar aquele montão de páginas manchadas de sopa e de líquido corretivo, que o correio se incumbiu de depositar na escrivaninha de Carmen Balcells, em Barcelona. Essa catalã magnífica, uma mãe carinhosa para quase todos os grandes escritores latino-americanos das três últimas décadas, teve o trabalho de ler meu livro e, poucas semanas depois, telefonou dizendo que estava disposta a ser minha agente e que, embora o romance não fosse de todo mau, isso não queria dizer nada, qualquer um pode dar certo no primeiro livro, somente o segundo confirmaria se eu era mesmo uma escritora. Seis meses depois, fui convidada para ir ao lançamento, na Espanha. Na véspera da viagem, minha mãe ofereceu um jantar à família comemorando o acontecimento. À sobremesa, tio Ramón me entrega um embrulho e, quando abro, surge diante de meus olhos maravilhados o primeiro exemplar recém-saído da gráfica, que ele obteve com malabarismos de velho negociante, implorando aos editores, mobilizando os embaixadores dos dois continentes e se valendo da mala diplomática para que eu o recebesse a tempo. É impossível descrever a emoção desse momento, basta dizer que nunca mais voltei a experimentá-la com os outros livros, com as traduções para línguas que já julgava mortas, ou com as adaptações para o cinema e o teatro, aquele exemplar de *A casa dos espíritos*, com uma faixa cor-de-rosa e uma mulher de cabelos verdes, chegou ao fundo de meu coração. Parti para Madri com o livro no colo, bem exposto à vista de quem quisesse olhar, acompanhada por Michael, tão orgulhoso de minha proeza quanto minha mãe. Ambos entravam nas livrarias perguntando se tinham meu livro e faziam uma cena quando lhes diziam que não, e outras quando ouviam um sim porque nenhum fora vendido. Carmen Balcells nos recebeu no aeroporto metida num casaco de pele arroxeado e com um cachecol de seda violeta que ela arrastava pelo chão como se fosse a cauda esmaecida de um cometa, abriu os braços para mim e desde esse momento se tornou meu anjo da guarda. Ofereceu uma grande festa para me apresentar à intelectualidade espanhola, mas eu estava tão assustada que passei a maior parte da noite escondida no banheiro. Foi então que vi, pela primeira e única vez, um quilo de caviar iraniano e colheres de sopa à disposição dos convivas, uma extravagância faraônica absolutamente injustificável, porque afinal eu não passava de uma pulga e ela sequer desconfiava da trajetória feliz que aquele romance viria a ter, mas certamente meu sobrenome ilustre e meu jeito de provinciana a comoveram. Ainda me lembro da pergunta inicial da entrevista, feita pelo mais famoso crítico literário da época – poderia explicar a estrutura cíclica de seu romance? Com certeza, olhei para ele com uma expressão bovina, porque não sabia de que raio estava falando, achava que somente os edifícios têm estrutura e as únicas coisas cíclicas de meu repertório eram a lua e a menstruação. Pouco tempo depois, os melhores editores europeus, da Finlândia até a Grécia, compraram os direitos de tradução e assim o livro disparou numa carreira meteórica. Tinha acontecido um desses raros milagres com os quais todos os autores sonham, mas eu não consegui perceber aquele sucesso escandaloso senão um ano mais tarde, quando já estava chegando ao fim de um segundo romance, só para provar a Carmen Balcells minha condição de escritora e para lhe demonstrar que o quilo de caviar não fora pura perda.

CONTINUEI TRABALHANDO 12 horas por dia, sem coragem de largar o colégio, porque o contrato milionário de Michael, conseguido em parte com o banho de descarrego da faxineira, tinha virado fumaça. Por uma dessas coincidências tão exatas que parecem metáforas, seu trabalho foi para o espaço no mesmo dia em que eu lançava o livro em Madri. Ao desembarcarmos em Caracas, o sócio veio a nosso encontro com a má notícia; a alegria do meu triunfo desapareceu e foi substituída pelas nuvens negras da desgraça dele. Denúncias de corrupção e suborno no banco que financiava a obra obrigaram a justiça a intervir, os pagamentos ficaram congelados e a construção parou. A prudência mandaria fechar imediatamente o escritório e liquidar os débitos na medida do possível, mas ele achou que a questão não iria se eternizar porque o banco era demasiadamente poderoso e havia muitos interesses públicos envolvidos, concluindo que tudo acabaria bem e teria de volta o contrato se conseguisse manter a cabeça fora d'água por algum tempo. Enquanto isso, o sócio, mais treinado nas regras do jogo, desapareceu com sua parte do dinheiro, deixando-o sem trabalho e mergulhado num abismo de dívidas cada vez maior. Michael acabou esgotado pelas preocupações, porém negou-se a admitir o fracasso e a depressão até que um dia teve um desmaio. Paula e Nicolás o carregaram para a cama e procurei reanimá-lo com água e uns tabefes, como tinha visto em filmes. Mais tarde o médico diagnosticou açúcar no sangue e comentou divertido que não se cura diabetes com baldes de água fria. Os desmaios se repetiram com certa freqüência e acabamos nos acostumando com isso. Não tínhamos conhecimento da palavra porfiria e ninguém atribuiu os sintomas a essa estranha desordem do metabolismo; três anos se passaram até que uma sobrinha caiu gravemente doente e, depois de meses de análises exaustivas numa clínica americana, a doença foi diagnosticada; toda a família se submeteu aos exames e assim descobrimos que Michael, Paula e Nicolás são portadores desse mal. Àquela altura, nosso casamento tinha virado uma bolha de vidro que exigia imensas precauções para não se espatifar; tratávamo-nos com cerimoniosas regras de cortesia e fazíamos esforços heróicos para permanecer juntos, embora nossos caminhos se afastassem cada vez mais com o passar dos dias. Tínhamos respeito e simpatia mútuos, mas a relação pesava em cima de mim como um saco de cimento; nos pesadelos, eu ia por um deserto, arrastando uma carreta e, a cada passo, as rodas e os meus pés afundavam nas areias. Encontrei na escrita a evasão para esse tempo sem amor. Enquanto o primeiro romance abria caminho na Europa, eu prosseguia escrevendo à noite na cozinha de nossa casa em Caracas, mas havia me modernizado, agora usava uma máquina elétrica. Iniciei *De amor e de sombra* em 8 de janeiro de 1983 porque esse dia me trouxera sorte com *A casa dos espíritos*, inaugurando assim uma tradição que ainda mantenho e não ouso alterar, sempre escrevo a primeira linha de meus livros nessa data. Procuro ficar só e em silêncio durante longas horas, é preciso muito tempo para tirar da cabeça o barulho da rua e varrer da memória a desordem da vida. Acendo uma vela para chamar as musas e os espíritos protetores, coloco flores na escrivaninha para afugentar o tédio e as obras completas de Pablo Neruda à sombra do computador, com a esperança de que me inspirem por osmose; se essas máquinas são infestadas por vírus, nada impede que um sopro poético venha refrescá-las. Por meio de uma cerimônia secreta, predisponho a mente e a alma para receberem em transe a primeira frase, assim se entreabre uma porta que me permite vislumbrar o outro lado e perceber os difusos contornos da história que está à minha espera. Nos próximos meses, atravessarei o umbral para explorar aqueles espaços e, se a sorte me ajudar, pouco a pouco os personagens irão ganhando vida, ficarão cada vez mais nítidos e reais, e a narrativa me será revelada. Ignoro como e por que escrevo, meus livros não saem da cabeça, formam-se no ventre, são crianças caprichosas, dotadas de vida própria e sempre dispostas a me enganar. Não escolho o tema, é o tema que me escolhe, meu trabalho consiste simplesmente em lhe dedicar tempo suficiente, solidão e disciplina, para que ele se escreva por conta própria. Assim aconteceu com meu segundo romance. Em 1978, foram descobertos no Chile, na localidade de Lonquén, a poucos quilômetros de Santiago, os corpos de quinze camponeses assassinados pela ditadura e depois escondidos nuns fornos de cal abandonados. A Igreja Católica denunciou o achado e o escândalo estourou antes que as autoridades conseguissem abafá-lo, era a primeira vez que surgiam os restos de alguns desaparecidos, e o dedo vacilante da justiça não teve outro remédio senão apontar as Forças Armadas. Vários soldados foram acusados, levados a julgamento, condenados por homicídio em primeiro grau e logo depois postos em liberdade pelo General Pinochet, mediante um decreto de anistia. A imprensa do mundo inteiro divulgou a notícia e dela tomei conhecimento em Caracas. Milhares de pessoas desapareciam naquela época em diversas regiões do continente e o Chile não era uma exceção. Na Argentina, as mães dos desaparecidos desfilavam na Plaza de Mayo com as fotografias dos filhos e netos ausentes; no Uruguai, sobravam nomes de presos e faltavam corpos. O que aconteceu em Lonquén foi como um murro na boca do estômago, a dor não me abandonou por muitos anos. Cinco homens da mesma família, os Maureira, tinham sido assassinados por aqueles soldados. Às vezes eu ia dirigindo distraída por uma pista de alta velocidade e me assaltava a visão comovente das mulheres Maureira à procura de seus homens durante anos, indagando por eles inutilmente nas prisões, nos campos de concentração, hospitais e quartéis, como milhares e milhares de outras pessoas que, em outros lugares, também pediam notícias dos seus. Elas tiveram mais sorte do que a maioria, ao menos souberam que seus homens haviam morrido e puderam chorar e rezar por eles, embora fosse impossível enterrá-los, porque os militares lhes roubaram os restos e dinamitaram os fornos de cal para evitar que estes se transformassem em local de peregrinação e devoção. Essas mulheres passaram um dia andando ao longo de bancadas toscas para examinar os despojos, algumas chaves, um pente, um pedaço de casaco azul, fios de cabelo e uns poucos dentes, e então disseram: este é meu marido, este é meu irmão, este é meu filho. Sempre que pensava nelas, voltava-me com implacável clareza a lembrança daquele tempo que vivi no Chile sob o pesado manto do terror, a censura e a autocensura, as denúncias, o toque de recolher, soldados com rostos pintados para não serem reconhecidos, carros da polícia política com seus vidros escuros, as prisões feitas nas ruas, nas casas, nos escritórios, minhas corridas para asilar nas Embaixadas pessoas perseguidas, as noites em claro porque tínhamos alguém se escondendo sob nosso teto, as estratégias tacanhas para fazer chegar informações secretamente ao estrangeiro e de lá receber dinheiro para ajudar as famílias dos presos. Não precisei pensar no tema de meu segundo romance, as mulheres da família Maureira, as mães da Plaza de Mayo e milhões de outras vítimas me acossaram, obrigando-me a escrever. A história dos mortos de Lonquén tinha raízes em meu coração desde 1978, a partir daí eu arquivara todos os recortes de jornais que me caíam nas mãos, sem saber para que, uma vez que ainda não desconfiava que meus passos se encaminhariam para a literatura. Em 1983, dispunha de uma alentada pasta de informações e sabia onde procurar mais dados, o trabalho consistiu somente em trançar aqueles fios numa única corda. Tinha no Chile meu amigo Francisco, que eu pretendia usar como modelo para o protagonista, contava com uma família de refugiados republicanos espanhóis para os Leal, e com algumas colegas da revista feminina onde trabalhara antes, que inspiraram a personagem de Irene. Gustavo Morante, noivo de Irene, um oficial do Exército que me seguira até o Cerro San Cristóbal num meio-dia outonal de 1974. Eu estava sentada debaixo de uma árvore, admirando a vista de Santiago, com a cachorra suíça que costumava levar comigo para que respirasse ar puro, quando um carro parou e dele desceu um homem fardado, que veio em minha direção. O pânico me paralisou, por um momento pensei em sair correndo, mas logo percebi a inutilidade de qualquer tentativa de fuga e, tremendo, enfrentei-o, apesar de ter perdido a fala. Para minha surpresa, o oficial não rosnou uma ordem, mas tirou o boné, pediu desculpas por estar incomodando e perguntou se podia se sentar a meu lado. Eu ainda não conseguia articular uma palavra, porém me tranqüilizou ver que ele estava só, as detenções em geral eram feitas por grupos. Tratava-se de um homem de uns 30 anos, alto e de boa aparência, com um rosto um pouco ingênuo desprovido de traços expressivos. Notei sua angústia, mal começou a falar. Disse saber quem eu era, lera alguns de meus artigos e não os apreciava, embora se divertisse com meus programas de televisão, tinha me visto subir o Cerro freqüentemente e nesse dia me seguira porque tinha uma coisa para contar. Disse que vinha de uma família muito religiosa, sendo católico praticante e, mais novo, pensara na possibilidade de entrar para o Seminário, mas acabou ingressando na Escola Militar para agradar o pai. Cedo descobriu que gostava dessa carreira e, com o tempo, o Exército se transformou em seu verdadeiro lar. Estou pronto para morrer pela pátria, falou, mas não sabia como é difícil matar por ela. E então, depois um silêncio muito longo, descreveu seu primeiro fuzilamento, como lhe coube executar um prisioneiro político de tal forma torturado que não se sustentava em pé e fora preciso amarrá-lo numa cadeira, como deu a ordem de fogo naquele pátio gelado às cinco da manhã, e como, ao se dissipar o ruído dos tiros, percebeu que o homem continuava vivo e o olhava nos olhos, tranqüilamente, porque já estava além do medo.

– Tive que me aproximar do prisioneiro, encostar a pistola na têmpora e apertar o gatilho. O sangue salpicou minha farda... Não consigo tirar isso da alma, não consigo dormir, essa recordação me persegue.

– Por que resolveu contá-la para mim? – perguntei.

– Porque não basta ter dito a meu confessor, quero compartilhar com alguém que talvez possa fazer uso disso. Nem todos os militares são assassinos, como andam falando por aí, muitos de nós temos consciência. – Ficou de pé, cumprimentou-me com uma leve inclinação, enfiou o boné e foi-se embora em seu carro.

Meses depois, outro homem, dessa vez em trajes civis, contou-me uma coisa similar. Os soldados atiram nas pernas para obrigar os oficiais a darem o tiro de misericórdia e também ficarem manchados de sangue, disse ele. Durante nove anos, guardei essas histórias no fundo de uma gaveta, anotadas numa folha de papel, até poder utilizá-las em *De amor e de sombra*. Alguns críticos consideram esse livro sentimental e excessivamente político; para mim, ele está cheio de magia, porque me revelou os caminhos da ficção. No lento e silencioso processo da escrita, entro num estado de lucidez no qual às vezes posso descerrar alguns véus e ver o invisível tal como minha avó fazia com sua mesa de três pernas. Não vem ao caso mencionar todas as premonições e coincidências que se deram naquelas páginas, contento-me com uma. Embora dispusesse de informação abundante, havia grandes lacunas na história, porque boa parte dos julgamentos militares foi mantida em segredo e o que se publicou estava desfigurado pela censura. Além disso, eu me encontrava muito longe e não podia ir ao Chile para interrogar as pessoas implicadas, como teria feito em outras circunstâncias. Os anos de jornalismo me ensinaram que é nessas entrevistas pessoais que se conseguem as chaves, os motivos e as emoções da história, nenhuma pesquisa de biblioteca pode substituir os dados de primeira mão, obtidos numa conversa cara a cara. Escrevi o romance naquelas noites quentes de Caracas, com o material da pasta de recortes, uns poucos livros, algumas gravações da Anistia Internacional e as vozes incansáveis das mulheres dos desaparecidos, que percorreram distâncias e tempos para vir em meu auxílio. Mesmo assim, precisei recorrer à imaginação para preencher algumas lacunas. Ao ler os originais, minha mãe questionou um trecho que lhe pareceu absolutamente improvável: numa noite, durante o toque de recolher, os protagonistas vão de motocicleta a uma mina fechada pelos militares, atravessam o cerco, metem-se num terreno proibido, abrem a mina com pás e picaretas, encontram os restos dos corpos assassinados, tiram fotografias, voltam com as provas e as entregam ao Cardeal, que, finalmente, ordena a abertura do túmulo. Isto é impossível, disse ela, ninguém se atreveria a correr semelhantes riscos em plena ditadura. Não vejo outra maneira de resolver a trama, repliquei, considere isso uma licença literária. O livro foi publicado em 1984. Quatro anos depois, foi abolida a lista de exilados que não podiam regressar ao Chile, e me senti livre para voltar ao meu país pela primeira vez, para votar num plebiscito que finalmente derrubou Pinochet. Certa noite soou a campainha da casa de minha mãe em Santiago, e um homem insistiu em falar a sós comigo. Num canto do terraço, ele me contou que era sacerdote, que em segredo de confissão soubera dos corpos enterrados em Lonquén, que para lá se dirigira em sua motocicleta durante o toque de recolher, tendo aberto a mina proibida com pá e picareta, fotografado os restos e levado as provas para o Cardeal, que mandou um grupo de sacerdotes, jornalistas e diplomatas abrirem o túmulo clandestino.

– Ninguém sabe disso, exceto o Cardeal e eu. Se minha participação tivesse sido divulgada, certamente eu não estaria aqui contando-lhe o caso, também eu teria desaparecido. Como a senhora tomou conhecimento do fato?

– Os mortos sopraram isso para mim – respondi, mas ele não acreditou.

Esse livro também trouxe Willie para minha vida; por isso lhe tenho gratidão.

Meus primeiros romances demoraram bastante para atravessar o Atlântico, mas finalmente chegaram às livrarias de Caracas, foram lidos por algumas pessoas, receberam umas tantas críticas favoráveis e isso mudou meu padrão de vida. Abriram-se círculos aos quais nunca tivera acesso, conheci gente interessante, alguns órgãos da imprensa pediram colaborações e alguns produtores de televisão fizeram convites, oferecendo entrada pela porta principal, mas a essa altura eu já sabia quão incertas são essas promessas e não quis perder a segurança do emprego no colégio. Certo dia, um homem de voz mansa e dicção cuidadosa se aproximou de mim no teatro para me cumprimentar pelo primeiro romance, dizendo que ficara profundamente tocado porque, entre outras coisas, tinha morado no Chile com a família durante o governo de Salvador Allende e presenciara o Golpe Militar. Tempos depois fiquei sabendo que ele também fora preso nos primeiros dias da brutalidade indiscriminada, porque os vizinhos, confundindo seu sotaque, acharam que era um agente cubano e o denunciaram. Assim começou minha amizade com Ildemaro, a mais significativa de minha vida, um misto de bom humor e severas lições. Aprendi muito com ele; orientava minhas leituras, revia alguns textos meus e tínhamos discussões sobre política; quando penso nele, ainda o vejo de dedo em riste enquanto me instruía sobre a obra de Benedetti ou dissipava as brumas de minha cabeça com um douto sermão socialista, mas não vem só essa imagem, também me lembro dele morrendo de rir ou rubro de vergonha quando, na base da piada, liquidávamos com seu jeito solene. Passamos a fazer parte de sua família e, pela primeira vez em muitos anos, sentimos de novo o calor de uma tribo, os almoços dominicais recomeçaram, nossos filhos se consideravam primos e tinham as chaves de ambas as casas. Ildemaro, que é médico mas tem vocação maior para cultura, oferecia entradas para uma infinidade de conferências, às quais comparecíamos para não ofendê-lo. Paula foi a primeira que teve coragem suficiente para rir das vacas sagradas da arte na presença dele, mas logo seguimos esse exemplo e acabamos formando um grupo teatral doméstico, com a intenção de parodiar as sessões culturais e as preleções intelectuais de nosso amigo, mas, sem demora, ele arranjou uma forma astuta de acabar com nossos planos: tornou-se o membro mais ativo da companhia. Sob sua direção, montamos alguns espetáculos que transcenderam o acanhado limite da roda de amigos, como, por exemplo, uma conferência, na qual apresentamos o "ciumógrafo", uma invenção nossa para medir o nível de ciúme nas vítimas desse grave flagelo. Uma sociedade de psiquiatras – não lembro se junguianos ou lacanianos – que levou a coisa a sério convidou-nos para fazer uma demonstração e certa noite fomos parar na sede do Instituto com nossa palestra aloprada. A máquina do ciúme, uma caixa preta com caprichosas lampadazinhas que acendiam e apagavam e ponteiros errantes que assinalavam números, era ligada por fios a um capacete posto na cabeça de Paula, que desempenhava valentemente o papel de cobaia, enquanto Nicolás girava uma manivela. Os psiquiatras escutavam atentos e tomavam notas, alguns bastante perplexos, mas de maneira geral ficaram satisfeitos e, no dia seguinte, saiu no jornal uma douta resenha da conferência. Paula sobreviveu à máquina do ciúme e se afeiçoou tanto a Ildemaro que fez dele o depositário de suas confidências mais íntimas e, para lhe dar prazer, aceitava o papel de estrela em todas as produções da companhia. Agora Ildemaro telefona freqüentemente para pedir notícias dela, escuta os pormenores em silêncio e procura me infundir ânimo; esperança, não, porque esta ele já perdeu. Naquela época, nada indicava que o destino de minha filha sofreria este revés, era uma linda estudante de 20 anos, brilhante e alegre, que não se importava de fazer um papel ridículo no palco, se Ildemaro o pedisse. A incansável Avó Hilda, que saíra do Chile acompanhando a família no exílio e passava metade de sua vida lá em casa, mantinha permanentemente aberto um ateliê de costura na sala de jantar, onde fabricávamos fantasias e cenários. Michael participava bem-humorado, embora às vezes fraquejassem sua saúde e seu entusiasmo. Nicolás, que tinha pânico do palco e vergonha dos outros, incumbia-se da parte técnica das montagens – luz, som e efeitos especiais –, podendo assim ficar escondido atrás das cortinas. A maioria de nossos amigos aderiu pouco a pouco às encenações e não sobrou ninguém para formar o público, mas montar as peças divertia tanto os atores e músicos que não tinha importância representar para uma sala vazia. Nossa casa ficou cheia de gente, de barulho e de risos, finalmente tínhamos uma grande família e nos sentíamos à vontade naquela nova pátria.

Com meus pais, não era isso o que acontecia. Tio Ramón via os 70 anos se aproximando e desejava regressar ao Chile para morrer lá, conforme expôs com certa dramaticidade, provocando gargalhadas, pois sabemos que ele é imortal. Meses depois, arrumava as malas e partia com minha mãe para o país onde não pusera os pés durante muitos anos e onde o mesmo general ainda governava. Eu me senti órfã, temia por eles, pressentia que não tornaríamos a morar na mesma cidade e me preparei para retomar a velha rotina das cartas diárias. Para a sua despedida, oferecemos uma festança com pratos e vinhos chilenos e a apresentação da última peça da companhia de teatro. Por intermédio de canções, números de dança, atores e marionetes, narramos as vidas tempestuosas e os amores ilegais de minha mãe e tio Ramón, representados por Paula e Ildemaro, que apareceu em cena com diabólicas sobrancelhas postiças. Dessa vez, tivemos público, porque vieram quase todos os bons amigos que nos haviam acolhido naquele cálido país. Um lugar de honra coube a Valentín Hernandez, cujos generosos vistos nos abriram as portas da Venezuela. Foi nosso último encontro, pouco depois ele morreu repentinamente, deixando a mulher e os descendentes inconsoláveis. Era um desses patriarcas amorosos e atentos que abrigam todos os seus sob um manto protetor. Custou-lhe morrer porque não queria partir deixando a família exposta aos vendavais destes assustadores tempos modernos e talvez no fundo sonhasse levá-los consigo. Um ano depois, para homenagear o marido de maneira alegre, como ele próprio apreciaria, a viúva levou filhas, genros e netos numa viagem de passeio à Flórida. O avião explodiu no ar e não restou ninguém da família para chorar os mortos ou receber pêsames.

EM SETEMBRO DE 1987, publicou-se na Espanha meu terceiro romance, *Eva Luna*, escrito num computador em plena luz do dia, agora no amplo estúdio de uma casa nova. Os dois livros anteriores convenceram minha agente de que eu pretendia levar a sério a literatura, e a mim de que valia a pena assumir o risco de deixar o emprego e me dedicar a escrever, embora meu marido continuasse em bancarrota e ainda tivéssemos dívidas a saldar. Vendi as ações do colégio e compramos um casarão encarapitado num morro, em mau estado, sem dúvida, mas Michael o reformou, transformando-o num refúgio ensolarado onde havia espaço de sobra para visitas, parentes e amigos, e onde a Avó Hilda pôde instalar confortavelmente seu ateliê de costura, e eu, meu escritório. Como ficava numa encosta, a casa tinha um porão claro e arejado, tão grande que nos permitiu plantar no meio dele um jardim tropical com a vegetação que substituiu os miosótis de minhas saudades. As paredes eram cobertas de estantes cheias de livros e, como único móvel, havia uma mesa enorme no centro. Aquele foi um tempo de grandes mudanças. Paula e Nicolás tinham virado dois jovens independentes e ambiciosos, cursavam a universidade, viajavam sozinhos e, evidentemente, já não precisavam de mim, mas a cumplicidade entre nós três permaneceu imutável. Depois de romper o namoro com o jovem siciliano, Paula aprofundou os estudos de psicologia e sexualidade. Seus longos cabelos castanhos batiam na cintura, não se pintava e o uso de saias compridas de algodão branco e sandálias tornava mais acentuado seu aspecto virginal. Trabalhava como voluntária nos tumultuados bairros da periferia, onde a polícia nunca se aventurava depois do pôr-do-sol. Nessa época, a violência e a criminalidade tinham disparado em Caracas, nossa casa foi assaltada várias vezes e corriam rumores terríveis a respeito de raptos, nos centros comerciais, de crianças cujas córneas eram arrancadas para serem vendidas a bancos de olhos, de mulheres violentadas em estacionamentos, de gente assassinada apenas para o roubo de um relógio. Paula saía dirigindo seu carrinho, com uma mochila cheia de livros e eu ficava em casa, tremendo. Mil vezes pedi que não se metesse naquelas paragens, mas ela não me ouvia porque se julgava protegida por suas boas intenções e porque achava que lá todo mundo a conhecia. Tinha idéias claras, mas conservava o nível emocional de uma menininha; a mesma mulher que decorava, no avião, o mapa de uma cidade onde nunca pusera os pés, que alugava um carro no aeroporto e dirigia sem hesitação até o hotel, ou então que era capaz de preparar em quatro horas uma aula sobre literatura para que eu brilhasse numa universidade, desmaiava ao tomar uma vacina e tremia de pavor num filme de vampiros. Aplicava em Nicolás e em mim seus testes psicológicos, e assim concluiu que o irmão tem um nível de inteligência beirando a genialidade, e a mãe, em compensação, é quase uma retardada. Repetiu os testes comigo diversas vezes e os resultados não se alteraram, sempre me deram um coeficiente intelectual vergonhoso. Ainda bem que ela nunca tentou experimentar conosco seu material do seminário sobre sexualidade.

Com *Eva Luna*, finalmente me conscientizei de que meu caminho é a literatura e pela primeira vez me atrevi a dizer: sou escritora. Ao me sentar diante da máquina para começar o livro, não o fiz como nas duas vezes anteriores, cheia de dúvidas e desculpas, mas sim em pleno uso de minha vontade e até mesmo com certa dose de altivez. Vou escrever um romance, disse em voz alta. Em seguida, liguei o computador e, sem pensar duas vezes, fui em frente: *Eu me chamo Eva, que quer dizer vida...*

6

Minha mãe veio passar um tempo na Califórnia. Quase não a reconheci no aeroporto, parecia uma bisavó de porcelana, uma velhinha vestida de preto, com a voz trêmula e o rosto maltratado pelo sofrimento e pelo cansaço das vinte horas de viagem de Santiago até aqui. Pôs-se a chorar quando me abraçou, e assim continuou ao longo do percurso, mas ao chegar em casa foi direto para o banheiro, tomou uma ducha, vestiu uma roupa de cores alegres e desceu sorrindo para saudar Paula. Quando a viu, ficou impressionada, apesar de estar preparada para encontrá-la pior, pois ainda tem uma viva lembrança da neta favorita tal como era antes. A menina está no limbo, senhora, com os bebês que morreram sem batismo e as outras almas que se salvaram do purgatório, disse uma das assistentes, à guisa de consolo. Que perda, meu Deus, que perda!, minha mãe sussurra isso volta e meia, mas nunca diante de Paula, pois acha que ela talvez possa ouvi-la. Minha senhora, não queira projetar nela seus próprios desejos e angústias, advertiu o Dr. Shima, a vida anterior de sua neta terminou, agora ela vive num outro estado de consciência. Como era de se esperar, minha mãe ficou encantada com o Dr. Shima. É um homem de idade indefinida e corpo debilitado, tem o rosto e as mãos jovens e uma cabeleira escura, usa suspensórios de elásticos e calças que sobem até as axilas, anda mancando levemente e ri com a expressão maliciosa de um garoto pego no meio de uma travessura. Ambos fazem orações por Paula, ela, em sua fé cristã, e ele, na budista. O caso de minha mãe representa o triunfo da esperança sobre a experiência, porque passou 17 anos rezando para que o General Pinochet partisse desta para melhor e ele não só se encontra ainda em pleno gozo da saúde como continua dando as cartas no Chile. Deus demora, mas atende, é a resposta dela quando lembro isso, garanto que o Pinochet está indo para o túmulo. Assim estamos todos nós, desde que nascemos, morrendo pouco a pouco. De tarde, esta avó irônica se senta perto da neta para tricotar e conversa sem se importar com o silêncio sideral onde caem suas palavras, evoca histórias do passado, conta as fofocas recentes, comenta a própria vida e, de vez em quando, canta desafinado um hino a Maria, única música que lembra do começo ao fim. Acha que, de seu leito, Paula faz milagres sutis, que nos obriga a crescer e nos ensina os caminhos da compaixão e da sabedoria. Sofre por ela e sofre por mim, duas dores que não pode evitar.

– Onde estava Paula antes de chegar ao mundo através de mim? Para onde irá quando morrer?

– Paula já está em Deus. Deus é *o que une*, aquilo que mantém o tecido da vida, é o que você chama de amor – respondeu minha mãe.

Ernesto apareceu aqui, aproveitando uma semana de férias. Ainda alimentava a ilusão de que sua mulher se recuperaria o suficiente para ambos viverem juntos, mesmo que de maneira muito limitada. Imaginava que, por algum milagre, ela acordaria de repente, com um longo bocejo e à procura de sua mão, perguntando o que havia sucedido, numa voz descontrolada pela falta de uso. Os médicos erram muitas vezes e se sabe pouco a respeito da mente, ele me disse. Contudo, já não foi vê-la impetuosamente, entrou cauteloso, como que assustado. Nós a apresentamos bem penteada e com a roupa que ele lhe trouxera na visita anterior. Abraçou-a com imensa ternura, enquanto as assistentes fugiam comovidas para a cozinha, e minha mãe e eu nos refugiávamos no terraço. Nos primeiros dias, passou horas esquadrinhando as reações de Paula, em busca de algum lampejo de inteligência, mas aos poucos foi desistindo, notei como se entristecia e se deixava abater, até que a aura de otimismo de sua chegada se converteu na penumbra que envolve todos nós. Insinuei que Paula não é mais sua mulher, e sim uma irmã espiritual, que não lhe convém se sentir preso a ela, mas seu olhar foi o de quem estava ouvindo um sacrilégio. Na última noite, Ernesto desabou e finalmente admitiu que não haverá milagre capaz de lhe devolver a eterna noiva, por mais que procure não encontrará nada no tremendo abismo de seus olhos vazios. Um sonho ruim fez com que ele acordasse apavorado e viesse, banhado de suor e de lágrimas, pelo escuro até meu quarto, para contá-lo.

– Sonhei que Paula subia uma longa escada e que, chegando lá em cima, se atirava no vazio antes que eu conseguisse detê-la, deixando-me desesperado. Depois eu a via morta, sobre uma mesa, e ali ficava intacta, durante um longo tempo, enquanto minha vida prosseguia. Pouco a pouco, ela ia perdendo peso, seus cabelos caíam, até que subitamente se levantava e procurava me dizer alguma coisa, mas eu interrompia para censurá-la por me ter abandonado. Ela voltava então a adormecer em cima da mesa; cada vez mais se deteriorava, embora não morrendo inteiramente. Por fim, eu via que a única maneira de ajudá-la seria pela destruição de seu corpo, então a levava no colo e a depositava sobre o fogo. Ficava reduzida a cinzas que eu espalhava, aos punhados, num jardim. Seu espectro então aparecia para se despedir da família, dirigindo-se a mim no final, para dizer que me amava, e, desse momento em diante, começava a desaparecer...

– Deixe que ela vá embora – implorei.

– Se você consegue se despedir dela, eu também hei de conseguir – foi sua resposta.

Aí pensei que desde os tempos imemoriais as mulheres têm perdido filhos, é essa a dor mais antiga e inevitável da humanidade. Não sou a única, todas as mães passam por esta provação, ficam de coração partido, mas continuam vivendo porque precisam proteger e amar os que permanecem vivos. Somente de pouco tempo para cá, nos países adiantados, onde a saúde está ao alcance de quem tem dinheiro, existe um grupo de mulheres privilegiadas que confia em que todos os seus filhos chegarão à idade adulta. A morte sempre está à espreita. Fui para o quarto de Paula com Ernesto, fechamos a porta e, a sós, improvisamos um breve rito de adeus. Dissemos quanto a amávamos, recordamos os anos maravilhosos que vivemos juntos e afirmamos que ela permanecerá sempre em nossa memória. Prometemos acompanhá-la até o último instante de vida neste mundo, e que no outro iremos nos reencontrar, porque, na realidade, não existe a separação. Morra, meu amor, suplicou Ernesto, ajoelhado ao pé da cama. Morra, filha, acrescentei em silêncio, porque minha voz não conseguiu sair.

WILLIE AFIRMA QUE FALO e ando dormindo, mas não é verdade. Durante a noite, vagueio descalça e calada, para não incomodar os espíritos nem os gambazinhos que vêm silenciosamente devorar a comida da gata. Às vezes nos encontramos frente a frente e eles erguem as bonitas caudas listradas, como se fossem peludos pavões, e me encaram com seus focinhos trêmulos, mas já devem ter-se acostumado com minha presença, pois ainda não soltaram jatos do líquido fatídico dentro de casa, só fazem isso no porão. Não sou sonâmbula; sou apenas uma pessoa triste. Tome um comprimido e procure descansar algumas horas, pede Willie, que anda esgotado, você precisa ir a um psiquiatra, está obcecada e, de tanto pensar em Paula, acaba vendo fantasmas. Ele repete que minha filha não vem de noite a nosso quarto, isso é impossível, ela não se mexe, são só pesadelos meus, como tantos outros que me parecem mais reais que a própria realidade. Quem sabe... talvez haja outras vias de comunicação espiritual, além dos sonhos, e, em sua terrível invalidez, Paula descobriu a forma de falar comigo. Meus sentidos ficaram aguçados para perceber o invisível, mas não estou louca. Já acabou o prazo de três meses e desapareceram os paranormais, os hipnotizadores, os videntes e os médiuns, agora só cuidam dela a Dra. Forrester e o Dr. Shima. Às vezes ele fica a sós com ela, meditando por alguns minutos, em outras ocasiões a examina meticulosamente, coloca agulhas para aliviar seu corpo, administra medicamentos chineses, depois toma uma xícara de chá comigo e podemos falar sem reservas porque ninguém está nos escutando. Ousei contar que Paula vem me visitar à noite, e ele não viu nada de estranho nisso, diz que também fala com ele.

– Como é que fala com o senhor?

– De madrugada, acordo com sua voz.

– Como sabe que é a voz dela? Nunca a ouviu...

– Às vezes eu a vejo nitidamente. Mostra os pontos dolorosos, me indica mudanças na medicação, pede que ajude a mãe nesta provação, pois sabe o quanto está sofrendo. Paula se sente muito cansada e quer partir, mas tem uma constituição forte e ainda pode viver muito.

– Por quanto tempo, Dr. Shima?

Ele tirou de sua maleta mágica um saquinho de veludo com as varetas do I Ching, concentrou-se numa oração secreta, manuseou-as por algum tempo e soltou em cima da mesa.

– Sete...

– Sete anos?

– Ou meses, ou semanas, não sei dizer, o I Ching é muito vago...

Antes de sair, ele me deu umas ervas misteriosas, acha que a ansiedade vai minando as defesas físicas e mentais, que existe uma relação direta entre o câncer e a tristeza. A Dra. Forrester também me receitou alguma coisa para a depressão, guardo o vidro bem fechado na cesta onde estão as cartas de minha mãe, escondido com os comprimidos para dormir, porque decidi não procurar alívio nos remédios; este é um caminho que devo percorrer sangrando. As imagens do parto de Célia me reaparecem com freqüência, eu a vejo transpirando, dilacerada pelo esforço, mordendo os lábios, passo a passo através da longa prova sem se valer de calmantes, serena e consciente, ajudando a filhinha a nascer. Revejo seu esforço final, aberta como uma ferida no momento em que surge a cabeça de Andrea, ouço seu grito triunfal e o soluço de Nicolás, e sinto de novo a felicidade de todos neste quarto onde Paula dorme agora. A estranha doença de minha filha talvez seja como aquele parto; preciso apertar os dentes e resistir com coragem, sabendo que este tormento não será eterno, que um dia ele termina. Como? Só pode ser com a morte... Tomara que a paciência de Willie resista o bastante para me esperar, o percurso pode ser muito longo, talvez dure os sete anos do I Ching, é difícil manter um amor sadio nestas condições, tudo conspira contra a nossa intimidade, ando com o corpo cansado e a alma ausente. Willie não sabe o que fazer para me aliviar e eu também ignoro o que pedir, ele não ousa se aproximar demais por medo de me incomodar e, ao mesmo tempo, não quer me deixar sozinha; para a sua mentalidade pragmática, o mais indicado seria internar Paula num hospital e tentar seguir com nossas vidas, mas não fala dessa alternativa diante de mim porque sabe que isso nos separaria irremediavelmente. Gostaria de tirar este peso de cima de você e carregá-lo, já que tenho ombros maiores, me diz desesperado, mas ele já tem o bastante com as próprias desgraças. Minha filha perde as forças suavemente em meu regaço, mas a dele está se suicidando com drogas nos bairros mais sórdidos do outro lado da baía, talvez morra primeiro, de uma overdose, de uma facada ou de Aids. Seu filho mais velho erra pelas ruas como um mendigo, roubando e traficando vergonhosamente. Se o telefone toca no meio da noite, Willie pula da cama com o recôndito pressentimento de que o cadáver de sua filha foi encontrado numa sarjeta do porto, ou que a voz de um policial vai anunciar mais um crime cometido pelo filho. As sombras do passado o espreitam sempre, e lhe dão tais surras que nem as piores notícias o derrubam, apenas cai de joelhos e no dia seguinte já está novamente de pé. Muitas vezes me pergunto como vim parar neste melodrama. Minha mãe atribui isso a meu gosto pelas histórias truculentas, vê aí o principal ingrediente de minha atração por Willie, outra mulher, mais sensata, teria fugido como o diabo da cruz ao ver tamanho descalabro. Quando o conheci, ele não tentou esconder que sua vida era um caos, desde o começo eu soube dos filhos delinqüentes, das dívidas e das confusões em que se metera no passado, mas, com a impetuosa arrogância do amor recém-descoberto, resolvi que não haveria obstáculos capazes de nos derrotar.

Fica difícil imaginar dois homens mais diferentes que Michael e Willie. Em meados de 1987, meu casamento não tinha mais jeito, o tédio se instalara definitivamente entre nós, e, para não nos encontrarmos acordados à mesma hora e nos mesmos lençóis, retomei o antigo hábito de escrever à noite. Deprimido, sem emprego e trancado em casa, Michael atravessava um período péssimo. Para evitar sua presença constante, eu às vezes dava uma fugida e me perdia no emaranhado das avenidas de Caracas. Foi lutando contra o trânsito que solucionei muitas cenas de *Eva Luna* e que outras histórias surgiram em minha cabeça. Num memorável engarrafamento, que me prendeu dentro do carro durante horas e sob um calor de chumbo derretido, escrevi *Duas palavras* de um ímpeto e no verso de meus cheques, uma espécie de alegoria sobre o poder alucinante da narrativa e da linguagem, que logo depois usei como ponto de partida para uma coletânea de contos. Embora me sentisse segura pela primeira vez no estranho ofício da escrita – com os dois livros anteriores eu tinha a impressão de que aterrissara num lamaçal escorregadio –, *Eva Luna* ia se escrevendo por conta própria, quase à minha revelia. Não exercia controle sobre essa história delirante, ignorava seu rumo e como iria terminá-la, estive a ponto de massacrar todos os personagens num tiroteio só para sair daquela enrascada e me ver livre deles. Para cúmulo da aflição, no meio do caminho fiquei sem o protagonista masculino. Planejara tudo para que as duas crianças órfãs e pobres, que sobrevivem nas ruas e vão crescendo em trajetórias paralelas – Eva e Huberto Naranjo –, viessem a se apaixonar. O encontro previsto se deu na metade do livro, mas, quando afinal os dois se abraçaram, ele me sai um tipo que só queria saber das próprias atividades revolucionárias e que, como amante, era um desastre total; Eva merecia coisa melhor, e me comunicou isso sem que eu tivesse meios de demovê-la. Fiquei num beco sem saída, com a heroína esperando chateadíssima, enquanto o herói, sentado na ponta da cama, limpava seu fuzil. Nessa ocasião precisei ir à Alemanha, numa viagem promocional. Desembarquei em Frankfurt e de lá saí de carro, com um motorista impaciente que voava pelo país afora em estradas cobertas de gelo e a uma velocidade suicida. Certa noite, ao terminar minha palestra numa cidade do norte, um homem se aproximou e fez o convite para tomarmos uma cerveja porque, conforme disse, tinha uma história para mim. Sentados num barzinho, onde mal conseguíamos nos ver por causa da penumbra e da fumaça dos cigarros, enquanto chovia lá fora, o desconhecido foi desvendando para mim seu passado.

O pai fora um oficial nazista, homem cruel que maltratava a mulher e os filhos, e para o qual a guerra oferecera a chance de satisfazer os instintos mais brutais. Falou-me sobre a irmã mais moça, retardada mental, e contou como o pai, imbuído do orgulho racial, nunca a aceitara, obrigando-a a viver agachada e em silêncio, debaixo de uma mesa coberta por uma toalha branca, porque não queria vê-la. Anotei num guardanapo de papel tudo aquilo, e muito mais do que ele me entregou naquela noite, como um verdadeiro presente. Antes de nos despedirmos, perguntei se podia utilizar o relato e ele respondeu que exatamente para isso o havia contado. Voltando para Caracas, meti o guardanapo no computador, e apareceu ante meus olhos Rolf Carlé de corpo inteiro, um fotógrafo austríaco que se tornou o protagonista do romance e substituiu Huberto Naranjo no coração de Eva Luna.

Numa daquelas manhãs quentes de junho, quando a tempestade se arma desde cedo sobre os morros de Caracas, Michael desceu até o meu estúdio para trazer a correspondência, enquanto eu estava perdida na selva amazônica, com Eva Luna, Rolf Carlé e seus companheiros de aventuras. Ao ouvir o barulho da porta, levantei os olhos e vi uma figura desconhecida que atravessava a amplidão despojada daquele porão, um homem alto, magro, de barba grisalha e óculos, com os ombros curvos e uma aura de fragilidade e melancolia. Levei alguns segundos para reconhecer meu marido e compreendi então até que ponto tínhamos virado dois estranhos, procurei na memória algum rescaldo do garboso amor de meus 20 anos e nem as cinzas consegui achar, só havia o enjôo e o peso das insatisfações. Antevi um futuro árido, eu envelhecendo, dia após dia, ao lado daquele homem que já deixara de admirar e desejar, e senti um brado de rebeldia a brotar no âmago de mim. Nesse instante, as palavras contidas por muitos anos com uma disciplina rígida vieram à tona por meio de uma voz que me era desconhecida.

– Não agüento mais, temos que nos separar – disse sem ter coragem de encará-lo, e, ao dizer isso, desapareceu aquela vaga dor de boi cansado que há anos eu carregava comigo.

– Faz tempo que eu noto você distante. Acho que não gosta mais de mim e que precisamos pensar numa separação – ele balbuciou.

– Não há muita coisa para pensar, Michael. Já que ficou dito, o melhor é resolver tudo hoje mesmo.

Assim foi. Chamamos os filhos para explicar que tínhamos deixado de nos amar como um casal, embora a amizade continuasse intacta, e pedimos a ajuda deles para os aspectos práticos da dissolução da vida em comum. Nicolás ficou rubro, como sempre acontece quando tenta controlar uma emoção muito intensa, e Paula começou a chorar com pena do pai, que ela sempre protegia. Mais adiante, eu soube que não se surpreenderam, há tempos esperavam por isso. Michael parecia paralisado, mas eu entrei numa atividade febril, comecei a tirar pratos e xícaras da cozinha, roupa dos armários, livros das estantes e em seguida saí para comprar panelas, uma cafeteira, cortinas para o chuveiro, lâmpadas e até mesmo plantas para que ele se instalasse em outro lugar; com a energia restante, comecei a costurar retalhos no ateliê, para fazer uma colcha que até hoje conservo como recordação daquelas horas frenéticas que determinaram a segunda parte da minha vida. Nossos filhos fizeram a divisão dos bens, redigiram um acordo singelo numa folha de papel assinada por nós quatro, sem cerimônias nem testemunhas, Paula conseguiu logo em seguida um apartamento para o pai e Nicolás, um caminhão que transportasse a metade de nossos pertences. Em poucas horas, desmanchamos 29 anos de amor e vinte e cinco de casamento, sem bater portas, sem recriminações nem advogados, apenas com as lágrimas inevitáveis, pois, apesar de tudo, tínhamos um carinho recíproco, e acho que, de certa forma, ele se conserva até hoje. De noite caiu o temporal que vinha se armando ao longo do dia, uma dessas escandalosas chuvaradas tropicais que, com relâmpagos e trovões, costumam fazer de Caracas uma zona de cataclismo, entupindo os bueiros, inundando as ruas, convertendo o trânsito em serpentes gigantescas de carros parados e arrasando com a enxurrada os bairros pobres que ficam nos morros. Quando o caminhão do divórcio finalmente se afastou, acompanhado pelo carro de meus filhos, que iam instalar o pai no novo lar, e eu me vi sozinha em casa, escancarei portas e janelas para que o vento e a chuva viessem varrer e lavar o passado; e comecei a dançar e rodopiar como um dervixe enlouquecido, chorando de tristeza por tudo que perdera e rindo de alívio pelo que ganhara, enquanto lá fora os grilos e sapos cantavam e, dentro, a torrente de chuva inundava o chão e o vendaval carregava folhas secas e penas de pássaros num torvelinho de despedidas e liberdade.

Estava com 44 anos, julguei que dali para a frente meu destino seria envelhecer solitária e esperava fazê-lo com dignidade. Telefonei para tio Ramón, pedindo que ele cuidasse da anulação do casamento no Chile, procedimento simples quando o casal toma a decisão de comum acordo, se um advogado for pago e se for possível contar com alguns amigos dispostos a cometer perjúrio. Para fugir de explicações e tapear meu sentimento de culpa, aceitei fazer uma série de conferências que me levariam da Islândia a

Porto Rico, passando por uma dúzia de cidades americanas. Nessa variedade de climas, eu precisaria de todo o meu guarda-roupa, mas resolvi levar apenas o essencial, a faceirice andava a léguas de meu estado de espírito, eu me sentia irremediavelmente instalada numa maturidade desprovida de paixões, de sorte que foi uma grata surpresa descobrir que não faltam galãs quando uma mulher está disponível. Redigi um documento em três vias, retratando-me do outro que assinara na Bolívia, no qual acusava tio Ramón de que, por culpa sua, eu não conheceria homem algum, e mandei a declaração para o Chile, em carta registrada. Às vezes é justo dar o braço a torcer... Naqueles dois meses saboreei o abraço de urso polar de um poeta em Reykjavik, a companhia de um jovem mulato nas tórridas noites de San Juan e outros encontros memoráveis. Sou tentada a inventar rituais selvagens de erotismo para enfeitar minhas recordações, como imagino que os outros façam, mas nestas páginas procuro ser honesta. Em certos momentos acreditei ter tocado a alma do amante e cheguei a sonhar com a possibilidade de uma relação mais profunda, mas no dia seguinte pegava outro avião e a exaltação se diluía nas nuvens. Cansada de beijos fugazes, na última semana resolvi me concentrar no trabalho, mal ou bem existe muita gente vivendo na castidade. Não fui capaz, entretanto, de imaginar que no final daquela viagem maluca estaria Willie à minha espera e que minha vida mudaria de rumo, as premonições aí falharam redondamente.

Numa cidade do norte da Califórnia, onde fui parar na penúltima conferência, a vida me reservou um desses romances cafonas que constituem o material dos livros água-com-açúcar que eu traduzia na juventude. Willie tinha lido *De amor e de sombra*, sentia pena dos personagens e julgava ter descoberto nesse livro o tipo de amor que desejava e até então não aparecera em sua vida. Desconfio que ele ignorava onde deveria procurar isso, pois naquela época punha anúncios nos jornais para encontrar uma parceira, como contou candidamente em nosso primeiro encontro. Ainda rolam pelas gavetas algumas respostas, entre as quais o retrato alucinante de uma senhora nua com uma jibóia *constrictor* em torno do corpo, tendo como única informação um número de telefone embaixo da foto. A despeito da cobra – ou talvez por causa dela –, Willie não achou ruim dirigir duas horas para me conhecer. Uma professora da universidade que me convidara apresentou-o como o último heterossexual solteiro de San Francisco. Depois da palestra, um grupo me levou para jantar num restaurante italiano e ocupamos uma mesa redonda; ele estava sentado em frente a mim, com um copo de vinho branco na mão, calado. Admito que também senti curiosidade por aquele advogado norte-americano de ar aristocrático e gravata de seda, que falava espanhol como um bandido mexicano e exibia uma tatuagem na mão esquerda. Era uma noite de lua cheia e a voz aveludada de Frank Sinatra cantava *Strangers in the Night* enquanto nos serviam ravioles; este é um tipo de detalhe proibido na literatura, ninguém ousaria pôr juntos, num livro, lua cheia e Frank Sinatra. O problema da ficção é que ela precisa ser verossímil, enquanto a realidade poucas vezes consegue sê-lo. Não sei explicar o que atraiu Willie, cujo passado é feito de mulheres altas e louras, mas sei que me senti atraída por sua história. E também – por que não dizer? – pela mistura de refinamento e aspereza, pela força de seu caráter e por uma suavidade íntima que intuí graças à minha mania de observar as pessoas para, mais adiante, aproveitá-las nas coisas que escrevo. A princípio, ele falou pouco, limitando-se a me olhar do outro lado da mesa com uma expressão indecifrável. Depois da salada, pedi que me contasse sua vida, truque que poupa o esforço de uma conversa, o interlocutor se expande enquanto meu pensamento passeia por outros mundos. Neste caso, entretanto, não precisei simular interesse, mal começou ele a falar; percebi que tropeçara numa dessas pedras preciosas que raramente aparecem e são tão apreciadas pelos narradores: a vida daquele homem era um romance. As amostras que me forneceu em poucas horas despertaram minha cobiça, nem consegui dormir, precisava saber mais. A sorte estava do meu lado e, no dia seguinte, Willie me localizou em San Francisco, última etapa da viagem, convidando-me para ver a baía do alto de uma montanha e almoçar em sua casa. Imaginei um encontro romântico, num apartamento moderno com vista para a ponte Golden Gate, um cactus na porta, champanhe e salmão defumado, mas nada disso aconteceu, a vida e a casa dele pareciam restos de um naufrágio. Veio me apanhar num desses carro-esporte onde mal cabem duas pessoas e a gente viaja com os joelhos colados nas orelhas e o traseiro roçando no asfalto, um carro cheio de pêlos de bicho, garrafas de refrigerante amassadas, batatas fritas fossilizadas e armas de brinquedo. O passeio até o alto da montanha e o majestoso espetáculo da baía me impressionaram, mas achei que dentro em pouco de nada me lembraria, tinha visto paisagens demais e não pretendia voltar ao Oeste dos Estados Unidos. Descemos por uma estrada cheia de curvas e árvores imensas, ouvindo um concerto no rádio, e me veio a sensação de ter vivido aquele momento antes, de ter estado muitas vezes naquele lugar, de fazer parte dele. Depois entendi o porquê: o Norte da Califórnia é parecido com o Chile, tem o mesmo litoral abrupto, os morros, a vegetação, os pássaros, a disposição das nuvens no céu.

A casa, de um só andar, num cinza desbotado e com telhado plano, ficava perto da água. Seu único encanto era um ancoradouro em ruínas onde flutuava um bote convertido em ninho de gaivotas. Veio a nosso encontro o filho dele,

Harleigh, garoto de 10 anos tão hiperativo que parecia um demente; mostrou a língua para mim enquanto dava pontapés nas portas e disparava projéteis de borracha com um canhão. Vi enfeites horrendos de cristal e porcelana numa prateleira, mas quase não havia móveis, salvo os da sala de jantar. Eles explicaram que a árvore de Natal tinha pegado fogo, chamuscando o mobiliário, e aí reparei que restavam umas bolas natalinas penduradas no teto, com teias de aranha acumuladas durante dez meses. Ofereci minha ajuda ao anfitrião para preparar a comida, mas me senti perdida naquela cozinha abarrotada de utensílios e brinquedos. Willie me apresentou os outros moradores da casa: seu filho mais velho, por uma estranha coincidência nascido no mesmo dia e no mesmo ano que Paula, tão drogado que mal podia levantar a cabeça, em companhia de uma garota em condições idênticas; um exilado búlgaro com a filha pequena, que vieram pedir pouso por uma noite e lá ficaram no bem-bom; e Jason, o enteado que Willie acolheu depois de ter-se divorciado da mãe dele, aliás a única pessoa com quem pude estabelecer uma comunicação humana. Vim a saber mais tarde da existência de uma filha perdida na heroína e na prostituição, que só vi no hospital e na prisão, onde vai parar freqüentemente. Três ratazanas com os rabos mordidos e sangrando desmilingüiam numa gaiola e vários peixes desmaiados flutuavam num aquário de água turva; havia também um cachorrão que urinou na sala e depois saiu alegremente para se meter no mar, de onde voltou, na hora da sobremesa, arrastando o cadáver putrefato de uma ave grandona. Estive na iminência de fugir para o hotel, mas a curiosidade foi mais forte que o pânico, e acabei ficando. Enquanto o búlgaro assistia a uma partida de futebol na televisão, com sua garotinha dormindo no colo, e os viciados roncavam em seu paraíso particular, Willie dava conta de todo o trabalho: cozinhava, metia montes de roupa na máquina de lavar, alimentava os inúmeros bichos, escutava pacientemente uma história surrealista que Jason acabara de escrever e se pusera a ler para nós em voz alta, e preparava o banho do caçula, que era incapaz de fazê-lo sozinho aos 10 anos de idade. Até então, eu nunca tinha visto um pai nas tarefas de mãe, e isso me comoveu muito mais do que quis admitir; estava dividida entre a saudável rejeição àquela família destrambelhada e o perigoso fascínio pelo homem com vocação maternal. Pode ser que nessa noite eu tenha começado a escrever mentalmente *O plano infinito*. No dia seguinte, ele telefonou de novo, a atração recíproca era evidente, mas sabíamos que esse sentimento não teria futuro, porque, além de todos os inconvenientes óbvios – filhos, bichos, idioma, diferenças culturais e estilos de vida –, dez horas de avião nos separavam. Mesmo assim, resolvi adiar meus propósitos de castidade e passar com ele uma única noite, já que na manhã seguinte iríamos nos despedir para sempre, como acontece nos filmes vagabundos. Esse projeto não se pôde realizar na privacidade do meu hotel mas sim na casa dele, porque lhe faltou coragem para deixar o caçula entregue ao búlgaro ou aos doidões ou ao filho intelectual. Cheguei com minha mala abarrotada àquela estranha moradia, onde o cheiro dos bichos se misturava à maresia e ao perfume de dezessete roseiras plantadas em barris, pensando que poderia viver uma noite inesquecível e que, fosse como fosse, não tinha nada a perder. Não estranhe se Harleigh aprontar uma crise de ciúme, nunca trago amigas para casa, avisou Willie, e suspirei aliviada, porque pelo menos não encontraria a jibóia estranguladora entre as toalhas de banho; mas o garoto me aceitou sem dar muita atenção. Havia me confundido, pelo sotaque, com alguma das inúmeras empregadas latinas que se escafediam para sempre depois da primeira faxina. Quando me descobriu na cama do pai, já era tarde demais, eu tinha vindo para ficar. Naquela noite, Willie e eu nos amamos, apesar dos pontapés exasperantes que o guri dava na porta, dos latidos do cachorro e das brigas dos outros rapazes. O quarto dele era o único refúgio naquela casa; as estrelas e o restos do bote no cais se deixavam ver da janela, criando uma ilusão de paz. Perto de uma cama grande, vi uma arca de madeira, uma lâmpada e um relógio, adiante, um aparelho de som. Havia camisas e ternos de boa qualidade pendurados no *closet*; no banheiro – impecável –, encontrei o mesmo sabonete inglês que meu avô usava. Incrédula, trouxe-o até o nariz, há vinte anos não cheirava essa mistura de lavanda com desinfetante e a imagem meio gozadora daquele velho inesquecível me sorriu do espelho. É fascinante observar os objetos do homem que começamos a amar, eles revelam seus hábitos e seus segredos. Abri a cama e apalpei os lençóis brancos e o edredon espartano, vi os títulos dos livros empilhados no chão, fuxiquei os vidros em seu armário de remédios e, fora um anti-alérgico e pílulas para os vermes do cachorro, não encontrei outros medicamentos, cheirei sua roupa, que não trazia vestígios de tabaco ou de perfume e, em poucos minutos, sabia muita coisa a respeito dele. Senti-me uma intrusa nesse mundo seu onde não havia marcas femininas, tudo era simples, prático e viril. Também me senti segura. Aquele quarto austero me convidava a recomeçar a vida de um modo limpo, longe de Michael, da Venezuela e do passado. Para mim, Willie significava outro destino em outra língua e num país diferente, era como nascer de novo, podia inventar uma nova versão de mim mesma, exclusiva para aquele homem. Sentei-me na ponta da cama, muito quieta, como um animal alerta, com as antenas ligadas em todas as direções, examinando com os cinco sentidos e a intuição os sinais desse espaço alheio, registrando os signos mais imperceptíveis, a informação sutil que vinha das paredes, dos móveis, dos objetos. Parecia que esse quarto bonito anulava a terrível impressão causada pelo restante da casa, compreendi que uma parte da alma de Willie sentia falta da ordem e do refinamento. Agora, que já temos vários anos de vida em comum, tudo traz a marca de minha presença, mas nunca pude esquecer de quem era ele naquela época. Às vezes fecho os olhos, concentro-me e me vejo de novo naquele quarto e imagino o Willie anterior à minha chegada. Gosto de recordar o perfume de seu corpo antes de que eu o tivesse tocado, antes de nos misturarmos e de termos o mesmo cheiro. O breve momento em seu quarto, enquanto ele pelejava com Harleigh, foi decisivo; nesses minutos decidi me entregar sem reservas à experiência de um novo amor. Algo de essencial mudara dentro de mim, embora eu ainda não o soubesse. Fazia nove anos, desde o confuso período em Madri, que eu me precavia das paixões. O fracasso com o trovador da flauta mágica me dera lições elementares de prudência. É bem verdade que não faltaram namoros, mas até essa noite na casa de Willie eu não me permitira dar e receber sem reservas; uma parte de mim permanecia sempre vigilante, e mesmo nos encontros mais íntimos e especiais, que chegaram a inspirar cenas eróticas em meus romances, conservei o coração bem protegido. Antes que Willie fechasse a porta e ficássemos a sós e nos abraçássemos, primeiro cautelosamente e em seguida com uma paixão estranha que nos atingiu como um relâmpago, eu já adivinhava que não se trataria de uma aventura inconseqüente. Nessa noite nos amamos com serenidade e lentidão, aprendendo os mapas e caminhos como se tivéssemos todo o tempo do mundo para tal viagem, falando baixinho essa misturada impossível de inglês e espanhol que sempre foi nosso esperanto particular, contando, um e outro, flagrantes do passado no intervalo das carícias, completamente alheios aos murros na porta e aos latidos do cachorro. De repente, houve silêncio, porque recordo com nitidez os murmúrios do amor, cada palavra, cada suspiro. Pelo janelão se filtrava um brilho tênue das luzes distantes da baía. Habituada ao calor da Venezuela, eu tiritava de frio no quarto sem calefação, embora me tivesse metido no casaco de *cashmere* de Willie, que me envolvia até os joelhos, tal como seu abraço e o cheiro do sabonete inglês. Tínhamos acumulado experiências pela vida afora que talvez fossem úteis para nos conhecermos e desenvolvermos o instinto necessário para adivinhar os desejos do outro, mas mesmo que agíssemos como bichinhos estabanados, acho que de qualquer modo essa noite teria sido decisiva para nós dois. O que foi novo para ele e para mim? Não sei, mas gosto de imaginar que estávamos destinados a nos encontrar, a nos descobrir e a nos amar. Ou talvez o que houve de diferente tenha sido o fato de navegarmos entre duas correntes igualmente poderosas, a paixão e a ternura. Não fiquei pensando em meu próprio desejo, meu corpo se movimentava sem ansiedade, sem procurar o orgasmo, com a tranqüila certeza de que tudo ia bem. Eu me surpreendi com os olhos rasos de lágrimas, suavizada por esse afeto súbito, acariciando-o cheia de calma e gratidão. Queria ficar com ele, não tive medo de seus filhos, nem de deixar para trás meu mundo e mudar de país; senti que esse amor seria capaz de nos renovar, de devolver alguma inocência, lavar o passado, iluminar aspectos obscuros de nossas vidas. Depois dormimos profundamente, num emaranhado de pernas e braços, como se tivéssemos estado juntos a vida inteira, e assim continuamos, noite após noite, desde então.

Meu avião para Caracas ia partir cedíssimo, ainda estava escuro quando tocou o despertador. Enquanto eu entrava num chuveiro, tonta de cansaço e de impressões inesquecíveis, Willie preparou um café bem forte que teve o mérito de me trazer de volta à realidade. Disse adeus àquele quarto que servira de templo por algumas horas, com a estranha suspeita de que voltaria a vê-lo em breve. Rumo ao aeroporto, quando começava a clarear, Willie insinuou, com uma timidez inexplicável, que eu *lhe agradava*.

– Isso não quer dizer grande coisa. Preciso saber se o que aconteceu ontem não passa de uma invenção de minha mente obnubilada ou se você está querendo dizer que gosta de mim e que temos algum tipo de compromisso.

A surpresa dele foi tão grande que saiu da pista e parou o carro; eu ignorava que a palavra compromisso jamais deve ser mencionada diante de um americano solteiro.

– Acabamos de nos conhecer e você mora em outro continente!

– Por acaso está preocupado com a distância?

– Vou à Venezuela em dezembro, para visitar você, e aí a gente fala sobre isso.

– Estamos em outubro, daqui até dezembro pode ser que eu morra.

– Você está doente?

– Não, mas nunca se sabe... Olhe, Willie, não tenho mais idade para ficar esperando. Diga agora mesmo se poderemos dar uma oportunidade a este amor ou se é melhor esquecer tudo.

Pálido, ele ligou o motor novamente e fizemos o restante do trajeto em silêncio. Na despedida, beijou-me com prudência e repetiu que iria me ver durante as férias de fim de ano. Mal o avião levantou vôo, tentei seriamente esquecê-lo, mas é óbvio que não deu certo, pois Nicolás logo percebeu alguma coisa quando desci em Caracas.

– Mamãe, o que é que você tem?

– Estou exausta, meu filho, passei meses viajando, preciso descansar, trocar de roupa, cortar o cabelo.

– Acho que tem mais coisa.

 – Talvez eu tenha me apaixonado...

– Na sua idade? Quem é ele? – perguntou às gargalhadas.

Eu não sabia direito o sobrenome de Willie, mas tinha seu telefone e o endereço e, por sugestão de meu filho, que achava conveniente eu passar uma semana na Califórnia para tirar aquele gringo da cabeça, mandei-lhe, registrado, um contrato em duas colunas, uma detalhando minhas exigências e a outra com o que me dispunha a oferecer numa relação. A primeira era bem mais longa que a segunda e incluía alguns pontos fundamentais, tais como a fidelidade, pois a prática me ensinara que o contrário disso destrói o amor e cansa muito, e outros pontos anedóticos, por exemplo, o de me reservar o direito de decorar a casa a meu gosto. O contrato se baseava na boa-fé: nenhum dos dois faria nada de propósito para magoar o outro, se isso acontecesse seria por equívoco, e não por maldade. Willie achou tanta graça que esqueceu sua cautela de advogado, assinou o papel com a intenção de continuar a brincadeira e mandou-o de volta para mim. Então meti alguma roupa e os fetiches que sempre levo comigo numa sacola, e pedi a meu filho que me levasse para o aeroporto. Vejo você em breve, mamãe, daqui a uns dias vai estar de volta, com o rabo entre as pernas, caçoou na despedida. Paula telefonou da Virgínia, onde fazia um mestrado, para manifestar suas dúvidas sobre essa aventura.

– Conheço bem você, *vieja*, vai se meter numa tremenda confusão. A fantasia não acaba numa semana, como Nicolás está pensando. Se resolveu visitar esse homem, é porque quer ficar com ele; e se fizer isso, está frita, porque vai ter que carregar todos os problemas dele – assim me falou, mas já era tarde para ouvir advertências ajuizadas.

OS PRIMEIROS TEMPOS foram um pesadelo. Até então, eu havia considerado os Estados Unidos meu inimigo pessoal, por sua política exterior desastrosa para a América Latina e pela participação no Golpe Militar do Chile. Foi preciso morar neste império e percorrê-lo de ponta a ponta para compreender sua complexidade, conhecê-lo e aprender a amá-lo. Meu inglês estava sem uso há vinte anos, mal conseguia decifrar o cardápio no restaurante, não entendia os noticiários da televisão nem as piadas, e, menos ainda, o linguajar dos filhos de Willie. Quando fomos ao cinema pela primeira vez, vi-me sentada no escuro com um amante de camisa quadriculada e botas de caubói, que segurava uma bandeja de pipocas e um litro de refrigerante, enquanto na tela um demente destruía os seios de uma jovem com um picador de gelo, e aí julguei ter chegado ao limite de minha resistência. Naquela noite telefonei para Paula, como fazia com freqüência. Em vez de repetir suas advertências, ela lembrou os sentimentos profundos que me haviam unido a Willie desde o começo e me aconselhou a não gastar energia com mesquinharias, procurando me concentrar nos problemas de verdade. Havia, de fato, assuntos muito mais sérios do que umas botas de caubói ou um saco de pipocas, que iam da luta com os insólitos personagens que invadiam nossa privacidade até minha adaptação ao estilo e ao ritmo de Willie, habituado a uma vida de solteiro há oito anos e nada inclinado a ter uma mulher mandando em seu destino. Comecei pela compra de novos lençóis e queimando os que ele tinha numa fogueira armada no pátio, cerimônia simbólica destinada a fixar em sua mente a idéia da monogamia. O que é que esta mulher está fazendo?, perguntou Jason, meio asfixiado pela fumaça. Não se preocupe, vai ver que são costumes dos índios da terra dela, disse Harleigh, para tranqüilizá-lo. Depois disso, ataquei a limpeza da casa, arrumando tudo com tal fervor que, por descuido, foram parar no lixo todas as ferramentas de Willie. Ele quase explodiu numa crise de fúria vulcânica, porém lembrou-se de um ponto básico do nosso contrato: não fora maldade minha, somente um erro. A vassoura também varreu os velhos enfeites de Natal, a coleção de bibelôs, as fotografias das amantes de pernas compridas e quatro gavetas de revólveres, metralhadoras, bazukas e canhões de Harleigh, que foram substituídos por livros e brinquedos didáticos. Os peixes moribundos sumiram no esgoto e soltei as ratazanas da gaiola. De qualquer modo, aqueles bichos tinham uma vida miserável, cujo único objetivo era o de ficarem mastigando seus rabos mutuamente. Expliquei ao garoto que os infelizes roedores achariam atividades mais dignas nos jardins da vizinhança, mas três dias depois vimos um deles com as tripas de fora, contemplando-nos com olhos febris e implorando para entrar, com uns ronquinhos de agonizante. Willie segurou a ratazana no colo e, nas semanas seguintes, dormimos com ela em nosso quarto, procurando curá-la com emplastros cicatrizantes e antibióticos, até o restabelecimento de sua saúde. Vendo tantas mudanças no ambiente, o búlgaro se mandou em busca de um lar mais estável e, depois de roubar o carro do pai, o filho mais velho também desapareceu com a namorada. Jason, que passara o último ano descansando de dia e farreando à noite, não teve outro remédio senão levantar cedo, tomar um banho de chuveiro e ir para o colégio arreganhando os dentes. Harleigh foi o único que aceitou minha presença e tolerou as novas regras com bom humor, porque se sentia seguro e acompanhado pela primeira vez na vida; estava tão contente que acabou perdoando o misterioso desaparecimento das mascotes e de seu arsenal de guerra. Até aí não haviam sido impostos a ele quaisquer limites, comportava-se como um selvagenzinho capaz de quebrar as vidraças a socos nos ataques de rebeldia. Era tão insondável o vazio de seu coração que, em troca de brincadeiras e afeto suficiente para preenchê-lo, decidiu adotar aquela madrasta estrangeira que chegara para transformar a casa e roubar boa parte do carinho e da atenção de seu pai. Os mais de quatro anos de experiência no colégio de Caracas, lidando com crianças difíceis, não me foram muito úteis com Harleigh, os problemas dele derrotavam o melhor dos especialistas, e seu delírio de incomodar tirava dos gonzos a criatura mais paciente, mas mesmo assim tivemos a sorte de compartilhar uma simpatia, muito parecida com afeto, que permitiu nos suportarmos reciprocamente.

– Não tenho obrigação de gostar de você – disse ele com uma careta desafiadora, uma semana depois de nos conhecermos, quando já percebera claramente que não seria fácil livrar-se de mim.

– Eu também não. Podemos fazer um esforço e tentar gostar um do outro, ou simplesmente convivermos com bons modos: o que você acha melhor?

– A gente tenta gostar.

– Tudo bem. Se não der certo, sempre sobra o respeito.

O guri cumpriu sua palavra. Durante anos pôs meus nervos à prova com uma tenacidade inquebrantável, mas também se metia em minha cama para ler histórias, dedicava-me seus melhores desenhos e nem nas piores malcriações perdeu de vista o pacto de respeito mútuo. Entrou em minha vida como outro filho, da mesma forma que Jason. Agora são dois homenzarrões, um na universidade e o outro terminando o colégio depois de ter superado os traumas de infância, ainda brigo com ambos para que tirem o lixo e façam suas camas, mas somos bons amigos e capazes de rir das velhas escaramuças. Em certas ocasiões, o temor me derrotava antes de começar a enfrentá-los, e noutras o cansaço era tão grande que eu inventava pretextos para não chegar em casa. Nesses momentos, lembrava o dito de tio Ramón: *não se esqueça de que os outros têm mais medo que você*, e voltava à carga. Perdi todas as batalhas com eles, mas, milagrosamente, ganhei a guerra.

Ainda não estava definitivamente instalada quando consegui um contrato na Universidade da Califórnia para trabalhar a narrativa com um grupo de jovens aspirantes a escritor. Como se ensina a contar uma história? Paula me deu a dica por telefone: diga a eles que escrevam um livro ruim, isso é fácil, qualquer um consegue, foi seu conselho irônico. Assim foi feito, cada um dos alunos esqueceu sua vaidade secreta de produzir o Grande Romance Americano e, deixando o medo de lado, todos começaram a escrever com entusiasmo. No caminho, fomos ajustando as coisas, corrigindo, cortando, polindo, e, após muitas discussões e risadas, eles levaram adiante seus projetos, sendo um publicado pouco tempo depois por uma grande editora de Nova York, com uma promoção retumbante. A partir daí, quando entro numa fase de dúvidas, digo para mim mesma que vou escrever um livro ruim, e assim o pânico desaparece. Trouxe uma mesa para o quarto de Willie e, perto da janela, eu escrevia num bloco de papel pautado amarelo, igual ao que agora uso para registrar estas lembranças. Nos momentos livres, entre as aulas e a correção dos trabalhos, idas à Universidade de Berkeley, tarefas domésticas e ainda os problemas de Harleigh, naquele ano de vida agitada nos Estados Unidos, quase sem que eu percebesse, saíram várias histórias que vieram a ser publicadas nos *Contos de Eva Luna*. Foram presentes vindos de outra dimensão, recebi cada um deles inteiro como uma maçã, da primeira à última frase, da maneira como me chegou *Duas palavras*, num engarrafamento em Caracas. O romance é um projeto de fôlego no qual prevalecem a resistência e a disciplina, é como bordar uma tapeçaria complexa, com fios de muitas cores, trabalhando-se pelo avesso, ponto a ponto, olhando atentamente os detalhes para que não se tornem visíveis os arremates, sempre seguindo um risco vago que só poderá ser apreciado no final, quando se dá a última laçada e se vira o trabalho para ver o desenho acabado. Num conto, pelo contrário, tudo é visível, não pode haver nada a mais ou a menos, há um espaço limitado e pouco tempo, correções em demasia podem implicar a perda desse sopro de ar puro de que o leitor precisa para alçar vôo. É como disparar uma flecha, são necessários o instinto, a prática e a precisão de um bom arqueiro, força para atirar, olho para avaliar a distância e a velocidade, sorte para acertar no alvo. O romance exige trabalho, o conto, inspiração; a meu ver, este é um gênero tão difícil quanto a poesia, duvido que possa retomá-lo, a menos que me caia dos céus, como nesses *Contos de Eva Luna*. Mais uma vez constatei que o tempo solitário com a escrita é meu tempo mágico, a hora das feitiçarias, o único tempo capaz de me salvar quando tudo em volta ameaça ruir.

O último conto dessa coletânea, *Somos feitos de barro*, se baseia numa tragédia que aconteceu na Colômbia em 1985, quando a violenta erupção do vulcão Nevado del Ruiz provocou uma avalanche de neve derretida que deslizou pela montanha e sepultou inteiramente uma aldeia. Milhares de pessoas morreram, mas o mundo recorda a catástrofe sobretudo por causa de Omaira Sánchez, uma menina de 13 anos que ficou presa na lama. Ela agonizou durante três dias, com pavorosa lentidão, diante dos fotógrafos, jornalistas e cinegrafistas, que chegaram ao local em helicópteros. Desde o primeiro momento, a imagem de seus olhos na televisão me fez sofrer. Ainda conservo em minha mesa de trabalho a fotografia dela, que muitas vezes contemplei longamente para entender o significado de seu martírio. Passados três anos, na Califórnia, procurei exorcizar esse pesadelo, relatando a história, quis descrever o tormento dessa pobre garota enterrada viva, porém, à medida que escrevia, fui percebendo que não era essa a essência do conto. Modifiquei o texto para ver se conseguia narrar os fatos a partir dos sentimentos do homem que a acompanhou; terminada a nova versão, vi que também não era isso. A verdadeira história é a de uma mulher – e essa mulher sou eu – que está vendo na televisão o homem que ampara a menina. O conto fala de meus sentimentos e das mudanças inevitáveis pelas quais passei ao assistir à agonia daquela criança. Com a coletânea publicada, julguei ter cumprido meu dever para com Omaira, mas logo notei que não era bem assim, ela é um anjo persistente que não me deixará esquecê-la. Quando Paula entrou em coma e eu a vi prisioneira num leito, inerte, morrendo pouco a pouco diante do olhar impotente de todos nós, o rosto de Omaira Sánchez me veio à mente. Minha filha ficou soterrada no próprio corpo, como aquela menina ficou na lama. Só aí pude entender por que passei tantos anos pensando nela e finalmente decifrei a mensagem de seus intensos olhos negros: paciência, coragem, resignação diante da morte. Se escrevo alguma coisa, temo que ela aconteça, se amo demais alguma pessoa, tenho medo de perdê-la; no entanto, não posso deixar de escrever, nem de amar...

JÁ QUE A FÚRIA devastadora de minha vassoura não conseguira penetrar realmente no caos daquela moradia, convenci Willie de que fazer a mudança seria mais fácil que a limpeza, e foi sim que viemos parar nesta casa dos espíritos. Naquele ano, Paula conheceu Ernesto e os dois ficaram juntos na Virgínia por um período, enquanto Nicolás, sozinho no casarão de Caracas, nos acusava, dizendo que o havíamos abandonado.

Pouco depois, Célia entrou na vida dele para revelar certos mistérios e, na euforia do amor recém-descoberto, irmã e mãe passaram para o segundo plano. Falávamos no telefone, em complicadas operações triangulares, para contar as últimas aventuras e comentar euforicamente a extraordinária coincidência de estarmos os três apaixonados ao mesmo tempo. Paula esperava concluir os estudos para ir com Ernesto para a Espanha, onde ambos começariam juntos a segunda etapa de suas vidas. Nicolás nos informou que a namorada pertencia à ala mais reacionária da Igreja Católica, nem por sombras dormiriam sob o mesmo teto antes do casamento, razão pela qual pretendiam realizá-lo o mais rápido possível. Era difícil entender o que tinha em comum com uma moça de idéias tão diferentes das dele, mas respondeu, com grande reserva, que Célia era sensacional e que, se não fizéssemos muita pressão, ela certamente abandonaria seu fanatismo religioso. Mais uma vez, o tempo mostrou que ele tinha razão. A estratégia invencível de meu filho é manter-se firme em sua posição, soltar as rédeas e esperar, evitando confrontos inúteis. Acaba vencendo pelo cansaço. Quando tinha 4 anos de idade e exigi que fizesse a cama, respondeu, em seu tatibitati que faria qualquer trabalho doméstico, menos aquele. Não adiantou obrigá-lo, ele subornou Paula e depois implorou a Granny, que entrava escondida pela janela para ajudá-lo, até que um dia eu a surpreendi e tivemos a única briga de nossas vidas. Achei que a teimosia de Nicolás não seria eterna, mas ele chegou aos 22 anos deitado no chão com os cachorros, como um mendigo. Tendo uma namorada, o problema deixou de ser meu. Enquanto se iniciava no amor com Célia e estudava informática na universidade, aprendeu karatê e kung-fu, para se defender numa eventualidade, porque os marginais de Caracas marcaram sua casa e iam roubá-la em plena luz do dia, possivelmente com o beneplácito da polícia. Por meio de nossa infatigável correspondência, minha mãe acompanhava os pormenores de minha aventura nos Estados Unidos, mas mesmo assim teve uma surpresa quando veio me visitar no novo lar. Para causar uma boa impressão, engomei as toalhas de mesa, escondi as manchas deixadas pelo cachorro sob vasos de plantas, obriguei Harleigh a jurar que se comportaria como um ser humano e de seu pai extraí a promessa de não soltar palavrões diante dela. Willie não só aprimorou o vocabulário como também deixou de lado as botas de caubói e ainda foi a um dermatologista para que este apagasse a tatuagem da mão com raio laser, conservando apenas a caveira do braço, porque só eu posso vê-la. Minha mãe foi a primeira a dizer a palavra casamento, tal como fizera com Michael muitos anos antes. Até quando você pretende viver como amante dele? Se vai continuar neste desastre, pelo menos trate de se casar, assim as pessoas não ficam comentando e você consegue um visto decente – ou acha melhor viver para sempre na ilegalidade?, desferiu naquele tom que tão bem conheço. A sugestão provocou um ataque de entusiasmo em Harleigh, que já se acostumara comigo, e uma crise de pânico em Willie, que carregava nas costas dois divórcios e um rosário de amores fracassados. Ele pediu algum tempo para pensar no assunto, coisa que me pareceu razoável, e lhe dei como escolha um prazo de vinte e quatro horas ou minha volta para a Venezuela. Casamos.

ENQUANTO ISSO, meus pais se preparavam no Chile para votar no plebiscito que decidiria os destinos da ditadura. Uma das cláusulas da Constituição inventada por Pinochet, para se legitimar como presidente, definia que em 1988 o povo seria consultado, para determinar a continuidade de seu governo, e, caso fosse rejeitado, convocaria eleições democráticas para o ano seguinte. Os militares, dispostos a se eternizar no poder, não imaginaram que, apesar da modernização e do progresso econômico, ao longo desses anos a insatisfação aumentara, e o povo, tendo aprendido algumas duras lições, tinha então se organizado. Pinochet orquestrou uma campanha de propaganda maciça, enquanto a oposição só conseguia quinze minutos diários na televisão, às onze da noite, horário em que, supostamente, todo mundo já estaria dormindo. Momentos antes, três milhões de despertadores soavam, tirando os chilenos do sono para verem esse fabuloso quarto de hora no qual a criatividade popular atingiu níveis geniais. Humor, jovialidade, espírito de reconciliação e esperança caracterizaram a campanha do NÃO. A do SIM era um monstrengo de hinos militares, ameaças, discursos do general cercado de símbolos patrióticos, trechos de documentários antigos que mostravam o povo fazendo fila nos tempos da Unidade Popular. Se ainda restavam alguns indecisos, a chispa do NÃO venceu a chatice massacrante do SIM e Pinochet perdeu o plebiscito. Nessa ocasião, desembarquei em Santiago com Willie, depois de 13 anos de ausência, num belíssimo dia de primavera. Fui logo cercada por um grupo de guardas e pude sentir novamente a dentada do terror, mas rapidamente percebi, cheia de espanto, que ninguém estava ali para me prender; o que eles faziam era tentar me proteger do assédio de uma pequena multidão que queria me cumprimentar, repetindo meu nome. Pensei que estavam me confundindo com a prima Isabel, filha de Salvador Allende, mas várias pessoas se apresentaram com meu livro, para pedir autógrafos. Meu primeiro romance desafiara a censura, circulando em fotocópias, de mão em mão, até poder entrar dignamente nas livrarias, e foi assim que conquistou o interesse de leitores benevolentes, que talvez o tenham lido por puro espírito de contradição. Vim a saber depois que um amigo jornalista havia anunciado no rádio minha chegada e a visita discreta que eu planejara virou notícia. Para me gozar, ele também divulgou que eu me casara com um milionário texano, dono de poços de petróleo, e com isso ganhei um prestígio que ninguém consegue com a literatura. Não sou capaz de descrever a emoção experimentada ao atravessar os majestosos cumes da Cordilheira dos Andes e de pisar novamente em minha terra, respirar o ar cálido do vale, ouvir nosso sotaque e ser recebida pela Imigração com aquela saudação solene, quase uma advertência, no tom típico de nossos funcionários públicos. Meus joelhos ficaram bambos e Willie precisou me segurar enquanto passávamos pela alfândega, e então vi meus pais e a Avó Hilda de braços abertos. Essa volta à pátria é para mim a metáfora perfeita de minha própria vida. Parti foragida e só, num entardecer nublado de inverno, e regressei triunfante, de mãos dadas com meu marido, numa manhã esplendorosa. Minha vida é feita de contrastes, aprendi a ver os dois lados da moeda. Nos momentos de maior sucesso não esqueço que outros, de grande sofrimento, estão me esperando no caminho, e quando estou mergulhada na desgraça espero o Sol que brilhará mais adiante. Nessa primeira viagem tive uma recepção carinhosa, embora tímida, porque ainda nos asfixiava o pulso da ditadura. Fui visitar a casa de Pablo Neruda em Isla Negra, abandonada há anos, onde o fantasma do velho poeta ainda se senta diante do mar para escrever versos imortais, e onde o vento, tocando um grande sino de embarcação, convoca as gaivotas. Na cerca de madeira da propriedade há centenas de mensagens, muitas delas escritas a lápis sobre os vestígios desbotados de outras que os caprichos do clima apagaram, algumas gravadas a canivete na madeira corroída pela maresia. São palavras de esperança para o poeta que continua vivendo no coração de seu povo. Reencontrei minhas amigas e revi Francisco, que pouco mudara naqueles 13 anos. Fomos juntos ao Cerro San Cristóbal para ver o mundo do alto e relembrar o tempo em que nos refugiávamos lá em cima, deixando para trás a brutalidade cotidiana e partilhando um amor tão casto que nunca tivemos a coragem de traduzi-lo em palavras. Visitei Michael, casado e avô de outra família, instalado na casa construída por seu pai, levando exatamente a vida que planejara na juventude, como se as perdas, as traições, o exílio e tantas outras desgraças tivessem sido apenas um parênteses na perfeita organização de seu destino. Ele me recebeu amavelmente, percorremos as ruas do nosso antigo bairro e tocamos a campainha da casa onde Paula e Nicolás cresceram, uma casa insignificante, com sua peruca de palha e a cerejeira perto da janela. Uma mulher sorridente abriu a porta e ouviu com boa vontade nossos motivos sentimentais, permitindo logo que entrássemos para visitar a casa toda. Havia brinquedos de outras crianças espalhados pelo chão e, nas paredes, fotografias com outros rostos, mas nossas recordações ainda pairavam no ambiente. Tudo parecia menor, envolto na pátina sépia que suaviza as memórias quase perdidas. Na rua, disse adeus a Michael, e quando o perdi de vista comecei a chorar desconsolada. Chorava aqueles tempos perfeitos da primeira juventude, quando nos amávamos sinceramente, achando que seria para sempre, quando os filhos eram pequenos e nos julgávamos capazes de protegê-los de todo o mal. O que aconteceu conosco? Talvez a gente esteja no mundo para procurar o amor, encontrá-lo e perdê-lo, muitas e muitas vezes. Nascemos de novo a cada amor e, a cada amor que termina, abre-se uma ferida. Estou cheia de orgulhosas cicatrizes.

Um ano depois, voltei para votar nas primeiras eleições que se realizaram desde o Golpe Militar. Pinochet, com a derrota no plebiscito e preso nas malhas de sua própria Constituição, viu-se obrigado a convocar as eleições. Candidatou-se com a arrogância de vencedor, sem poder imaginar que a oposição conseguiria derrotá-lo, pois contava com a unidade monolítica das Forças Armadas, o apoio dos setores econômicos mais poderosos, uma milionária campanha de propaganda e o medo que muitos ainda tinham da liberdade. Também pesava a seu favor a história de brigas irreconciliáveis entre os partidos políticos, um passado de tantos ressentimentos e tantas contas para acertar que seria quase impossível chegar a um acordo; entretanto, a repulsa à ditadura pesou mais que as diferenças ideológicas, houve um consenso dos partidos que se opunham ao governo e, em 1989, o candidato escolhido ganhou a eleição, tomando-se o primeiro presidente legítimo depois de Salvador Allende. Pinochet teve de entregar a faixa e a cadeira presidenciais, e recuar, mas não se retirou inteiramente, sua espada continuou suspensa sobre a cabeça dos chilenos. O país despertou de uma letargia de 16 anos e ensaiou os primeiros passos numa democracia que continuava tendo o General Pinochet como Comandante-em-chefe das Forças Armadas por mais oito anos, uma parte do Congresso e todo o Supremo Tribunal tinham sido nomeados por ele e as estruturas militares e econômicas permaneciam intactas. Não haveria justiça para os crimes cometidos, os próprios autores estavam protegidos por uma lei de anistia que eles mesmos haviam decretado. Não deixarei que se toque num fio de cabelo de meus soldados, ameaçou Pinochet, e o país aceitou silenciosamente suas condições, com medo de um novo Golpe. As vítimas da repressão, os Maureira e milhares de outras pessoas, tiveram de adiar o luto e continuar esperando. A justiça e a verdade talvez ajudassem a cicatrizar as profundas feridas do Chile, mas isso foi impedido pela soberba dos militares. A democracia deveria abrir caminho no passo lento e tortuoso de um caranguejo.

7

Paula voltou esta noite, senti quando vinha entrando em meu quarto, de camisola e chinelos, com o passo leve e a graça comovente que tinha antes dos maus-tratos da doença; subiu na cama e, sentada a meus pés, falou usando o tom de nossas confidências. Escute, mamãe, acorde, não quero que pense que está sonhando. Vim pedir sua ajuda... quero morrer e não posso. Vejo um caminho radioso diante de mim, mas não consigo dar o passo decisivo, estou prisioneira. Em minha cama só está meu corpo que sofre e vai se desintegrando dia após dia, estou ficando seca de sede, e clamo, pedindo paz, mas ninguém ouve. Estou muito cansada. Por que tudo isso? Você, que passa a vida falando dos *espíritos amigos*, pergunte a eles qual é minha missão, o que devo fazer. Suponho que não haja nada a temer, a morte é apenas um umbral, como o nascimento; lamento não poder preservar a memória, mas, de um modo ou de outro, já fui me desprendendo dela, estarei despida de tudo quando for embora. Só levo como recordação os amores que estou deixando, sempre estarei unida a você de alguma maneira. Lembra da última coisa que consegui murmurar antes de cair nesta longa noite? Amo você, mamãe, foi isso o que eu disse. Repito agora e continuarei a dizê-lo em sonhos, todas as noites de sua vida. A única coisa que me freia um pouco é ter de partir sozinha, seria mais fácil passar para o outro lado se fôssemos de mãos dadas, a solidão infinita da morte me dá medo. Mamãe, me ajude mais uma vez. Você lutou como uma leoa para me salvar, mas está sendo vencida pela realidade, tudo agora é inútil, entregue-se, esqueça os médicos, os feiticeiros, as orações, porque nada disso pode me devolver a saúde, não vai acontecer um milagre, ninguém pode mudar meu destino e eu também não quero isso, já vivi o tempo que me cabia e chegou a hora de me despedir. Nesta família, todos sabem disso e estão ansiosos para que eu me liberte, menos você, a única que ainda não aceita que eu nunca voltarei a ser como antes. Olhe meu corpo machucado, pense em minha alma querendo se evadir e nas terríveis amarras que a prendem. Ah, *vieja*, isto é muito difícil para mim e sei que para você também... o que podemos fazer? Lá no Chile, meus avós rezam por mim e meu pai se agarra à lembrança poética de uma filha etérea, enquanto Ernesto, na outra costa deste país, flutua num mar de ambigüidades, pois ainda não admite que já me perdeu para sempre. Na verdade, ele já ficou viúvo, mas não vai conseguir chorar ou amar outra mulher enquanto meu corpo estiver respirando nesta casa. Fomos muito felizes no breve tempo em que vivemos juntos, deixo para ele recordações tão boas que não dará conta de todas elas nos anos que tem pela frente, diga a ele que não vou abandoná-lo, que nunca ficará sozinho, serei seu anjo protetor, assim como hei de sê-lo para você. Os 28 anos que nós duas compartilhamos também foram muito felizes, não se atormente pensando no que poderia ser e não foi, no que devia ter feito de outro modo, nas omissões, nos erros... tire isso de sua cabeça! Depois de minha morte, estaremos em contato, como você faz com seus avós e com

Granny, estarei aqui dentro como uma presença constante, responderei quando você me chamar, a comunicação ficará mais fácil quando não forem vistas as misérias de meu corpo doente e você puder me contemplar de novo como nos melhores momentos. Lembra aquela vez que dançamos um *pasodoble* nas ruas de Toledo, pulando poças d'água e rindo no meio da chuvarada debaixo de um guarda-chuva preto? Lembra as caras dos turistas japoneses que estavam nos fotografando? É assim que quero que você me veja daqui para frente: amigas íntimas, duas mulheres contentes desafiando a chuva... Como é difícil abandonar este mundo! Mas não sou capaz de levar uma vida horrível por mais sete anos, como julga o Dr. Shima; meu irmão sabe disso e é a única pessoa que tem coragem suficiente para me libertar, e eu faria a mesma coisa por ele. Nicolás não se esqueceu de nossa antiga cumplicidade, tem idéias diáfanas e o coração, sereno. Você se lembra de quando ele me defendia das sombras do dragão na janela? Não pode calcular quantas travessuras escondemos, nem quantas vezes enganamos você para nos protegermos, nem os castigos que um recebeu em lugar do outro sem nunca nos delatarmos. Não espero que você me ajude a morrer, isso ninguém pode pedir, só quero que não me retenha mais aqui. Dê uma chance a Nicolás. Como é que ele pode me dar uma mão se nunca me deixa sozinha? Por favor, mamãe, não fique aflita...

Acorde, você está chorando adormecida! Ouço a voz de Willie vindo de muito longe e afundo mais na escuridão, sem abrir os olhos para que Paula não desapareça, talvez esta seja sua última visita, talvez nunca mais eu volte a ouvir sua voz. Acorde, acorde, é um pesadelo... me sacode meu marido. Espere por mim! Quero ir com você!, eu grito, e ele então acende a luz e me abraça, mas afasto-o bruscamente porque Paula está sorrindo na porta, acena dando-me adeus antes de se afastar pelo corredor, com sua camisola branca flutuando como asas e os pés descalços roçando de leve o tapete. Ao lado de minha cama, ficam seus chinelinhos de pele de coelho.

JUAN CHEGOU. Ele veio participar de um Seminário Teológico durante duas semanas e andou bastante ocupado analisando os desígnios de Deus, mas mesmo assim deu um jeito para passar muitas horas comigo e com Paula. Desde que abandonou as convicções marxistas para se dedicar à Teologia, alguma coisa impossível de definir mudou em seu aspecto, a cabeça ligeiramente inclinada, os gestos mais lentos, o olhar mais bondoso, o vocabulário mais controlado, agora não termina todas as frases com um palavrão, como fazia antigamente. Vou aproveitar estes dias para espantar aquele ar de solenidade, seria o cúmulo se a religião desse cabo de seu senso de humor. Para definir seu papel de pastor, meu irmão diz que é um *gerente do sofrimento*, pois passa horas consolando e tentando ajudar pessoas que perderam a esperança, administrando os escassos recursos disponíveis para atender agonizantes, drogados, prostitutas, crianças abandonadas e outros infelizes deste imenso Pátio dos Milagres que é a humanidade, e o coração dele não dá conta de tanto sofrimento. Como vive na região mais conservadora dos Estados Unidos, acha que a Califórnia é uma terra de lunáticos. Teve a ocasião de ver um desfile de homossexuais, um exuberante carnaval dionisíaco, e assistiu em Berkeley a marchas frenéticas pró e contra o aborto, badernas políticas no campus da universidade e a uma convenção de pregadores que andam pelas ruas difundindo suas doutrinas entre mendigos e velhos hippies, esses remanescentes dos anos 1960 que ainda usam colares de miçangas e flores pintadas nas bochechas. Juan constatou, horrorizado, que no Seminário existem cursos de *Teologia do Hula-Hup* e *Como ganhar a vida caçoando da Bíblia*. Cada vez que este irmão tão querido vem aqui, eu e ele lastimamos o destino de Paula, escondidos no lugar mais afastado da casa para ninguém nos ver, mas também damos risadas como nos tempos da juventude, quando estávamos descobrindo o mundo e nos achávamos invencíveis. Para ele, eu digo até as coisas mais secretas. Ouço seus conselhos enquanto remexo panelas na cozinha, tentando oferecer novas iguarias vegetarianas, tarefa inútil, pois mal belisca a comida, só se alimenta de idéias e de livros. Passa longos momentos a sós com Paula, acho que rezando. Já não aposta na cura, diz que o espírito dela é uma presença muito forte aqui em casa, que nos abre caminhos e vai varrendo as mesquinharias de nossas vidas para deixar apenas o que é essencial. Em sua cadeira de rodas, com os olhos vazios, imóvel e pálida, ela é um anjo que nos entreabre as portas divinas para que possamos descobrir a imensidão.

– Paula está se despedindo do mundo. Está exausta, Juan.

– O que você quer fazer?

– Se soubesse como, ajudaria Paula a morrer.

– Nem pense nisso! Carregaria um fardo de culpa pelo resto da vida.

– Eu me sinto culpada é de deixar que ela continue neste martírio.. O que acontecerá se eu morrer primeiro? Imagine que eu falte: quem tomará conta dela?

– Esse momento não chegou, você não ganha nada se antecipando. A vida e a morte têm sua andadura. Deus não nos manda sofrimentos sem enviar junto a força para suportá-los.

– Está me pregando um sermão feito um padre, Juan...

– Paula não pertence a você. Não deve prolongar a vida dela artificialmente, mas também não pode abreviá-la.

– Onde fica o limite? Já viu o hospital que instalei lá embaixo? Controlo cada função do corpo dela, meço com um conta-gotas a água que ingere, há uma dúzia de vidros de remédio e seringas na mesa-de-cabeceira. Se eu não alimentá-la por aquele tubo que tem no estômago, vai morrer de fome em uma semana, pois ela nem ao menos consegue engolir.

– Você se sente capaz de suprimir a comida?

– Não, nunca! Mas se soubesse como acelerar sua morte sem causar dor, acho que faria isso. Se não for eu, acabará tendo de ser Nicolás, e não é justo que ele carregue sozinho essa responsabilidade. Tenho um punhado de comprimidos para dormir que venho guardando há meses, mas não sei se isso é o suficiente.

– Ai, ai, minha mana... como é possível sofrer tanto?

– Não sei. Ah, se pudesse lhe dar minha vida e morrer em seu lugar! Estou perdida, não sei mais quem sou, procuro lembrar como era antes, mas só encontro disfarces, máscaras, projeções, imagens confusas de uma mulher que não reconheço. Serei a feminista que julgava ser, ou aquela moça frívola que aparecia na televisão com plumas de avestruz no traseiro? Serei a mãe obsessiva, a esposa infiel, a aventureira temerária ou a mulher covarde? Sou a que levava os perseguidos políticos para se asilarem ou aquela que fugiu porque não pôde suportar o medo? Quantas contradições...

– Você é tudo isso e também é o samurai que agora luta contra a morte.

– Lutava, Juan Já fui vencida.

TEMPOS MUITO DUROS; passaram-se semanas de tanta aflição que não quero ver ninguém, mal consigo falar, comer ou dormir, escrevo horas a fio. Continuo emagrecendo. Até agora estive tão absorvida na luta contra a doença que consegui me iludir e imaginar que venceria esta batalha de titãs, mas agora sei que Paula vai embora, meus esforços são absurdos, ela está esgotada, vem de noite repetir isso em meus sonhos e também quando acordo de madrugada, quando saio para andar no bosque e a brisa me traz suas palavras. Aparentemente tudo continua mais ou menos na mesma, à exceção destas mensagens urgentes, da voz cada vez mais fraca, pedindo socorro. Escuto, mas não sou a única, também as mulheres que cuidam dela começam a dizer-lhe adeus. A massagista decidiu que não valia a pena continuar com as sessões, porque não adianta, a menina não está mais reagindo, conforme ela me disse; o fisioterapeuta telefonou, gaguejando, enrolado em desculpas até me confessar que esta doença incurável afeta sua energia. Veio a dentista, uma moça da idade de Paula, com o mesmo cabelo comprido e as mesmas sobrancelhas espessas, realmente tão parecida que ambas poderiam passar por irmãs. De quinze em quinze dias, limpa os dentes dela com grande delicadeza para não causar sofrimento, depois vai embora depressa, sem me olhar de frente, tentando não mostrar sua expressão comovida. Nega-se a cobrar, até agora não houve meio de que me apresentasse a conta. Trabalhamos juntas porque Paula fica muito rígida quando alguém toca em seu rosto, somente eu sou capaz de lhe abrir a boca para escovar os dentes. Desta vez, notei que a dentista estava preocupada, porque, apesar de todo o meu esmero no asseio diário, surgiram problemas nas gengivas. O Dr. Shima costuma passar por aqui depois do trabalho e me traz recados das varetas do I Ching. Ficamos perto da cama, conversando sobre a alma e a aceitação da morte. Quando ela nos deixar, vou sentir um grande vazio, eu me habituei com Paula, é muito importante em minha vida, diz ele. A Dra. Forrester também parece inquieta, depois do último exame ficou um bom tempo calada, enquanto refletia sobre o diagnóstico e acabou dizendo que houve poucas alterações sob o ponto de vista clínico, no entanto, Paula parece cada vez mais ausente, dorme demais, tem o olhar vidrado, já não fica sobressaltada com os ruídos, suas funções cerebrais diminuíram. Apesar disso tudo, embelezou, tem as mãos e os tornozelos mais finos, o pescoço mais longo, a face pálida onde as pestanas negras se destacam dramaticamente, o rosto adquiriu uma expressão angelical, como se enfim ela tivesse expiado as dúvidas e chegado à fonte divina que tanto procurou. Como é diferente de mim! Nela, não reconheço nada de meu. Nem da minha mãe ou da minha avó, salvo os grandes olhos escuros, um pouco melancólicos. Quem será esta minha filha? Que cromossomas se uniram ao acaso, navegando de geração em geração, nos mais recônditos espaços do sangue e da esperança para determinar esta mulher?

Nicolás e Célia nos acompanham, passamos boa parte do dia no quarto de Paula, que agora mantemos fechado. No verão, púnhamos as crianças na piscina de plástico armada no terraço, e ali boiavam mosquitos mortos e pedaços de biscoito, enquanto a doente repousava sob um guarda-sol, mas agora que o outono acabou e está começando o inverno, a casa se retraiu e ficamos no quarto dela. Célia é uma aliada incondicional, generosa e firme, tornou-se minha secretária de uns meses para cá; não tenho ânimo para o trabalho e, se não contasse com ela, sucumbiria esmagada por uma montanha de papéis. Anda com as crianças no colo ou penduradas em suas cadeiras, com a blusa desabotoada, pronta para amamentar Andrea. Esta minha neta vive contente, brinca sozinha e dorme estendida no chão, chupando a ponta de uma fralda, tão quieta que até esquecemos onde a deixamos e, numa distração, poderíamos pisá-la. Assim que eu me habituar à tristeza, assumirei os ofícios de avó, vou inventar histórias para as crianças, assar biscoitos, fabricar marionetes e fantasias vistosas para encher o baú do teatro. Sinto falta de Granny, se ela estivesse viva teria uns 80 anos e seria uma velhinha extravagante, com quatro fios de cabelo na cabeça e meio biruta, mas conservando intacto seu talento para criar os bisnetos.

ESTE ANO TRANSCORREU com imensa lentidão e, apesar disso, não sei o que foi feito de minhas horas e de meus dias. Preciso de tempo. Tempo para dissipar as confusões, para cicatrizar e me renovar. Como serei na casa dos sessenta? A mulher que hoje sou não tem mais nenhuma célula da menina que fui, exceto a memória, que persiste e persevera. Quanto tempo é preciso para percorrer este túnel escuro? Quanto tempo para me aprumar de novo?

Guardo a carta que Paula deixou lacrada na mesma caixa onde estão as relíquias de Memé. Várias vezes a retirei dali, com a reverência digna de um objeto sagrado, na crença de que traga a explicação pela qual venho ansiando, sempre tentada a lê-la, mas também paralisada por um temor supersticioso. Fico me perguntando por que uma mulher jovem, saudável e apaixonada escreveu, em plena lua-de-mel, uma carta para ser aberta depois de sua morte, o que ela viu nos pesadelos... Que mistérios a vida de minha filha esconde? Arrumando fotografias antigas, ela vem a meu encontro, cheia de frescor e vitalidade, sempre abraçada com o marido, o irmão ou os amigos, em todas, menos nas do casamento, está de jeans, com uma blusa simples, lenço amarrando o cabelo, sem qualquer enfeite; é assim que eu preciso lembrá-la, embora essa garota risonha tenha sido substituída por uma figura melancólica, mergulhada na solidão e no silêncio. Vamos abrir a carta, insistiu Célia pela milésima vez. Nos últimos dias não pude me comunicar com Paula, ela não me visita mais, antes bastava entrar no quarto para, já da porta, adivinhar sua sede, as cãibras, os altos e baixos da pressão e da temperatura, mas agora não consigo me antecipar às suas necessidades. Está bem, vamos abrir a carta, admiti finalmente. Fui buscar a caixa, rasguei o envelope, tirei duas páginas escritas com sua caligrafia precisa e li em voz alta. Palavras claras que vinham de outro tempo chegaram até nós.

> Não quero ficar prisioneira do meu corpo. Liberta dele, poderei acompanhar mais de perto aqueles que amo, mesmo que estejam nos quatro cantos mais longínquos do planeta. É difícil explicar os amores que deixo, a profundidade dos sentimentos que me unem a Ernesto, a meus pais, meu irmão, meus avós. Sei que se lembrarão de mim e que enquanto fizerem isso eu vou estar com vocês. Quero ser cremada e que espalhem minhas cinzas na natureza, não desejo lápides com meu nome em parte alguma, prefiro ficar no coração dos meus e voltar à terra. Tenho uma conta de poupança, usem-na para dar bolsas a crianças que precisem de educação e comida. Dividam o que é meu entre as pessoas que queiram uma recordação, na verdade não há muita coisa. Por favor, não fiquem tristes, continuo com todos vocês, porém mais perto do que antes. Daqui a mais uns tempos vamos nos reunir em espírito, mas por ora estaremos juntos enquanto se lembrarem de mim. Ernesto... amei você profundamente e continuo amando; você é um homem extraordinário e não duvido que também poderá ser feliz quando eu for embora. Mamãe, papai, Nico, avós: vocês são o melhor que eu podia ter como família. Não se esqueçam de mim e fiquem de cara alegre! Lembrem-se de que nós, espíritos, ajudamos, acompanhamos e protegemos melhor quem está contente. Amo muito vocês. Paula.

O INVERNO VOLTOU, não pára de chover, faz frio e você está decaindo, dia a dia. Perdoe por ter feito você esperar tanto, minha filha... Demorei, mas já não tenho dúvidas, sua carta é muito reveladora. Conte comigo, prometo que ajudarei, só me dê um pouco mais de tempo. Sento a seu lado na quietude do quarto, neste inverno que será eterno para mim, só nós duas, como tantas vezes ficamos nestes meses, e deixo a dor me invadir sem lhe opor mais qualquer resistência. Encosto a cabeça em seu regaço e sinto as batidas irregulares do coração, o calor de sua pele, o ritmo lento do ar em seu peito, fecho os olhos e, por alguns instantes, imagino que você esteja dormindo simplesmente. Mas a tristeza estoura dentro de mim com um fragor de tempestade e molha sua camisola com minhas lágrimas, enquanto um uivo visceral, que nasce do fundo da terra e sobe pelo meu corpo como uma lança, me enche a boca. Afirmam que você não sofre. Como podem saber? Talvez você tenha se habituado com a armadura de ferro da paralisia e nem lembre mais o sabor de um pêssego ou o simples prazer de passar os dedos pelos cabelos, mas sua alma está presa e quer se libertar. Esta obsessão não me dá trégua, compreendo que falhei no desafio mais importante de minha vida. Chega! Filha, veja o despojo que sobrou de você, meu Deus... Foi isso o que você viu na premonição de sua lua-de-mel, foi essa a razão para escrever a carta. Paula já é santa, está no céu, o sofrimento lavou todos os seus pecados, me diz Inês, a assistente salvadorenha que tem tantas cicatrizes e mima você como se fosse um bebê. Como cuidamos de você! Não fica sozinha nem de dia nem de noite, de meia em meia hora a obrigamos a fazer movimentos, para manter o pouco de flexibilidade que ainda resta, controlamos cada gota d'água e cada grama de seu alimento, os remédios são administrados à hora certa, antes de vesti-la, damos um banho e fazemos massagens com bálsamos para fortalecer sua pele. É inacreditável o que conseguiram, nenhum hospital se sairia tão bem, diz a Dra. Forrester. Ela vai durar sete anos, prediz o Dr. Shima. Para que toda essa azáfama? Você é como a Bela Adormecida da história, dentro daquela urna de cristal, só que não será salva pelo beijo de um príncipe, ninguém fará com que acorde deste sono definitivo. Sua única saída é a morte, filha, agora me atrevo a pensar isto, a dizê-lo para você, a escrevê-lo em meu caderno amarelo. Estou chamando meu robusto avô e minha avó clarividente para que venham ajudar você a atravessar o umbral e nascer do outro lado, chamo sobretudo Granny, sua avó de olhos transparentes, a que morreu de tristeza quando teve de se separar de você, chamo para que venha com suas tesouras de ouro e corte o fio firme que a mantém unida ao corpo. O retrato dela – ainda jovem, com um sorriso mal se insinuando e o olhar tão líquido – está perto de sua cama, assim como os dos outros espíritos tutelares. Venha, Granny, venha buscar sua neta, eu imploro, mas temo que nem ela nem qualquer outro fantasma apareça para afastar de mim este cálice de amargura. Só eu estarei a seu lado, para pegar sua mão e levá-la até o próprio umbral da morte e, se for possível, irei atravessá-lo com você.

Posso viver por você? Tê-la dentro de meu corpo para que viva os cinqüenta ou sessenta anos que foram roubados? Não quero sua lembrança, quero viver sua vida, ser você, que ame, sinta e possa palpitar dentro de mim, que cada gesto meu seja um gesto seu, que minha voz seja sua voz. Vou me anular, desaparecer para que você tome posse de mim, que sua incansável e alegre bondade substitua completamente meus medos antigos, minhas pobres ambições, minha vaidade exausta. Quero gritar até o último alento, rasgar a roupa, arrancar meus cabelos aos punhados, cobrir-me de cinzas, é assim que quero sofrer este luto, mas passei 50 anos seguindo as regras do bom comportamento, sou especialista em negar a indignação e agüentar a dor, não tenho voz para gritar. Talvez os médicos estejam errados e as máquinas mentindo, talvez você não esteja inteiramente inconsciente e perceba meu estado de espírito, não devo angustiá-la com meu pranto. Esta dor reprimida está me sufocando, saio para o terraço e o ar não chega para tantos soluços nem a chuva pode bastar para tantas lágrimas. Então pego o carro e me afasto daqui, a caminho dos morros, meio às cegas chego ao bosque de meus passeios, onde tantas vezes me refugiei para ficar pensando sozinha. Vou me internando a pé, ando pelas trilhas que o inverno torna impraticáveis, corro, esbarro nos galhos, tropeço no pedregulho, abrindo caminho através da umidade verde deste enorme espaço vegetal, semelhante aos bosques da minha infância, semelhante àqueles que atravessei de mula, seguindo os passos do meu avô. Vou com os pés enlameados e a roupa encharcada e a alma sangrando, e quando escurece e não agüento mais de tanto andar e esbarrar e resvalar e me levantar de novo e continuar tropeçando, finalmente caio de joelhos, estraçalhando minha blusa, os botões saltam e com os braços abertos em cruz e o peito nu, grito seu nome, filha. A chuva é um manto de cristal escuro e as nuvens sombrias se deixam ver por entre as copas das árvores negras e o vento morde meus seios, entra em meus ossos e me lava por dentro com seus trapos gelados. Enfio as mãos na lama, pego punhados de terra que levo até o rosto, que meto na boca, e mastigo grumos de lodo salgado, aspiro sofregamente o cheiro ácido do húmus e o aroma medicinal dos eucaliptos. Terra, acolhe, recebe, abraça minha filha, nos ajuda, mãe terra, eu peço, e continuo a gemer pela noite que desaba sobre mim, chamando você, chamando você. Lá longe passa um bando de patos selvagens que levam seu nome para o Sul. Paula, Paula...

Epílogo

Natal de 1992

Na madrugada do domingo, 6 de dezembro, numa noite sobrenatural em que correram os véus que ocultam a realidade, Paula morreu. Eram quatro horas da madrugada. Sua vida se deteve sem luta, sem ansiedade nem dor, em sua passagem só houve paz e o amor absoluto dos que a acompanhavam. Morreu em meus braços, rodeada pela família, pelos pensamentos dos ausentes e pelos espíritos de seus antepassados, que vieram ajudá-la. Morreu com a mesma graça perfeita que teve em todos os gestos de sua existência.

Eu estava pressentindo o final há algum tempo; soube dele com a mesma certeza inapelável que tive ao despertar certo dia de 1963, convencida de que poucas horas antes uma filha começara a se formar em meu ventre. A morte chegou de mansinho. Os sentidos de Paula foram se enclausurando, um a um, nas semanas anteriores, creio que não ouvia mais, estava quase sempre com os olhos fechados, não reagia quando tocávamos nela ou a mudávamos de posição. Ia se afastando inexoravelmente. Em carta a meu irmão, descrevi esses sintomas imperceptíveis para os outros, mas evidentes para mim, antecipando-me ao que aconteceria com uma estranha mistura de angústia e alívio. Juan me respondeu com uma única frase: estou rezando por ela e por você. Separar-me de Paula era um suplício insuportável, mas pior seria vê-la agonizando lentamente durante os sete anos previstos pelas varetas do I Ching. Inês chegou cedo naquele sábado e preparamos os baldes d'água para dar o banho e lavar os cabelos de Paula, separamos a roupa do dia e os lençóis limpos, como fazíamos todas as manhãs. Quando íamos começar a despi-la, notamos que estava imersa num torpor anormal, feito um desmaio, lassa, com uma expressão infantil, como se tivesse voltado à idade inocente do tempo em que cortava flores no jardim da Granny. Senti então que estava pronta para a sua última aventura e, num abençoado instante, a confusão e o terror deste ano de padecimentos desapareceram, dando lugar a uma diáfana tranqüilidade. Saia, Inês, quero ficar sozinha com ela, pedi. A mulher se atirou sobre Paula, beijando-a, leve meus pecados com você e tente conseguir que eles sejam perdoados lá em cima, implorava, e se negou a sair enquanto não lhe garanti que ela havia escutado, que estava disposta a lhe servir de correio. Fui avisar à minha mãe, que se vestiu depressa e desceu para o quarto de Paula. Nós três ficamos sozinhas, tendo como companhia a gata aninhada num canto, com suas inescrutáveis pupilas cor-de-âmbar fixas na cama, à espera. Willie fora fazer compras no mercado, Célia e Nicolás não vêm aos sábados, dia de faxina no apartamento, por isso imaginei que teríamos muitas horas para nos despedir sem interrupções. Naquela manhã, entretanto, minha nora acordou com um pressentimento e, sem dizer palavra, deixou o marido às voltas com os trabalhos domésticos, pegou as crianças e veio nos ver. Encontrou-nos, minha mãe de um lado da cama e eu do outro, acariciando Paula em silêncio. Ela conta que, mal entrou no quarto, percebeu a imobilidade do ar e a luz delicada que nos envolvia, compreendendo que havia chegado o momento tão temido e ao mesmo tempo tão desejado. Sentou-se perto de nós; Alejandro ficou brincando com seus carrinhos na cadeira de rodas e Andrea cochilava no tapete, sempre agarrada à fralda. Willie e Nicolás chegaram poucas horas depois e também não precisaram de explicações. Acenderam a lareira e puseram as músicas preferidas de Paula para tocar, concertos de Mozart, Vivaldi, noturnos de Chopin. Precisamos chamar Ernesto, resolveram, mas, em Nova York, o telefone dele não respondia e imaginamos que ainda estaria num avião, vindo da China, era impossível localizá-lo. As últimas rosas de Willie começaram a desfolhar, entre os remédios e seringas da mesa-de-cabeceira. Nicolás foi comprar flores e logo voltou com braçadas de flores do campo, iguais às que Paula escolhera para o seu casamento; o perfume da tuberosa e dos lírios foi-se espalhando suavemente pela casa toda, enquanto as horas se emaranhavam nos relógios, cada vez mais lentas.

A Dra. Forrester veio de tarde e confirmou que alguma coisa mudara no estado da doente. Não detectou febre ou sinais de dor, os pulmões estavam limpos e também não se tratava de outro ataque de porfiria, mas a complicada máquina de seu organismo mal conseguia funcionar. Parece um derrame cerebral, disse, e sugeriu que se mandasse buscar uma enfermeira e oxigênio, visto que tínhamos combinado de início que não a levaríamos mais para um hospital, mas eu me neguei. Nem foi preciso discutir essa decisão, toda a família estava de acordo, não iríamos prolongar a agonia, somente aliviá-la. A doutora foi discretamente para perto da lareira, e lá ficou à espera, presa, também, à magia dessa noite única. Afinal de contas, como a vida é simples... Neste ano de suplícios, pouco a pouco fui renunciando a tudo, primeiro me despedi da inteligência de Paula, depois de sua vitalidade e de sua companhia, finalmente tinha de me separar de seu corpo. Perdera tudo e minha filha estava partindo, mas, na verdade, ficava comigo o essencial: o amor. Em última instância, a única coisa que tenho é o amor que dou a ela.

Pelos janelões, vi o céu escurecer. Nessa hora, a paisagem que descortinamos da colina fica extraordinária, as águas da baía ganham uma cor de aço fosforescente e tudo se transforma num relevo de luzes e de sombras. Ao cair da noite, as crianças foram vencidas pelo cansaço e adormeceram no chão, cobertas por uma manta, enquanto Willie estava às voltas com a preparação de alguma coisa para o jantar, pois só então tínhamos percebido que ninguém comera nada durante o dia. Pouco depois ele voltou, trazendo uma bandeja e a garrafa de champanhe reservada há um ano para celebrar o momento em que Paula despertasse neste mundo. Não consegui comer nada, mas ergui um brinde à minha filha, para que ela acordasse contente na outra vida. Acendemos as velas, Célia pegou o violão e se pôs a entoar as canções de Paula, ela tem uma voz profunda e quente que parece surgir da própria terra e que sempre comovia sua cunhada. Cante só para mim, ela pedia às vezes, cante para mim bem baixinho. Uma gloriosa lucidez me deixou viver aquelas horas num estado de plenitude, com a intuição livre de todos os entraves e com os cinco sentidos e outros cuja existência eu ignorava, todos alertas. As chamas suaves das velas iluminavam minha menina, sua pele de seda, seus ossos de cristal, o sombreado de suas pestanas que dormiam para sempre. Sucumbidas pela intensidade do carinho que sentíamos por ela, e na doce camaradagem das mulheres diante dos ritos fundamentais da existência, minha mãe, Célia e eu improvisamos as últimas cerimônias, lavamos seu corpo com uma esponja, passamos nele água-de-colônia, vestimos uma roupa agasalhada para que ela não sentisse frio, pusemos seus chinelinhos de pele de coelho e penteamos seus cabelos. Célia colocou entre suas mãos as fotografias de Alejandro e Andrea: tome conta de seus sobrinhos, pediu. Escrevi os nomes de todos nós num papel, trouxe

 a grinalda de flores-de-laranjeira de minha avó e uma

colherinha de prata que pertenceu a Granny, e também os depositei sobre seu peito, para que levasse consigo como recordação, juntamente com o espelho de minha avó, porque achei que, se ele me havia protegido durante 50 anos, bem poderia ampará-la nessa derradeira jornada. Paula estava como uma opala, branca, transparente... tão fria! O frio da morte vem das entranhas, como uma fogueira de neve ardendo por dentro; ao beijá-la, o gelo ficava em meus lábios, feito uma queimadura. Juntos à volta de sua cama, revimos fotografias antigas e fomos lembrando as coisas boas do passado, desde o primeiro sonho em que Paula se revelou para mim, muito antes de nascer, até seu ataque de ciúmes quando Célia e Nicolás se casaram; celebramos as dádivas que nos concedera em vida, e cada um de nós se despediu dela e rezou a seu modo. À medida que as horas iam passando, algo de solene e sagrado enchia o ambiente, tal como quando Andrea nasceu, nesse mesmo quarto; os dois momentos se parecem muito, nascimento e morte são feitos da mesma substância. O ar se tornou cada vez mais quieto, nossos movimentos tinham muita lentidão para que nada alterasse o repouso de nossos corações, sabíamos que estávamos repletos do espírito de Paula, como se fôssemos um só espírito, nada nos separava, a vida e a morte se fundiram. Durante algumas horas experimentamos a realidade sem tempo nem espaço de nossa alma.

Recostei na cama de minha filha, aconchegando-a junto ao peito, como costumava fazer quando ela era pequena. Célia tirou a gata e aninhou as duas crianças adormecidas para que, com seus corpos, agasalhassem os pés da tia. Nicolás segurou a mão da irmã, Willie e minha mãe se sentaram, cada qual de um lado, tendo à volta seres etéreos, murmúrios e perfumes tênues do passado, duendes e aparições, amigos e parentes, vivos e mortos. A noite inteira esperamos devagar, lembrando os momentos duros, mas, acima destes, os mais felizes, contando histórias, chorando um pouco e sorrindo muito, honrando a luz de Paula que nos alumbrava enquanto ela submergia, mais e mais, no torpor final, com o peito se erguendo num palpitar quase imperceptível, cada vez mais lentamente. Ela teve por missão neste mundo unir aqueles que passaram por sua vida, e nessa noite todos nós sentimos que estávamos protegidos sob suas asas siderais, imersos naquele silêncio puro onde, quem sabe, os anjos reinam. As vozes se reduziram a murmúrios, o contorno dos objetos e os rostos de nossa família foram se diluindo pouco a pouco, as silhuetas se misturavam e se confundiam, de repente vi que éramos mais numerosos, Granny estava ali com seu vestido de algodãozinho, seu avental pingado de geléia, seu aroma leve de ameixas e seus grandes olhos de anil-claro; Tata, com a boina basca e a bengala tosca, se havia instalado numa poltrona perto da cama; percebi, ao lado dele, uma mulher pequenina e magra, com traços de cigana, sorrindo para mim quando nossos olhares se encontravam, acho que era Memé, mas não ousei falar com ela para que não se desvanecesse, como uma tímida miragem. Pelos cantos do quarto, julguei ver a Avó Hilda, com seu tricô nas mãos, meu irmão Juan rezando ao lado das freiras e das crianças do colégio de Madri, meu sogro ainda jovem, uma corte de velhinhos bondosos da residência geriátrica que Paula visitava quando era pequena. Pouco depois, a mão inconfundível de tio Ramón pousou em meu ombro e escutei nitidamente a voz de Michael e vi Ildemaro contemplando Paula com a ternura que só ele sabe lhe dar. Senti a presença de Ernesto, materializando-se através da grande vidraça, descalço, com sua roupa de aikido, uma sólida figura branca que veio levitando e se inclinou sobre a cama para beijar os lábios de sua mulher. Até breve, minha garota linda, me espere do lado de lá, disse ele, retirando do pescoço a cruz que sempre trazia para pendurá-la no pescoço dela.

Dei-lhe então a aliança que tinha usado durante um ano, exatamente, e ele a pôs em seu dedo, como no dia do casamento. De novo me vi na torre em forma de silo e cheia de pombos daquele sonho premonitório na Espanha, mas minha filha não tinha mais 12 anos, tinha 28, bem vividos, não usava o mantô quadriculado, e, sim, uma túnica branca, não tinha o cabelo metade preso num rabo-de-cavalo, ele caía solto pelas costas. Começou a se elevar e eu também subi, presa ao tecido de sua veste. Ouvi de novo a voz de Memé: Você não pode ir junto, ela bebeu a poção da morte... Porém, usei minhas últimas forças para ganhar impulso e consegui agarrar sua mão, disposta a não soltá-la, ao chegar no alto vi que o teto se abria e saímos juntas. Lá fora amanhecia, o céu estava pintado a pinceladas de ouro e a paisagem estendida a nossos pés refulgia, recém-lavada pela chuva. Sobre vales e montes nós voamos, e por fim descemos no bosque das velhas sequóias, onde a brisa soprava por entre os ramos e um pássaro atrevido desafiava o inverno com seu canto solitário. Paula me apontou o riacho, vi rosas frescas espalhadas pela margem e, em seu leito, uma poeira branca de ossos calcinados, e ouvi a música de milhares de vozes sussurrando entre as árvores. Senti que submergia naquela água fresca e soube então que a viagem através da dor terminava num vazio absoluto. Ao me diluir, tive a revelação de que esse vazio está repleto de tudo que o universo contém. Sou o vazio, sou tudo aquilo que existe, estou em cada folha do bosque, em cada gota de orvalho, em cada partícula de cinza levada pelas águas, sou Paula e sou eu mesma, nada sou e sou tudo mais que existe nesta vida e noutras vidas, imortal.

Adeus, Paula, mulher.
Bem-vinda, Paula, espírito.

EDIÇÕES BESTBOLSO

Alguns títulos publicados

1. *Caetés*, Graciliano Ramos
2. *Riacho doce*, José Lins do Rego
3. *Nova reunião* (3 volumes), Carlos Drummond de Andrade
4. *O Lobo da Estepe*, Hermann Hesse
5. *O jogo das contas de vidro*, Hermann Hesse
6. *O pianista*, Wladislaw Szpilman
7. *O império do Sol*, J. G. Ballard
8. *A lista de Schindler*, Thomas Keneally
9. *50 crônicas escolhidas*, Rubem Braga
10. *35 noites de paixão*, Dalton Trevisan
11. *Essa terra*, Antônio Torres
12. *O dia em que matei meu pai*, Mario Sabino
13. *Getúlio*, Juremir Machado da Silva
14. *Jovens polacas*, Esther Largman
15. *Os delírios de consumo de Becky Bloom*, Sophie Kinsella
16. *O diário de Bridget Jones*, Helen Fielding
17. *Sex and the city*, Candace Bushnell
18. *Melancia*, Marian Keyes
19. *O pêndulo de Foucault*, Umberto Eco
20. *Baudolino*, Umberto Eco
21. *A bicicleta azul*, Régine Deforges
22. *Lendo Lolita em Teerã*, Azar Nafisi
23. *Uma mente brilhante*, Sylvia Nasar
24. *As seis mulheres de Henrique VIII*, Antonia Fraser
25. *Toda mulher é meio Leila Diniz*, Mirian Goldenberg
26. *A outra*, Mirian Goldenberg
27. *O livreiro de Cabul*, Åsne Seierstad
28. *Paula*, Isabel Allende
29. *Por amor à Índia*, Catherine Clément
30. *A valsa inacabada*, Catherine Clément

EDIÇÕES
BestBolso

Este livro foi composto na tipografia Minion, em corpo 10,5/13, e impresso em papel off-set 56g/m² no Sistema Digital Instant Duplex da Divisão Gráfica da Distribuidora Record.